Cuerpo y cultura
Las músicas «mulatas» y la subversión del baile

Ángel G. Quintero Rivera

Colección nexos y diferencias
Estudios culturales latinoamericanos

Enfrentada a los desafíos de la globalización y a los acelerados procesos de transformación de sus sociedades, pero con una creativa capacidad de asimilación, sincretismo y mestizaje de la que sus múltiples expresiones artísticas son su mejor prueba, los estudios culturales sobre América Latina necesitan de renovadas aproximaciones críticas. Una renovación capaz de superar las tradicionales dicotomías con que se representan los paradigmas del continente: civilización-barbarie, campo-ciudad, centro-periferia y las más recientes que oponen norte-sur y el discurso hegemónico al subordinado.

La realidad cultural latinoamericana más compleja, polimorfa, integrada por identidades múltiples en constante mutación e inevitablemente abiertas a los nuevos imaginarios planetarios y a los procesos interculturales que conllevan, invita a proponer nuevos espacios de mediación crítica. Espacios de mediación que, sin olvidar los nexos que histórica y culturalmente han unido las naciones entre sí, tengan en cuenta la diversidad que las diferencian y las que existen en el propio seno de sus sociedades multiculturales y de sus originales reductos identitarios, no siempre debidamente reconocidos y protegidos.

La **Colección nexos y diferencias** se propone, a través de la publicación de estudios sobre los aspectos más polémicos y apasionantes de este ineludible debate, contribuir a la apertura de nuevas fronteras críticas en el campo de los **estudios culturales latinoamericanos**.

Directores

Fernando Aínsa
Lucia Costigan
Frauke Gewecke
Margo Glantz
Beatriz González-Stephan
Jesús Martín-Barbero
Sonia Mattalia
Kemy Oyarzún
Andrea Pagni
Mary Louise Pratt
Beatriz J. Rizk

Consejo asesor

Jens Andermann
Santiago Castro-Gómez
Nuria Girona
Esperanza López Parada
Kirsten Nigro
Sylvia Saítta

Cuerpo y cultura
Las músicas «mulatas» y la subversión del baile

Ángel G. Quintero Rivera

Iberoamericana • Vervuert • 2009

Reservados todos los derechos

© Iberoamericana, 2009
Amor de Dios, 1 – E-28014 Madrid
Tel.: +34 91 429 35 22
Fax: +34 91 429 53 97
info@iberoamericanalibros.com
www.ibero-americana.net

© Vervuert, 2009
Elisabethenstr. 3-9 — D-60594 Frankfurt am Main
Tel.: +49 69 597 46 17
Fax: +49 69 597 87 43
info@iberoamericanalibros.com
www.ibero-americana.net

ISBN 978-84-8489-421-6 (Iberoamericana)
ISBN 978-3-86527-444-1 (Vervuert)

Depósito Legal: S-256-2009

Ilustración de cubierta: José Rosa, «Festejo» (1977, xilografía)
Diseño de cubierta: W Pérez Cino

Impreso en España
The paper on which this book is printed meets the requirements of ISO 9706

ÍNDICE

Prefacio 9

Aníbal Quijano
Fiesta y poder en el Caribe
Notas a propósito de los análisis de Ángel Quintero 33

I. PASEO
Baile y ciudadanía 39

II. MERENGUE
Breve historia social de las bailables músicas «mulatas» 69

III. *JALEO*. POLIRRITMO A TRES TIEMPOS ¿CRUZADOS? PARA *ENTRAR EN UNO, EN DOS*... Y *EN CONTRATIEMPO (TRES)* A LA SALSERA INVESTIGACIÓN CONCRETA («CIENTÍFICA Y POÉTICA») DEL BAILE «SINCOPADO»

Primer *Repiqueteo* del *Jaleo*
El Merengue de la Danza
Orígenes sociales del baile en pareja en el Caribe 205

Segundo *Repiqueteo* del *Jaleo*
¡Saoco! o el *swing* del soneo del Sonero Mayor
La memoria del ritmo en la improvisación salsera 275

Tercer *Repiqueteo* del *Jaleo*
Salsa, migración y globalización
Las luchas por la hegemonía desde la cultura 327

Bibliografía 359

«Festejo» (1977), xilografía del grabador puertorriqueño José Rosa, inspirado en el montuno del bolero son «Lágrimas negras» de Miguel Matamoros (1931):

                    Sufro la inmensa pena de tu extravío.
                    Siento el dolor profundo de tu partida.
                    Y lloro, sin que tú sepas que el llanto mío,
                    tiene lágrimas negras;
                    tiene lágrimas negras como mi vida.
Montuno: Si tu me quieres dejar y yo no quiero sufrir,
                    contigo me voy mi santa [o negra]
                    aunque me cueste el vivir [o morir].

Prefacio

«¡Baile, botella y baraja!»: esa fue la consigna de la política de algunos gobernadores en el período colonial español para *distraer* a sus súbditos caribeños y mantenerlos alejados de las ansias de libertad e independencia. Por otro lado, muchas revueltas de esclavos en dicho contexto colonial se iniciaron precisamente en sus bailes.

> Tumba la la la,
> Tumba la la lé
> [?] que en Poltorrico
> escravo no quedé

Así cantaba, de hecho, una copla perteneciente a un *baile antillano* «negro» del siglo XVII, que llevaba de nombre «El Portorrico», la primera referencia a esta isla caribeña en cualquier música escrita[1]. A la copla citada la precedía la siguiente:

> Un negro que entró en la iglesia
> de su grandeza admirado
> por regocijar la *fiesta*
> cantó al son de un calabazo:

Canto y baile aparecen desde entonces absolutamente entrelazados.
«¡Baile, botella y baraja!»... ¿Diversión enajenada o fiesta libertaria? Como adelantan estos ejemplos, el baile reviste connotaciones opuestas en distintas prácticas relacionales e imaginarios sociales. Los gobernadores coloniales

---

[1] «Manuscrito de Método para cítara» fechado en 1677, encontrado en los archivos mexicanos, según citado por María Luisa Muñoz 1966: 26-27 (aparece fragmento de transcripción). El tercer verso no se lee claro en el documento; no hay duda, no obstante, de que el baile se donominaba «El Portorrico».

consideraban el baile fundamentalmente como una «diversión», que podía ser, incluso, distrayente, mientras que para los esclavizados o «esclavizables» las prácticas danzarias constituían una expresión ritual de memorias colectivas, una estética de la seducción (como examinaremos más adelante) o una vía de comunicación e incitación libertaria.

La expresión corporal de —y en— elaboraciones sonoras es, como la música misma, una de esas prácticas humanas que podríamos llamar *universales*. En prácticamente cualquier sociedad que haya sido objeto de estudio sistemático historiadores y antropólogos registran algún tipo de baile. Los estudiosos evidencian también la profunda historicidad de esta práctica «universal», pues se baila y se concibe el baile de maneras muy diversas en distintas geografías y épocas. La combinación de universalismo y particularidad histórica le confiere a las prácticas danzarias un amplio terreno para el diálogo —y sus posibilidades subversivas— en un mundo crecientemente «globalizado». Este libro se propone examinar la historicidad de los significados socioculturales del baile en la América «mulata», especialmente en el Caribe. Mencionar el Caribe supone referirse a un espacio relacional de sociedades que se han distinguido por su insistencia, pasión y creatividad danzarias, y cuyas músicas bailables y sus bailes mismos han tenido repercusiones amplias evidentes a nivel internacional (Sloat 2002).

«¡Baile, botella y baraja!»... No sólo distintas geografías y épocas manifiestan diversas concepciones del baile. Éstas constituyen además, en algunas sociedades —como es el caso, definitivamente, en las de la América «mulata»— elementos centrales de sus luchas sociales internas. Como bien apuntara la aguda investigadora brasileña Edinha Diniz,

> Historicamente as danças negras sempre apresentaram uma sensualidade malvista pelos brancos [...] As inúmeras acusações de sensualidade das danças negras nos faz suspeitar de que o uso do corpo neste caso possa ser entendido como uma expressão mesma da rebeldia escrava. Pois a soltura e desrepressão corporal do negro parecem exceder as exigências coreográficas rituais. Assim, mais que elemento característico da cultura negra, o fato do escravo manter enorme flexibilidade corporal nas suas danças pode indicar a necessidade de liberar seu corpo, patrimônio do senhor [...] da mesma forma que a tão aludida indisciplina como traço do comportamento brasileiro parece apontar no mesmo sentido (Diniz 1999: 82-83)[2].

---

[2] La autora refiere a otro estudio sobre la samba: Muniz Sodré, *Samba, o dono do corpo* (1979).

Así, bailes que podrían considerarse en un primer plano como *africanismos*, como memorias heredadas de otras geografías y épocas (Herkovits 1941), se recrean transformados (en este ejemplo, reenfatizando la flexibilidad —y libertad— corporal) en el marco americano concreto de las resistencias contra la dura realidad que experimentaban cotidianamente los esclavizados[3].

Aparte de los debates —¡siempre fundamentales!— sobre los *orígenes*, este libro pretende dotar a los lectores, que seguramente han experimentado muchos goces y alegrías bailando, de algunas herramientas para que el baile sea, como en la polémica cita anterior, motivo también de reflexión... y de esperanzas por un mundo mejor. Las visiones contrastantes sobre las posibles connotaciones del baile con las cuales iniciamos el libro tienen raíces en concepciones enfrentadas mucho más amplias, que revisten un profundo carácter político de alcance general. Uno de los pilares de la ideología que la llamada «modernidad occidental» ha querido imponer (especialmente desde el siglo XVII) en su expansión colonial se sustenta en una radical separación entre mente y cuerpo, donde se concibe la razón como *lo humano* al tiempo que se «expulsa al cuerpo del ámbito del espíritu», según hemos citado de Aníbal Quijano en el Primer *Repiqueteo* del *Jaleo* (2000: 223, 225), y que él expande en su «Presentación» de este libro. Esta separación se monta, a su vez, en la distinción entre lo humano como sujeto y la naturaleza como objeto sobre el cual se actúa. En el marco de esta separación, la *civilización* se identificará con la razón; mientras la *naturaleza* —entre ella, las «pasiones» del cuerpo, sus urgencias y ¡hasta su expresividad!— como la *barbarie*.

El desarrollo de visiones alternas es importante en la lucha contra la colonialidad y el racismo que esta ideología sustenta. En *Cuerpo y cultura* pretendo unirme a múltiples y variados esfuerzos que van conformando lo que quisiera denominar como un *humanismo ecológico* que, en lugar de hacer énfasis en las

---

[3] En ese sentido, la apreciación de Diniz concordaría con dos de las tres tesis clásicas sobre la *afrogénesis* que el antropólogo colombiano Jaime Arrocha examina en su ensayo «Los estudios afrocaribeños» (2007: 42-54, especialmente 45), a saber, la tesis de la permanente recreación e innovación de los legados africanos en y ante la esclavitud (véase, por ejemplo, Mintz y Price 1992 y 1985), y la tesis del vínculo entre africanía y resistencia, sobre la cual han insistido en sus investigaciones, por ejemplo, el étnomusicólogo africanista venezolano Jesús «Chucho» García (*Caribeñidad: afroespiritualidad y afroepistemología*, 2006) y la historiadora colombiana Adriana Maya (e.g., «Las brujas de Zaragoza: resistencia y cimarronaje cultural en las minas de Antioquia», 1993: 85-100). Sobre este vínculo, y centrado, como la cita de Diniz, concretamente en las danzas entre los esclavizados del Caribe, véase también la rigurosa investigación histórica de Gabriel Entiope, *Nègres, danse et résistance: la Caraïbe du XVIIe au XIXe siècle* (1996), particularmente el capítulo II de la sección IV, pp. 214-267.

distinciones entre lo humano y la naturaleza, visualiza a ambas como esferas interactuantes de una misma realidad. No me refiero a *una* nueva teoría holística, sino a unos cambios en paradigmas y sensibilidades que pueden llegar a constituir un terreno de diálogo y acciones concertadas entre visiones, prácticas y teorías complementarias.

Las visiones alternas se desarrollan sólo parcialmente desde el trabajo intelectual. Muchas van conformándose desde el mundo popular en las prácticas sociales mismas; prácticas que el trabajo intelectual puede, humildemente, ayudar a resaltar. El humanismo ecológico ha ido configurándose tanto en nuevas investigaciones e interpretaciones[4] como en el redescubrimiento de saberes ancestrales[5] y de prácticas sociales e históricas[6]. Analizando algunos de los avatares de los bailes caribeños, sus significados socioculturales, sus elaboraciones artísticas y su intensidad expresiva y comunicativa, intento resaltar en este libro lo que hay en éstos de camuflado alegato por una revisión de concepciones que posibilite una relación más democrática y enriquecedora entre cuerpo y cultura.

En 1998, luego de unos quince años intensos de investigaciones, reflexiones y análisis, publiqué el libro *¡Salsa, sabor y control! Sociología de la música «tropical»*. Titulé su primer capítulo —inspirado en uno de los mejores escritos existentes sobre la música del Caribe, *Del canto y el tiempo* del maestro Argeliers León (1984)— «Del canto, el baile... y el tiempo» (2005: 32-86). Aunque —añadiéndole el baile al «concepto» de Argeliers León— atisbaba ya su importancia, en realidad *¡Salsa, sabor y control!* concentra su intento de impugnar la colonialidad del saber eurocéntrica en *lo sonoro*: concretamente, en las concepciones del tiempo que lo sonoro expresa. A partir de la aparición de *¡Salsa, sabor y control!* se me invita frecuentemente a resumir, ampliar o reformular sus argumentos en seminarios, foros, conferencias o publicaciones

---

[4] Como en los sugerentes trabajos de Antonio Damasio sobre la neuro*biología* de la mente y el entretejido entre «razones», sentimientos y emociones: *The Feeling of What Happens, Body and Emotion in the Making of Consciousness* (1999) y *Descartes' Error: Emotion, Reason, and the Human Brain* (1994). Judith Becker (2004), elabora en profundidad las implicaciones de los escritos de Damasio para la música.

[5] Buenos ejemplos en Gilbert Rouget, *La musique et la trance* (1980; uso la edición inglesa, *Music and Trance: A Theory of the Relations Between Music and Possession* de 1985) y Robert Farris Thompson, *Flash of the Spirit: African Art and Afro-American Philosophy* (1983).

[6] La literatura reciente de historia y antropología de la gastronomía y la alimentación provee numerosas experiencias en torno a un acto simultáneamente tan animal y cultural como es comer; véase, por ejemplo, la excelente investigación de Cruz Miguel Ortiz Cuadra, *Puerto Rico en la olla, ¿somos aún lo que comimos?* (2006).

colectivas. *Cuerpo y cultura* surgió originalmente de ese proceso, donde fui trasladando el foco de atención de lo sonoro a lo danzante; o más bien, donde me propuse analizar su inseparable interrelación. Reúne cinco ensayos bajo el hilo conductor de la importancia del *baile* para una segunda impugnación subversiva a la «cárcel de larga duración» del eurocentrismo racista: el cuerpo (y su *naturaleza*) como sujeto, como generador de *cultura*, de expresividad, comunicación y elaboración estética.

Esos cinco ensayos fueron revisados en detalle para su integración como libro. Intenté minimizar las repeticiones entre ellos, elaborando puentes de interrelación que fortalecieran su hilo conductor, e incorporando los nuevos argumentos y análisis que desarrollaba a partir de la investigación adicional que había requerido realizar el que es, precisamente, su articulación y su hilo conductor, el baile. Aunque obviamente la lectura de *¡Salsa, sabor y control!* facilita comprender más cabalmente los textos que aparecen aquí, todos ellos fueron escritos de manera que no fuera preciso conocer aquel libro, lo que inevitablemente conllevó reproducir algunos de sus argumentos, sobre todo aquellos desde donde partían las nuevas investigaciones y reformulaciones. Leyendo la versión final que ahora someto al juicio (¡y disfrute, espero!) de ustedes, los lectores, me doy cuenta de que tanto ayuda *¡Salsa, sabor y control!* a comprender mejor *Cuerpo y cultura*, como *Cuerpo y cultura* a releer con más sólidas herramientas analíticas *¡Salsa, sabor y control!*, aunque no fuera originalmente éste su propósito. Antes de percatarme yo de eso ya lo había atisbado —con su tan aguda inteligencia y profunda sabiduría— Aníbal Quijano, cuando en su generosa «Presentación» hace referencia constante a ambos escritos.

Una de las intersecciones entre los dos libros que la «Presentación» recalca es la intención de ambos de romper con lo que Quijano llama la «cárcel de larga duración» del eurocentrismo analítico. Esta *liberación* no se alcanza nunca por decreto, ni por la mera intención de lograrla, sino por un muy trabajado proceso de investigaciones, reflexiones, análisis y argumentaciones; en ese sentido, este punto central de la «Presentación» de Quijano merece que comparta con los lectores una reflexión de mi propia trayectoria al respecto. Más aun cuando en los estudios de los bailes autóctonos y sus músicas ha predominado más bien lo que podría calificarse como una tendencia inversa: un *indigenismo* provincial centrado en la cultura propia, que describe sus bailes y músicas sólo como aconteceres *nacionales*. Intentaré hilvanar seguidamente, pues, de la manera más abierta y honesta que el recuerdo subjetivo permite, los avatares de mi desarrollo intelectual y personal (que reconozco «titubeante») hacia prácticas analíticas alternativas a dicha «cárcel de larga duración».

Después de una formación académica básica —bastante buena, por cierto— en la Universidad del Estado de mi país, fui, como muchos otros colegas latinoamericanos y caribeños, a proseguir estudios de posgrado a uno de los grandes centros académicos del «primer mundo». La mayoría de los puertorriqueños —entonces, como todavía— seguían sus estudios de posgrado en Estados Unidos; en gran medida por la particular relación (colonial) de este país latinoamericano con «el coloso del Norte», aunque también por la hegemonía internacional que ya ejercía la academia norteamericana en las Ciencias Sociales, que era el campo de mi interés (aunque siempre me interesó mucho también la Música, nunca pude estudiarla formalmente; mi formación al respecto ha sido —con todas sus ventajas y limitaciones— fundamentalmente autodidacta). Intentando romper con las convenciones decidí solicitar admisión en una universidad europea; concretamente, la London School of Economics and Political Sciences, asiento institucional del profesor Ralph Miliband, quien había sido tutor de mi único maestro marxista en la Universidad de Puerto Rico, Pablo García.

Tuve la dicha de llegar a Londres en el convulso 1968, que bien ha identificado el gran historiador del «sistema-mundo», Immanuel Wallerstein, como un año de quiebre fundamental en los largos siglos de conformación de la «modernidad» eurocéntrica[7]. La London School of Economics (LSE) —de vieja tradición *jacobina*, y cuyo clima intelectual debía mucho al espíritu que le imprimieron Harold Laski y Tom Bottomore, dignos representantes de la corriente «democrática» del marxismo[8]— fue en Inglaterra el centro de las revueltas estudiantiles de aquel año célebre. Junto a compañeros británicos, europeos en general, norteamericanos y algunos del «tercer mundo», participé en las marchas estudiantiles por Londres, coreando «Free, free LSE! / Take it from the bourgeoisie!», y en la «ocupación» que hicimos de los vetustos *buildings* del *East wing* de la universidad. En dicha *ocupación* intentábamos

---

[7] Immanuel Wallerstein, *Después del liberalismo* (1996) y con Terence K. Hopkins y Giovanni Arrighi, *Anti-Systemic Movements* (1989).

[8] «Revisionista», la llamaban ya algunos, aunque tanto Laski y Bottomore como Miliband —y Pablo García en Puerto Rico— se encargaban de demostrar que esa «tendencia» era la más fiel derivación de los postulados de aquel «viejo topo». Laski escribió la «Introducción» a la edición más difundida del *Manifiesto Comunista* en lengua inglesa para aquella época y Bottomore la de la antología de escritos de Marx que más se popularizó en esos años: T. B. Bottomore y Maximilien Rubel, *Karl Marx: Selected Writings in Sociology and Social Philosophy* (1967). Miliband redactaba su libro más difundido, el cual se publicó justo en 1969, *The State in Capitalist Society*. La excelente biografía intelectual de Michael Newman, *Ralph Miliband and the Politics of the New Left* (2002), describe bien el clima intelectual del período.

autoeducarnos democráticamente en una tradición académica antihegemónica, añadiendo, a las buenas lecturas convencionales de mi programa en Sociología Política —Marx, Weber, Pareto, Mosca, Michels, Pitirim Sorokin, Dahl o Robert Merton—, discusiones sobre otros escritos menos «ortodoxos» y más *libertarios*: Rosa Luxemburgo, Gramsci, Trosky, Marcuse, Isaac Deustcher, Edward Hallett Carr o Alejandra Kollontai.

Fue mucho lo que aprendí en aquellas luchas estudiantiles seriamente académicas; y con mis maestros británicos de la mejor tradición de la academia contestataria comprometida: E. P. Thompson, Eric Hobsbawm, Joan Robinson, Maurice Dobb, Raymond Williams, Stuart Hall y, por supuesto, de manera mucho más continuada y directa con Ralph Miliband. Muchos de ellos estaban además muy vinculados a la educación popular obrera —que llamaban entonces, de manera muy *low key*, *adult education*—, y con las luchas democráticas-electorales de lo que aún se entendía como «el brazo político de su clase», el *Labour Party*[9], de manera similar a como nos entusiasmamos muchos latinoamericanos con la perspectiva de revolución democrática que se abría ante la victoria electoral de la Unidad Popular (y Salvador Allende) en Chile, pocos años después.

Fui influenciado también por unos —entonces jóvenes— académicos que, llegando a dominar el movimiento del *New Left*, se hacían «a codazos» un espacio al margen de las instituciones académicas establecidas: Robin Blackburn, Perry Anderson, Tom Nairm... Recuerdo que Blackburn trabajaba una tesis doctoral sobre la historia de la esclavitud en Cuba, y que su dedicación al desarrollo de los nuevos «instrumentos» anti-institucionales no le permitió completarla sino hasta muchos años después (1988). Fue, de hecho, como joven *lecturer* del LSE, uno de los líderes principales de la «ocupación», en el marco de la cual organizó un seminario —muy bueno— sobre «Sociología de la Revolución», en el que participé como alumno, y por el cual fue pronto expulsado de la universidad, dedicándose de lleno a la conformación de la editorial Verso y la consolidación del *New Left Review*. Tanto los más establecidos profesores contestatarios arriba mencionados, como los más jóvenes

---

[9] *May Day Manifesto 1968* (1968), editado por Raymond Williams y con contribuciones de Michael Barratt Brown, Terry Eagleton, Stuart Hall y E. P. Thompson, entre otros, constituye un documento muy valioso respecto a los intentos de este grupo por redirigir el cauce de la política laborista; de manera indirecta, también la excelente compilación de E. P. Thompson, *Out of Apathy* (1960), con contribuciones de Raymond Williams, Stuart Hall y Ralph Samuel, entre otros, y un poco después los debates recogidos en Eric J. Hobsbawm *et al.*, *The Forward March of Labour Halted?* (1981), que incluye una excelente contribución de Raymond Williams.

que se apropiaban del *New Left*, eran extremadamente meticulosos y rigurosos con su trabajo intelectual, que entendían como parte de —y su contribución principal a— un compromiso político en su sentido amplio: un compromiso profundamente experimentado y sentido con su tiempo, su mundo y la sociedad donde cotidianamente vivían o querrían vivir, es decir, con su país.

Aprendí mucho también de mis compañeras de estudio *seniors* en Inglaterra, británicas o «britanizadas»: la escocesa Kate Young, la inglesa Sheila Rowbotham, y la alemana (entonces, casada con un catalán) Verena Stolcke, que, para aquella época, experimentaban formas novedosas (históricas, antropológicas y políticas) de poner sobre el tapete la crítica antipatriarcal en aquellas luchas democratizantes. Es interesante que dos de ellas lo hacían a través de sus investigaciones sobre América Latina, y Stolcke, en concreto, sobre el Caribe[10]. Aprendí además del intercambio con varios colegas latinoamericanos, como Ernesto Laclau, entonces un joven profesor de Essex, que se quedó a vivir allá (lo que es evidente en su producción posterior, cuyos escritos siempre sugerentes, aunque básicamente eurocéntricos, contrastan con la frescura de sus pioneros trabajos argentinos sobre el populismo peronista); así como con otros que regresamos teórica y vivencialmente a nuestros países: el centroamericano tan sabio Edelberto Torres Rivas, por ejemplo, quien casi inmediatamente después formaría parte de las corrientes renovadoras en la sociología latinoamericana agrupadas como «los estudios de la dependencia»[11].

No reniego, pues, de mi formación inicial en la academia sociológica europea. Además de un adiestramiento sólido en la investigación y la lógica analítica, y del ejemplo de la combinación del rigor y el compromiso, esta experiencia académica británica en aquellos años hamaqueantes para la «modernidad occidental» me introdujo a numerosas problemáticas socioculturales e históricas que compartimos todos, como humanos al fin. Como caribeño, atisbaba limitaciones en los marcos analíticos de mis maestros y compañeros europeos o europeizados, pero debo reconocer que aún no podía definir bien las bases sobre las cuales estas limitaciones se asentaban.

Mi experiencia londinense fue muy rica además en otras dimensiones que rebasan lo más estrictamente «académico». Era, como sigue siendo, una de las plazas principalísimas de la música «clásica» y, con su buena práctica de los

---

[10] Stolcke preparaba su tesis doctoral sobre un tema que me interesó *ad initium* y que se publicó poco después como *Marriage, Class and Colour in Nineteenth-Century Cuba: A Study of Racial Attitudes and Sexual Values in a Slave Society* (1974); traducido luego como *Racismo y sexualidad en la Cuba colonial* (1992).

[11] A la «distancia» del tiempo, vemos que fundamentalmente conformaban intentos por quebrar el eurocentrismo, aunque no se planteara en tales términos, entonces.

bouchers a precios especiales si se subscribía uno a toda la temporada (que, además, para estudiantes eran aún más baratos), tuve el privilegio de escuchar cada semana a los mejores intérpretes de esta gran tradición de elaboración sonora. Tuve el enorme privilegio también de estar viviendo en Ovington Square cuando los Beatles regalaron todas las mercancías *trendy* de su tienda en Carnaby Street, preocupados por la amenaza de aburguesarse ante su inesperado estrellato. Pude observar incrédulo, ante una vitrina en Knightsbridge, el *love-in* de Yoko-Ono y John Lennon en plena Guerra de Vietnam, con su hermosamente desafiante consigna de *Make love, not war!* Frecuenté los *pubs* proletarios en un momento de agudas transformaciones en aquella clase y su —hasta entonces sólida— *cultura de clase*, y pude comprender en su contexto local y clasista una música que se *globalizaba* como de rebeldía juvenil. Tuve la dicha de poder experimentar, ante la flemática formalidad inglesa que había subyugado y masacrado a miles en el «tercer mundo», la profundidad del desafío de Twiggy y sus minifaldas, de un fresco hedonismo juvenil y proletario por décadas suprimido:

> It's been a hard day's night
> And I've been working like a dog.
> It's been a hard day's night
> I should be sleeping like a log.
> But when I get home to you
> I find the things that you do
> Will make me feel alright.

Es interesante que Lennon y McCartney armonizaran la palabra clave del segundo verso, *working*, con el acorde en guitarra de *si bemol mayor*, en una canción compuesta en el muy convencional *do mayor,* en lugar del acorde *dominante*; y el sensual *al* de la frase final, *feel alright*, con el acorde de *fa séptima* entre *do* y *do*, en lugar de sencillamente *fa* —la *subdominante*— quebrando de esta forma la estabilidad tonal y las progresiones armónicas «esperadas» en las melodías de los *sweet Saturday nights*[12]; como había hecho ¡más de una década antes! en un hedonismo también en su momento desafiante el movimiento *feeling* de la bolerística caribeña, sobre todo, Sylvia Rexach, según veremos más adelante.

---

[12] La referencia es al excelente libro de Colin MacInnes, *Sweet Saturday Nights* (1967), sobre los *music halls* (británicos) entre 1840 y 1920 que su autor analiza como el puente entre «*a* folk song dying, and a commercialized pop».

En 1970, en ese estimulante ambiente de rupturas, desafíos y búsquedas en pleno centro de la «modernidad eurocéntrica» hamaqueada, invitado por el amigo cubano-puertorriqueño Jorge Rodríguez Beruff (entonces estudiante de doctorado en Ciencias Políticas y hoy uno de los más productivos investigadores sociales sobre el militarismo en el Caribe), presenté mi primera ponencia en un congreso académico. Se trataba de un encuentro organizado por estudiantes provenientes del «tercer mundo» (el Third World Movement) en la muy inglesa Universidad de York. Los compañeros titularon la actividad *Culture and Decolonization in the Third World*, y yo mi ponencia «Towards a Politics of Life: The Concept of Culture in the Political Analysis of the Third World». En esta ponencia, como había hecho en mi tesis de maestría en Sociología Política que había completado sólo algunos meses antes (1969), intentaba demostrar cómo la cultura (y, por ende, la vida) estaban ausentes en la Sociología Política «occidental» más en boga entonces[13], y cómo podría enriquecerse este campo de estudios con la consideración de los fenómenos de la comunicación social[14], las investigaciones en torno al *structure of feeling* (la estructura sentimental, del crítico literario Raymond Williams[15]), y —¡de importancia fundamental para la perspectiva antieurocéntrica que comenzaba a atisbar!— la relación entre colonialismo y racismo, cuerpo, psique, historia e identidades para las relaciones de poder construidas sobre la *otredad*, desarrollada por el psiquiatra antillano negro de la *diáspora* Frantz Fanon[16].

---

[13] Centrando mi crítica en el clásico norteamericano de la disciplina que explícitamente pretendía centrar su análisis en la cultura: Gabriel Almond y Sidney Verba, *La cultura cívica, estudio sobre la participación política-democrática* (1970),

[14] Proviniendo de la Sociología Política, analicé para ello principalmente de Karl Deutsch, *The Nerves of Government, Models of Political Communication and Control* (1965).

[15] Sobre todo *Culture and Society* (1961) y *The Long Revolution* (1971). Han sido muy importantes al respecto sus trabajos posteriores *Problems in Materialism and Culture* (1980) y *The Country and the City* (1973), entre otros.

[16] *Peau noire, masques blancs* (1952), traducido al español como *¡Escucha, blanco!* (1970); *Les damnés de la terre* (1961), primera edición en español, *Los condenados de la tierra* (1963); y *Sociologie d'une révolution* (1966), primera edición en español, *Sociología de una revolución* (1968). Sobre la importancia de la herencia de Fanon para los actuales estudios poscoloniales, véase el sugerente ensayo de Homi Bhabha, «Remembering Fanon: Self, Psyche and the Colonial Condition», prefacio a la reimpresión inglesa de *Black Skin, White Masks* (1986) y el capítulo 2 —«Interrogating identity: Frantz Fanon and the postcolonial prerogative»— del libro de Bhabha, *The Location of Culture* (1994: 40-65). Fanon ha sido republicado en las más difundidas antologías de esta corriente analítica: Patrick Williams y Laura Chrisman, eds., *Colonial Discourse and Post-colonial Theory*

Nunca publiqué esos trabajos iniciales, aunque Miliband (epítome del europeo marxismo «clásico», pero muy abierto a sus posibles revisiones desde el «tercer mundo») me invitara a hacerlo en el *Socialist Register*, que editaba junto al también admirado historiador inglés John Saville. Consideré que la innovación teórica que proponían estaba aún muy cruda y que —formado, al fin, en la rigurosa tradición británica— requería desarrollarse a través de investigaciones empíricas concretas[17]. Aunque estas preocupaciones de mi tesis de maestría y de mi primera ponencia en un evento académico internacional subyacieron a mi tesis doctoral y —subrepticiamente, hay que reconocer— a mis próximos seis libros, muy marcados aún por el particular clasismo proletario de mis maestros europeos, no constituyeron el eje de mis abordajes hasta comenzar a trabajar como concepto heurístico *la cimarronería* de los bailes y las músicas «mulatas», prácticas relacionales que me permitieron ver dimensiones, hasta ese momento insospechadas para mí, de la realidad sociocultural del Caribe, Afro-América y el mundo, como vislumbrar —en toda la desafiante *parejería*[18] de la cultura popular afrocaribeña— posibles contribuciones teóricas desde «la periferia» a la Sociología y los Estudios Culturales.

Para mi tesis doctoral y mis primeros libros, me sumergí en los archivos por varios años, escudriñando —entre innumerables documentos variados, escritos producidos por los obreros mismos o sobre ellos por representantes de otras clases sociales, estadísticas sobre su vida material, registros documentales de sus haceres y aconteceres— la ninguneada historia zigzagueante de la clase obrera puertorriqueña. Buscaba, siguiendo mi tesis de maestría, modos de acercamiento que dieran cuenta de su especificidad «tercermundista», pero mis modelos principales iniciales (que sólo pretendía entonces «cualificar») seguían siendo los de mis excelentes maestros ingleses Eric J. Hobsbawm[19] y

---

(1994), y Bill Ashcroft, Gareth Griffiths y Helen Tiffin, eds., *The Post-colonial Studies Reader* (1995).

[17] La publicación posterior de mi mentor E. P. Thompson, *The Poverty of Theory* (1978) me reafirmó en lo correcto de ese juicio inicial.

[18] De aparejarse, colocarse en situación pareja (de igualdad) cuando se «espera» una inferioridad deferente. Intenté escudriñar la importancia de esta práctica en la historia obrera puertorriqueña en el ensayo «Socialista y tabaquero: la proletarización de los artesanos» (1977: 100-137), publicado también en inglés en *Latin American Perspectives* (1983: 1938), más asequible al lector interesado que la cimarrona *Sin Nombre* del original.

[19] Principalmente *Labouring Men: Studies in the History of Labour* (1965), *Industry and Empire* (1969), «The Labour Aristocracy in the 19th Century Britain», en John Saville, ed., *Democracy and the Labour Movement* (1954: 201-239), un poco después, *Workers* (1984).

E. P. Thompson, sobre todo su monumental —imaginativo, nada dogmático, meticulosamente investigado y tan bien escrito— *The Making of the English Working Class* (1968)[20]. Estas investigaciones habían sido, después de todo, trabajos también de búsqueda; intentos, a mi juicio muy exitosos, de romper con el economicismo materialista (en su sentido más estrecho del término) que había llegado a dominar a la interpretación marxista. Como bien expresaba Thompson, la clase obrera inglesa —sus costumbres cotidianas, su *Weltanschauung* o visión del mundo, su religiosidad, su especificidad nacional[21]...— había estado presente en su *making*, en su proceso propio de formación. No se trataba de un «resultado» inevitable o mecánico de supuestas *leyes* en el desarrollo de un modo de producción, sino de la *agencia* humana en su propia historia.

A través de E. P. Thompson aprendí la importancia de la dimensión clasista de concepciones antagónicas del tiempo[22]; pero la clase obrera puertorriqueña, cuya formación —distinta a la de sus clases homólogas europeas— partió en medida considerable de la esclavitud «racial», manifiesta unas concepciones del tiempo más radicalmente distintas a la concepción lineal burguesa de la «modernidad occidental» que el proletariado del «primer mundo». Fue a través de la investigación concreta de la historia de la clase obrera puertorriqueña que descubrí que estas diferencias respondían en parte a una diferente *historia* clasista: al hecho de que había tenido que *hacerse* atravesada de procesos migratorios —migración forzada, como fue la *Trata*— que trastocaba radicalmente la continuidad temporal, y que su lucha de clases se daba en el marco de una formación social colonial, dependiente de temporalidades «externas». Pero más importantes aún que estas dimensiones clasistas en la conformación de su noción del tiempo fueron, para el proletariado antillano, unos muy antiguos

---

[20] Traducido como *La formación histórica de la clase obrera* (1977).

[21] Al respecto véase el ensayo de E. P. Thompson, «The Peculiarities of the English», *Socialist Register* (1965, incluido en su *Poverty of Theory..., op. cit.*) y de Hobsbawm, «Class Consciousness in History», en István Mészaros ed., *Aspects of History and Class Consciousness* (1972: 5-21).

[22] «Time, Work-discipline, and Industrial Capitalism» (1967), incluido en Michael W. Flinn y T. C. Smout, eds., *Essays in Social History* (1974) y posteriormente en su excelente *Customs in Common, Studies in Traditional Popular Culture*, N.Y.: New Press, 1991, cap. 6, pp. 352-403 ("Tiempo. Disciplina de trabajo y capitalismo industrial" en E.P. Thompson, *Tradición, revuelta y consciencia de clase*, Barcelona: Crítica, 1979, excelente selección de ensayos de Thompson editada por Josep Fontana). Sobre el tema, muy importante fue para mí también el desarrollo posterior del análisis de las dimensiones clasista del tiempo por Benjamín Coriat, *El taller y el cronómetro, Ensayo sobre el taylorismo, el fordismo y la producción en masa* (1982).

arquetipos en la manera de experimentar, concebir y expresar las relaciones entre espacio y tiempo heredados de su trasfondo cultural africano, y que se manifestaban, sobre todo, en su cimarronería danzante y sonora, según analicé en detalle en ¡*Salsa, sabor y control!* y sobre lo cual profundizo acá, sobre todo en el *Paseo* y el *Merengue* de este libro.

Con Sheila Rowbotham (1973) en Londres aprendí —casi tanto como con la lectura de los *clásicos* de Maine y Engels (1983)— sobre las dimensiones clasistas de las relaciones de género; y con la sociología histórica que sobre Cuba escribía desde Londres Verena Stolke, la fundamental dimensión «racial» que atravesaba a estas relaciones de clase y género en el colonialismo americano. Pero precisamente en la investigación concreta de la historia obrera caribeña aparecían, como más importantes aún que estas dimensiones clasistas y «raciales» (fundamentales, que no quepa duda), herencias culturales africanas ancestrales en torno a la concepción del cuerpo en la *naturaleza* de lo humano, que definían de manera decisiva la relación entre géneros y se manifestaban, nuevamente, de manera prominente en nuestra América «mulata» a través del baile, temática central de *Cuerpo y cultura*, el libro ahora ante ustedes.

No se trata de echar por la borda las aportaciones extraordinarias de los análisis clasistas (que tan bien me enseñaron mis maestros británicos) al conocimiento de lo humano, su historia y su mundo. En la investigación concreta de la historia obrera caribeña fui aprendiendo que nuestro gran reto —como señalan los colegas indios de los Estudios Poscoloniales— consiste en *recolocar*[23] estas aportaciones en su justa perspectiva *global*; como «intercambiar el centro de la *perspectiva*», define el proceso la bailarina y coreógrafa afronorteamericana Brenda Dixon Gottschild[24], mientras vamos liberándonos de la «cárcel de larga duración» del eurocentrismo analítico.

Muy importante para mí en ese difícil proceso liberador fue el diálogo crítico que sostuve, mientras investigaba la historia sociocultural del Caribe, con otros tres grandes académicos oriundos del «primer mundo», a quienes quisiera reconocer aquí: el antropólogo judío norteamericano Sidney Mintz, el politólogo e historiador galés puertorriqueñizado Gordon Lewis y, sobre todo, con el holandés curazaeñizado y dominicanizado Harry Hoetink. Los tres vivieron profundamente identificados con la cultura de los países nuestros: caribeñistas caribeñizados. Hoetink, además de sus profundos e imaginativos

---

[23] Por ejemplo, Bhabha, *The Location of Culture* (1994).
[24] Véase su excelente *Digging the Africanist Presence in American Performance, Dance and Other Contexts* (1998).

análisis de la Sociología histórica de las relaciones «raciales» en las Américas[25], era un excelente pianista de nuestras músicas «mulatas». En los años cuando vivió en Puerto Rico, entre 1963 y 1974, mientras fungía como director del Instituto de Estudios del Caribe en la Universidad, se desempeñaba también como *performer* acompañando al piano a la cantante y bailarina haitiana Emérante de Pradines en el club nocturno *Ocho Puertas* del Viejo San Juan.

No niego que por momentos me enfurecía el subconsciente trasfondo «imperial» de estos colegas-maestros, pero, enamorados del Caribe, y con toda su prepotente «seguridad» primer-mundista, nos estimularon con su ejemplo a sacudirnos nuestros complejos de inferioridad colonial. Mostraron que se debía —¡y se podía!— teorizar *desde* el Caribe[26]. Que el Caribe no era sólo un lugar exótico, interesante para estudiar, al abrigo de su sol, sus playas, su música y sus sen- y sexualidades. Todo ello, indudablemente, lo era, pero representaba también una cultura con una historia de conflictos terribles e iniquidades, y de alternativas esperanzadoras, desde las cuales —en su combinación y dialéctica— podían nutrirse reflexiones ¡e innovaciones! en el campo del análisis y la teoría social. Ya en los ochenta señalé, precisamente cuando comenzaba a elaborar mis trabajos sobre nuestra cimarronería musical y danzaria, que las investigaciones caribeñistas de estos autores

> sirvieron indirectamente a los académicos caribeños como puente para participar en los más amplios debates latinoamericanos [...] sobre la Dependencia. Ellos enfatizaron en el estudio de la cultura a través de dos proposiciones muy importantes: una estructura de producción —la plantación— era colocada en el tuétano del análisis de las sociedades caribeñas; y esa estructura productiva estaba intrínsecamente vinculada a la historia del Caribe dentro de la historia económica mundial [...]. La economía de plantación impulsada por o desde las Metrópolis (con su deformado pero evidente desarrollo de las fuerzas productivas) constituía claramente una forma de *desarrollo dependiente*. Y el examen de las particularidades de sus relaciones

---

[25] *Two Variants in Caribbean Race Relations: A Contribution to the Sociology of Segmented Societies* (1967) y *Slavery and Race Relations in the Americas: Comparative Notes on Their Nature and Nexus* (1973). Publicó también *El pueblo dominicano (1850-1900): apuntes para su sociología histórica* (1985); *Santo Domingo y el Caribe: ensayos sobre cultura y sociedad* (1994) y un libro sobre Curazao que lamentablemente no se ha traducido, *Het patroon van de oude Curaçaose samenleving. Een sociologische studie* (1958).

[26] Un alegato similar desde otras regiones del «tercer mundo» se constituyó en uno de los núcleos principales que agruparon, unas dos décadas más tarde, a los trabajos hoy conocidos como «estudios poscoloniales». Véase, por ejemplo, el ya «clásico» ensayo pionero de Dipesh Chakrabarty, «Postcoloniality and the Artifice of History: Who Speaks for "Indian" Past?» (1992: 1-26).

productivas había previamente levantado interesantes cuestiones en torno, por ejemplo, a la naturaleza de la esclavitud en una mono-producción masiva para el mercado mundial [...] distinguiéndose enormemente del modo de producción esclavista de la Antigüedad, o el quiebre de la tradicional distinción entre campesinos y proletarios en las plantaciones capitalistas (que le siguieron) de trabajo «libre». Fue un puente que nos marcó en su tránsito; pues estas problemáticas de la dinámica (histórica) [...] se centraban, repito, en el análisis de la cultura[27].

Como adelanta la cita anterior, en este largo recorrido liberador de trabajados aprendizajes tendría que destacar, para finalizar, a los compañeros de aquel importante intento de renovación conceptual latinoamericano que representaron «los estudios de la Dependencia», movimiento del cual siento orgullo por haber, humildemente, colaborado. Destaco, sobre todo, las investigaciones sobre dependencia, «mulatería» y cultura oprimida del colega haitiano Jean Casimir[28] (siempre cómplice de mis *parejeras herejías* caribeñas en los múltiples seminarios «dependentistas» en que participamos juntos a lo largo de Latinoamérica), y las múltiples lecciones —sobre marginalidad, clase-Estado-nación, *lo cholo* (mestizo) y el conflicto cultural, modernidad-identidad-utopía[29]—, y de manera

---

[27] «El marxismo dependentista y el estudio de la historia del movimiento obrero en América Latina» (1986a: 182-183); también en «Los debates en torno a la Dependencia en América Latina y las investigaciones sobre la historia del movimiento obrero en Puerto Rico» (1989a: 145-146).

[28] *La cultura oprimida* (1981); *La Caraïbe, Une et Divisible* (1991), traducido bajo el título, *La invención del Caribe* (1997); «Estudio de caso respuesta a los problemas de la esclavitud y de la colonización en Haití», en Manuel Moreno Fraginals, ed., *África en América Latina* (1977); «Limitaciones del proyecto nacional de la oligarquía mulata de Dominica en el siglo XIX» (1982: 138-173). Es curioso que este último sea precedido en la publicación por un artículo mío bastante morrocotudo, basado en una muy buena investigación pero encajonado en un marco analítico ortodoxo, «Las contradicciones de la acumulación capitalista y el llamado "problema de población"; análisis de las migraciones internas y el empleo entre 1900 y 1940 en Puerto Rico" (97-137), y seguido por un hermoso ensayo del filólogo José Juan Arrom sobre la etimología del vocablo *cimarrón*, «Cimarrón: apuntes sobre sus primeras documentaciones y su probable origen» (174-185).

[29] Aníbal Quijano, *Nationalism & Capitalism in Perú: A Study in Neo-Imperialism* (1971); *Imperialismo, clases sociales y Estado en el Perú: 1890-1930* (1978); *Problema agrario y movimientos campesinos* (1979); *Dominación y cultura: lo cholo y el conflicto cultural en el Perú* (1980); *Transnacionalización y crisis de la economía en América Latina* (1984); *Modernidad, identidad y utopía en América Latina* (1988); «"Raza", "etnia" y "nación" en Mariátegui: cuestiones abiertas" (1993: 172-187); y la entrevista que le hicieran bajo el título «Mariátegui contra la expropiación de la utopía» (s.f.: 37-51).

especial, los más recientes trabajos sobre la colonialidad del poder y el saber[30] del maestro peruano que me honra en este libro con su «Presentación», Aníbal Quijano. Adelanté mis primeros balbuceos en torno a la cimarronería musical[31], ante la mirada atónita de muchos funcionarios gubernamentales involucrados en proyectos de desarrollo agropecuario, en un oscuro congreso internacional sobre ¡Sociología rural! celebrado a principios de los ochenta en la hermana República Dominicana. Agradezco el estímulo y apoyo en dicho ambiente indirectamente hostil, del antropólogo argentino Eduardo Archetti (RIP), quien escribiría después sobre el tango (2003), del historiador-sociólogo ecuatoriano Hernán Ibarra, quien abordaría luego la música «rocolera» (1998) y del historiador dominicano mulato oscuro (en su país, calificado «indio») Rubén Silié, hoy Secretario General de la Asociación de Estados del Caribe. Pero —como bien señaló el más lúcido crítico cultural puertorriqueño, Arcadio Díaz Quiñones, en su presentación de ¡Salsa, sabor y control! en 1999 y, por escrito, en su ensayo «Una España pequeña y remota» (2003: 118-125)— el momento de giro fundamental de mis investigaciones hacia las posibilidades heurísticas de nuestra bailable cimarronería sonora se dio en 1985 con el ensayo «La cimarronería como herencia y utopía» que publicó en Buenos Aires la revista de CLACSO David y Goliat (37-51). Por considerarlo aún muy preliminar, nunca accedí a publicar este ensayo en el Caribe hasta tanto sintiera más sólidos sus argumentos. Fundamentalmente, a ello he dedicado mi trabajo académico desde entonces.

Han sido años de un arduo y a su vez gozoso proceso de investigación y reflexión muy libres, donde me he visto en la necesidad de estar constantemente revisando y repensando análisis y conceptos de acuerdo a lo que iba encontrando en las pesquisas, a las transformaciones sociales que siguen experimentando la región y el mundo, y al trabajo de investigación y reflexión de muchas otras personas en estos tiempos que se han caracterizado, sobre todo en las Ciencias

---

[30] Aníbal Quijano, «La colonialidad del poder y la experiencia cultural latinoamericana» (1998: 27-38) y «Colonialidad del poder, eurocentrismo y América Latina» (2000: 201-246). El enorme potencial heurístico de estos últimos trabajos de Quijano ha sido reconocido mucho más allá de la Sociología: véase, por ejemplo, del crítico cultural Walter D. Mignolo, Local Histories/Global Designs, Coloniality, subaltern knowledges, and border thinking (2000), reconocimiento que resulta admirable ante la proverbial y lamentablemente creciente miopía de la academia anglófona para contribuciones fuera de su ámbito lingüístico.

[31] Cuya revisión se publicó más tarde como «The Rural-urban Dichotomy in the Formation of Puerto Rico's Cultural Identity» (1988b: 127-144).

Sociales, como de «crisis epistemológica». Prueba de ello es mi ensayo inmediatamente posterior a «La cimarronería como herencia y utopía», «La música puertorriqueña y la contra-cultura democrática; espontaneidad libertaria de la herencia cimarrona», donde por primera vez coloco de forma explícita a la música en el lugar central del análisis y la argumentación. Organizo allí la exposición siguiendo la estructura de *la forma sonata* de las sinfonías del extraordinario período «clásico» (Haydn, Mozart, Beethoveen...) de la música *clásica* europea: *Preludio en salsa*; *Allegro ma non troppo: la bomba, el seis, y la cimarronería*; *El andante de la danza*; y *Finale presto: salsa, democracia y utopía*[32]. Veo ahora que esta manera de articular la exposición de mis argumentos reflejaba bien el estado en que se encontraban entonces mis reflexiones: caribeñizaba una forma ya universal (aunque originalmente europea) sin romper aún radicalmente con el eurocentrismo... como llama Quijano y repito, con «esa cárcel de larga duración».

No tengo que explicarles a aquellos de ustedes versados en música (u otras artes) la importancia de la *forma* para el *contenido*, o mejor dicho: cómo *forma* y *contenido* son, en realidad, partes inseparables de una misma unidad expresiva. Siempre preocupado, reitero, por esa relación entre forma y contenido, para *Cuerpo y cultura* he organizado la exposición de mis análisis y argumentos, como verán, a la manera de una de las más importantes músicas bailables de la América «mulata»: *paseo – merengue – jaleo*. Como leerán en más detalle en el Primer *Repiqueteo* del *Jaleo*, este baile «mulato» (así como la danza curazaeña, puertorriqueña y cubana, entre otros) se inicia con el *paseo*: una corta introducción configurada sobre la isométrica «occidental» que le permite al varón invitar («sacar») a bailar a la pareja que ha seleccionado y conducirla galantemente hasta el medio del salón. Luego, un acorde final *dominante* —donde el varón saluda a su pareja con una deferente genuflexión— anuncia el inicio del bailable. Le sigue el *merengue* propiamente dicho, cuerpo central del baile y la composición (con cuatro veces más compases que el *paseo*, al menos) sobre sosegadas síncopas en métrica de clave. Y, finalmente, el *jaleo*, que fue históricamente haciéndose cada vez más prolongado, abre la composición a la intensidad de la improvisación y la sorpresa. Acelera el *tempo* de la clave, «liberándose» del

---

[32] Ponencia en el Congreso Latinoamericano de Sociología (ALAS) celebrado en Río de Janeiro en 1986, que publicó pocos años después (sin mi consentimiento) la revista *Folklore Americano* (del Instituto Panamericano de Geografía e Historia, México y Quito) (1990b: 135-167). Paralelamente, respondiendo a una invitación del maestro Richard Morse, presenté una versión revisada en inglés en el *Latin American Program* del Wilson Center, Smithsonian Institution, que publicaron como *working paper* 178: *Music, Social Classes, and the National Question of Puerto Rico*, Washington, 1989.

disimulo de la síncopa sosegada, exteriorizando su «africanidad». Proliferan los «piquetes» (improvisadas elaboraciones percusivas sobre un ritmo básico), «dando pie» al lucimiento de la pareja con sus mejores «pasos» y abriéndose a la sorpresa corporal erótica de una seducción que presiente que se avecina su incierto desenlace.

Obviamente, *Cuerpo y cultura* abre con el *Paseo*, que subtitulo «Baile y ciudadanía»[33]. Éste sirve para introducir la temática y las tesis centrales del libro. Presenta, combinando síncopas con la lógica *isométrica*, el papel central del baile en la conformación de aquellas identidades sociales a través de las cuales se configuró el mundo civil en países caribeños, como Puerto Rico. Analiza cómo el carácter descentrado de la musicalidad afro-americana facilitó el reencuentro entre el canto y el baile que la separación mente-cuerpo de la modernidad «occidental» había lanzado por rumbos opuestos.

Los primeros *acordes* de la primera sección bailable o *Merengue* profundizan sobre la «teoría» de las músicas «mulatas» que se introdujo en el *Paseo*, exponiendo de manera más sistemática y amplia esa dinámica hibridación enriquecedora. Está redactado, como el libro en su totalidad, para un público lector general que, en su mayoría, desconoce la notación musical y ciertos términos especializados de la musicología. Sin embargo, quisiera también que músicos y musicólogos puedan aprovechar para su especialidad las investigaciones, análisis y reflexiones de un sociólogo versado, al menos rudimentariamente, en música y etnomusicología. El *Merengue* intenta, por lo tanto, un balance, como el columpiarse corporal de las parejas en las «síncopas» de salón. Incorporo algunas partituras y conceptos especializados, advirtiéndole al lector general que no por ello podemos seguir bailando juntos. Pues, además de que intentaré traducir para todos los significados fundamentales de las especificidades, el propósito principal de este *Merengue* consiste realmente en presentar una historia social abarcadora de esas danzarias músicas «mulatas», desde las primeras contradanzas y habaneras del siglo XIX hasta el reggaetón de comienzos del XXI[34]. Dicho cuadro panorámico de síncopas «sosegadas»

---

[33] Cuya primera versión se redactó como presentación para el XI Encuentro de Facultades Latinoamericanas de Comunicación Social –FALAFACS–, 5 al 8 de octubre del 2003, en la que participé como invitado en la Mesa sobre *Ciudadanías culturales*. Esa primera versión se incluyó en el libro de memoria del encuentro: Silvia Álvarez Curbelo, ed., *Comunicación, democracia y ciudadanía* (2005: 149-164).

[34] La primera versión de este «capítulo» se trabajó a base de los escritos que sobre «Las músicas de América» produje para Emir Sader, *et al.*, *Latinoamericana, Enciclopédia Contemporânea da América Latina y eu Caribe* (2006). Se le añadieron notas al calce y se expandió y revisó extensamente el texto.

nos permite ubicar en un contexto latinoamericano amplio las investigaciones más específicas que se presentan en la segunda sección bailable o el *Jaleo* final a tres tiempos.

Cocolo al fin, elaboro mis *repiqueteos* del *Jaleo* de este *Merengue* siguiendo la libre y espontánea combinación de formas de la ensalada híbrida salsera. Entre los maestros *profesionales* del ya globalizado baile de salsa, existe hoy una polémica en torno a si debe el bailador iniciar sus pasos con el primer o el segundo tiempo de la clave o el compás, como supuestamente se acostumbra en el primer caso en Cuba y en el segundo en Nueva York. Otros meticulosos folkloristas argumentan que incluso «más correcto» sería seguir una variación alterna que denominan «clave tres», «bailar en tres» o en *contratiempo*. La bailarina, coreógrafa, maestra e investigadora Juliet McMains, visitando numerosos encuentros bailables en Cuba y en Puerto Rico, concluyó muy honestamente que esta polémica debió haber sido más bien fomentada por el comercio de las escuelas de baile[35], pues en ambas «cunas» de la tradición de esa particular manera de hacer música, contradiciendo las agrias polémicas *formalistas* de los «profesionales», mi experiencia es que en realidad los bailadores entran a veces en el primer tiempo, otras veces en el segundo y, en ocasiones, en *contratiempo* (o en tres) de manera muy libre, siguiendo espontáneamente la intercomunicación con su pareja y con la música. De hecho, McMains recalca que

> Unlike in the U.S. where a dancer is expected to maintain the rhythm with which he starts for the duration of one song, dancers (in the Islands) regularly shift rhythms within the same song, often responding to «gear shifts» in [...] music (2008: 139).

Partícipe de esta tradición que se ha negado a «encajonar» su salsa, que desafía en su práctica espontánea los «moldes» de los «profesionales», los tres piquetes del *Jaleo* de *Cuerpo y cultura* inician su argumentación —siempre sincopada— en distintos tiempos: el primer *Repiqueteo* del *Jaleo*, que es el más orientado a la polémica de los *orígenes*, entra en uno, como la *salsa cocola* en la cual insiste el bailarín profesional puertorriqueño más históricamente orientado, Tato Conrad. El segundo *Repiqueteo*, siguiendo el *swing* de Maelo no podía sino iniciar a *contratiempo*, un poco antes del primer compás, simulando

---

[35] «Finding the Beat: the Rhythmic Controversies in the Salsa Dance Industry», en Darío Tejeda y Rafael Emilio Yunén, eds., *El son y la salsa en la identidad del Caribe* (2008: 135-142). Véase también en el mismo libro, de Sydey Hutchinson, «Bailando en su lugar: cómo los salseros crean variantes locales de un baile global».

o evocando la anticipación del bailador al piquete del tambor subidor en los bailes de bomba. Y el tercer *Repiqueteo*, que aborda el tema de la globalización migratoria, se estructura en dos, como el estilo que globalizó por el mundo el coreógrafo Eddie Torres desde Nueva York. Corresponde a los lectores evaluar si he logrado desarrollar o no, los intentos que con esta metáfora expongo respecto a la experimentación formal con la escritura.

En el primer piquete del *Jaleo*, «El *Merengue* de la *Danza*»[36] se examinan minuciosamente los problemas de investigación comparativa en torno al surgimiento del baile en parejas en las Antillas hispánicas. Con las fuentes documentales disponibles, se escudriña el tipo de sonoridad sobre el cual el baile de parejas engarzadas fue constituyéndose (ritmos, forma, conjuntos instrumentales...) y sus maneras «correspondientes» de expresividad corporal («escobilleo» *versus* tipo columpio) para, sobre todo, analizar sus significados para las relaciones de clase, «raza» y género en la formación de sus culturas cívicas y concepciones *nacionales* respectivas.

El segundo piquete, «El *swing* del soneo del Sonero Mayor»[37], profundiza en la relación entre el canto y el baile. Analiza cómo el arte de improvisación vocal de Ismael Rivera (sus rimas, métricas, repeticiones, sorpresas...) está indisolublemente vinculado a la memoria de los giros expresivos del baile de bomba, el género musical-bailable puertorriqueño más cercano a su herencia africana. Maelo soneaba como si estuviera bailando, o repiqueteando el tambor subidor en diálogo con la expresividad coreográfica. Este «capítulo» nos trasporta a mediados del siglo XX, cuando la transformación «desarrollista» que Puerto Rico atravesaba tornaba más transparente la importancia de una de las problemáticas centrales de los conglomerados humanos en la modernidad: la relación entre *comunidad* y *sociedad*, que manifestaba de manera dramática la combinación de intensidad barrial y mediática de *Cortijo y su combo*. La

---

[36] Versión revisada para este libro de la Conferencia magistral en el Primer Congreso Internacional *Música, Identidad y Cultura en el Caribe*, Santiago de los Caballeros, República Dominicana, 9 al 11 de abril de 2005, incluido en el libro de memorias del evento: Darío Tejeda y Rafael Emilio Yunén, eds., *El merengue en la cultura dominicana y del Caribe* (2006: 105-152).

[37] Preparado inicialmente para conmemorar el natalicio de Ismael Rivera frente a la casa donde vivió en la Calle Calma en Santurce invitado por los compañeros de la Fundación Ismael Rivera. Un resumen de aquella primera versión se publicó en el periódico *El Nuevo Día*, Revista *Domingo*, 5 de octubre del 2003, pp. 8-9. El ensayo se amplió y retrabajó como Conferencia para el Taller de invierno de la Universidad de Harvard en enero del 2005 y como Conferencia de clausura para el VIII Seminario Internacional de Estudios del Caribe, Cartagena de Indias, Colombia, en julio del 2007. En la versión definitiva para este libro se expandió ampliamente el análisis de los soneos del «Sonero Mayor».

rápida popularidad del *combo* —con el canto danzante de su sonero—, por numerosos barrios populares de la América «mulata» (en muchos de los cuales es todavía recordado y venerado), atestigua que las complejas relaciones entre lo comunal y lo social trascienden la realidad nacional inmediata de donde emergen.

El *Repiqueteo* final retoma el análisis de la relación entre la expresión vivencial barrial y la difusión internacional, a través del estudio de la «globalización» de la salsa[38]. A comienzos del siglo XXI, según la información disponible, se manifiesta un interés mayor en aprender a bailar salsa que ningún otro género bailable alrededor del mundo. Por otro lado, la música salsera que el mundo baila sigue todavía produciéndose principalmente en los países hispano-caribeños y entre su diáspora neoyorkina. Su difusión «globalizada» no le ha erradicado su historicidad. Ello es importante para comprender las posibilidades de expresividad cultural del baile; no como mera encadenación virtuosista de movimientos y acrobacias, sino como intercomunicación corporal de emociones y saberes. El reconocimiento de su significación cultural no tiene que atarnos a un etnocentrismo. Al contrario, es evidente en la práctica salsera que emociones y saberes engendrados en un contexto cultural concreto toquen fibras de sensibilidad que como humanos compartimos internacionalmente a nivel epocal.

El estudio de la difusión salsera nos ilumina también respecto al carácter de esas fibras de sensibilidad compartidas. Emergiendo principalmente desde la emigración latino-caribeña a Nueva York, en lugar de ir paulatinamente incorporándose al *melting pot* de la cultura estadounidense, frente a y dentro de ¡la cultura dominante de la «globalización» contemporánea!, ha ido «latinocaribeñizándose» aún más en su proceso «globalizador». Contrario a como fue en sus orígenes, se produce más salsa hoy en los países latino-caribeños (incluyendo, siempre, los continentales: Colombia, Venezuela, Centroamérica...) que entre sus emigrantes a los Estados Unidos.

Las investigaciones que recogen los *repiques* del *Jaleo* (en uno, en *contratiempo* y en dos) representan diversos acercamientos al estudio de la relación entre música, baile y sociedad, y la idea de agrupar estos ensayos responde también al propósito de ilustrar la posibilidad de combinar distintas técnicas

---

[38] Una primera versión fue preparada como Conferencia invitada al *II Congreso Internacional Música, Identidad y Cultura en el Caribe*, Santiago de los Caballeros, República Dominicana, 13 al 15 de abril del 2007. Una segunda versión, mucho más cercana a la actual, fue preparada como ponencia para la reunión del Grupo de trabajo de CLACSO sobre los Estados Unidos celebrada en Quito entre el 29 y 31 de octubre del 2007 en el marco de la celebración del 50 aniversario de FLACSO.

y disciplinas en esta área de pesquisas. El *Repique en uno* es buen ejemplo de un trabajo de sociología histórica, elaborado fundamentalmente sobre fuentes documentales, y las preguntas que a dichas fuentes le formula el análisis de los procesos sociales. El Segundo *Repiqueteo* incorpora cierto sesgo etnográfico a través, por ejemplo, de entrevistas grabadas a personas que vivieron algunos de los procesos analizados, y del intento de reconstrucción de la cotidianidad barrial cangrejera combinando fuentes orales y documentales para historias de vida de los compositores y músicos de *Cortijo y su combo*. También se aventura en el análisis de recursos «poéticos» (rimas, métricas, metáforas…) al examinar muchos de los discos que grabaron los soneos del Sonero Mayor. Finalmente, el último *Repiqueteo* incorpora el análisis estadístico del más completo catálogo comercial de grabaciones de salsa que encontré (en los últimos años del siglo XX, impreso y, a partir del 2000, en Internet; donde también escudriñé, con la ayuda de estudiantes, la existencia de escuelas y maestros de salsa por el mundo).

Este libro, como todo mi trabajo intelectual —¡habrán visto!—, le debe mucho a muchísimas personas. En *¡Salsa, sabor y control!* incorporé un largo listado (¡de varias páginas!) que prácticamente podría reproducir acá íntegramente, lo que sería abusivo para los lectores. Sí me parece pertinente consignar nuevas deudas específicas para *Cuerpo y cultura*. Especialmente, las inestimables contribuciones de mis auxiliares de investigación en el Centro de Investigaciones Sociales de la Universidad de Puerto Rico (CIS-UPR) a lo largo de la última década: el ya hoy colega investigador francés puertorriqueñizado Yannis Ruel, particularmente respecto al Segundo y Tercero de los *Repiqueteos* del *Jaleo*, y las talentosas investigadoras en formación (las primeras dos, ya prácticamente colegas académicas, también), las boricuas Judith Sierra para el Primer *Repiqueteo* y Lara López de Jesús, Dellymar Bernal, Nilvea Malavé y Tahirín Artreches para el largo y complejamente sincopado *Merengue* del libro. Las últimas dos, mis auxiliares actuales, pudieron además leer y comentar las versiones «finales» del manuscrito en su conjunto, sugiriendo excelentes modificaciones y revisiones de toda índole.

La editora del CIS-UPR (marco institucional de mi trabajo académico) Ana Victoria García San Inocencio no sólo se limitó a correcciones de estilo y expresión; aportó muy profundas, agudas e inteligentes sugerencias de contenido. Me ayudaron mucho también a la revisión final del manuscrito las observaciones del Comité de Publicaciones del CIS-UPR en su totalidad. El colega etnomusicólogo norteamericano Robin Moore me hizo excelentes señalamientos críticos y sugerencias al Segundo *Repiqueteo*; el historiador catalán americanista Javier Laviña y el antropólogo colombiano africanista Jaime Arocha respecto al *Paseo*; y los compañeros puertorriqueños Arcadio Díaz Quiñones, Alma Concepción, Mareia Quintero y Luis Manuel Álvarez para diversos segmentos, o sobre el libro en su totalidad. También, los críticos literarios neoyorquinos —judíos *aboricuados*— Doris Sommer y Marc Zimmerman (la primera, gran bailarina además). Los colegas y amigos Beatriz González Stephan y Elizardo Martínez (venezolana y cubano *aboricuado*, respectivamente) solidariamente dedicaron valiosos esfuerzos a los trámites con la casa editora. Por último, los compañeros Ana Rosa Rivera Marrero (del CIS-UPR) y Waldo Pérez Cino (Iberoamericana-Vervuert) contribuyeron enormemente en los más diversos aspectos de la edición final. ¡Margarita González bailó conmigo durante todo el proceso!

Cuerpo y cultura se honra, como hemos antes señalado, en incorporar como «Presentación» un ensayo —que su autor llama «notas»— de Aníbal Quijano, a quien considero como uno de los más importantes académicos del último medio siglo a nivel mundial, en las luchas de la humanidad por una sociabilidad más justa, heterogénea y enriquecedora.

El crítico dominicano Pedro Henríquez Ureña, uno de los más importantes intelectuales latinoamericanos de la primera mitad del siglo XX, fue uno de los primeros en intentar (ya en 1929) una aproximación cultural continental a las músicas de América, adelantando observaciones agudas sobre las que acá denomino «músicas mulatas» (1984). No obstante su contribución pionera, dieciséis años después afirmaba en un periódico en Buenos Aires:

> La cultura colonial [...] no fue mero transplante de Europa [...] sino en gran parte obra de fusión

Hasta aquí coincido plenamente; pero a continuación añade:

> En lo importante y ostensible se impuso el modelo de Europa; en lo doméstico y cotidiano se conservaron muchas tradiciones autóctonas (citado en Díaz Quiñones 2006: 62).

En una historia marcada por la dominación colonial y el camuflaje del cimarronaje, *lo doméstico y cotidiano* no podían ser *ostensibles*, aunque sí fueran, como entiendo, parte fundamental de *lo importante*, o base desde donde se constituye lo que Henríquez Ureña, como muchos intelectuales de su época, calificaban de «importante». El presente libro, que también pretende una aproximación cultural continental, quisiera contribuir a hacer *ostensible* la importancia de la subversión —doméstica y cotidiana— de los bailes de esa *obra de fusión* americana que he tenido la osadía de llamar «mulatería».

Intenta demostrar que *lo doméstico y cotidiano* no sólo «conservan», sino que también dinamizan las cambiantes «tradiciones» que posibilitan un enriquecimiento cultural inseparable del arte comunicativo entre cuerpos danzantes.

Fiesta y poder en el Caribe

Notas a propósito de los análisis de Ángel Quintero

Aníbal Quijano

Cimarrón que soy, también lo son mis identidades, felizmente, nómadas, haciéndose todo el tiempo a los tiempos de este tiempo. De todas ellas, boricua es una de las más entrañadas. Y como cada una, es un aprendizaje que no tiene, felizmente también, cuándo, ni porqué, terminar. Después de todo boricua es, además, una manera caribe, un mundo que nunca termina de hacerse. Y aunque son muchas mis razones, mis motivos y mis necesidades (¿o debí enumerar al revés?) en este compromiso, esta vez quiero insistir sólo en dos de ellas, porque les debo la nueva partida y el nuevo horizonte que andan conmigo en el filo del camino.

Ángel Quintero Rivera contó en *¡Salsa, sabor y control!*, el espléndido libro que originó estas notas[1], la formidable experiencia personal que para mí llegó a ser refundirme entre la multitud de miles de «negro/as» que marchaban y cantaban en el entierro de Rafael Cortijo en 1982. Por primera vez podía sentir directamente lo que había sido apenas una sospecha prolongada durante casi tres décadas, y que llevaba conmigo desde que en los archivos peruanos preguntaba a los documentos coloniales cómo hacían los esclavos «negros» para continuar viviendo, torturados, humillados y ofendidos, sin tregua y sin tasa. La sospecha comenzó escuchando la música que en el Perú de los cincuenta era llamada *afrocubana*. Se afianzó escuchando la música «negra» de Estados Unidos, al mismo tiempo que estudiaba las relaciones entre «blancos» y «negros» en ese país (entre comillas, para que no se pierda la colonialidad de

---

[1] En febrero de 1999, Quijano escribió una reseña de *¡Salsa, sabor y control!* para el periódico de la Universidad de Puerto Rico *Diálogo*, sobre la cual se basa esta presentación [Nota del editor].

estos términos, habitantes oscuros del poder capitalista en todo el mundo). En el cortejo funerario del gran músico boricua comencé a entender lo que diría, no mucho después, en una de mis conferencias en la Universidad de Río Piedras: que el ritmo contra el sufrimiento era el más poderoso descubrimiento de los «negros» en América, la puerta a la otra margen.

Como todos los cimarrones de este mundo, sabía —es un decir— que hay una relación entre música y sociedad/cultura. O como mejor dice Jacques Attali (1977), que «la música es la banda sonora de la sociedad». Pero hasta entonces mi saber no había dejado de ser intelectual y no me había permitido entrar entero, corporalmente, al escondido espacio donde el poder y las gentes se juegan la vida cada día. Porque el ritmo era, exactamente, eso: un espacio-tiempo de confrontación entre el poder y la corporeidad.

Desde entonces, en el curso de mis muchas estancias boricuas, mientras me hacía familiar con los sonidos de todos los caribes de América, fue terminando de limpiarse en mí la idea de corporeidad, liberada, por fin, de la vieja prisión eurocentrista de la dualidad cuerpo-alma, materia-espíritu, razón-emoción. Saliendo de esa cárcel de larga duración, la corporeidad emergía radiosa como sede y modo de ser humano en este mundo y ponía al desnudo su relación con el poder. Porque es el *cuerpo* el que es explotado, usado y consumido en el trabajo. Es el *cuerpo* el que es mal nutrido, torturado, aprisionado. Porque es al *cuerpo* al que señalan los «conceptos» de *trabajo*, de *género*, de *raza*, desde América las tres vigas maestras del patrón capitalista de poder mundial, colonial/moderno. Pero *cuerpo* es también la sede y el destino del placer, de todo placer, y del dolor, de todo dolor. Y las relaciones de comunicación, de solidaridad, de alegría colectiva y de gozo individual, parten del *cuerpo* o se dirigen hacia él. El *cuerpo* es toda la persona, su sede y su horizonte. Así también pude llegar hasta el fondo de mis viejas sospechas: que de las tres vertientes centrales que nutren la nueva utopía americana, ésta es la que carga su más poderosa savia.

Pasados los tiempos de la esclavitud, el ritmo pudo ser también liberado. El espacio-tiempo de la corporeidad era mayor. Sin dejar de sostenerse contra la dominación/explotación/discriminación, el ritmo pudo ser dedicado más y mejor a ser mensajero y continente de las alegrías y de las melancolías de estar vivo y sobre todo a ser un modo principal de la comunicación directa, de la danza del mundo.

Carmen, mi compañera, también enamorada de lo boricua, no cesa de repetirme que en Puerto Rico bailé feliz y libremente y que en otras partes, en el Perú, por ejemplo, mucho menos. Cuando lea este libro, entenderá mejor lo que me ha sido tan difícil explicarme hasta ahora.

Los libros de Quintero —sobre todo *¡Salsa, sabor y control! Sociología de la música «tropical»* y éste mismo— me han ayudado a entender mejor las fuentes y maneras de mi aprendizaje boricua. Líbreme Dios de la tentación de hacer aquí el examen «científico-social» de estos libros. Lo que quiero es testimoniar que allí he continuado aprendiendo la relación entre el sonido, el baile y el tiempo, que es la misma que entre el sonido, el movimiento y la vida o, en los términos faulknerianos que exploran y cuentan lo mismo, música, sociedad y poder en *Yoknapatawa* (nombre mágico del Caribe de los Estados Unidos), entre el sonido, el movimiento y la furia, cuando se trata de las relaciones entre música, baile y dominación. Caribe, como cumple a todo nombre legendario, es el nombre de una geografía del sonido y del baile, y de las formas de vida que ayuda a crear, común a la costa Sureste de Estados Unidos, a las Antillas, a la costa colombiana y venezolana, al nordeste brasileño, a toda la costa de Ecuador y a la costa Norte y del Sur-Chico del Perú. Hoy, su ritmo ha comenzado a expandirse por el mundo, subvirtiendo los más guardados laberintos de las sociedades represivas. El ritmo «negro» que nació en la resistencia contra el sufrimiento en América, es el sonido de la subversión del poder en todo el mundo.

Dicen que a Marx le gustaba el *negro spiritual* y fue Hobsbawn (aunque detrás del pseudónimo de Francis Newton: *The Jazz Scene,* 1993) el primero de los intelectuales europeos en proclamar que el jazz era la única genuina revolución musical del siglo XX. Ninguno por accidente: con todas las dificultades del hilo eurocéntrico de sus perspectivas, los dos apostaron todo su talento y toda su fuerza en la lucha por la liberación de los explotados/dominados/ discriminados del mundo. Eso implica la lucha por la liberación de la corporeidad, de la fuerza de trabajo, pues. Para ellos fue siempre explícito. Por eso, la música de esa confrontación, el ritmo de cada término de esa lucha, no puede ser inaudible. La revolución musical es parte, un momento, de la revolución de toda la sociedad, de toda la cultura. Incluso cuando es derrotada. ¿Hay alguien que no recuerde el lugar de la música en la vasta revolución mundial de los sesenta? Pero Quintero Rivera descubrió ya en *¡Salsa, sabor y control!* que en la vereda opuesta, el mero Max Weber buscaba percibir en la música, ante todo, el orden. El eurocentrismo es, por fuerza, heterogéneo.

La migración boricua a Estados Unidos, como la de todos los caribes, de algún modo preludió la subversión cultural mundial que van produciendo hoy las migraciones desde el mundo de la colonialidad hacia los centros del poder mundial. La fabulosa imagen que abre *Los versos satánicos*, de Salman Rushdie, cuenta esa subversión. Cuando los personajes, originados en el mundo de la colonialidad, van cayendo del cielo y aterrizan metamorfoseados a la orilla del Támesis, lo que ven, lo que hacen ver, es un insólito Londres, colorido, fervoroso, *tropical*, caribe. Exactamente, pues, como no lo habíamos querido ver antes. No en balde la más significativa narrativa en lengua inglesa, no la escriben los *anglos* de nacimiento. La escriben en Londres los migrantes del Sudeste Asiático (Rushdie, Kureishi), o los hijos de los *no-anglos* en las Antillas (Derek Walcott, V. S. Naipaul) y en Estados Unidos (Tony Morrison). O los *anglos* mismos sólo cuando narran subversivamente la colonialidad (Corman Mac Carthy).

En la migración humana de este tiempo, son las relaciones sociales diarias que están en crisis, las que producen procesos de *reetnificación* (jerga de antropólogos), de reidentificación inacabada, cimarrona, toda una subversión cultural. Ser «latinoamericano» en el actual corazón mayor del eurocentro, es una subversión idéntica a ser «afroamericano» o «nativo americano». Porque las luchas de liberación de la sociedad tienen ahora otro punto de partida, parte del escenario mayor de la confrontación: la lucha contra la colonialidad del poder, contra la clasificación «racista/etnicista» de las gentes del mundo, eje central del patrón de poder mundial del capitalismo colonial/moderno. Ángel Quintero Rivera —para sus amigos, «Chuco»— ha logrado ubicar en ese nudo que entrelaza todos los procesos, vertientes, caminos, herencias, utopías y proyectos, el origen y las peculiaridades musicales y danzantes de la salsa y, más ampliamente en éste, lo que llama las «músicas mulatas», no sólo sus conexiones sociales y políticas visibles.

Pocos como él con el envidiable instrumental intelectual, emocional, musical, para llevar a cabo el fascinante estudio que forman estos libros. Músico, hombre de danza y de ritmo. Investigador científico-social, con ojos de ver y de entender la vida diaria y sus tormentas del largo plazo. Persona diáfana, con rara —especial— capacidad de amistades y de afectos, dueño del ritmo caribe incluso cuando está triste. A él le debo, en primer término, el descubrimiento del *sabor* caribe. A sus libros, el encuentro con el hilo del sentido de mis experiencias en el laberinto boricua de mi cimarronaje.

I. Paseo

Baile y ciudadanía

Inspirado en la composición «clásica» conjunta de William Cepeda y Choco Orta, *Bomba corazón*

¿Cómo comunicamos en el Caribe sentidos de pertenencia social? ¿Cómo se entrecruzan en esa comunicación identitaria formas emergentes de ciudadanía vinculadas a la comunicación mediática con modos ancestrales de interrelaciones comunales? ¿Cómo se entretejen estas formas y esos modos en las maneras de relacionarnos, y en los compromisos que conlleva el sentido de una historia compartida? ¿Cómo desafían esos posibles entramados los parámetros jurídicos en que se ha intentado enmarcar políticamente, en los últimos dos siglos, el sentido de ciudadanía?

Duelo y melancolía, el llanto y la risa

Generalmente se asocia la salsa —el principal movimiento musical identitario del Caribe hispano de las últimas décadas del siglo XX— con la alegría. Pero como he intentado explicar en otros escritos[1], la alegría en la salsa es sobre todo una perspectiva, pues muchas composiciones salseras abordan temas muy tristes; una tristeza que dicha perspectiva pretende transformar en energía rehabilitadora de la vida, a través de la sonoridad y del baile. Es muy significativo, por ejemplo, que la composición más emblemática de una de las Orquestas de salsa que goza de mayor popularidad en Puerto Rico —La Selecta,

---

[1] Sobre todo en el ensayo «¡Salsa y control!: la jubilosa transformación de la tristeza», en *La canción popular* (Ponce, P. R.) 14, 1999, pp. 137-139.

del proletario barrio de Puerta de Tierra (extramuros del San Juan colonial)—
fuera, como la propia La Selecta la caracteriza, una canción-duelo. Dedicada
a Luisito Maysonet, el trompetista de la Orquesta recién fallecido entonces,
esta canción de 1972, que es todavía la que el público más le pide a La Selecta
en bailes y espectáculos, comienza así:

>Se ha escapado un angelito.
>Miren dónde va:
>Volando se ha ido
>aquel viejo amigo
>a la Virgen fue a adorar.
>Mi mente no captaba
>el porqué de esa visión:
>aquella cunita blanca
>que mis sueños quebrantó [...]
>se encuentran doce potencias ¡ay!
>reunidas en oración.

Coro: *¡Nadie se atreva a llorar! ¡Dejen que ría en silencio!*

Ante separaciones dramáticas dolorosas muchas sabidurías ancestrales, tanto como los seguidores de Sigmund Freud desde los inicios del psicoanálisis, han recalcado la importancia del duelo para retomar y renovar el ritmo vital que la melancolía de la pérdida amenaza con paralizar. Separaciones que trastocan el sentido mismo de la vida requieren del duelo para transformarse (y transformar la tristeza) en fuerzas que atisban nuevos caminos reconstituyentes para la continuidad renovada de la vida en el tiempo.

¡Nadie se atreva a llorar! ¡Dejen que ría en silencio!

En «La cuna blanca» el compositor salsero Raphy Leavitt, director de La Selecta, combina, como habrán visto, un catolicismo popular protagonizado por la Virgen —la figura femenina a través de la cual se humanizó el Dios de la cristiandad en la materialidad corporal— con referencias a una afro-espiritualidad cimentada también sobre las «fuerzas» de la materia: «potencias» que también asumen corporalidad. La muerte evoca, en la canción-duelo, la «quebranta-sueños visión» de una cuna, es decir, del arrullo al recién nacido. Su duelo transfigura, pues, el final, lo estático —con lo cual se asocia, por lo general, la muerte— en el fluir del vuelo infante, en la energía del movimiento de la «nueva» vida. Como señala la bailarina y coreógrafa afroestadounidense Brenda Dixon Gottschild, en la afro-espiritualidad «más que venerar productos (algo fijo), se adoran procesos» (1998: 10); es decir, se veneran dinámicas históricas y del fluir del universo. Por ello, en contraste con el rezo solitario inmóvil que predomina en Occidente, el duelo afroamericano se manifiesta —como la naturaleza— de maneras energéticas y colectivas («se encuentran doce potencias reunidas...»): sobre todo en la danza comunal, muy presente en los ritos de duelo entre los afrodescendientes en América[2].

¡Nadie se atreva a llorar!

Bomba y género: mandato y floreo

Pocos años atrás, en el 2003, murió Catalino «Tite» Curet Alonso, el más importante compositor de la salsa. Curet, un mulato criado en el Barrio Obrero de Santurce —uno de los principales sectores populares de la capital de Puerto Rico—, había sido a su vez cartero, literalmente un porteador de la palabra escrita: un sorteador público, casa por casa, de cuentas, documentos y algunos de los más privados escritos. El día de su entierro pude notar cómo turistas norteamericanos y europeos que vagaban por San Juan quedaban atónitos ante nuestro ritual mortuorio. A Curet Alonso lo despedimos bailando y cantando; nuestro duelo fue un belén.

Sobre el estribillo, cantado a coro, de

> Un belén para Cortijo, un belén para Ismael,
> un belén para don Tite, como le gustaba a él

---

[2] El historiador Javier Laviña evidencia documentalmente la importante presencia del baile en estos ritos funerarios: «Religiosidad popular y resistencia» (2007a). También lo evidencian las investigaciones etnográficas de aquellos reductos más aislados de afrodescendientes en América, como son los palenques de cimarrones. Véanse Rocío Cárdenas Duque, «La música en el palenque de San Basilio» (1986: 278-290) y Nina S. de Friedmann, «Lumbalú: ritos de muerte en el Palenque de San Basilio» (1991: 65-86). Algunos estudiosos de la cultura afrovenezolana lo mencionan como práctica antigua ya desaparecida: Angelina Pollak-Eltz (1991: 85) y Luis Felipe Ramón y Rivera (1990: 202). Para la América anglófona y francófona, Dena J. Epstein, *Sinful Tunes and Spirituals, Black Folk Music to the Civil War* (1977), presenta una amplia evidencia documental. De hecho, su capítulo 3, «The Role of Music in Daily Life», se inicia con la subdivisión titulada *Funerals*. Un muy interesante estudio específico referente a la isla de Trinidad, que experimentó tanto el colonialismo español y portugués, como el británico y francés, es de Molly Ahye, «In Search of the Limbo, An Investigation into Its Folklore as a Wake Dance» (2002: cap. 17, 227-261).

se lanzaban sucesivos bailadores a dialogar corporalmente con el tambor primo o subidor de la afrocaribeña música de bomba. En el LP donde se grabó «La cuna blanca», a esta composición le sigue otra canción-duelo titulada «En memoria de un hermano», que se inicia con repiqueteos de bomba.

La bomba, uno de los troncos formativos de la salsa, es la música tradicional puertorriqueña más apegada a su herencia africana, equivalente a la rumba en Cuba, tumba en Haití y Curazao, gwo-ka en Guadalupe y bámbula en otras regiones del Caribe. Fundamentalmente, estas músicas son rituales de comunicación entre sonido y movimiento: entre toques rítmicos, cantos, repiqueteo de tambor y baile. Se caracterizan por el uso de, al menos, dos tambores, uno que lleva un ritmo básico (en la bomba, el buleador) y otro (el primo o subidor) que repiquetea, que elabora de forma improvisada, sobre ese toque básico, enormes variaciones rítmicas que estimulan la creatividad coreográfica. En la voz folklórica, el buleador «manda» y el primo «florea» (Muñoz 1966: 88).

A diferencia de lo que ocurre en la tradición europea, donde a partir del siglo XVI —ante un creciente predominio de la melodía— los tambores fueron relegándose paulatinamente al papel de *acompañantes*, en estas músicas afrocaribeñas, marcadas por la zanja en continuidad temporal que representó la trata esclavista, continuaron siendo fundamentales para la *elaboración* musical. Ésta se genera sobre todo en el diálogo creativo entre bailador y tocador; como explicaremos más adelante, entre el espacio y el tiempo. Los bailadores, en parejas o en grupo, siguen el toque básico del buleador, mientras a nivel individual desarrollan variadísimos movimientos creativos en controversia improvisadora con el subidor. Es muy significativo culturalmente que en el tipo de sociedad donde emergió esta música, su ritual simbólico comunicativo sea que el colectivo *manda* y el individuo *florea*.

Surgida de grupos humanos a los cuales se había privado de la palabra —los esclavistas acostumbraban agrupar esclavos procedentes de distintas regiones africanas que hablaban diferentes lenguas, para que no pudieran comunicarse entre sí—, la «lírica» de la canción en este tipo de músicas ocupa un lugar secundario. La comunicación, más que con palabras, se establece con los ritmos (sean en la sonoridad de la percusión, en los cantos o bailes), con los *toques* de tambor y con las expresiones corporales:

Cuando la bomba ñama, el que no menea oreja menea nalga[3].

---

[3] Dicho popular recogido por el estudioso Manuel Álvarez Nazario (1960: 60).

Los cantos son de tipo responsorial, es decir, de llamada y respuesta entre un cantante solista y el colectivo a coro. El coro establece —con un estribillo que se repite constantemente— la idea básica de la canción, mientras que el solista improvisa variaciones en torno a esa idea central. Estas variaciones en la bomba tradicional son más melódicas y rítmicas que en la letra propiamente. Por ejemplo,

Coro	Solista
Yubá, yubá,	(que) Yubá, yubá
Yubá la mariné,	Yubá la mariné,
repícame esta bomba	(que) repícame esta bomba
Yubá la mariné	y repícala otra vez.

Nuevamente, el colectivo a coro *manda* y el solista individual *florea*.

A los dos tambores básicos de *bomba* (como a los de sus músicas hermanas en el Caribe y Brasil) se les identifica también por género[4]. A diferencia de lo que el predominio del canto en Occidente podría llevarnos a sugerir, al *buleador* o tambor más grave se le identifica como «hembra» y al *subidor*, el tambor más agudo, como «macho»[5]. En algunas de nuestras tradiciones orales se asocia la profundidad del «afinque» del toque básico con la madre tierra, y ésta, naturalmente, con la fecundidad. Además, algunos informantes nos recuerdan que el cuero de cabra, por sus embarazos, resulta flexible, mientras el del chivo macho es más rígido, por lo que puede tensarse más, produciendo sonidos más agudos. Los bailadores —tanto en colectivo, como individualmente— pueden ser hombres o mujeres. Ambos, cuando bailan en colectivo o en pareja siguen los toques básicos del tambor hembra, pero cuando improvisan individualmente lo hacen en controversia con el tambor macho. En el ritual comunicativo de estas músicas, pues, la hembra *manda* y el macho *florea*, muy significativo para sociedades donde el tronco familiar es fundamentalmente matrilineal.

---

[4] Como a «los palitos» o la clave, y a numerosos agentes sonoros en las músicas tradicionales atravesadas de visiones míticas, según apunta el musicólogo cubano Leonardo Acosta (1982: 147).

[5] En términos generales, pues hemos detectado confusión entre algunos informantes, producto tal vez de la intervención de moldes «occidentales» en expresiones afro de culturas constituidas desde ambos troncos formativos. La identificación del tambor más agudo como macho y de sonoridad más grave como hembra es la más común en toda Afroamérica; así aparece, por ejemplo, en las tumbadoras cubanas y los bongoes. Véase el excelente *Compendio de percusión afrolatina* del costarricense Carlos Saavedra Reyes (1999).

Distinto a la bomba, el merengue dominicano se estructura rítmicamente sólo sobre un «tambor» —la femenina *tambora*—, sobre lo cual abundaremos en el Primer *Repiqueteo* del *Jaleo*. No obstante, la tambora usa doble parche, es decir, se cubren de cuero tensado ambos de sus extremos. En ese sentido, se concentran en un mismo instrumento funciones que ejercen dos en la mayoría de las «bombas» afroamericanas (la bomba puertorriqueña y sus géneros hermanos). En la tambora un extremo es cubierto con cuero de cabra y el otro de macho cabrío (Saavedra Reyes 1999: 23). El de cabra, de afinación más grave (como en la bomba), se toca con un palito a baqueta y con la mano ágil (en la mayoría de las personas, la derecha). Éste provee la «zapata» básica del ritmo, mientras el más agudo *macho* se percute con la zurda que «repiquetea». El parche *hembra* manda, por lo cual, aun tratándose de un instrumento *hermafrodita*, se lo denomina en términos femeninos: *la* tambora. Allá también pues, aun con todo el machismo que acostumbran exhibir las letras de sus merengues, la hembra *manda* y el macho *florea*.

Los sonidos van marcando el transcurrir del tiempo; la organización de esos sonidos en música resulta en una forma de expresar nociones sobre lo temporal, como una de las dos coordenadas básicas en donde se «vive» la vida. El tambor hembra —con los toques básicos— y el colectivo en coro —con el ritmo del estribillo— establecen un tiempo recurrente. Se trata de un tiempo recurrente que, sin embargo, no es homogéneo ni lineal, sino internamente heterogéneo y «sincopado» (sobre lo que más adelante abundaremos). Mientras tanto, el tambor macho y el solista enriquecen la regularidad temporal con las enormes e impredecibles variaciones del repiqueteo[6] o el soneo, según el caso: con las insospechadas elaboraciones de la improvisación creativa. Por momentos parece que el repiqueteo rompe con la recurrencia, pero en realidad la complejiza en sus infinitas indeterminaciones internas, pues no se considera buen sonero ni repicador del «macho» quien al improvisar «pierde la clave» (el ritmo del patrón

---

[6] Lo que constituye ya una criollización «mulata», pues en la tradición africana es el tambor más grave el que improvisa o ejerce función «parlante»; práctica que retienen las más «negras» expresiones musicales rituales afroamericanas: el tambor *bonkó-enchemiyá* entre los ñañigos o carabalís cubanos (de la tradición abakuá, hoy Guinea, Gabón y Camerún), el *ngoma* (tambor) «caja» de la tradición bantú (hoy Congo y Angola), y el *iyá* o «tambor madre» de los tambores *batá* yoruba (o lucumí, hoy fundamentalmente Nigeria) (Saavedra Reyes 1999: 29-34). Argeliers León (1984) señala que «en la rumba cubana [como en la bomba puertorriqueña] los sonidos agudos pasaron a ocupar la voz dialogante, cambios estructurales, del grave al agudo, se verifican, a no dudarlo, por influencia de lo acostumbrado en la música europea occidental, donde los planos agudos son más elaborados».

métrico implícito). Como en varios de los aspectos previos, respecto al tiempo (sus variaciones, quiebres y recurrencias) la hembra y el colectivo *mandan*, y el macho y la individualidad *florean*.

Resulta interesante que estas funciones diferenciadas del tiempo femenino y masculino en los tambores de bomba concuerden con los conocimientos provenientes de múltiples investigaciones etnográficas sobre las variaciones por género de las concepciones del tiempo, como resume la gran antropóloga Margaret Mead:

> Podemos examinar los ritmos psicológicos y observar [...] la vida de una mujer, con sus transiciones claramente definidas [el tiempo recurrente] de la desfloración, embarazo, parto, crianza y menopausia [...] su ciclo mensual [el bajo continuo] de un alta y una baja de tensión [sincopado] y de receptividad, mientras que el cuerpo se prepara infatigable [el bajo *ostinato*] para una eventual fertilización, que puede llegar o no [como el desenlace impredecible de la seducción danzaria], y compararlo con el estado de incertidumbre del hombre, en momentos lleno de alicientes [el repiqueteo] y de repente de melancolía [los silencios prolongados] [...] parece no tener un ritmo [...] Finalmente tenemos las conclusiones de los estudios de la endocrinología [...] según las cuales las mujeres tienen una capacidad para realizar trabajos continuos [el bajo continuo *ostinato*] [...] mientras que los hombres tienen la capacidad para la movilización de repentinas reservas de energía [el repiqueteo], seguidas de una necesidad de descanso (1994: 179-180; entre corchetes, mis observaciones referidas a los tambores de bomba).

Las oscilaciones tipo «columpio» de la mujer danzante pueden contraponerse, de hecho, con los movimientos más bruscos o contrastantes del bailarín varón tanto en las «bombas» caribeñas como en el flamenco. Según una descripción de 1774, en Jamaica

> The female dancer is all languishing, and easy in her motions [...] as in her ordinary walking[...]; the man, all action, fire and gesture [...] (citado por Epstein 1977: 40)

Como ya se ha señalado, en la bomba puertorriqueña y sus géneros emparentados el baile se ejecuta siempre en diálogo con los tambores. En estas músicas, es la manera de materializar en el espacio, el tiempo que los tambores expresan: el tiempo recurrente del buleador, con oscilaciones corporales sencillas, y la complejidad temporal de las múltiples indeterminaciones del repiqueteo (las «repentinas reservas de energía» para usar los términos de Margaret Mead), con las enormes posibilidades expresivas de los movimientos del cuerpo[7]. No es fortuito que en el Caribe «best drummer and finest dancer hold positions of esteem in the community» (Herkovits 1937: 263). La máxima bíblica de «el verbo se hizo carne» en el Belén de la cristiandad tenía que tener otro sentido en sociedades donde la comunicación fundamental no había sido verbal: el tiempo se hizo cuerpo en el espacio danzante, y el baile constituirá, por tanto, base central de las identidades.

A mediados del siglo XX, cuando Puerto Rico se embarcó con optimismo en un programa de modernización industrial, la musicóloga principal del país, María Luisa Muñoz, señalaba que la bomba —ghettoizada en algunas familias «folklóricas»— parecía condenada a morir (Muñoz 1966). Justo iniciándose la televisión, un exitoso empresario perspicaz captó las potencialidades de este nuevo medio respecto a la masificación de la comunicación social, e invitó al percusionista negro Rafael Cortijo —formado en la tradición de la bomba de los «rumbones callejeros de esquina»— a tocar con su «Combo» en el televisado Show del mediodía. Cortijo llevaba ya unos diez años como percusionista profesional, «acompañando» a diversas agrupaciones y orquestas reconocidas en variados establecimientos y en la radio. Como abundaré en el segundo *Repiqueteo* del *Jaleo*, cuando fundó su propia agrupación musical no estaba pensando en un rumbón comunal de bomba, sino en su experiencia con el baile social en clubes nocturnos y cabarets, y en la difusión mediática del disco, la radio y ¡con suerte! la televisión emergente. Incorporó el piano, el bajo y los vientos metal al conjunto percusivo. No obstante, a diferencia de las orquestas tradicionales de baile, la percusión retuvo —como en los rumbones— su rol protagónico. El Combo de Cortijo fue la primera agrupación «comercial» de la música popular «tropical» en colocar la percusión en la línea frontal. Pero la línea frontal percusiva no estaría constituida por buleador y subidor, sino por el conjunto de instrumentos que se había ido estableciendo como «típico» en las orquestas antillanas de baile «latino»: congas, bongoes, timbales y la llamada «percusión menor» (maracas, güiro, «palitos» o claves y cencerro) que comúnmente tocan los propios cantantes, quienes además, coreografían frente al público la canción. Cortijo incorporó a su repertorio —tanto en los bailes de clubes como en el televisivo Show del mediodía— numerosas bombas, tanto

---

[7] Para más detalles sobre la *bomba* y para numerosos ejemplos visuales y auditivos de sus variaciones, el lector puede examinar el «ensayo» en formato DVD «Bambulaé sea allá, La bomba y la plena, compendio histórico-social», que preparé en conjunto con el etnomusicólogo Luis Manuel Álvarez, como la sección de «Trasfondo histórico y social» del DVD del especial televisivo del Banco Popular, *Raíces* (2001).

tradicionales, como de reciente composición, transfiriendo este tipo de música de su contexto comunal original a una amplia difusión societal mediática. Las letras comenzaron a adquirir una mayor importancia, sobre todo en las improvisaciones de su cantante solista Ismael Rivera.

Un belén para Cortijo, un belén para Ismael,
un belén para don Tite

Década y media después, «Tite» Curet Alonso, quien se reconocía discípulo de esa tradición, llevó a un paso más allá el quiebre de la tradicional *ghettoización* comunal de la bomba, incorporándola como importante «ingrediente» en la libre combinación de formas de la entonces emergente, transnacional y amplia, «ensalada» híbrida salsera (Quintero Rivera y Álvarez 1990: 45-51).

Pero en su entierro, a comienzos del presente siglo, fundamental para el duelo que nos permite seguir desarrollando su salsa, entonamos y bailamos un belén: «un belén para don Tite», que significativamente combina el deferente «don» con el familiar, informal, «Tite» (no Catalino, ni Curet).

Belén... antes del verbo, el tambor... y el duelo

No se ha investigado suficientemente la trayectoria de la denominación «belén» para el rito funerario de tambor y bailarín en bomba. Algunos informantes señalan que proviene del créole francés *bel air*, como melodía o canto; pero, lejos de la asociación del informante referente al canto, en Martinica,

> Dans le bélair, chant et danse sont donc indissociables, mais la danse est bien l'essentiel (Rosemain 1993: 54).

En algunas lenguas africanas, la palabra *bèlè* significa orar, invocar a los dioses (Rosemain 1993: 100); en Martinica los *bélairs* (frecuentemente deletreados, de hecho, sencillamente como *bele*)[8] adoptaron un doble significado relacionado, como cántico bailable para «accompagner le défunt sur le chemin de sa nouvelle vie, qui le conduira auprès de ses Ancêtres» (Rosemain 1993: 75), y como el tambor pequeño que repiquetea en ese canto «esencialmente bailable», ejerciendo la función parlante de los ritmos del dios de la fertilidad (Rosemain 1993: 115).

---

[8] Por ejemplo en Dominique Cyrille, «Sa Ki Ta Nou (This belongs to us), Creole Dances of the French Caribbean» (2002: cap. 16, 221-224).

Existen muchas similitudes entre términos de la bomba puertorriqueña y el créole de Haití, Martinica y Guadalupe, por lo que Belén muy bien pudiera ser una castellanización del *bele* o *bélair*; pero, inevitablemente, en nuestro español sugiere también la referencia al cristiano nacimiento del Niño Dios, a la aurora de la encarnación del Verbo y, como encarnación al fin, lo fundamental de la expresión corporal o el baile. Otros informantes reiteran que se trata de una celebración de la vida de algún notorio tocador o bailador de bomba muerto. Pero en ocasiones, el término se usa sencillamente para denominar el cierre de una secuencia de variantes de bomba en el ritual dancístico, es decir, la bomba de cierre o final, aun fuera del ritual mortuorio. La secuencia lineal del tiempo —nacimiento-vida-muerte...— queda, como en el *bélair*, trastocada con la concepción de que el final es también un comienzo: tanto el canto bailable que acompañará al difunto en su nueva vida con los ancestros, como la aurora de la encarnación del Verbo, el Belén que vio nacer al Niño. «Aún así con mi presagio», canta Ismael Rivera «El incomprendido»:

> ¡belén!
> tendré tu nombre a flor de labios,
> y moriré[9].

Es significativo que los *jazz funerals* de Nueva Orleáns manifiesten también dicha transformación de la concepción temporal. Como señala su estudiosa Helen A. Regis:

> The occasion of celebrating someone's death through music and dance are complicit in the murder of the one they are mourning and the normal order of events is reversed (Regis 2000: 753).

También lo es que en el ritual funerario del Palenque de San Basilio, cerca de Cartagena en Colombia, los cantos «contengan un claro mensaje erótico» (Cárdenas Duque 1986: 290) y que en sus bailes de la cumbiamba y el bullarengue, antecedentes de la cumbia (ibíd.: 282), su movedizo «centro» se mueva entre los brazos y el vientre. Es decir, en la coreografía del rito mortuorio en este reducto de antiguos cimarrones, el final se vincula, como en las marchas funerales de Nueva Orleáns, precisamente al comienzo, con la seducción que abre posibilidades al alumbramiento. En el vodú haitiano, el sensual baile

---

[9] Composición del también célebre cantante, el mulato claro Bobby Capó, según soneada por Ismael Rivera en el LP *Eclipse total* (1975b). El «belén» de la letra no es de la partitura original, sino añadido por el sonero.

banda, que la gran antropóloga y coreógrafa afroestadounidense Katherine Dunham describe como

> A hip-grinding, sexually cathartic dance dedicated to Guedé [...] god of death and cemeteries [...] (Dunham 1969: 274)

se baila tanto en los ritos funerarios, como en el carnaval, y durante períodos de «descanso» en ritos ceremoniales. Un estudioso posterior añade que este baile simboliza la reencarnación

> The idea is that the person who dies and is buried will germinate into a new life... (Frank 2002: 112).

Y en ese sentido, el «final» es, a su vez, un recomenzar. Su investigación recalca que, aunque «visiblemente erótico» —«there is a great deal of hip twisting and abdomen rolling» (Frank 2002: 112) — no se visualiza el banda como «exhibicionismo sexual», sino como triunfo sagrado sobre la muerte, apareciendo con frecuencia Guedé hacia el final de la ceremonia.

Con un belén (¿tendrá relación con Guedé?... ¿con belè?) —«un belén de bomba y plena», como repite la canción— conmemoramos la vida de don Tite, Cortijo e Ismael; la vida de quienes «trascendieron» la bomba, salseándola, incorporándola transformada a la música popular bailable transnacional. Nunca escuché, en mis investigaciones etnográficas, que alguien dentro de la tradición comunal de la bomba les reprochara lo que un purismo folklórico podría tachar como «adulteración» de la tradición. Al contrario, en general celebran su exitoso tránsito mediático aunque en su muerte (¡en la de los tres!) se recurriera, como en los *bélairs*, a un belén comunal tradicional.

Ñáñigo al cielo

Veinte años antes de la fundación de Cortijo y su combo, en 1934, en los inicios de un proceso que, según examinaremos en el Merengue, eventualmente llevaría al mundo a bailar sobre todo con las músicas «mulatas» de América —el jazz y luego rock afronorteamericanos; la samba y bossa nova afrobrasileños; la rumba, cumbia, calypso, reggae, beguine, souk, salsa entre las múltiples músicas caribeñas internacionalizadas— uno de los principales poetas del Caribe, el gran artífice de la palabra Luis Palés Matos, subraya cadenciosamente, desde Puerto Rico, la comunicativa subversión del baile:

Por la encendida calle Antillana
va Tembandumba de la Quimbamba
—Rumba, macumba, candombe, bámbula—
entre dos filas de negras caras.
Ante ella un congo —gongo y maraca—
ritma una conga bomba que bamba.

Culipandeando la Reina avanza,
y de su inmensa grupa resbalan
meneos cachondos que el gongo cuaja [...]
y la molienda culmina en danza[10].

Señala el crítico cultural Rubén Ríos Ávila, en un muy inteligente comentario contemporáneo al poema de Palés,

Para la Reina Tembandumba, la danza es un estado del cuerpo. No se danza solamente en el ritual [...] del acto dancístico[11], sino que hay cuerpos para los cuales moverse equivale a una alevosía del movimiento, a una manera de estar y seducir. [El caminar de Tembandumba] es un atentado contra el desplazamiento dócil del cuerpo sujeto a las oficialidades del decoro [...] Tembandumba reina en la calle, en la calle caribeña antillana. No es una abstracción filosófica de la danza como idea en movimiento, sino una red nerviosa de humores e incitaciones, un vector libidinal que atenta contra la mirada inerme del que la mira (Ríos Ávila 2002: 168-169).

En su análisis, Ríos privilegia otro poema de Palés donde, y cito, «la transgresión toma la forma de una fiesta», una manifestación ritual de ciudadanía. En el poema «Ñáñigo al cielo», un miembro de la sociedad secreta de los Abakuá, o sencillamente un ejecutante de la semi-rural bomba de Loíza[12] (¿Curet, Cortijo, Ismael?), pone a bailar al cielo de la cristiandad:

El ñáñigo sube al cielo [...]
con meneo contagioso
de caderas y omoplatos.
—Las órdenes celestiales

---

[10] «Majestad Negra» originalmente en *Tun tun de pasa y grifería* (1937); uso antología de Palés, *Poesía (1915-1956)* (1974: 219).

[11] Idea sobre la cual hace énfasis Antonio Benítez Rojo (1997).

[12] José Fernández Morales (1999) apunta que en los bailes de *bomba* urbanos denominaban «ñáñigo» a la *bomba* de Loíza, como manera de estigmatizar su carácter más «africano».

le acogen culipandeando—
(Palés Matos 1974: 233-234).

Continúa Ríos,

Si en Valéry la danza existe para darle cuerpo a una pirueta de la idea, a un fantasma de la cabeza, en Palés la danza parece emigrar de la cabeza y asentar su poderío en el culo [...] es culipandeo. No se trata del espacio acumulativo de la cristalización de la idea, sino del espacio del gesto y el ritmo (Ríos Ávila 2002: 171)

Aún lo sugerente de la remirada contemporánea de Ríos a Palés, y la importancia de reconocer y recalcar el carácter trasgresor del baile, ese «emigrar corporal de la danza» (de la cabeza al trasero, del francés Paul Valéry al antillano Palés) retiene la larga y poderosa concepción «occidental» de la radical separación iluminista de mente y cuerpo. Si la danza caribeña tiene que abandonar la cabeza para asentarse en el culo, se *fetichiza* aquel mundo donde la expresión somática ha ocupado, como la esclavitud «racial», un lugar fundamental; el baile caribeño se presenta, pues, como una desenfrenada sensualidad irreflexiva. Quisiera, por el contrario, argumentar que la naturaleza transgresora comunicativa de sus músicas y danzas se ubica precisamente en el intento de romper —en sus zigzagueantes definiciones de humanidad, espiritualidad y ciudadanía— con esa dicotomía conceptual.

Como reza un anónimo soneo salsero recogido en «la calle» rompiendo en síncopas con rimas internas los tradicionales octosílabos de la versificación tradicional hispánica:

Naturaleza
o Dios,
para cada quien, la llave,
aunque no me dio
belleza,
me dio
bastante sabor.
Me pintó
de este color,
muchos piquetes pa'l baile,
y me dio
tremenda
cabeza,
para meterle a la clave...

La «gravitación» monoteísta frente a la heterogeneidad dialógica

En varios trabajos previos he argumentado que la propuesta de muchos de los más lúcidos analistas del Caribe en torno a la centralidad de la plantación para el análisis de los inicios de la formación cultural caribeña es sólo parcialmente correcta. Conduce a análisis, a mi juicio, desvirtuantes si se concibe la plantación como *la* estructura productiva hacia la cual «gravitan» las relaciones sociales y las dinámicas políticas y culturales; no resulta del todo incorrecta si, por el contrario, la concebimos en términos de las contradicciones dialécticas que suponía: plantación y *contra-plantación*, esclavitud y cimarronería. Más que la *estructura* de la plantación, fue esta tensión dialéctica, muy variable de región en región, intrínsecamente relacionada a su tensión colonial formativa entre ansias libertarias y realidades impuestas, el verdadero «esqueleto» o *dinámica* cultural común en ese variado Caribe «que se repite», para usar la imagen del agudo analista y novelista cubano Antonio Benítez Rojo (1989).

La formación cultural del Caribe no se da, pues, *centrada* en torno a *un* particular «modo de producción»; se da *descentrada*. No se constituye en torno a un núcleo estructural aglutinante, sino en un *proceso* de tensión. Ello, sobre todo, cuando parte de este proceso atraviesa necesariamente formas —en ocasiones descarnadas y en otras camufladas— de relaciones interétnicas que la estructura de poder (interna y/o externa) intenta *racializar* para legitimarse. Es decir, intenta legitimarse *descartando*, excluyendo en forma definitiva con el concepto biológico de «raza» que conlleva el que los humanos nos encontremos divididos de manera irremediable. Por otro lado, las luchas contra-hegemónicas ciudadanas se presentan por lo común indefinidas e inclusivas. Se trata también de un proceso de tensión, porque las ansias libertarias frente a la esclavitud arrastran, necesariamente, la tara o presencia de su recuerdo: siendo una historia económica que ha quedado marcada somáticamente, donde la historia se lleva en la piel, lo que inevitablemente genera «distinciones» visuales evidentes entre sus posibles o potenciales ciudadanos.

La formación cultural *descentrada* que va a dar cuenta de nuestra hibridez y heterogeneidad choca con la tradición histórica de sus metrópolis coloniales; con la trayectoria de la «modernidad occidental» y sus principios ordenadores del conocimiento. Éstos, que se plantean como «universales», se *centran* en la noción de *sistema*, como conjunto complejo ordenado por leyes básicas reguladoras a través de las cuales todo «gravitaría» hacia su *centro*; monismo laico muy posiblemente relacionado con su tradición monoteísta. En los tan universales campos entrelazados de la música y el baile, expresiones por las cuales más habría de darse a conocer internacionalmente el Caribe, el monocentrismo conceptual de la «modernidad occidental» presionaba hacia una sistematización (*racionalización*, en términos *weberianos*)[13] donde, como en la Ley de la gravedad de Newton, todos los elementos sonoros debían *gravitar* en torno a un principio central.

Como intento demostrar en *¡Salsa, sabor y control!*, el proceso racionalizador, con su secularización «progresista» —sobre todo a partir del siglo XVII, de la gran expansión «mundial» de la llamada «modernización occidental»—, «liberó» la expresión sonora de su ámbito comunal inmediato del ritual y el mito, facilitando la creatividad individual y fortaleciendo su dimensión autónoma como *arte*. La individualidad *floreadora* pasaría, pues, a *mandar*. Comenzó a primar entonces, de hecho, la idea de la *composición*: la de un creador individual que, previo a que los músicos tocaran, habría pensado y elaborado los posibles desarrollos de unas ideas sonoras. Ello presuponía la noción de la pieza musical como *sistema*, como universo definido, delimitado: con un principio, desarrollo, clímax y final identificables al oído. También presuponía, como en todo sistema, las posibilidades del examen racional de la relación entre sus componentes y las *leyes* que debían gobernar dichas posibles relaciones[14]. En lo sonoro, en un contexto de creciente individualización asociado a la emergencia de un capitalismo cimentado sobre el lucro individual, todos los elementos de una pieza debían *gravitar* en torno al principio central de la expresión individual, que es la tonada[15]. *Todo* extraordinario desarrollo de *todo* recurso sonoro (armonía, ritmo, texturas, timbres...) se entendía como «complementario» —como un *floreo*— y, por tanto, supeditado, a las *leyes de la tonalidad*, al *centro de la gravedad* tonal, que pasó, pues, a *mandar*.

La creciente complejidad en el división social del trabajo del desarrollo capitalista industrial moderno (inicialmente identificado con «Occidente») fue manifestándose a nivel sonoro en la transformación de la melodía individual o el cantar unísono a conjuntos polivocales (de varias voces) cada vez más complejos y, a su vez, internamente jerarquizados y centralizados. Hacia el siglo XIX, la gran música sinfónica «occidental» presentaba la imagen de su gran industria. Como aquella (la gran industria), la música sinfónica manifestaba la tensión entre una producción colectiva (*muchas* personas tocando) y el

---

[13] Véase Max Weber (1958). Un análisis más detallado en Quintero Rivera (1998: cap. 1).

[14] Véase Sidney Finkelstein, «Social Origins of Melody» (1960: cap. 1).

[15] Sumamente sugerente, aunque no del todo convincente, es el excelente estudio de Janos Marothy (1974). Respecto al punto arriba señalado, véase sobre todo su primer capítulo, «The Bourgeois Ego in the Form System of Music».

diseño o control individual (lo que *una* persona componía y dirigía); entre el enriquecimiento extraordinario de las capacidades comunicativas individuales (del compositor) y el empobrecimiento o creciente pasividad del papel de la mayoría (los «ejecutantes») en la comunicación producida. Este desarrollo, contradictoriamente extraordinario y, a su vez, limitante, significó la dominación de la composición sobre la improvisación, y de la expresión (individual) sobre la intercomunicación (comunal).

Concomitantemente, este desarrollo representó el predominio del *canto* sobre el *baile*. Es significativo que fuera precisamente en el siglo XVII que el término *orquesta*, originalmente una palabra griega que refería al «lugar para *bailar*» dejara de utilizarse para denominar un «sitio», convirtiéndose en el término que nombraba a un amplio y jerarquizado tipo de conjunto instrumental sonoro (Boorstin 1994: 196 y 406). Paralelamente, el concepto (griego también) de *coro,* que originalmente hacía referencia a un acompañamiento grupal teatral (es decir, *performativo*) simultáneamente cantante como bailable, se transformaba en una agrupación exclusivamente de canto, y prácticamente inmóvil. Lo verbal reinaría sobre lo corporal, lo que supuestamente significaba también el predominio de lo conceptual sobre los sentidos o las sensaciones; y de la mente, por consiguiente, sobre la naturaleza.

El intento *racionalizador sistematizador* fue precisamente eso: un *intento* —¡muy poderoso!—, pero sólo un intento, pues sobre todo a nivel de la ejecución —del *performance*— afloraban a menudo sus contradicciones. Como bien pueden haber notado aquellos lectores que tocan algún instrumento, cantan o bailan, en el *performance* se quiebra la distinción entre lo emotivo y lo conceptual, entre lo predecible y la sorpresa, entre la repetición y la invención, entre lo elaborado-establecido y lo espontáneo[16].

Estas tensiones, siempre presentes en la tradición «occidental» al nivel del *performance,* quedaron más desnudamente evidenciadas ante la emergencia de otra manera de hacer música —más *performativa*— que emanaba de un contexto social e histórico diferente —con otras concepciones de la naturaleza, el mundo, y su tiempo—, donde la expresión individual sólo se daba en la solidaridad comunal: la colectividad *manda* y el individuo *florea*. En éstas, pues, la *expresión* es necesariamente *comunicación*: el estribillo comunal *manda* y el soneo individual *florea*. En este contexto sociohistórico diferente, las heterogeneidades de tiempos fragmentados o discontinuos por la colonialidad del poder, heterogeneidades manifestadas a través del polirritmo, se expresan

---

[16] Véase, al respecto, de Edward W. Said, «Performance as an Extreme Occasion» (1991).

de maneras *descentradas*, y atraviesan toda «pieza» que, a su vez, combina siempre la estructura dramática de la *composición* individual con la apertura impredecible de la improvisación en cadena: donde cada individuo *florea* en encadenamientos comunicativos que demarcan los sentidos comunales de ciudadanía. Esa otra manera de hacer música se enmarca, además, en una racionalidad diferente, inseparable de lo corporal, pues la coordenada del tiempo —en este caso, heterogéneo y múltiple— necesariamente se materializa en las coordenadas espaciales; es decir, en la espacialización del tiempo que representa el *baile*[17]. Como resume su experiencia haitiana la gran folklorista, bailarina, coreógrafa y antropóloga Katherine Dunham, antes citada:

> Bailábamos no con la tensión de la posesión o el escapismo de la hipnosis o de la catarsis, sino como imaginaba que una danza debía ejecutarse *cuando el cuerpo y el ser estaban más unidos,* cuando forma, flujo y éxtasis personal devenían en una *exaltación propia de un estado superior de la existencia* (Dunham 1989: 109; traducción de Benítez Rojo, énfasis añadidos)[18].

Nos referimos a una música que se constituye en diálogo entre los agentes sonoros y los cuerpos danzantes. No es fortuito que, como es el caso aún hoy de los *bélairs* en Martinica, uno de los significados ancestrales del baile sea la expresión creativa de ritos de fertilidad —es decir, de la continuidad de la especie—, que perpetúa la seducción (jamás concluye en cópula) y, en ese sentido, constituye una apertura indeterminada del *foreplay* erótico y, simultáneamente, un rito de ciudadanía, como comunicación entre cuerpos que llevan marcadas en la piel la cultura y la historia.

En la centrípeta tradición *sistematizadora* «occidental», por el contrario, es la sonoridad hacia donde «gravita» el movimiento. No se participa desde el baile en la elaboración de lo sonoro. Se baila lo que los músicos «ejecutan»; piezas en cuya conformación los bailarines no han participado para nada. Paralelo al desarrollo de la composición, donde la elaboración de las ideas

---

[17] Anya Peterson Royce define el baile como «the human body making patterns in time and space» (1977: 3). John G. Younmans comienza con la siguiente oración: «The historical development of recreational social dance may be termed a study of body movements as it relates to time and space» (1969: 1).

[18] «We danced, not as people dance in the houngfor, with the stress of possession or the escapism of hypnosis or for catharsis, but as I imagine dance must have been executed when body and being were more united, when form and flow and personal ecstasy became an exaltation of a superior state of things...» Sobre Dunham véase de Vèvè A. Clark, «Katherine Dunham's Tropical Revue» (2002: cap. 20, 305-319).

sonoras se centralizaban en el compositor y director (funciones que recaían comúnmente en la misma persona), fue desarrollándose en el baile occidental la noción del *coreógrafo*, en la cual se enucleaba también la creatividad danzante. Sobre una música ya establecida por el compositor en la partitura, previa a su ejecución, el coreógrafo elaborará las secuencias de movimientos o *figuras* que «interpretarán» los bailarines. La danza fue tornándose mucho más compleja y elaborada con el «arte» del coreógrafo, a la vez que la centralización de la función creativa restringía las posibilidades innovadoras de los bailarines «ejecutantes».

El carácter centrípeto de los avatares de la danza en Occidente se expresó en el principio estético central (reiteración adrede) de su transformación en «arte»: el torso erecto del ballet.

> In traditional European dance aesthetics, the torso must be held upright for correct, classic form; the erect spine is the center —the hierarchical ruler— from which all movement is generated. It functions as a single unit. The straight, uninflected torso [...] acts as the absolute monarch, dominating the dancing body. This vertically aligned spine is the first principle of Europeanist dance, with arm and leg movements emanating from it and returning to it. The ballet canon is organized around this center (Dixon Gottschild 1998: 8).

Como ha examinado de manera tan lúcida la coreógrafa afroestadounidense «mulata», *performer* y estudiosa Brenda Dixon Gottschild,

> Like the straight, centered spine of its dancing body, Europe posited itself as the center of the world, with everything else controlled and defined by it. [...] this structural principle (as) a microcosm of the post-Renaissance, colonialist world view (Dixon Gottschild 1998: 8).

Con una sólida formación en el ballet clásico, y combinando sus meticulosos análisis de la danza «mulata» estadounidense —tanto de concierto (George Balanchine) como de cabaret (Earl «Snake Hips» Tucker de la era del *jazz-swing*)— con los estudios de Robert Farris Thompson[19] sobre la gestualidad y el baile en la África subsahariana occidental, Gottschild contrasta los principios rectores del *ballet* con la supuesta *vulgaridad* del *Africanist dancing body*:

---

[19] Sobre todo su libro *African Art in Motion* (1974) y su artículo «An Aesthetic of the Cool, West African Dance» (1980: 99-111). Véase tambien su reciente libro *Tango: The Art History of Love* (2005).

Africanist dance idioms show a democratic equality of body parts. The spine is just one of many possible movement centers; it rarely remains static.

Por lo cual lo caracteriza como «policéntrico», cuando su descripción más bien apuntaría a lo que he denominado yo como «descentrado» y polirrítmico:

> movements may simultaneously originate from more than one focal point (the head and the pelvis, for example) [...] The component and auxiliary parts of the torso —shoulders, chest, rib cage, waist, pelvis— can be independently moved or articulated in different directions (forward, backward, sideward, or in circles) and in different rhythms (Dixon Gottschild 1998: 8-9).

Fue desde el danzante mundo afroamericano y su emergente «estructura sentimental»[20] descentrada —que valora la heterogeneidad y la tensión dialógica, forjada en las luchas oblicuas (camufladas) de la cimarronería y cimentada sobre un politeísmo abierto, característico de la religiosidad afroamericana— que cocolos y *tembandumbas* habrían de desafiar la expansión global homogeneizante del intento sistémico iluminista centralizador sonoro de la «modernidad occidental». Con su historia y cotidianidades atravesadas por una heterogeneidad de tiempos —súbitas rupturas, mitos ancestrales, futuros retrabajados, rituales cíclicos, continuas recomposiciones, utopías reverberantes—, simultaneidad de presencias de distintas índoles y naturalezas (José Jorge de Carvallo 1996: 414-456 y 2002: 91-132), más que a través de impugnación alguna, el desafío lo constituyeron los jubilosos desarrollos mismos de alternativas. Frente al baile centrado en el torso erecto, en una «espina dorsal» hacia y desde la cual se conformarían los movimientos de las otras partes del cuerpo, el baile «mulato», policéntrico o descentrado, espacializó una *estructura sentimental* alternativa. Este tipo de alternativas indirectamente vendrían a representar brechas democratizantes anticoloniales en el terreno de la hegemonía.

Además de la expresión espacial o el baile desde distintas partes del cuerpo en *diálogo* unas con otras (que podían generar, en ocasiones, «armonía» y, en otras, una constante tensión creativa), las músicas «mulatas» otorgaron voz propia a la dinámica de la combinación de tonos, es decir, a la armonía (tonal)

---

[20] Me apropio acá del concepto *structure of feeling* del analista cultural británico Raymond Williams, desarrollado sobre todo en sus libros *The Long Revolution* (1961) y *Culture and Society* (1958; uso ed. de 1983).

y, sobre todo, al ritmo. A diferencia de lo que ocurrió con el centralismo de la melodía en la música «occidental», la elaboración armónica y rítmica en las músicas «mulatas» no se supeditó a un sólo principio ordenador unidimensional (la tonada): más bien se estableció sobre un diálogo entre estos tres elementos centrales de la sonoridad. Cuestionando la pretensión unidimensional centralizante o centrípeta, el diálogo descentrado entre tonada, armonía y ritmo representó y representa un explorar las complejidades entre lo cantable y lo bailable, entre el ser y el convertirse; de aquí la importancia, en el movimiento, de la seducción —el desplazamiento polirrítmico de *Tembandumba*—, como invitación abierta indeterminada.

La seducción como futuro indeterminado o temporalidad «abierta» está estrechamente emparentada a las *estéticas de la opacidad* que el etnomusicólogo brasileño José Jorge de Carvalho muy imaginativamente examina con gran rigurosidad y detalle en los rituales afro-religiosos, y que muy pertinentemente él contrasta con la tradición musical *erudita* de «Occidente» (1999: 59-90). Camuflar la realidad del misterio, como estrategia estética que reconoce su importancia e inherente condición secreta, choca con una racionalidad cada vez más exacerbada, que la musicología «occidental» asume de los intentos *weberianos* a los que nos referimos algunos párrafos atrás, y cuyo contraste con las músicas nuestras continuaré de inmediato.

Las claves, y el orden anti-orden de la síncopa y el baile

Una de las manifestaciones más importantes de los entrejuegos entre melodía, armonía, forma y ritmo en las músicas afroamericanas, que evidencian claramente su distanciamiento respecto al centralismo *sistematizador* de la «modernidad occidental», se expresa en lo que se denomina en música como los *metros*: los patrones que ordenan el transcurrir sucesivo de la composición. A partir del siglo XVII, la música de esa entonces incipiente modernidad fue estructurándose *isométricamente*, es decir, con acentos regulares recurrentes, llegándose a confundir, como bien apunta el musicólogo cubano Leonardo Acosta,

> ritmo y medida, originada por la gradual absorción del ritmo por la medida, por el compás (1982: 237).

La «regularidad» de los acentos se tornaba muy importante para el desarrollo «occidental» de su polifonía, de su énfasis en una elaboración melódica más sofisticada y compleja. Como sostiene uno de los pioneros de la Etnomusicología, John Blacking,

> Polyphony depended on mensuration, on the *strict organization of rhythm* so that the different singing parts would *fit*. And mensuration is the chief feature of *dance* music [bailables grupales previo al baile en parejas], which was a vital activity of the peasants (1973: 74; corchetes y énfasis añadidos).

En la medida que la función principal de la notación musical fue pasando de ser una forma de *registro* de las sonoridades que producían los músicos y cantantes, a un conjunto de «instrucciones» del compositor hacia los «ejecutantes», los compases fueron respondiendo de manera más directa a dicha «organización estricta del ritmo», a la mensura que «cuadraba» las distintas voces de su polifonía en desarrollo («so that the different *singing* parts would *fit*», repitiendo a Blacking).

En el siglo XX, la gran música «occidental» (a través de compositores como Stravinsky, Bartók o Hindemith, y del impacto en ella de las músicas afroamericanas: de Villa-Lobos, Amadeo Roldán, la *rumba*, el *tango*[21] y el *jazz*, por ejemplo) experimentó un tremendo incremento en el interés en torno a las variaciones en los ritmos y metros[22], desarrollándose composiciones donde la métrica simple ternaria y binaria fue enriquecida con o sustituida por metros más complejos, como 5/8, 7/16, 13/16. Esta música mantuvo, no obstante, la subdivisión en términos de unidades equivalentes: 5 unidades de tiempo de corchea por compás, o 7 ó 13 semicorcheas en cada compás, para los ejemplos mencionados[23].

En su proceso de constitución como formas propias de expresión sonora, que coincide además con la conformación de sentidos propios de ciudadanía, las «mulatas» músicas afroamericanas resistieron la tentación —y la presión— *civilizatoria* de *sistematizar*, a la manera «occidental», su métrica, su ordena-

---

[21] Sobre los orígenes y la naturaleza afroamericana del *tango* véase Thompson (2005), y el minucioso estudio de Vicente Rossi, *Cosas de negros, Los orígenes del tango y otros aportes al folklore rioplatense* (1926). Éste evidencia también el impacto del tango en Europa.

[22] La erudita investigación de Curt Sachs, *Rhythm and Tempo, A Study in Music History* (1953) enfatiza en su último capítulo la importancia del impacto del *jazz* en los metros de la música *clásica* «occidental» del siglo XX. Menciona, también, aunque de manera secundaria, a la *rumba*.

[23] Ello asumía como inevitable lo que Igor Stravisnky denominaba la *cronomía* —véase su *Poética musical* (1952), también citado por Acosta (1982)—, pero no quisiera que se perdiera el hilo del argumento con estos detalles «técnicos».

ción temporal sucesiva, como veremos en detalle en el primer *Repiqueteo* del *Jaleo* de este libro. En el surgimiento de la primera música de salón criolla caribeña —la *danza*, en Cuba, Puerto Rico y Curazao, a mediados del siglo XIX y, de manera parcial, en el merengue dominicano— la óptica *civilizatoria* denunciaba su supuesto «defecto en forma»: la incongruencia métrica entre lo que debían tocar la mano derecha y la izquierda en el piano; es decir, entre su canto —la melodía (o *singing parts*, en la terminología de Blacking)— y su *basso ostinato* que definía su ritmo bailable.

Sin abandonar la pretensión de un enriquecimiento y desarrollo melódicos propios (extraordinario en los *spirituals* y los *toques de santo*, pero presente con mayor o menor intensidad en muchas de las músicas «mulatas»), éstas han intentado mantener la ordenación sucesiva de la composición en el estilo métrico heredado de la tradición africana: a través de una subdivisión recurrente basada en pulsaciones temporales heterogéneas, lo que se conoce en la vertiente «caribeña-*tropical*» de estas músicas como *las claves*.

El término *claves* originalmente refería a un instrumento musical sencillo constituido por dos palitos entrechocantes que —de las clavijas que sujetan dos piezas distintas en la construcción— desarrollaron los obreros (muchos, seguramente mulatos y negros libres) en los astilleros de La Habana en la época colonial, según relata en un excelente ensayo el gran antropólogo cubano Fernando Ortiz (2000: 9). Pero es extraño que Ortiz no se percatara que, además de «clavos» de madera, el término *clavijas* refiere a los «clavos» alrededor de los cuales se enrollan las cuerdas en instrumentos como la guitarra *española*, la bandurria, el laúd o la mandolina, para ir tensándolas hasta conseguir la afinación o «el tono *adecuado*», la sonoridad *sincrónica*: simbólicamente, «la letra» del alfabeto tonal con el cuál se elaborarán «las frases y oraciones» de las melodías. La transferencia abreviada del término a un instrumento de percusión que dicta métricamente la sonoridad *diacrónica*, es decir, el transcurrir de la composición en el tiempo abrigó, pues, camufladamente una fundamental recolocación de perspectivas. Ello, además, porque *clave* en música significaba desde antes «el signo que indica al principio del pentagrama de qué sistema (de lectura aplicable a la notación musical) se trata» (Moliner 1994: 644), en términos tonales: *clave de Sol, clave de Fa*, etc. Fernando Ortiz tampoco hace alusión alguna a ello, lo que no le permite percatarse de todo el amplio y profundo significado que el uso del término significó: el transferir de lo tonal sincrónico a la percusión diacrónica el principio ordenador de lo sonoro.

Y es que las *claves* no eran cualesquiera dos palitos que emitían un sonido al golpearse uno con otro, forma de producir sonoridad que los arqueólogos registran desde 5 000 años antes de Cristo. Ortiz es muy específico al describir la forma de «tocarlo». La clavija que sujeta la mano izquierda se mantiene fundamentalmente inmóvil recibiendo el «golpe» de aquella «oscilante» de la mano derecha:

> El secreto de la habilidad del tocador de *clave* consiste en formar con los dedos y la palma de la mano izquierda una caja de resonancia y en mantener muy suelto el palito *hembra*, de modo que, más bien que sujeto, éste descanse libremente sobre el soporte formado por los dedos, los cuales a su vez cierran la cavidad resonadora produciendo así una gran sonoridad aguda y limpia, al percutir el palito *macho* sobre la madera (Ortiz 2000: 13)[24].

Según se desprende de la explicación de Ortiz, las clavijas de las *claves*, como los tambores de bomba, se diferencian también por su género (Benítez Rojo 1997: 21). La clavija hembra se mantiene libre y, a su vez, incólume, simbólicamente enraizada en la madre tierra, en el no-tiempo de la eternidad; mientras el «palito» macho, oscilante (nómada), marca el transcurrir temporal —el metro— al golpearla[25]. La hembra —¡no sujeta! — libremente *manda...* aunque el oscilante macho la *golpee*[26].

Con su sonido preciso, fuerte y seco, e incorporando inherentemente además las tan importantes relaciones de género, las *claves* nacidas en los astilleros habaneros fueron muy prontamente sustituyendo a los golpes de las palmas de las manos, golpes con los cuales los participantes de eventos músico-bailables acostumbraban a marcar el *golpe* básico recurrente (o metro) del transcurrir temporal del evento. *Clave* fue, pues, significando tanto el instrumento también conocido como «los palitos», como la función central que pasó éste a ejecutar: el ordenamiento metronómico de la pieza musical o el intercambio sonoro y, por lo general —como adelantamos con la cita de Blacking—, bailable. No hay que olvidar los otros significados relevantes de esta palabra:

> llave, *cifra* o conjunto de signos cuyo significado sólo conocen ciertas personas (comúnmente *magos*) que se emplea para secretos, [...] *algo que contiene la expli-*

---
[24] Véase también Helio Orovio (1992: 110).
[25] Aunque carezco de evidencias como para afirmarlo categóricamente, es posible que el término *clave* se halle ligado también por asociación a la palabra «clava» (paradójicamente femenina) que refiere a «porra, cachiporra, maza, palo... que se emplea como arma» (i.e. para golpear) (Moliner 1994: 644).
[26] No quisiera ¡de ninguna manera! que el descubrimiento del significado de género de esta práctica musical se utilizara para justificar la siempre injustificable —pero tan históricamente enraizada y compleja— violencia doméstica.

cación de una cosa que, sin ello, resulta inexplicable (Moliner 1994: 644; primer énfasis en el original; énfasis siguientes, añadidos).

Razón tuvieron los músicos salseros norteamericanos Charley Gerard y Marty Sheller para centrar en la clave su explicación para músicos de la musicalidad «latina»:

> the rhythmic formula which provides the foundation of salsa. It is only through a thorough appraisal of the relation of clave to every feature that one can see how the parts of the music fit together. The word carries connotations, such as «key», «code», «keystone», which hint at its importance in the music (Gerard y Sheller 1989: 13).

Aunque las *claves* son métricas «rítmicas», no debe confundirse —como fue ocurriendo en la isomérica «occidental»— la *clave* con el ritmo: las *claves* constituyen patrones de ordenación métrica (del tiempo sucesivo) —equivalente al *un*-dos, *un*-dos... del 2/4 europeo, o al *un*-dos-tres, *un*-dos-tres... del 3/4, etc.— que subyacen toda una composición o un segmento definido de una composición. Sobre cada *clave* se elaboran numerosos ritmos distintos y combinaciones polirrítmicas que definen o caracterizan los diversos géneros que conforman una tradición musical. La *clave* 3-2, por ejemplo,[27]

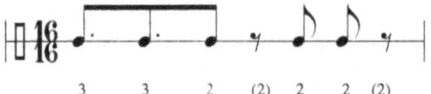

tan difundida en África que el etnomusicólogo Arthur Morris Jones señala que «tanto por su ubicuidad como por su forma típica, merécele llamarse *el tema musical africano*» (Jones 1978), y predominante en la expresión musical puertorriqueña —como en muchas otras de la América «mulata», aunque en Cuba se haya bautizado como «cinquillo cubano» subyace métricamente —en diferentes *tempos*— tanto a algunas de las más señoriales *danzas* del siglo XIX, como a la más bullanguera guaracha, a algunas variantes de bomba o a la plena festiva, al melancólico seis mapeyé, o a las combinaciones polirrítmicas de la salsa. Ha sido definida, de hecho, como «a sense of polyrhythm subjected to the unity of tempo» (Roberts 1979: 7).

---

[27] Agradezco al compañero etnomusicólogo Luis M. Álvarez esta trascripción y largas conversaciones respecto a este análisis.

Baile y ciudadanía 63

Desde la «regularidad» del punto de vista «occidental», la clave 3-2 sería como

> two measures that are treated as if only one [...] strong first part and an answering second [...] [expresando] the call and respond structure common in Africa (Roberts 1979: 4).

En el *Merengue* que sigue a este *Paseo* veremos otros ejemplos de *clave*.

La notación musical es una gran aportación occidental al registro de lo sonoro[28], fundamental para su análisis. Las «mulatas» músicas afroamericanas confrontan el problema de registrar sonoridades y prácticas de elaboración sonora que combinan principios «occidentales» con los heredados de la tradición africana, como la ordenación metronómica en *claves*[29]. De ahí que la clave 3-2 se haya registrado en la notación «occidental», de diversas maneras.

El cinquillo —arriba transcrito— responde más bien al ritmo hispano-árabe que define a la habanera, donde en lugar de sólo un acento al iniciar el *metro*, aparecen tres, aunque siempre fijos. En la tradición folklórica puertorriqueña se conoce el *cinquillo* como el ritmo *café-con-pan*, según las investigaciones de Luis Manuel Álvarez. Los salseros norteamericanos Charley Gerard y Marty Sheller, sobre una base combinada del estudio de la música cubana, por un lado, y sus vivencias salseras, por otro, transcriben la *clave* por el contrario así (Gerard y Sheller 1989: 15), combinando un primer compás hispano-árabe tipo habanera, con un segundo compás de golpes y silencios de la tradición africana negra:

---

[28] Conviene recalcar que previamente a que las partituras sirvieran como «instrucciones» del compositor a los «ejecutantes», la notación se había ido desarrollando en «Occidente», según adelantamos, como *registro* de prácticas trasmitidas por la costumbre o la tradición oral, inicialmente, sobre todo, en los intentos «letrados» de los monasterios de diferenciar sus cantos «sagrados» de la oralidad profana.

[29] Problemática que abordan directamente Alejandro Cardona y Diego Díaz en su manual pedagógico *¿Dónde está la Má Teodora? La lectura musical basada en principios rítmicos afroamericanos* (2000).

He optado para mis análisis por la transcripción del etnomusicólogo Luis Manuel Álvarez (la primera acá ilustrada), no sólo por ser más fiel a cómo lo oigo, sino también porque responde de manera más clara a su función de *metro*, a la manera de las prácticas sonoro-bailables del África «negra» o subsahariana[30]. En éste, la habanera no sería su *definición*, sino un ritmo que comparte, como otros, dicha ordenación métrica. No es, a mi juicio, coincidencia que a la tumbadora *hembra* (en la rumba) se le denomine también «Tres-dos», como a esta clave. La *hembra manda* también en la clave, sobre la cual las melodías *florean*.

Examinando el influyente *latin tinge* en la sonoridad afro-estadounidense, el musicólogo John Storm Roberts caracteriza a la composición en clave 3-2 como

> a way of incorporating into European measure, the basic Western African rhythmic pattern (Roberts 1979: 4).

Al intentar ordenar en la notación de la modernidad occidental composiciones en métrica de *clave*, (sobre todo en los compases tipo binario —o *binarizados*— predominantes de 2/4, 4/4 y 6/8) se produce una irregularidad en los acentos que la musicología «occidental» ha denominado como formas *sincopadas* que, según esta musicología, caracteriza a *todas* las músicas «mulatas». La métrica en *claves* rompe con la regularidad temporal y genera, para oídos eurocéntricos (y para el paradigma *newtoniano* de la filosofía de la ciencia «moderna») la imagen de una particular disposición al caos. Como señala la voz «autorizada» del *Harvard Dictionary of Music*,

> Syncopation is [...] *any* deliberate *disturbance* of the *normal* pulse of meter (Apel 1982: 827; énfasis añadido).

Entendiendo por *normal*, obviamente, la isométrica occidental.

---

[30] Cardona y Díaz (2000: 68) la transcriben igual, aunque en 4/4, y con una concepción similar de su función metronómica (ejemplo 1b). También Lise Waxer (2002b: 43). El 16/16 de Álvarez nos permite agrupar la clave entera en un sólo compás, facilitando su función analítica.

Heterogeneidad y utopía: baile y ciudadanía

A través de un rico polirritmo de voz propia, de una métrica de *claves*, del diálogo tenso (a-sistémico) entre melodía, armonía y ritmo, y entre las distintas partes del cuerpo danzante, por un lado, y la combinación del sentido dramático de la canción con la apertura improvisatoria de los *soneos*, *repiqueteos* y *descargas*, por otro, las «mulatas» músicas afroamericanas intentaron reunir el canto con el baile y, concomitantemente, la composición y la improvisación, lo conceptual estructurado con la espontaneidad corporal, y la expresión individual de tipo societal con la intercomunicación comunal. *Mandato* y *floreo* se entretejen en expresiones indisolublemente vinculadas a un sentido compartido de pertenencia; en términos contemporáneos, al ámbito de la *ciudadanía*.

Las danzantes músicas «mulatas» afroamericanas han sido unas de nuestras expresiones más importantes para demostrarle el valor de la heterogeneidad y las diferencias a un mundo obsesionado con la idea de *un sólo* principio rector centralizador, sea el Dios único del monoteísmo, sea el capital, la espina dorsal de nuestra biología, el tiempo lineal científico uniforme, o la racionalidad. Ante los muy poderosos y variados procesos centrípetos homogeneizantes de la «modernidad occidental» y su *globalización*, nuestras danzantes músicas «mulatas» han camuflado a nivel sonoro y danzante la fuerza de maneras distintas de expresar y sentir territorialidades y tiempos. Bailar *salsa* en estas últimas décadas (como antes son, cumbia, bomba, guaracha, bélairs, beguine, souk, o calypso) tal vez ha sido para muchos en el mundo —como claramente en el ámbito popular caribeño y su diáspora— una vía camuflada de manifestar —desde la alegría, en el orden anti-orden de la síncopa, en la comunicación gestual entre dos cuerpos que manifiestan espacialmente tiempos heterogéneos—, la posibilidad de que las cosas podrían ser y expresarse de otro modo.

En esos libres y espontáneos «diálogos» entre la elaboración melódico-armónica tonal del relato-canción y los muy diversos bailables ritmos afroamericanos —son, guaracha, rumba, bomba, plena, merengue, seis, aguinaldo, reggae, cumbia, vallenato, samba, hip-hop, guajira, tamborito...— que combinan de mil formas —sincrónica y diacrónicamente— las más elevadas elaboraciones salseras como las de Catalino «Tite» Curet Alonso (combinaciones que redefinen los parámetros territoriales de la *ciudadanía* y nuestros *espacios* culturales[31]),

---

[31] Más en mis ensayos «*La gran fuga*: las identidades socioculturales y la concepción del tiempo en la música *tropical*» (1997b: 24-44) y «¡No me digan que es muy tarde, ya!;

se manifiesta también una expresión prediscursiva del cuerpo, donde mito, historia y cotidianidad se entrecruzan en elaboraciones polirrítmicas sobre la posibilidad de la utopía: donde un *belén* anuncia las aperturas de un recuerdo. Como parafraseaba Eddie Palmieri, en su LP *Justicia*, el *musical* neoyorquino *West Side Story* (sobre lo cual volveremos en el último *Repique* o «capítulo» final): *Someday... somewhere...* (Algún día en algún lugar)

Todos los argumentos de este *Paseo* requieren matizarse y elaborarse más. Es, en gran parte, lo que intento en las secciones siguientes: el *Merengue* y los tres *Repiqueteos* del *Jaleo*. Los comparto aquí apretados, a grandes rasgos, como «introducción» o *Paseo* a los bailables *Merengue* y *repiqueteos* del libro, para estimular desde el comienzo mismo de su lectura la reflexión sobre fenómenos que parecen a primera vista irrelevantes para los debates sobre la comunicación mediática y las nuevas formas de ciudadanía, y que constituyen, sin embargo, elementos centrales de lo que algunos teóricos han llamado nuestro «inconsciente colectivo», formas propias de comunicar identidades y sentidos de pertenencia. Y es que, además de gozar, manifestamos simultáneamente diversas formas de cómo somos (incluyendo lo que hemos sido y podríamos ser)[32] entretejiendo cuerpo y cultura: componiendo, tocando, tarareando, cantando y, sobre todo, bailando.

> Por la encendida calle antillana,
> rumba, macumba, candombe, bámbula,
> va Tembandumba de la Quimbamba...

---

la temática del tiempo en tres momentos de la poética salsera» (1999: 81-108).

[32] Estudiando la música de los puertorriqueños de Nueva York, la etnomusicóloga Roberta Singer titula su tesis doctoral «*My Music is Who I am and What I Do*», citando a uno de sus informantes (1982).

II. Merengue

BREVE HISTORIA SOCIAL
DE LAS BAILABLES MÚSICAS «MULATAS»

> A la memoria de la carioca Chinquinha Gonzaga (1847-1935), danzante compositora y teatrera; y del cangrejero Catalino «Tite» Curet Alonso (1926-2003), el más extraordinario compositor de la música bailable «tropical» del último medio siglo; versátiles ambos en casi todas las sonoridades «mulatas» de sus respectivos tiempos.

En la historia universal de la música, el último siglo ha sido, sin dudas, el siglo de la hegemonía de las músicas bailables de América. Entre los siglos XVII y XIX, la música elaborada europea —que ha venido a conocerse sencillamente como «música clásica» y a producirse cada vez más para escucharse «pasivamente»— experimentó un proceso tan extraordinario de desarrollo y enriquecimiento estético que parecía que sus principios constitutivos se convertirían en la base «universal» de toda forma de expresión sonora, opacando otras tradiciones musicales a tal punto que aparecían como condenadas a desaparecer o a «folklorizarse». Es significativo que los desafíos más decisivos a la hegemonía absoluta de aquella música y sus prácticas, surgieran no desde otras tradiciones musicales, tampoco de los conflictos internos al centro de la modernidad europea, sino desde los *márgenes* de su propia expansión territorial, los márgenes americanos de lo que vino a llamarse Occidente.

Del por décadas discriminado y marginalizado danzante mundo afroamericano (que es y no es —simultáneamente— Occidente) fueron constituyéndose unas prácticas y expresiones sonoras y corporales, analizadas aquí como «músicas mulatas», que, incluso en tiempos de acelerada globalización, imposibilitaron la hegemonía previamente incuestionada de las prácticas sonoras de la «alta cultura» europea. A finales del siglo XIX, la afrocaribeña habanera (en sus vertientes de danza, maxixe, merengue y danzón); en la primera mitad del siglo XX, el jazz afronorteamericano[1], la rumba y el bolero afrocaribeños, el tango afroconosureño y la samba afrobrasileña; y en la segunda mitad, los afronorteamericanos rock y *hip-hop* (prontamente internacionalizados, al haberse conformado en el seno del país americano que en los inicios de esa segunda mitad de siglo se convertía en el nuevo centro hegemónico de Occidente); pero también la bosanova brasileña, el pop «tropical» del *Miami sound*, el calypso, reggae, reggaetón, beginne, souk, salsa y jazz latino del Caribe, y las músicas «clásicas» sincopadas de Gershwin, Villa-Lobos, Lecuona, Piazzola, Leo Brower y Ernesto Cordero, entre muchos otros, han tocado una fibra fundamental en la sensibilidad, no sólo de los «naturales» de sus áreas de origen, sino en general de muchas personas del mundo en este tiempo, arropando incluso a los propios centros de la cultura occidental. Este *Merengue* pretende describir y examinar brevemente la historia social de este fenómeno.

Modernidad y mercado en las músicas «mulatas»

Previo al surgimiento de la modernidad, la producción, circulación y «utilización» de la música constituían un fenómeno prácticamente simultáneo, generándose una amplia variedad de expresiones sonoras y bailables, comunal y territorialmente definidas. La descripción de la rica multiplicidad de músicas tradicionales latinoamericanas y de sus bailes queda fuera del alcance de este libro, que concentra en procesos del último siglo. Al ser penetrada la música por la cultura letrada, con el desarrollo de la notación o escritura musical, se inició un importante proceso de diferenciación entre estas esferas: la elaboración y expresión sonora de significados vino a estar *mediatizada* por la comunicación social, por un proceso comunicativo más allá del personal directo[2]. Este proceso

---

[1] Por su trayectoria posterior, es importante recordar que hasta los 1940 el jazz fue fundamentalmente una música bailable. Entre numerosas referencias, lo evidencian Paul Tanner, Maurice Gerow y David Mcgill (1988: 4).

[2] Este es el punto central de la justificación para el estudio sociológico de la música de los académicos franceses reunidos en el coloquio *La musique au regard des sciences humaines et des sciences sociales* (1997), desde una perspectiva, sin embargo, absolutamente eurocéntrica. Aprovecho para recalcar, ya en el cuerpo central de este libro, lo que adelanté en el «Prefacio» al hacer referencia a los caribeñistas de los estudios de la plantación: no hay que ser no-europeo para desarrollar visiones y análisis que rebasen el eurocentrismo. Compárese al respecto, la total miopía ante la existencia de sociedades más

alcanzó proporciones dramáticas a través de *la reproducción mecánica del arte de los sonidos*[3]: con el surgimiento del *media* moderno (radio, grabaciones, televisión, vídeos...) y, concomitantemente, una aguda penetración del mercado, es decir, lo que algunos analistas prefieren llamar «cultura de masas». Este fenómeno se inició alrededor de 1920 con las grabaciones comerciales, la victrola y la radio, precisamente cuando fueron «cristalizando» y popularizándose las que aquí llamamos «músicas "mulatas" de América». La relación entre su producción, circulación y consumo resulta analíticamente inseparable de los significados sociales que expresan[4].

Podría considerarse una enorme limitación de un estrecho sociologismo pasar por alto que la música es una expresión estética, un arte. Pero, habiendo atravesado un proceso de diferenciación entre su generación y su realización, resulta igualmente limitante ignorar la existencia de las redes establecidas por la comunicación social y el mercado, a través de las cuales se «realizan» sus significados[5]. Los significados de las músicas de América en estos tiempos resi-

---

allá de las occidentales en las actas del coloquio antes citado, con las excelentes presentaciones generales sobre la relación entre música y sociedad del antropólogo catalán Josep Martí, *Más allá del arte: la música como generadora de realidades sociales* (2000), y del sociólogo británico Keith Negus, *Popular Music in Theory* (1996), ambas muy atentas a las realidades de un Mundo culturalmente heterogéneo.

[3] Parafraseando a Walter Benjamin, «The Work of Art in the Age of Mechanical Reproduction» (1968).

[4] Asunto trabajado excelentemente para el rock por Simon Frith, *Sound Effects; Youth, Leisure and the Politics of Rock'n'Roll* (1981). El capítulo 1 de mi libro anterior *¡Salsa, sabor y control! Sociología de la música «tropical»* (1998) profundiza sobre esta trayectoria a nivel más general. Véanse también el libro de Negus antes citado (1996) y su artículo «The Work of Cultural Intermediaries and the Enduring Distance Between Production and Consumption» (2002: 501-515).

[5] Este planteamiento subyace a muchas de las investigaciones contemporáneas de los estudios sociales de la música; de manera directa se aborda en el *Foreword* de Janet Wolfe «The ideology of autonomous art» al conjunto de ensayos editado por Richard Leppert y Susan McClary (1994: 1-12). Los ensayos de esta valiosa colección abordan sólo procesos de Occidente, con sólo una excepción. Con un mayor alcance «global», este planteamiento subyace también la recopilación editada por Francisco Cruces (1999). Con la intensión explícita de presentar un cuadro internacional aún más amplio (aunque circunscrito a la «música popular»), la importancia de incorporar la comunicación social al estudio de los significados de la música sirve de zapata al volumen de David Hesmondhalg y Keith Negus (1992). No obstante, esta última colección de ensayos resulta, a mi juicio, demasiado ecléctica como conjunto, a nivel teórico y metodológico, al punto de que parece más una «suma» tipo *reader* de la academia anglófona que un libro colectivo con coherencia de propósitos.

den, pues, tanto en su sonoridad como en sus prácticas; intentaré incluir ambas esferas en este panorámico recorrido esquemático interpretativo, otorgando especial atención al hecho de que en casi todas estas músicas su sonoridad se entrelaza con la «práctica» social del baile.

A partir del capitalismo y, particularmente en su etapa *fordista* de consumo masivo, diversas artes —y, de manera muy especial, la música— han devenido también mercancías[6]. Hoy la industria musical es una importante generadora de ingresos, y las músicas bailables de América acaparan una altísima proporción de los réditos totales. Las «estrellas» del *performance* han alcanzado los más altos escalafones de ingresos (entre ellas, muchas «latinas» y latinoamericanas); ciertas maneras de hacer música se han convertido en unas de las más importantes vías de mejoramiento económico y ascenso social, y el sueño del estrellato, en una de las más poderosas ilusiones en el mundo popular.

«Raíces»[7] compartidas de las sonoridades americanas

Las músicas «mulatas» de América constituyen sonoridades básicamente occidentales en sus expresiones melódicas y armónicas. Se edifican —como la occidental— sobre un universo sonoro de doce sonidos organizado en escalas de siete, combinando las construcciones «masculina» (asociadas al sol) y «femenina» (identificadas con la luna) de la organización del tiempo. El ciclo lunar de aproximadamente veintiocho días —coincidente con el ciclo menstrual de la mujer y, por lo tanto, de la fertilidad en la especie— se estructura sobre sus cuatro fases de cíclico desarrollo: nueva, creciente, llena y menguante, que constituyen las semanas de siete días; mientras el ciclo solar organiza en docenas el tiempo del «universo» terráqueo: ciclo anual de doce meses y ciclo diario

---

[6] Nuevamente, se han realizado muy buenos estudios respecto al rock: e.g., Dave Harker (1980), y Steve Chapple y Reebee Garofalo (1977); lamentablemente, no contamos con investigaciones de alcance equivalente para otras expresiones de las bailables músicas «mulatas».

[7] Entre comillas, pues la metáfora de la *raíz* para referirse a los tradiciones culturales europea, africana e indoamericana que se entrecruzaron en la compleja conformación del mundo americano ha resultado bastante problemática, ya que tiende a homogeneizar, en tres grandes conjuntos, tradiciones muy heterogéneas, y a ejercer un corte temporal que pasa por alto continuados procesos de ínter-fecundidad posteriores al momento del «encuentro» inicial, en ocasiones referidos como relaciones «de ida y vuelta», sobre las que ha insistido, para el caso de las músicas «latino-tropicales» en África, Errol Montes. Para las relaciones de «ida y vuelta» internas en África (entre zonas islámicas y animistas, por ejemplo) el volumen editado por Wachsmann (1971) resulta muy sugerente.

de veinticuatro horas —fluctuando hacia su «centro» de doce de luz y doce de sombras. Es significativo que en la mitología occidental greco romana, Apolo, símbolo de la belleza masculina, fuera simultáneamente el dios de la música y el que guiaba el carro del sol. Los grandes mitos constitutivos de la cultura occidental, mitos masculinizados por una larga tradición patriarcal —las doce tribus de Israel, los doce apóstoles del cristianismo, las doce columnas de Hércules, los doce caballeros de la Mesa Redonda, los doce pares de Carlomagno, etc.— se reproducen en el universo sonoro que América adoptó de la tradición melódica de los colonizadores. Así, como la organización de esos doce sonidos en escalas de siete, y sus combinaciones armónicas principales (*dominante*, «la quinta», cuatro notas sobre la tónica y tres en dirección más grave, y *subdominante*, «la cuarta», igual, pero en términos inversos), representando construcciones de la relación hombre-mujer en su propio «alfabeto» tonal[8].

Pero, distinto a la sucesión temporal lineal alrededor de la cual se estructuran las melodías y armonías en Occidente —es decir, sus metros predominantes de 3/4 y 4/4 (sumandos de 7 y múltiplos de 12), constituidos por combinaciones de unidades equivalentes «with a regularly recurrent accent on the first beat of each group», en palabras del *Harvard Dictionary of Music* (Apel 1982; 827)—, las músicas «mulatas» de América, como adelantamos en el *Paseo*, adoptaron de su otra tradición constitutiva, la africana, el sistema metronómico de *claves*, conformado por patrones de unidades —golpes o silencios— de variadas dimensiones temporales, donde los acentos no se establecen necesariamente al inicio del patrón, sino se encuentran diseminados de acuerdo a los distintos tipos de combinación de tiempos (Chernoff 1979). La *clave* 3-2 (examinada con detalle en el *Paseo*) que define la métrica de la mayor parte de la música hispano caribeña se representa en notación occidental así:

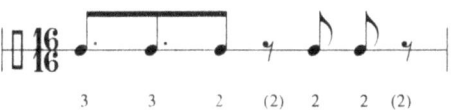

Otros ejemplos de *clave*, entre numerosas variaciones cuyo análisis y transcripciones debo al colega etnomusicólogo Luis Manuel Álvarez, son la *clave* de *samba*:

---

[8] Más detalles en *¡Salsa, sabor y control!...* (2005a: cap. 1).

2 2 3 2 2 (2 1) 2

la *clave* 2-3, utilizada en la *bomba holandé* puertorriqueña —de origen curazaeño—, en el *guaguancó habanero y matancero* y en la mayor parte de la música de la santería cubana[9]:

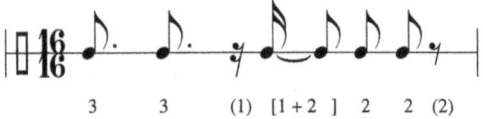

3 3 (1) [1+2] 2 2 (2)

y la clave «nigeriana» de doce tiempos:

combinando internamente lo que «occidentalmente» distinguiríamos como 6/8 y 3/4:

que utiliza con mucha frecuencia el flamenco, y en América, el *joropo* y el *bambuco*, por ejemplo. Transcrita como 6/8, subyace además, comúnmente, a los valses criollos.

Reproduzco también la clave de calypso en 4/4, según la transcribe en sus análisis el músico y analista costarricense Manuel Monestel Ramírez (2005: 110):

---

[9] Siguiendo el agudo oído musical del etnomusicólogo Luis Manuel Álvarez, la clave 2-3 no resulta ser una mera inversión de la clave 3-2 como frecuentemente conciben otros analistas. Los números en la parte inferior de las transcripciones corresponden a las pulsaciones que conforman las 16 unidades de cada compás.

Veamos además, dos claves de variaciones de la rumba guaguancó en 4/4 según transcritas por los norteamericanos salseros Charley Gerard y Marty Sheller (1989: 63, 64 y 69):

Estos estudiosos ejecutantes transcriben la clave de la rumba columbia en 6/8 así:

Las *claves* ordenan el desenvolvimiento temporal de las melodías y las progresiones armónicas (o la diacronía musical) dentro de una concepción no lineal del tiempo: no como flujo a la manera de una onda, sino (y atención a los paralelos con las discusiones introducidas por la mecánica cuántica en las Ciencias Físicas) a base de células rítmicas constituidas por golpes de pulsaciones no equivalentes o variadas[10]. Si bien podría argumentarse que objetivamente el tiempo puede siempre subdividirse en unidades matemáticamente equivalentes, lo cierto es que subjetivamente experimentamos dichas unidades de manera heterogénea. Un minuto de trabajo rutinario se experimenta con una «duración» absolutamente distinta que un minuto de un beso apasionado. Organizar el transcurrir musical invariablemente a base de compases constituidos por unidades temporales equivalentes responde a una «objetivación» del tiempo, a un distanciamiento entre el *sujeto* (o lo humano) y las «fuerzas» del universo, donde lo subjetivo aparece como una tergiversación de «la realidad». Si, por el contrario se asume lo subjetivo como parte de «la realidad» que se vive,

---

[10] Lo que de paso, rompe la distinción entre lo analógico y lo digital, entre una realidad en *continuum* o segmentada entre pequeñísimas unidades dicotómicas; metafóricamente entre viscoso y lo burbujeante.

las concepciones sobre las recurrencias y los cambios que conforman ciclos y trayectorias atraviesan de complejidades las posibles expresiones humanas de lo temporal.

En las antípodas de la concepción de un tiempo lineal de la idea del *progreso* de la modernidad occidental, las *claves* expresan musicalmente la realidad subjetiva de la heterogeneidad de la experiencia temporal humana, combinando una multiplicidad de entrecruzamientos temporales. Esta concepción «sincopada» del tiempo, heredada en América de las músicas africanas (Jones 1978 y Roberts 1979: 4), representa mejor la realidad histórica cotidianamente vivida de las sociedades del «nuevo mundo»: la simultaneidad de tiempos históricos diversos (De Carvalho 1996: 414-456) que han expresado magistralmente dos de sus más importantes movimientos culturales: la literatura latinoamericana del *boom* en su realismo mágico[11] y la más destacada sociología dependentista[12].

Los ritmos, el baile y la percusión

La métrica de *clave* estimula la elaboración rítmica, pero —como examinamos respecto a la clave 3-2 en el *Paseo*— no es lo mismo, en la experiencia musical, que el ritmo. No obstante, entre los siglos XVII y XVIII fue generándose en la musicalidad de la modernidad occidental

> una gradual absorción del ritmo por la métrica [...] llegando a subordinarse la rítmica a la métrica (Acosta 1982: 236 y 237).

Un buen ejemplo de finales del XVIII y principios del XIX fue la identificación del metro de 3/4 con el ritmo de vals.

En las músicas «mulatas», por el contrario, sobre cada *clave* se elaboraron (y continúan elaborándose) numerosos ritmos distintos y combinaciones polirrítmicas que caracterizan los diversos géneros que conforman una tradición musical. Por ejemplo, la *clave* 3-2, en diferentes *tempos*, subyace métricamente tanto a algunas de las más señoriales *danzas* y románticos boleros, como a la más bullanguera guaracha, el son cubano, el tamborito panameño, la plena

---

[11] Véase al respecto el sugerente análisis de Carlos Rincón (1995).
[12] Véase, por ejemplo, Fernando Calderón, ed. *Imágenes desconocidas. La modernidad en la encrucijada postmoderna* (1988), particularmente la contribución de Aníbal Quijano, «Modernidad, identidad y utopía en América Latina» (17-24), que combina la discusión sociológica con referencias a la literatura.

festiva y el melancólico seis mapeyé puertorriqueños, y a la mayoría de las combinaciones polirrítmicas de la salsa.

Toda música tiene ritmo, pero en algunas la elaboración rítmica ejerce un mayor protagonismo. En sus investigaciones sobre la música campesina de la Europa oriental (tal vez la primera «frontera» o los primeros «márgenes» de «Occidente»), Béla Bartók (1979) dividía la expresividad sonora primigenia entre aquella orientada a la palabra (al canto), que denominó *parlando-rubato*, y la dirigida al movimiento corporal (al baile). Si el baile es, entre otras cosas, una forma de expresar con el cuerpo la relación entre el tiempo y el espacio (Royce 1977: 3), en la medida que se manifiesta como encadenamientos de movimientos en los cuales se producen figuras o configuraciones expresivas (no una mera multiplicación de reacciones corporales inmediatas, aisladas, a particulares sonidos)[13], entraña interrelaciones más estrechas con las dimensiones sucesiva y diacrónica del tiempo en la música, es decir, el ritmo, que con la dimensión sincrónica de las escalas y la expresión melódica[14]. Precisamente las formas de música en las cuales el elemento rítmico reviste un mayor protagonismo son, por lo general, aquellas más claramente inseparables de su expresión social espacial bailable.

Siendo una de las dimensiones fundamentales de la relación entre géneros la continuidad multiplicada de la vida en el tiempo, el erotismo bailable se encuentra intrínsecamente relacionado a la sonoridad rítmica. Las danzas-ritos de fertilidad han existido en numerosas culturas y persisten con fuerza en diversos inconscientes colectivos. La historia de sus avatares está aún por hacerse. Tendría, necesariamente, que incluir numerosas problemáticas que nos desviarían de los argumentos principales de este *Merengue*. No obstante, el intento citadino de distinguir la *voluntad humana* ciudadana (la civilización) del mundo rural concebido como el reino de las *leyes* de la naturaleza

---

[13] Judith Lynne Hanna (1979) enfatiza, principalmente a través de estudios antropológicos en África, el carácter expresivo del baile. Su trabajo es muy revelador en este sentido, aunque su análisis se encuentra, a mi juicio, limitado por una concepción unidimensional de la comunicación del baile como relación entre el «*perfomer*» (o el coreógrafo) y el «observador», dejando fuera la comunicación *entre* los que bailan, ya sea en una danza comunal o en un baile en parejas, actividad esta última tan importante en la sociabilidad occidental moderna (Younmans 1969). Es decir, la valiosa investigación de Hanna sobre la significativa comunicatividad del baile queda limitada por su visión de éste estrictamente como *performance*.

[14] Detalles sobre el análisis en torno a lo sincrónico y diacrónico en la música en el capítulo 1 de *¡Salsa, sabor y control!...* (2005a).

(«la barbarie»[15]) fue generando un ascetismo en el Occidente del temprano cristianismo que no podemos obviar:

> Sexuality and poverty gravitated together [...] Both spoke of a universal vulnerability of the body [...] The universal risk of sexual desire admitted no pocket of civil tolerance [...] Joined in a common sense of sexual shame [...] bodies at risk, bodies gnawed by the bite of famine and destitution, and subtly ravaged by the common catastrophe of lust (Brown 1988: cap. 15, 316-317).

El gran historiador medievalista Jacques Le Goff resumió el *imaginario medieval* occidental, que estudió tan meticulosamente, como «la déroute du corporal» (1985: 123)[16], que definía como pecaminoso, como impulso «natural» o «bárbaro», y por ende a controlar y sobrepasar, la sexualidad inherente a las danzas-ritos de fertilidad.

Por otro lado, las tensiones entre lo femenino-masculino constitutivas de las escalas occidentales —de su «alfabeto» melódico-armónico— se expresan sobre todo en la sincronía del sentimiento romántico. Las canciones —en las cuales Occidente enfatizó— son, pues, más románticas[17], mientras los bailes hombre-mujer —que fue Occidente suprimiendo—, más eróticos. Por el contrario, las músicas «mulatas», que son por lo general tanto cantables como bailables, entretejen ambas esferas de las relaciones de género: lo romántico y lo erótico aparecen entrelazados en una dimensión emocional en la cual cuerpo y cultura no se anteponen, sino que se fecundan mutuamente. Como describe el autor de *La guaracha del Macho Camacho*, Luis Rafael Sánchez:

---

[15] Lo «bárbaro» fue originalmente en Grecia lo «no-griego» o «el otro». Como sociedad estructurada en torno a ciudades-estados, lo no-griego fue asociándose a lo no-citadino o lo no-ciudadano, con connotaciones de autoritarismo o tiranías (Persia, por ejemplo), no sólo la contraposición a la ciudad como «lo urbano». La historia social de cómo llegó ha identificarse lo bárbaro con «lo natural», como «lo otro», es un gran reto para las investigaciones del humanismo ecológico. Existen numerosas investigaciones previas que enfatizan otros elementos relacionados que servirían de zapata a tal proyecto. Especialmente relacionada, es la del teólogo-antropólogo haitiano Laënec Hurbon (1993).

[16] Véase también la historia de los intentos occidentales de contener el baile o sus expresiones dionisiacas en Barbara Ehrenreich (2006).

[17] El estudio de Manuel Valls (1982) constituye un intento, en partes, sugerente, pero en su conjunto, a mi juicio, no del todo exitoso, de examinar la relación masculino-femenino en el romanticismo sonoro.

las parejas ensayan a morir de pie al ritmo alcahuete del bolero. Ese bolero que, encima de cantarle al amor, autoriza el pegamiento presagioso de los cuerpos (s.f., c. 2001: 9).

Algo que terminará expresándose también en las «letras» del cante, como apunta uno de los primeros estudios folkloristas de mi país:

> En la expresión poética popular, el sentimiento del amor se nos presenta en su sentido integral, como un deseo ardiente tanto de la carne como del espíritu (Canino 1975: 73).

Como la métrica de *clave* estimula la elaboración rítmica, la herencia sonora africana en América se manifestó, no sólo en expresiones de aquella mayor variedad rítmica que diferencia a las músicas «mulatas» de su *raíz* occidental, sino también, más asociadas al erotismo bailable y al timbre de la percusión, los agentes de elaboración rítmica por excelencia. En las tres grandes familias culturales que se «encontraron» en América existían tambores. Pero, mientras en la tradición europea, con su énfasis en tiempos simples ordenados en una regularidad métrica (en la musicología denominados *isométricos*; Apel 1982: 731), los tambores fueron relegados paulatinamente al papel de «acompañantes», en la africana se consideraron fundamentales para la *elaboración* de la musicalidad. No debería sorprendernos que en diversos lugares de América, tan lejanos entre sí como Nueva Orleáns, el Caribe, Ecuador, Brasil y Paraguay, palabras cuya etimología remiten a denominaciones africanas de tambor (*bámboula, tumba, bomba*...), fueran aquellas con las cuales se denominaría la música tradicional más apegada a dicha herencia étnica[18]. La clásica *Historia de la música brasileña* de Acquarone describe, por ejemplo, que

> Al son de instrumentos groseros, danzaban los negros y las negras [...] con un frenesí indescriptible [...] En su *gran variedad de movimientos*, había tal derroche de acción nerviosa y muscular [...] el hombre del centro gritaba: ¡*Eh, bomba, eh!* Todos los asistentes repetían las *mismas palabras* (Acquarone 1948: 121; énfasis añadidos)[19].

---

[18] Evidenciado, por ejemplo, por el gran etnógrafo cubano Fernando Ortiz (1953: 8-12).

[19] En el compendio ya clásico de Arthur Ramos (1943) se incluyen varias descripciones similares que hacen referencia explícita a la denominación de bomba: por ejemplo, para Haití (146) y para Guyana (176).

A su vez, tan lejos como en Albany, Nueva York, aparece (publicada en 1886) una descripción parecida:

> The dancing music was peculiar. The main instrument was a sort of «kettledrum», a wooden [...] with a sheep-skin drawn tightly over one end [...] beating lustily with his hands, and repeating the ever-wild, though euphonic cry of «Hi-a-bomba, bomba, bomba» [...] (citado por Epstein 1977: 68)

Desde Uruguay hasta la cuenca del Caribe, las músicas profanas tradicionales de afrodescendientes son en gran medida rituales de comunicación entre tamboreros y bailadores, donde un tambor (o grupo de tambores) marca el ritmo básico o *toque* y otro tambor (o varios) elabora(n) numerosas variaciones del ritmo básico en *repiqueteos* improvisados, mientras los bailarines en conjunto siguen el *toque* e individualmente o en parejas «dialogan» con el tambor improvisador (explicación más detallada en el *Paseo*). En África también existían (y continúan desarrollándose) músicas de elevada elaboración melódica, pero muy diversas prácticas de deculturación del sistema esclavista donde, por ejemplo, se agrupaban esclavos de distintas procedencias para dificultarles su comunicación[20], resultaron en que su herencia sonora principal en América se diera a niveles rítmicos, cuyas prácticas compartían áreas geográficas más amplias que los territorios de las familias lingüísticas (Roberts 1974). Las músicas de los afrodescendientes en América son, pues, muy elaboradas rítmica y coreográficamente, no obstante ser, algunas de ellas, melódica y «líricamente» sencillas[21]. Las

---

[20] Sobre ésta y otras prácticas similares, véase el clásico ensayo de Manuel Moreno Fraginals, «Aportes culturales y deculturación» en el libro que el mismo autor editó para la UNESCO, *África en América Latina* (1977). Las investigaciones posteriores de Javier Laviña, *Cuba. Plantación y adoctrinamiento* (2007) —particularmente la sección «Mecanismos de dominación» del capítulo «Esclavitud y vida cotidiana» (55-128)— matizan los argumentos más tajantes de Moreno y añaden otros elementos a considerar, especialmente el adoctrinamiento religioso. Epstein (1977) ha historiado varias de estas prácticas de deculturación respecto a la Afroamérica anglófona.

[21] Subrayo la frase *algunas de ellas* pues, lejos de cierta interpretación en boga cuando se iniciaban los estudios de africanismos en América —por ejemplo, Janheinz Jahn afirma que «los tambores dirigen la actuación de los cantantes a tal punto que cabe decir que el canto acompaña a los tambores» (1963: 310)—, investigadores posteriores han analizado géneros afroamericanos muy desarrollados melódicamente precisamente a partir de tradiciones africanas. Véase, por ejemplo, de André Paula Bueno, *O Bumba-boi maranhense em São Paulo* (2001). Son también excelentes las investigaciones de Olavo Alén en torno a múltiples sutilezas de elementos melódicos en los cantos afro de la llamada «tumba fran-

músicas «mulatas» heredaron de las músicas negras su riqueza rítmica y coreográfica.

Por su valor descriptivo y de síntesis, he acuñado el concepto de *músicas «mulatas»*, pero siempre colocando la segunda palabra entre comillas. En primer lugar, porque ejerce una función metafórica (y no debe tomarse en sentido somáticamente literal) donde, como cualificaba Béla Bartók su utilización de términos «raciales» en el análisis musical:

> I apply the word racial here to the music itself, and not to the individual creating, preserving or performing the music (citado por Trumpener 2000: 425).

Pero alguna relación histórica (no somática, recalco, y por lo tanto, porosa y cambiante) existe entre el «color»de una práctica cultural y el de los individuos que la crean y practican en particulares geografías y épocas. Por eso a lo largo de este libro, además de caracterizar metafóricamente unas músicas como «mulatas», haré pasajeras referencias esporádicas a la «complexión» somática (siempre entre comillas) de algunos protagonistas y analistas. Escribiendo en los tiempos del pleno auge del nazismo, con su terrible «racialización» de pueblos enteros y sus miles exterminios individuales, Bartók sentía —de manera especial y urgente— la necesidad de insistir en la diferencia entre unos términos «raciales» que referían a la etnicidad (es decir, a procesos culturales desarrollados históricamente por los humanos, interrelacionados a diversos niveles de alcance: comunal, nacional, regional e internacionalmente) y los mismos términos utilizados de manera «racista» (anclados en la biología y concebidos, por tanto, como permanentes e inmutables)[22].

En segundo lugar, las comillas de la caracterización «mulata» responden además a reparos ante cierta concepción que esta palabra evoca, que son comunes en el continente. El término *mulato* deviene del animal híbrido o la mula, y fue originalmente una forma despectiva de referirse al mestizaje «racial» entre europeos y africanos. Denominando así a unos tipos de música, podría darse la impresión de que su característica definitoria la constituye su «impureza» de la *combinación* entre elementos a la manera de los rasgos somáticos en la genética, donde priman las permanencias (o *carimbos*) —ahora combinadas— de «unos

---

cesa» del oriente de Cuba: *La música en las sociedades de tumba francesa en Cuba* (1986); su libro posterior, *Pensamiento musicológico* (2006), enfatiza sobre estos análisis.

[22] No obstante esta importante distinción radical, el uso de términos similares puede dar margen a contradicciones y malentendidos; como encuentra en los propios trabajos de Bartók el incisivo ensayo de Trumpener (2000).

trasfondos»[23]. Pero el léxico popular afrolatinoamericano se ha caracterizado por transformar positivamente términos originalmente peyorativos. Y acuñamos acá la «mulatería» musical, jamás como una combinación encubridora[24] de las supuestas «raíces constitutivas», sino como un proceso relacional (político, en el sentido amplio del término) y enriquecedor de la hibridez[25], desde donde fueron conformándose unos modos de elaboración y expresiones sonoras y corporales en —y más allá de— los «trasfondos» y las combinaciones, como veremos en las próximas secciones de este *Merengue*.

Las prácticas musicales descentradas de la *«mulatería»*

En términos de estructura y prácticas de elaboración musical, las culturas «mulatas» afroamericanas desarrollaron elementos compartidos propios, distintos a los de sus tradiciones-«raíces». La hibridez conflictiva de su colonización constitutiva y la multiplicidad de entrecruzamientos temporales en su cotidianidad y devenir histórico fueron generando una formación cultural

---

[23] En el artículo «Los debates sobre *identidad* en la ilusión modernizante de las ciencias sociales del "modelo puertorriqueño de desarrollo"» (2003c: 120-139), examino los orígenes de la utilización de esta metáfora «biológica» en los análisis sociales del Caribe.

[24] Es pertinente alertar respecto a cierto intento «blanqueador» de algunos discursos del mestizaje que pretenden encubrir la «africanía» con una paternalista hibridación. Véase, por ejemplo, el excelente estudio crítico de Arcadio Díaz Quiñones a la reedición de Tomás Blanco, *El prejuicio racial en Puerto Rico* (1985); también (con referencias principalmente a la literatura) el fino análisis cultural de Roberto Ventura, *Estilo tropical, História Cultural e Polemicas Literárias no Brasil, 1870-1914* (1991), muy atento a los matices y las contradicciones.

[25] En términos parecidos a «las identidades rizomáticas» de la *Poétique de la relation* (1989), del escritor martiniqués Édouard Glissant, quien propone el término de *créolité*, en lugar de «mulatería». Mantengo este último (entre comillas), pues es mucho más entendible popularmente en los países de habla hispana. Además, aunque sin las terribles asociaciones etimológicas señaladas, el término *créolité* ha resultado igualmente problemático. Los escritores del Caribe francófono Jean Bernabé, Patrick Chamoiseau y Raphael Confiant, autodenominados discípulos de Glissant, propusieron un *Éloge de la créolité* (1989) —véase, también, Chis Bongie, *Islands and Exiles: The Creole Identities of Post/Colonial Literature* (1998)— que, manteniendo un paradigma «racial», han sido duramente criticados: véase, por ejemplo, de Michel Giraud, «De la négritude à la créolité: une évolution paradoxale à l'ère départementale» (1997: 373-403), y las contribuciones de Michel Dash, «Juicio de la créolité: perspectivas sobre la identidad del Caribe francés en el fin de siglo» y A. James Arnold, «Comentarios a Dash» en el número especial de la revista *Op. Cit.* editado por Arcadio Díaz Quiñones bajo el título de *El Caribe entre Imperios* (1997: 165-175 y 176-181, respectivamente).

descentrada, sobre lo cual enfatiza el *Paseo*, al cual los remito para un desarrollo más detallado del argumento[26]. Además de lo discutido en aquel, la formación cultural *descentrada* de las sociedades «mulatas» se fortalecía con el politeísmo *animista* en muchas expresiones de la religiosidad afroamericana en Cuba, Haití, Trinidad y Brasil, principalmente[27]; y con un catolicismo popular donde las diversas vírgenes y variados santos no se conciben como meros intermediarios entre los feligreses y Dios, sino motivos de culto por sí mismos, relegando al central (izante) Dios padre (al masculino sol) a planos frecuentemente secundarios[28]. Considero a este tipo de religiosidad plural como, de cierta manera, una forma ancestral de *humanismo ecológico*, lo que se manifiesta en el hecho de que no son estrictamente los objetos, animales o «santos» los recipientes de la devoción, sino las *fuerzas naturales* e históricas que simbolizan, representan o *encarnan*. En ese sentido, más que venerar «productos» (algo *fijo*), se adoran *procesos* (Gottschild 1998: 10, n. 5), dinámicas históricas y del fluir del *universo*. Por ejemplo, una de las más importantes *devociones* del catolicismo popular puertorriqueño es la de *Los tres Reyes Magos*, santos sólo en plural, que encarnan —como conjunto— la valoración histórica de la heterogeneidad[29]. En su libro sobre la afroespiritualidad caribeña, «Chucho» García enfatiza en los conceptos de *procesos* y *energías*: en «la *reencarnación* permanente de la energía cósmica» (2006: 46), por ejemplo, o «donde las energías ancestrales nos sirven como guía» (*ibíd*.: 41). Por ello, esta religiosidad se manifiesta, como la naturaleza, de maneras energéticas y colectivas, como la danza; lo que contrasta con el rezo solitario inmóvil del cristianismo europeo, la meditación budista y otras expresiones monoteístas centralizantes. Dice mucho, al respecto, que —como enfatiza en su libro seminal la estudiosa pionera de la religiosidad afrocubana, la antropóloga-escritora Lydia Cabrera (1954)— las

---

[26] Véase también José Jorge de Carvalho (2002: 97-132), así como la «Relatoría» del debate por Ángel Quintero Rivera.

[27] Existe al respecto una amplia literatura imposible de reseñar abarcadoramente acá. Como ejemplos, pueden mencionarse las ya clásicas investigaciones de Roger Bastide, *Le Candomblé de Bahia* (1958), Pierre Verger, *Orixás. Deuses Iorubás na África e no Novo Mundo* (1981) y Fernando Ortiz, *Los bailes y el teatro de los negros en el folklore de Cuba* (1981); así como trabajos posteriores seminales, como el de José Jorge de Carvalho y Rita Segato, *Shango Cult in Recife* (1992).

[28] José Francisco Alegría-Pons insiste en «la intensa devoción por los santos que [...] los fieles creen pueden algo más que interceder ante Dios por nosotros» (1988: 4). En mi libro *Vírgenes, magos y escapularios, Imaginería, etnicidad y religiosidad popular* (2003) analizo este catolicismo popular con mayor detalle.

[29] Según discuto en detalle en *Vírgenes, magos y escapularios...* (2003).

divinidades afrocubanas residan más en *el monte* (es decir, diseminadas en o entre la naturaleza) que en el cielo (separadas jerárquicamente del mundo o en lo *sobrenatural*).

La *estructura sentimental* anticentralista y dialógica se manifestó en —o generó— unas prácticas de elaboración musical donde se otorgó voz propia a la armonía y —sobre todo por la fuerza de su herencia sonora africana y su energética afroespiritualidad— al ritmo, además de la que expresaba la melodía. Es decir, la *elaboración* musical no se supeditó, como en Occidente, a un principio ordenador unidimensional, la melodía o *tonada*; más bien se establecieron prácticas dialogantes entre los diversos elementos sonoros: melodía, armonía, ritmo, timbre, texturas... Cuestionando la pretensión centralizadora, el diálogo descentrado entre tonada, armonía y ritmo representó —frente al universo sistémico newtoniano como conjunto integrado de relaciones recíprocas infinitamente repetibles— una exploración de las complejidades entre el ser y el convertirse; y de aquí la importancia también en estas músicas «mulatas» de la *seducción* en el *baile*, como «invitación» erótica *sugerida*, sin desenlace determinado.

Examinando el baile en los *blues* en Atlanta a principios del siglo XX (género identificado hoy más bien como «canción» pero que fue, además, el primer baile de salón afroestadounidense, según hemos podido investigar), la historiadora Tera W. Hunter[30] entrelaza la seducción y el tipo de baile descentrado que examinamos ya en el *Paseo*:

> Black vernacular dance also generated controversy because of its distinctive physical characteristics, which challenged Euro-American conceptions of proper bodily carriage and etiquette. African-American dance emphasized the movements of body parts, often *asymmetrically and independent of one another,* whereas Euro-American dance demanded *rigidity to mitigate its amorous implications.* Black dance generally exploded outward from the hips, it was performed from a crouching position with knees flexed and the body bent at the waist, which allowed a fluidity of movement in propulsive rhythmic fashion, The facial gestures, clapping, shouting and yelling *provocative* phrases reinforced the sense of the dancer's glee (2000: 150; énfasis añadidos).

El carácter descentrado de las músicas «mulatas» tiene su arista melódico-armónica también. Al iniciar la discusión de las «raíces» compartidas de las sonoridades americanas en este *Merengue*, discutí cómo a nivel melódico y armónico las músicas «mulatas» son, concretamente señalé, «*básicamente*

---

[30] Autora del estudio publicado con el significativo título de *To Joy My Freedom: Southern Black Women's Lives and Labor alter the Civil War* (1997).

occidentales». Si se constituían con las mismas unidades de tonos y semitonos —con un mismo *alfabeto tonal*—, ¿por qué cualificarlas, entonces, como «básicamente»? Una forma en que estas músicas enfatizan melódicamente su carácter descentrado es a través de una mayor recurrencia al recurso del *slide*: lo que la musicología occidental denomina *glissando*, que significa moverse «escurridizamente» entre una nota y la siguiente (ascendente o descendente), en todas las gradaciones posibles de fracciones de tono. En contraste con la escala diatónica europea, estructurada sobre las siete notas básicas de su «alfabeto», en las cuales tiene que recaer la «resolución» tonal de sus melodías, las músicas «mulatas» incorporan de su herencia africana la estética de las gradaciones microtonales de su cromatismo polifónico (muy desarrollado también en la música «clásica» asiática), permitiéndose «jugar» con lo que «occidentalmente» se consideraría la imprecisión. De manera muy gráfica, el agudo analista George Lipsitz describe sus tonalidades como «not pure tones» (1990: 110).

Resumiendo las pioneras investigaciones de Argeliers León (1974 y 1986: 115-130) y Leonardo Acosta (1982 y 1983) en torno a los aportes africanos a la música del Nuevo Mundo, las musicólogas cubanas Zoila Gómez y Victoria Eli Rodríguez recalcan «la imposibilidad de medir esta música con modelos que le son ajenos». Dos de los cinco «aportes» que señalan son:

> frecuentes glisados y efectos que responden a una multiplicidad de formas de emisión de la voz, y [una] diferente concepción de la afinación, donde se utilizan a propósito *timbres borrosos o imprecisos* (1995: 70; énfasis añadido).

Una segunda forma en que las músicas «mulatas» enfatizan melódicamente su carácter descentrado se da en la manera de combinar las unidades del *alfabeto* de las escalas occidentales en frases y temas musicales recurriendo, según la concepción occidental con *demasiada* frecuencia, a lo que en el jazz se denomina el *blue note*. Éste genera un tipo de armonía (de séptimas abemoladas) —y construcciones melódicas en torno a ese tipo de armonía *menor*— que perennemente «invita» a acordes sucesivos, produciendo la sensación de expresión inconclusa. Combinar el «alfabeto» de las escalas occidentales en forma tal que se genere una sensación de encadenamientos armónicos que podrían continuar *ad infinito*, fortalece su carácter descentrado, al romper con la contundencia de «amarrar» la conclusión en la tónica, abriéndose a la indefinición de cuál será el momento de la conclusión[31].

---

[31] Lipsitz (1990: 110) enfatiza su significado cultural respecto a las concepciones de la memoria y el tiempo.

La repetición como intensificación

Toda vida es conformada por numerosas recurrencias y por algunos cambios. Como organismo viviente, estas dos esferas no resultan siempre fáciles de distinguir, pues muchas recurrencias conllevan cambios menores que podríamos denominar «variaciones»; la encadenación de esas recurrencias variables forman, en muchas ocasiones, *procesos* que —a diferencia de los *eventos*— sólo cobran sentido en el transcurrir temporal. Además, en el ciclo vital —ligeramente distinto para varones y hembras— muchos procesos «cristalizan» en algún evento determinante; como, por ejemplo, el proceso de maduración sexual de la niña que «culmina» en el evento de su primera menstruación. Este suceso marca una transformación en el carácter de su ciclo subsiguiente de recurrencias: su tránsito de niña a mujer, que habrá de menstruar cada veintiocho días recurrentemente por sus próximas tres o cuatro décadas, hasta que otro «suceso» o «evento» —la menopausia— «cristalice» toda una serie de procesos por los cuales atravesaba como mujer. Es significativo que mientras la enorme mayoría de los varones manifiestan no recordar el «evento» de su primera eyaculación, la gran mayoría de las mujeres recuerda su primera menstruación de manera muy vívida.

En la medida en que la música es una de las formas culturales principales a través de la cual los humanos conciben y expresan sus tiempos, la repetición evocativa de las recurrencias, así como los cambios —sean «variaciones» o «sucesos dramáticos» que marcan alguna transformación—, constituyen elementos principales de toda música. Los intervalos, la frecuencia y las formas que la repetición asume[32], así como la manera en que aparecen las variaciones y los cambios, han sido manejados de maneras muy diversas en distintas culturas, en las variadísimas tradiciones musicales de la historia cultural de la especie. También, el carácter que toman las repeticiones: si lo repetido protagónico es un patrón rítmico, una secuencia armónica, o una frase melódica. Las músicas de tradición afroamericana se caracterizan —como empezamos a ver en el *Paseo*— por combinar simultáneamente, como la vida, la repetición y el cambio, en forma tal que las *variaciones* tenues en lo repetido vayan intensificando un *crescendo* que conduzca a un clímax que represente una variación o cambio radical.

---

[32] Bohannan (1967: 315), presenta la distinción sumamente interesante entre las nociones de «measuring and counting», y cómo la música de los lugares de origen de muchos africanos en América «indicate but do not measure time».

Un buen ejemplo salsero de la utilización de varios recursos sonoros para dotar a la repetición del sentido de *intensificación* se encuentra en el «arreglo» del trompetista puertorriqueño «Perico» Ortiz de la célebre canción-crónica del panameño Rubén Blades «Pedro Navaja», grabado con la Orquesta del nuyorican Willie Colón en el disco *Siembra* de 1978, el LP más vendido en toda la historia de la salsa. Esta canción —que el maestro del *realismo mágico* latinoamericano Gabriel García Márquez identificó, al recibir el Nobel de Literatura en 1992, como aquello «que realmente hubiera querido escribir»— monta su «letra» sobre una frase melódica que se repite cada dos o tres estrofas, pero intensificando la repetición —a la manera del célebre *Bolero* de Ravel— con aumentos en la densidad (en timbres), es decir, incorporándole en cada estrofa más instrumentos de la orquesta a la vez que va *en crescendo* el volumen. «Pedro Navaja» (como el *Bolero*) inicia la composición sobre sólo un instrumento de percusión, las congas, a las que se incorpora el canto prácticamente *a capella* al estilo de la rumba *guaguancó*. Luego continúan el cantante y las congas junto a un segundo instrumento de percusión, los timbales; en la tercera estrofa, el piano se añade a los timbres previos; en la cuarta, se incorporan al conjunto los vientos metal; hasta que aparece toda la orquesta justo cuando la canción experimenta una radical transformación: de la canción del solista al estilo antifonal (de llamada y respuesta entre el solista y el coro) característico del *soneo* salsero. Paralelamente, la frase melódica que el solista repite con su canción experimenta la *intensificación* con, en jerga de músicos, *modulaciones cromáticas ascendentes*. Es decir, la melodía y sus armonías «correspondientes» se mueven cada dos estrofas (mientras van incorporándose cada vez más timbres), del convencional *do mayor* donde comienza, a *re bemol mayor*, a *re mayor*, y así sucesivamente, a *mi bemol mayor*, hasta alcanzar la tonalidad de *mi mayor* donde se establece el *soneo*[33]. Se genera, de esta forma, un clima de creciente intensificación sonora que contribuye a resaltar el dramatismo que cuenta el relato-canción hasta alcanzar el clímax de la «revelación», de la verdad o la enseñanza de la historieta: la «máxima» o moraleja que transforma las recurrencias, el evento que cristaliza en cambio todo un proceso, como dice la letra, «que da el mensaje de mi canción»: ¡La vida te da sorpresas!

«La mayor parte de la música se basa estructuralmente en una amplia interpretación del principio de la repetición», señala el compositor *clásico* Aaron Copland (1980: 94) en su breviario —¡tan claro y tan útil!— para que aquellos

---

[33] En *¡Salsa, sabor y control!...*(2005a: 186-188) analizo con más detalles esta composición y su canción.

que no somos músicos comprendamos la música. Pero lo que se asume como «la música» en dicho breviario es, básicamente, el proceso de composición en Occidente, respecto a lo cual —siendo Copland, de hecho, un concienzudo compositor— el pequeño libro es, sin duda, excelente. Luego de aquella afirmación tan categórica, Copland pasa a describir las diversas formas que, respecto a la repetición, ha experimentado la música *clásica*, esa gran música de la «modernidad occidental»: desde la repetición secuencial sencilla de frases en los *canon* del siglo XVI hasta la compleja repetición a base de contrastes de la tan ricamente elaborada forma *allegro de sonata* del primer tiempo de las sinfonías, pasando por las formas *fugadas* del Barroco, etc. Estos modos culturales de repeticiones que examina el breviario son sólo del ámbito de la melodía, implícitamente asumiendo como «natural» la repetición en los ritmos. Después de todo, según Copland:

> si la idea del ritmo va unida en nuestra imaginación al movimiento físico, la idea de la melodía va asociada a la emoción intelectual (*ibíd.*: 44).

¡Cuerpo y cultura! No es fortuito que dicho breviario se titule *Como escuchar la música*, es decir, con dicha visión subyacente sobre su función o naturaleza: se compone y toca para que se *escuche*. Todo el libro pasa por alto el baile, lo que sería impensable en cualquier breviario que aborde la música en otras tradiciones culturales como, definitivamente, en las de nuestra América «mulata».

En la medida en que las músicas «mulatas» son y no son simultáneamente occidentales, pueden aprovecharse los elementos que describe Copland para examinar las repeticiones, variaciones y cambios en la trayectoria de la expresión melódica de las músicas nuestras. Pero para el intento de síntesis que constituye este *Merengue*, prefiero concentrar, para concluir esta sección, en el ámbito que se suprime (por «natural») desde «lo occidental», es decir, en el ritmo.

Es necesario enfatizar que, según describimos en el *Paseo* —y como ilustraremos en la próxima sección con el análisis de «La comparsa»—, la reiteración, la variación y el cambio se trabajan en las músicas «mulatas» tanto simultánea como secuencialmente. La variación simultánea aparece claramente en los diálogos entre tamboreros y bailadores de una de las tradiciones constitutivas de nuestras músicas «mulatas», la tradición de las «bombas» (plural para incluir sus numerosas variantes, que asumen nombres diferentes en distintos países: gwoka, bámbula, timba, rumba *Columbia*, etc.). Uno (o varios) de los tambores repite el ritmo básico o *toque*, mientras simultáneamente otro elabora variaciones del *toque* y expresa cambios súbitos en diálogo con la «espacialización» que elabora el bailarín con sus figuras expresivas. Oídos eurocéntricos, adiestrados en la polifonía pero no en la polirítmia, escuchan como ritmo sólo el *toque* básico y enjuician «la prolongada monotonía de su ritmo...», y consideran «la danza más refinada que la música» (Figueroa Berríos 1963: 46-48) en estos eventos músico-bailables rítmicamente riquísimos, no sólo en los desplazamientos danzantes, sino también en los repiqueteos percusivos que elabora un tambor simultáneamente con el toque reiterativo de otro.

No podemos obviar el trasfondo de entrecruce entre lo «biológico» y lo espiritual desde donde fue configurándose esta tradición dialógica: la repetición del movimiento pélvico del acto sexual en creciente intensidad hasta alcanzar el éxtasis del orgasmo compartido y la importancia de la repetición *in crescendo* para la «posesión» (o cuando la divinidad se «monta» o expresa a través del cuerpo feligrés danzante). Como señala el erudito y riguroso investigador Gilbert Rouget, analizando uno, entre muy variados tipos de trance (sobre lo cual volveremos más adelante):

> the dancers are not the musicians (or the musicants) of their own entry into trance, whereas their dancing is the principal means of triggering it [...] dance is not the result and expression of trance; rather, trance is the result of dance (1985: 318).

De manera similar describe el trance «Chucho» García en su libro sobre la afroespiritualidad:

> Generalmente, la «transportación o poseimiento [*sic*]» se logra *a través de la música...* A la medida que el golpe de tambor *aumenta su intensidad* y el coro de creyentes grita «fuerza... fuerza... fuerza» (2006: 87).

La simultaneidad de la reiteración, la variación y el cambio en la ínterrelación dialógica entre tocadores y bailadores, va «madurando» a la manera de los *procesos* del ciclo vital femenino —más claramente asociado a la reproducción, es decir, a la continuidad variante de la especie en la historia— con la intensión de que las recurrencias variables vayan intensificándose hasta «cristalizar» en el evento transformador de un clímax o trance. No se entiende cabalmente la repetición en el ámbito del ritmo en esta tradición cultural sin considerar su función en la intensificación del frenesí corporal, o el éxtasis compartido entre cuerpos «poseídos», amantes y/o danzantes.

Paréntesis comparativo entre la repetición clásica occidental y la repetición-hacia-la-intensificación «mulata»: «Für Elise» y «La comparsa»

Como ilustración y antesala a la profundización de estos argumentos, pueden los lectores comparar dos célebres piezas para piano de duración y «estructura» general equivalentes, que se han grabado innumerables veces, por lo cual son de muy fácil acceso para todos: la occidental «Für Elise» compuesta por Beethoven en el llamado «período clásico» de la música «clásica» (entre finales del siglo XVIII y el XIX), y la tan evidentemente «mulata» «La comparsa» del cubano Ernesto Lecuona (sobre quien volveremos más adelante en este *Merengue*), compuesta en 1912 cuando tenía sólo 17 años (Gómez Cario 1995: 23).

Ambas piezas, de 3½ minutos de extensión aproximadamente, basan su melodía sobre una frase muy hermosa que se repite con algunas variaciones en su primera parte, y se desarrolla en contrastes en una segunda sección. La frase melódica central de «Für Elise» consta de diecisiete notas en cuatro compases de 3/8. Las notas son principalmente semicorcheas —todas menos tres, que son corcheas; es decir, la melodía tiene pocas variaciones temporales internas, y estas pocas, sólo de 1 a 2—[34]. La frase melódica central se repite dieciocho veces en los 3½ minutos de la pieza: nueve veces, la frase original, y nueve veces la frase con exactamente la misma pequeña variación al concluir.

En la página siguiente aparece el motivo melódico principal de «Für Elise», de Ludwig van Beethoven.

---

[34] Para aquellos no versados en la terminología musical, es preciso explicarles que en el sistema de notación occidental que utilizamos, los tiempos de las notas van subdividiéndose en mitades; es decir, una corchea es la mitad del tiempo de una negra que es la mitad del tiempo de una blanca. En sentido inverso, una corchea representa el doble de tiempo que la semicorchea que representa el doble de tiempo que la fusa, etc. El metro de 3/8, en el que está compuesto «Für Elise», significa que se organiza temporalmente con tres tiempos de corchea en cada compás; el metro de 2/4, en el cual está compuesto «La comparsa», significa que se estructura en compases de 2 tiempos de negra (lo que es equivalente a 4 tiempos de corchea).

Por su parte, la frase melódica central de «La comparsa» consta de 32 notas de tiempos muy variados —desde fusas hasta blancas con puntillo, o ligadas con negra, es decir con variaciones temporales de 1 a 24— generándose así contrastes temporales internos que le otorgan un sentido rítmico muchísimo más marcado a la frase melódica misma. Esa frase cubre 18 compases en el metro de 2/4 y se repite en el transcurrir de la pieza una vez en su presentación original y dos veces con marcadas variaciones armónicas y algunas variaciones melódicas menores o «floreos».

A cada secuencia de la frase principal y su frase en variación, que —como en el inicio de «Für Elise»— son en tono *menor*, le sigue su desarrollo en contraste con dos nuevas frases en tono *mayor*. También «Für Elise» tiene una segunda sección de contrastes en tono *mayor*, pero en «La comparsa» estas nuevas frases en tono *mayor* guardan cierta similitud con la melodía principal original: son una especie de «variación» bastante contrastante y libre, dirigida a ir generando la sensación de intensificación hacia un clímax. Aun considerando estas últimas como «variaciones» —no obstante, recalco, sus marcadas diferencias—, tendríamos una frase melódica repetida (en sus variaciones) ocho veces en total; ello es, menos de la mitad de la repetición melódica de «Für Elise», cuyas frases en la primera y tercera sección concluyente, exhiben además muchísimo menos *variaciones* entre sí (el tratamiento melódico de la segunda sección o «intermedio» en su estructura «ternaria» es absolutamente diferente).

El elemento que resalta como el más repetitivo en «La comparsa» es el *obbligato* (o segunda voz melódica suplementaria) que, en la mano izquierda, hace la función de *bajo ostinato* y marca el «toque» o ritmo básico, a la manera del tambor *buleador* en la bomba, o la *tumba* en la rumba *Columbia* (vea el *Paseo*). Esa frase rítmica sí se repite con frecuencia, cada dos compases, con variaciones melódicas menores e importantes variaciones armónicas. Se trata del ritmo básico de las bailables decimonónicas primeras danzas caribeñas de salón (que analizaré en el Primer *Repiqueteo* del *Jaleo*), que alternaban un compás en ritmo de habanera con un compás de cuatro corcheas simples. Pero, mientras aquellas camuflaban en síncopas melódicas sosegadas su africanidad, «La comparsa» trabaja melódicamente la frase rítmica —de agudo a grave repitiendo la nota en la altura media— como para evocar los giros más característicos en las «alturas» del tambor, de acuerdo a si se golpea la membrana en el centro o los bordes del parche, o el movimiento del tambor más agudo al más grave en aquellos tambores que se tocan en pares, como los bongoes o el par de congas. También, Lecuona acentúa con *staccato* las cuatro corcheas entre las síncopas del compás de habanera, como simulando el golpe seco del tambor, mientras que las danzas decimonónicas más bien las *ligaban* para simular un contra-canto, una melodía complementaria que, con funciones principalmente armónicas, camuflaba su fundamental función rítmica. Después de todo, mientras las danzas caribeñas decimonónicas intentaban disimular su «mulatería» (como veremos en el Primer *Repique* del *Jaleo*), «La comparsa» se trata de una *danza* (es decir, un baile) abiertamente «apellidada» por su compositor como *afrocubana*, es decir, «mulata» sin ambages.

El ritmo y la armonía en «Für Elise» están claramente supeditados a su hermosísima melodía. Un trío de semicorcheas constantemente alterna con tres silencios de semicorchea, como enfatizando el metro ternario de 3/8. Y la armonía sigue un patrón sencillo («ternario» también en sentido figurado) de tónica – dominante – tónica, que inicia en tono *menor*, y en su segunda sección alterna con la tónica y el dominante de su *relativo mayor*: *la menor – mi séptima – la menor; la menor – mi séptima – la menor; do mayor – sol séptima – la menor – mi séptima*. En «La comparsa», por otro lado, no obstante su también muy hermosa melodía, el ritmo ejerce evidentemente un protagonismo propio, que se refuerza con el hecho de que la pieza comienza y concluye con el *obbligato* o *bajo ostinato* que, además marca la clave:

Ambas piezas tienen una sección en tono mayor, como señalamos antes. Pero, mientras en «Für Elise» se retorna a la primera sección con su frase melódica original en *menor* para concluir, produciendo la sensación de «redondear», en «La comparsa» el cambio a *mayor* es parte de una intensificación hacia el clímax, hacia el éxtasis. Como se trata de una composición «mulata», es decir, parcialmente occidental, se «redondea» también, pero no melódicamente, sino con el *bajo ostinato* que define su ritmo. Ambas piezas recurren a los recursos de *crescendos*, *accelerandos* y *ritardandos*, pero mientras en «Für Elise» constituyen oscilaciones que «enriquecen» la expresividad melódica, en «La comparsa» éstos se combinan con los movimientos armónicos y el desarrollo de la melodía para que las repeticiones ejerzan claramente su función de *intensificación* hacia un *fortísimo* de éxtasis, como la intensificación danzaria en los ritos de *posesión* o *trance*, y a la manera de la maduración sexual de la niña hacia el dramatismo de su primera menstruación.

Conviene apuntar, por último, que una pieza tan emblemática del danzar «mulato» como «La comparsa» inicia su melodía en el medio tiempo final de su cuarto compás de 2/4, justo en la corchea que concluye la primera repetición de su *bajo ostinato*. Es decir, «La comparsa» inicia su melodía a contratiempo, a la manera de las anticipaciones danzarias en la bomba donde, como vimos en el *Paseo*, el bailarín anticipa su repiqueteo adelantándose al «toque», al patrón rítmico básico. Como señalamos en el Prefacio, entrar a bailar a contratiempo es también una de las formas de bailar la salsa; forma que quiebra la rigidez de la mayoría de los maestros de baile profesionales en la globalización salsera que debaten sobre si es más correcto entrar a bailar en el primer o el segundo golpe de la clave o el compás.

¡Salsa y control!: la exhuberancia hacia el éxtasis y la estética «cool»

El manejo de la repetición está indisolublemente vinculado en la música a cómo se lidia con los contrastes, con las oposiciones que conforman cotidianamente la vida: sean éstas en *continuum* (claro-oscuro, frío-caliente...) o tajantes (áspero-suave, reconfortante-amenazante, triste-alegre...), y sean necesariamente antónimos, como los ejemplos anteriores, o sencillamente diferentes; pueden ser, incluso, complementarios, como es claramente el caso de lo femenino-masculino. Pero la importancia del frenesí en la repetición-como-intensificación en el diálogo sonoro-danzante llevó a muchos observadores externos a malinterpretar la música de los afrodescendientes en América como sólo un derroche de exuberancia, como una orgía perpetua, pasando por alto la importante herencia africanista que Robert Farris Thompson ha descrito como «la estética cool» (1980: 99-111). Brenda Dixon Gottschild considera lo *cool* como el componente primario fundamental de lo que denomina «la estética africanista»:

It is an attitude that combines composure with vitality [...] It is seen in the asymmetrical walk of African American males, which shows an attitude of carelessness cultivated with calculated aesthetical clarity. It resides in the disinterested (as opposed to uninterested) detached, mask-like face of the drummer or dancer whose body and energy may be working fast, hard, and hot, but whose face remains cool [...] It is through such oppositions, asymmetries, and radical juxtapositions that the cool aesthetics manifest luminosity or brilliance [...] in contrast to the Europeanist post-Renaissance, «high» art perspective that privileges product (the dance) over process (dancing) (1998: 16-18).

Lo *cool* se presenta, pues, como parte de «la estructura sentimental» descentrada. y confirma lo fundamental de las *prácticas*, frente a «productos» o estructuras. Entre las *prácticas*, las danzas enfatizan sobre todo los ejercicios de la seducción, en su descentrada indeterminación.

Los contrastes entre «moderación» y exhuberancia en las músicas bailables de afrodescendientes se registran documentalmente desde muy temprano en la historia caribeña. Es muy ilustrativa y valiosa, por ejemplo, la descripción de 1774 de unos bailes de esclavizados en Jamaica escrita por el aristócrata inglés Edward Long, quien conocía de música pues tocaba violín,

> Their tunes for dancing are usually [...] *vivace* and *larghetto*, gay and grave, pursued alternately (citado por Epstein 1977: 40).

Otra descripción muy ilustrativa al respecto la encontramos medio siglo después en la Louisiana

> the dance began: before long there was a rapid stamping, the dancers striking their thighs [...] pirouetting [...] or stopping suddenly in a posture of surprise and pleasure... (citado por Epstein 1977: 43).

No por coincidencia titulé mi libro anterior *¡Salsa, sabor y control!* y cito del Prefacio de aquel:

> Su carácter abierto de dinámica tensión dialógica [de la Salsa] se manifiesta en la expresión popularizada como grito identitario a comienzos de este movimiento musical: *¡Salsa y control!* Esta llamada a la intensidad de la expresión sonora evoca muchos de sus numerosos diálogos internos: desenfreno expresivo y *afinque* comedido, *descarga* rítmica y *ostinato mesurado*, improvisación y tradición... entre muchos otros: *¡Salsa y control! ¡Salsa y control!* (2005a: 21, énfasis y suspensivos del original)

La combinación contrastante entre expresiones sonoras de «salsa y control» en la musicalidad salsera da continuidad a la tradición predominante en la música «tropical» bailable de décadas anteriores, que usualmente combinaba géneros movidos con géneros «lentos» en los sets (grupo de piezas entre descansos o reposos) de las orquestas o conjuntos musicales en los bailes de salón. Ello se traducía en los discos comerciales de estas agrupaciones. Por ejemplo, hacia mediados del siglo XX, en la época de los discos de 78 rpm que incluían sólo dos piezas (una en cada cara), lo más común era que una cara grabara un bolero y la otra un género movido (merengue, guaracha, porro, son o cha-cha-chá, entre otros). En la producción discográfica de una orquesta de baile típica como Billo's Caracas Boys casi el 70% (68.9% exactamente entre la muestra asequible) manifestaba esta combinación «salsa y control» (53% entre bolero y guaracha), el 29.6% combinaba dos géneros movidos y sólo 1.5% dos géneros lentos (Marcano 1998: 231-243).

Examinando numerosas descripciones etnográficas previas del «animismo» afroamericano, Rouget concluye que los ritos de trance colectivo manifiestan las antinomias que he denominado de «salsa y control», pues los melifluos cánticos del aspirante a «iniciado» que en Cuba llaman «toques de santo», con un carácter melódico pronunciado, sosegadamente modulados, contrastan con los diálogos fundamentalmente rítmicos, atravesados de tensiones bruscas, entre bailarín y tamborero conducentes —en sus reiteraciones intensificantes— a la posesión y su *performativa* socialización. Como describe Nelly García la «imprescindible» posesión en los cultos de María Lionza en Venezuela:

> El trance comienza con movimientos bruscos de manos, brazos, meneando cintura, tirándose al suelo, movimientos fuertes (de) cabeza [...] hay mayor libertad (pues) le permite liberar emociones que en [...] la vida cotidiana no es capaz de expresar por mantener un celoso control del cuerpo, un enmascaramiento [corporal, mucho más allá de las expresiones del rostro] [...] pero en el trance se cae ese enmascaramiento [...] se socializa (*El culto a María Lionza*, según citado por García 2006: 87; corchetes añadidos).

En su excelente y abarcador estudio ya citado, Gilbert Rouget insiste en la distinción entre el éxtasis del anacoreta y el trance de la *posesión*. Aunque no comparto la distinción semántica, sí considero fundamental la distinción conceptual a la que apunta: la diferencia radical entre la momentánea alteración de la conciencia en soledad (caracterizado por un estado individual, de inmovilidad y silencio) común en la religiosidad occidental (entre otros monoteísmos), y el trance de la *posesión* en ritos necesariamente colectivos inseparable del sonido y el movimiento (Rouget 1985: 9-11), muy comunes en la espiritualidad africana y afroamericana con su concepción *ecológica*, antes discutida, fundamentada en la *energía*: en las *fuerzas* cósmicas que interrelacionan lo mineral, lo vegetal y lo animal (que intencionalmente condensa el diálogo entre el tambor y la campana en muchos de estos ritos).

En este segundo tipo, el trance se exterioriza, pues sólo se da en forma socializada —reiterando mi argumentación del *Paseo*, «la colectividad manda y el individuo *florea*»—, y conlleva, necesariamente, su expresión *performativa* —Rouget utiliza el término *theatricality* (1985: 317), pero prefiero el más contemporáneo *performance*, sobre el cual insiste en sus análisis de la cultura del Caribe nuestro «gran cosmólogo del ritmo»[35], el escritor y pensador cubano Antonio Benítez Rojo (1997).

La música pues, concluye Rouget, más que producir el trance, ejerce sobre todo una función identitaria, respecto a una *identidad* comunal que se reconoce internamente múltiple y heterogénea; conformada por diferencias y contrastes que sólo se *uni-fican* en la comunicación y en la unidad de propósito que simboliza el rito.

> The music [...] is essentially identificatory [...] The language the music speaks is understood by all, and each person decodes it at his or her own level. It is through this music, and through the dance to which it gives rise, that recognition of the divinity's presence is conveyed to the entire group, a recognition that is indispensable because it authenticates the trance [...] Music thus appears as the principal means of socializing trance [...] of exteriorizing his [the dancer's] trance. It is at this stage that music is indispensable. Why? Because it is the only language that speaks *simultaneously*, if I may so put it, to the *head and the legs*[36]; because it is through music that the group provides the entranced person with a mirror in which he can read the image of his borrowed identity; and because it is the music that enables him to reflect this identity back again to the group in the form of dance (Rouget 1985: 323, 325-326).

En este sentido, considero iluminadores los avatares occidentales de la trayectoria de la alegría colectiva relacionada con el baile que —entretejiendo las investigaciones de la mejor tradición de historia social europea (Bakhtin, Peter Burke, Roger Caillois, Robert Dalton, Norbert Elias, Carlo Ginzburg, Emmanuel Le Roy Ladurie, Edgard Muir, Mona Ozouf, E. P. Thompson, entre muchos

---

[35] Así denominé a Benítez Rojo en el escrito-homenaje a raíz de su muerte (Quintero Rivera 2005d).

[36] Es significativo que las más recientes investigaciones sobre el estímulo musical en los procesos cerebrales concluyan que «Musical sound drives both the subcortical emotion system and the cortical conceptual systems. It regulates the brain in unified action beyond the self» (Benzon 2001: 160).

otros que intenta popularizar)— traza Barbara Ehrenreich en un libro fascinante que titula *Bailando en las calles* (2006). En él la autora encadena numerosas citas que evidencian, ilustran y problematizan la progresiva individualización de unos goces que fueron, en Europa también, previamente colectivos. Esa multiplicidad de citas, coherentemente hilvanadas, nos ayudan a entender la historia social del distanciamiento entre cuerpo y cultura en la ideología occidental dominante hoy, frente a la cual contrasta la tradición *¡salsa y control!* de la América «mulata», cimentada en la herencia de prácticas necesariamente colectivas que entrelazaban música, danza y espiritualidad: cantos melifluos de iniciación y bailes energéticos de «posesión».

La composición «abierta» y la improvisación dialógica

Las músicas tradicionales de afrodescendientes en América Latina se conforman en torno a lo que en etnomusicología se denominan eventos sonoros «abiertos», donde, en una recuperación ritual de la memoria, diversos ejecutantes comienzan un intercambio musical improvisado con duración impredecible: su desarrollo y duración depende de la intensidad de la intercomunicación. Las músicas «mulatas» integran la riqueza de esta espontaneidad tradicional a la intensidad dramática de la composición, es decir, a la práctica occidental de que un creador —previo a la ejecución de la música— piense y elabore posibles desarrollos de ideas sonoras[37]. Esta integración se trabaja a través de unas prácticas musicales que combinan las sonoridades «abiertas» —predominantes en las prácticas sonoro-bailables de los afrodescendientes— con la forma sistémica «redondeada», que fue predominando en la tradición occidental. Veamos algunas de estas prácticas «mulatas» compartidas.

Aunque en estas músicas existe, como en Occidente, la práctica de la composición, no pretenden —descentradas, al fin— que el compositor lo determine *todo*. Su práctica de composición se basa en el reconocimiento de la presencia de *otros* y está intrínsecamente vinculado a ello, en una visión de la música no sólo como *expresión* individual sino, fundamentalmente, como *comunicación* multidireccional. La composición «mulata» promueve la participación activa entre los músicos y cantantes, a los cuales no sólo se les permite, sino se les celebra la incorporación improvisada de giros y frases a través de las cuales

---

[37] Sidney Finkelstein, «Social Origins of Melody», cap. 1 de su *Composer and Nation: The Folk Heritage of Music* (1960). Más sobre las formas «abiertas» y «redondeadas» en los estudios de Béla Bartók, *Hungarian Folk Music* (1931).

manifiestan su virtuosismo y la individualidad de sus estilos propios[38]. La cosmovisión determinista del *universo* de la partitura se quiebra ante la sorpresa de la ornamentación y la improvisación espontánea. Muchas de estas músicas no sólo *permiten* y celebran la ornamentación improvisada, sino que, combinando las formas «abierta» y «redondeada», incluyen secciones específicas dedicadas a la manifestación del virtuosismo improvisador de los diversos componentes de un conjunto musical, lo que se conoce en el jazz como los *jam sessions* y en la música «tropical» caribeña, a nivel instrumental, las *descargas* y, a nivel vocal, los *soneos*[39].

En estas prácticas, la improvisación es un fenómeno de comunicación: los *soneos* se improvisan a base de lo que el compositor quiso expresar, y las *descargas* en entre-juego, además, con la improvisación del «arreglista» (figura sobre la cual abundaremos más adelante) y de los demás instrumentistas, generándose una encadenación de improvisaciones virtuosistas donde cada ejecutante que se lanza al ruedo debe dialogar[40] tanto con el compositor y el arreglista como con todos los instrumentistas que le han precedido en la cadena. En el jazz contemporáneo, donde ha ido desvaneciéndose su dimensión bailable original, la encadenación de improvisaciones —o *jam session*— se da, por lo general, en una secuencia de instrumentos solistas; en cambio, en otras músicas «mulatas» que han retenido su fundamental dimensión bailable, como la salsa, la encadenación se elabora muy frecuentemente entre grupos de instrumentos en diálogo simultáneo. Su dimensión dialógica se manifiesta entonces secuencial y simultáneamente a la vez, reteniendo la importancia de la intensificación para su culminación en el «trance» del frenesí danzante. Como señala el gran pianista, compositor y director salsero y del jazz latino Eddie Palmieri en la entrevista que concedió a la cineasta Ana María García para el film documental *Cocolos y Rockeros* (1992):

> Saber ¿cómo es que se puede afectar el organismo, cómo es que tú vas a afectar ese organismo [el cuerpo danzante]? Ese es el trabajo del músico... Los patrones rítmicos que tocamos nosotros son los más complicados del mundo entero. Los

---

[38] Desarrollo estos análisis en el ensayo «Salsa y democracia, prácticas musicales y visiones sociales en la América mulata» (2004: 20-23); una primera versión, «Salsa, democracia y cultura», se publicó en la revista *ArchipiéLAgo* (México) año 2, número 10, enero-febrero de 1997, pp. 45-48.

[39] Detalles sobre la práctica del soneo en mi artículo «El soneo salsero» (1995b: 9-16); más sobre ambas prácticas en el cap. 6 de *¡Salsa, sabor y control!* (2005a).

[40] Alan Durant (1989) abunda sobre la improvisación como diálogo, su trasfondo africano y sus repercusiones en las prácticas políticas.

instrumentos que nosotros usamos son tan profundos, empezando con las tumbadoras, el bongo, el timbal; la forma en que el bajista se acompaña con [los montunos de] el pianista; la combinación [o diálogo] entre las trompetas y los trombones... la esencia de nuestra orquesta, la orquesta nuestra que va a tener ese tremendo efecto. Es el secreto para que eso llegue a un clímax, que se llegue [en su intensificación] a ese *full tutti* de orquesta [ese éxtasis polirítmico] que cuando se viene a ver... son los ritmos más complejos, elaborados y bellos (recalco) del mundo.

Pero todas estas improvisaciones dialógicas, sean puramente secuenciales o combinando lo secuencial y simultáneo —improvisaciones presentes de diversas maneras y con una variada intensidad en muchas de las músicas «mulatas» del continente— no se presentan como manifestaciones individuales, sino expresiones de individualidad en una labor de conjunto. La composición no es, por tanto, individual, sino una práctica colaborativa, que quiebra, en la producción simbólica, *la teoría del individualismo posesivo* (Locke, Hobbes, Hume...), ¡tan importante para la organización política en las sociedades occidentales modernas! (MacPherson 1962). La improvisación es una relación comunicativa que expresa *reciprocidad*, característica de lo comunal (Temple 1989), donde la individualidad se constituye, no en términos de lo que busca o lo que recibe (como en la cosmovisión occidental burguesa), sino de lo que ofrece, de lo que da. Las individualidades no se diluyen en la colectividad, pero tienen sentido sólo en términos de ésta. Como vimos en el *Paseo*, «la colectividad *manda* y la individualidad *florea*».

«Esa pareja está pidiendo *piquete*»

La comunicación a través de la cual se elabora la sonoridad resultante en las músicas «mulatas» no se da únicamente entre los que producen sonoramente la música (compositor, arreglista, cantantes e instrumentistas), sino también entre ellos y sus «recipientes», los que la «utilizan» o «consumen». Manifestando una distinta concepción de la sociabilidad, el «público» de las músicas «mulatas» es muy rara vez pasivo, a diferencia de la tradición «clásica occidental» donde, como señala un agudo analista en la tradición marxista de la sociología de la música, «music has become largely a matter of passive experience [...] has become only music to be heard» (Blomster 1976: 92); y por ello el título del Breviario de Copland antes citado. El «público» de las músicas «mulatas» se comunica constantemente con los músicos de diversas formas, pero sobre todo (siguiendo su herencia de las músicas negras) bailando. «Esa pareja está pidiendo *piquete*», me señaló una vez en un baile un célebre bongosero (Quintero Rivera y Álvarez 2002). Lo solicitaban sin que mediara palabra, sólo con el movimiento del cuerpo.

Esta comunicación desde «el público», muy frecuentemente corporal-bailable, es importante para el desarrollo espontáneo de la improvisación; no hay que olvidar que los músicos responden a esas que llaman «vibraciones» en torno a lo que están tocando o cantando. En ese sentido, se quiebra la división tajante entre productores y «consumidores» en la elaboración musical. Esta práctica pone también en cuestión la concepción de la composición como *universo predeterminado* —infinitamente repetible por la partitura—, ante la incorporación constante de la sorpresa[41]. Combinar el conocimiento de «secuencias» tradicionales con la creatividad innovadora sorpresiva es, según el excelente investigador Kenneth Bilby (1985), de los más valorados atributos de instrumentistas (y bailadores, añadiría yo) en estos eventos sonoro-corporales de comunicación recíproca en el Caribe.

La valoración de la heterogeneidad: timbres y «sonido»

«¡Hay que buscar la forma de ser siempre diferente!»: así reitera el estribillo del coro de una célebre salsa de la «orquesta»[42] nuyorican de Ricardo «Richie» Ray (Ray y Cruz 1967), que ocupó los primeros lugares del *hit parade* a finales de los años sesenta, en los inicios del gran apogeo de esta nueva manera de hacer música basada en la fusión de tradiciones sonoras heterogéneas, la improvisación dialógica (vocal e instrumental) y las descargas bailables hasta el frenesí del éxtasis de la comunicación seductora entre cuerpos, de bailarines de sexos (o géneros) complementarios.

La letra de esta canción salsera reiteraba, en voz del solista Bobby Cruz, la frase «Para que no digan que toco como...», y mencionando una a una a algunas de las principales agrupaciones salseras del momento, la Orquesta de Richie Ray imitaba el «sonido» de aquellas y lo contrastaba con su «sonido» propio característico, para ilustrar sonoramente las diferencias evidentes entre los estilos salseros de las distintas agrupaciones.

---

[41] José Ramos Tinhorão (s.f.) enfatiza en su último capítulo la importancia de la sorpresa rítmica y armónica del bosanova, según veremos en mayor detalle más adelante. A nível más general, elaboro sobre la importancia cultural de la sorpresa en el ensayo «El patrimonio inmaterial» (2005b).

[42] Entre comillas, pues según expresara en entrevista el propio director «la banda era en realidad una *sonora* [conjunto más reducido al estilo de la Sonora Matancera], pero siempre le llamamos orquesta y la meta era que sonara bien, porque era más fácil conseguir trabajo para seis o siete músicos que para dieciséis» (citado por Guadalupe 2004: 6).

En momentos en que estaba haciendo crisis la producción en masa *estandarizada* del capitalismo fordista, el movimiento salsa, el movimiento de esa sonoridad «mulata» que predominaría en las décadas siguientes, se inicia resaltando el valor de la heterogeneidad: cada orquesta debía poderse distinguir por su «sonido» propio. Por ello, en la abierta composición compartida que recién describimos, va a jugar un papel fundamental el arreglista: encargado de plasmar en partituras la coordinación abarcadora de los matices de los diversos estilos y habilidades especiales de los instrumentistas en lo que en el movimiento se denominó «el sonido» característico de cada agrupación. Aunque se dieron prácticas variadas, la más común entonces era que «los arreglos» estuvieran a cargo de uno de los mejores instrumentistas de la propia agrupación, que por lo general era además el líder o director. De hecho, mucho más que por sus cantantes, como llegaría a ser décadas después (del encargado de la comunicación verbal más directa con su «público»), las agrupaciones de esa salsa inicial se identificaban por su director de orquesta, del «combo» o conjunto, coordinador de la comunicación con su «público» a nivel de lo corporal o bailable. Según me contó en entrevista reciente el bajista y director de su propia agrupación desde entonces, Bobby Valentín, la elaboración de ese «sonido» característico y su *consistencia* en las inevitables trasformaciones que exigían «los giros de la moda», las sofisticaciones técnicas de los procesos de grabación, las sensibilidades emergentes o, sencillamente, «los tiempos», ocupaban una primerísima proporción del tiempo y el esfuerzo, entre las numerosas «responsabilidades o tareas» del director de la orquesta salsera (Quintero Rivera 2008).

Apuntes etnográficos propios de observación partícipe resaltan de aquellos inicios salseros la enorme heterogeneidad de vestimenta entre los participantes de los bailes; absolutamente evidente entre las mujeres, pero sorpresivamente presente también entre los varones[43]. Digo *sorpresivamente*, porque durante todo el siglo XX se había experimentado una creciente homogenización en la vestimenta masculina —el gabán y la corbata— y, entre los rockeros, los *blue jeans*.

Una última práctica musical compartida entre las sonoridades «mulatas» de América que quisiera apuntar, y que la salsa evidencia pero que la transciende, se ubica en la valoración que otorgan a la heterogeneidad de los timbres, esto es, a quebrar la jerarquía entre los distintos agentes sonoros. Las músicas «mulatas» aprovechan la tradición polivocal y la riqueza instrumental desarro-

---

[43] Pueden verse ejemplos gráficos para la década de los ochenta en el documental *Cocolos y Rockeros* antes citado.

llada por la modernidad occidental, pero quebrando las jerarquías que aquella estableció. Fueron rompiendo con la idea de que unos instrumentos llevan «la voz cantante», mientras otros los «acompañan». Desarrollaron, en su lugar, una sonoridad de conjunto basada en una descentrada multiplicación integrada de timbres, ejerciendo cada uno su voz propia. El liderazgo de estos conjuntos, a diferencia de la tradición del *concertino* en la gran música de la modernidad occidental (donde el primer violín está establecido que sea el líder de la orquesta sinfónica), puede ejercerse desde el bajo, el trombón, la percusión, el piano o la voz, y en la elaboración virtuosista de los *jam sessions* o las *descargas* pueden participar tanto los instrumentos melódicos históricamente valorados por la modernidad occidental, como el violín o el piano, como aquellos que ésta había subvalorado: el bajo, el *cuatro* o *tres* y *cavaquinho* (originalmente campesinos), y principalmente aquellos «fuera» del universo tonal o donde lo tonal es secundario, es decir, los de percusión[44].

En las sociedades latinoamericanas –cuyas músicas tradicionales entremezclan diversas herencias étnicas– los distintos instrumentos fueron asociándose con particulares identidades sociales. En la mayoría de los países, el violín se identificó con la tradición europea, mientras la percusión con la africana, y las flautas con la indígena; la guitarra, el laúd, el *cavaquinho*, el cuatro, el tres y el güiro con el campesinado, y los vientos-metal con los trabajadores urbanos de oficios, los artesanos, etc. El fenómeno tuvo lugar en términos generales, por supuesto, con importantes variaciones regionales que responden a procesos históricos particulares.

Así, por ejemplo, en Brasil —con la rebeca— el tan europeo violín se asoció al campesinado, como también en algunas áreas rurales de Estados Unidos y México, y entre los indígenas guaraníes. La valoración que otorgan las músicas «mulatas» a la heterogeneidad de sus timbres conlleva implicaciones fundamentales en torno a las concepciones de la sociabilidad: reafirma la utopía de lo comunal y de una democracia social que valora el respeto de las diferencias (Quintero Rivera 2004).

Conviene reiterar, para concluir, que las músicas «mulatas» comparten el hecho de ser fundamentalmente músicas bailables. Frente a la poderosa cosmovisión eurocéntrica que tan bien expresa la gran música de su modernidad,

---

[44] Los tambores de las «mulatas» músicas afroamericanas se afinan en tonos que les permiten integrarse mejor al universo melódico-armónico «acompañante», pero, aunque grandes percusionistas como Giovanni Hidalgo en el jazz latino (que toca frente a una batería de congas que pueden llegar a ser cinco o seis), pueden hacerlos «cantar tonadas», su función principal no es, evidentemente, tonal, sino de elaboración rítmica.

cada vez más para escuchar pasivamente (Horowitz 1971: 59-61, 83), bailar —esa comunicación gestual entre los cuerpos siguiendo el orden anti-orden de la síncopa en *toques* y *repiqueteos*, esa manifestación espacial de tiempos heterogéneos— representó la posibilidad de que las relaciones humanas podían ser de otro modo; que cuerpo y cultura no son antagónicos sino, al contrario, «espacios» intrínsecamente entrelazados. De aquí la *seducción utópica* de las más impactantes músicas «mulatas», como expresión corporal (es decir, pre-discursiva) donde —como adelantamos en el *Paseo*— combinando el canto con el baile y el romanticismo con el erotismo, mito, historia y cotidianidad se entrecruzan en elaboraciones polirrítmicas sobre la posibilidad de la utopía.

El baile social de salón: merengue, maxixe, vals criollo, danza y danzón

La emergencia y trayectoria de las músicas «mulatas» de América está indisolublemente vinculada al desarrollo del baile social, en parejas, de salón. En la próxima sección de este libro —el primer *Repiqueteo* del *Jaleo*— nos detendremos en el análisis de los orígenes de esta particular manera de entrelazar cuerpo y cultura. Para el recorrido panorámico de este *Merengue*, adelantaremos sus hipótesis y argumentos centrales.

En la literatura histórica, existen numerosas referencias a la importancia del baile en las músicas tradicionales de América Latina. Desde las primeras investigaciones etnográficas se menciona que «Dance and song are twins in the native culture areas (Lumpholtz 1902: I, 338), y en general las menciones a la música se hacen en referencia o en el contexto del baile. Pero el baile se manifestaba, fundamentalmente, como una actividad grupal, similar a los *country dances* europeos y a sus danzas aristocráticas de figuras, como la *gavotte* o el *minuet*. Se daba en contextos sociales muy variados, como las celebraciones de cosechas o las ceremonias religiosas o rituales en torno a la incorporación a la sociedad adulta de los jóvenes en la pubertad (Ulloa 2005).

En la vertiente afrodescendiente de estas músicas tradicionales existía la importancia y autonomía del individuo y la pareja, pero sin abrazarse, pues en la herencia africana el abrazo simboliza el clímax de los ritos de fertilidad: la copulación (Jahn 1963: 122). El baile en parejas, asociado a los ritos de fertilidad en músicas consideradas «primitivas», no llegó a ser parte de los bailes de salón del ascético mundo social europeo hasta bien entrado el siglo XVIII. Al comienzo, lo fue sólo por medio de una combinación de pasos en pareja con figuras grupales en la contradanza[45]; no vino a ser enteramente de parejas hasta el desarrollo posterior del vals (*waltz*). Con su enorme erudición, Curt Sachs analiza este desplazamiento —fundamental en la conformación de las relaciones entre géneros (femenino-masculino) de la modernidad— como parte de la transformación burguesa de la cultura aristocrática (Sachs c. 1937).

El baile de parejas abrazadas se introdujo en la sociedad Latinoamericana a comienzos del siglo XIX como, según fuentes de la época, un «eco repetido de los de Europa». En ese sentido, siguiendo la oposición binaria dicotómica occidental entre *civilización* (identificada con el raciocinio) y *barbarie* (asociada a la naturaleza y, por consiguiente, en términos humanos, al cuerpo), el baile de parejas engarzadas se canalizó como «baile de salón», frente a los «bárbaros» bailes populares que no se distanciaban de la naturaleza al celebrarse a la intemperie. Del salón burgués o señorial se movió a los demás sectores sociales, algunos de los cuales participaban también de aquella otra trayectoria bailable que partía de la herencia africana. Combinando ambas trayectorias, hacia mediados del siglo XIX, sobre todo en el Caribe y Brasil, fueron creándose —de maneras irremediablemente problemáticas— nuevos bailes de salón de parejas engarzadas con un distintivo carácter americano, cuyo ritmo más difundido internacionalmente fue —y no es casual su nombre— la habanera.

Estos primeros bailes de salón americanos surgieron de una particular relación entre clases sociales, en sociedades marcadas por la presencia de la esclavitud negra. Si bien sus principales creadores y músicos fueron los trabajadores urbanos de oficio —los artesanos—, entre los cuales predominaban los negros libres y mulatos, en buena medida sus destinatarios fueron los miembros de las clases «superiores» de hacendados, comerciantes y profesionales, en cuyos casinos los salones servían como marco «civilizado» para el encuentro social entre su descendencia femenina y masculina, para la perpetuación de la clase entre «familias de bien»[46]. En la conformación de los Estados nacionales, una de las maneras más comunes para la integración de los negros libres y mulatos a la *ciudadanía* había sido a través de su participación en los ejércitos («carne de cañón»); su formación en una música nacionalmente compartida fue dándose, sobre todo, en las bandas militares. Su timbre principal de expresión sonora

---

[45] Como sería en América, por ejemplo, la sandunga mexicana que, como un vals en tono *menor*, se describe como «de parejas» pero donde éstas se enfrentaban en *filas* de hombres y filas de mujeres (Stevenson 1952: 218).

[46] Lo trabajo en mi ensayo «La danza puertorriqueña: ¿*blanquita* o *mulata*? ¿*populachera* o *señorial*? (1995c: 106-123).

fue, pues, el de los instrumentos de aquellas bandas: los vientos, principalmente los vientos-metal. Los artesanos vivían del trabajo manual, y en ese sentido eran considerados —como los campesinos— «trabajadores», pero compartían con las clases dominantes la *urbanidad*, la «civilización» que los distinguía de la «barbarie» *natural*. Llegaron a poseer también, por lo tanto, sus salones de baile: los llamados «casinos de segunda».

Las clases en los niveles «superiores» de la estratificación social, enfrentaron con cierta ambigüedad la emergencia de esas nuevas «contradanzas del país» que generalmente combinaban una introducción en métrica europea o *paseo* con una sección bailable sincopada que fue tornándose cada vez más prolongada al punto que en Cuba y México vino a llamarse *danzón*, es decir una «danza» enorme[47]. Por un lado, en el marco de un creciente nacionalismo musical en Europa, vieron con buenos ojos la consolidación de bailes de salón «autóctonos» que los «representaran» como países con su cultura e identidad propia, y estas nuevas danzas adquirieron prontamente sitiales privilegiados en la simbología *nacional* de los Estados emergentes: el vals criollo peruano, el merengue en República Dominicana, la danza del país en Puerto Rico y Curazao, y el danzón en Cuba, entre otros. Por otro lado, temían la «barbarie» erótica que pudiera introducirse con sus bailes sobre sus ritmos sincopados.

Esta tensión intentó resolverse a través de tres procesos en la conformación de las culturas cívicas nacionales. Los músicos artesanos, que llevaban la minusvalía histórica de la herencia esclavista en su complexión «racial», luchando por la respetabilidad que les permitiera ser considerados parte de la emergente sociedad civil *nacional*[48], camuflaron los ritmos sincopados a

---

[47] En sus apuntes (*linear notes*) que acompañan a la producción discográfica *The Cuban Danzón: Its Ancestors and Descendants* (1982: 1), John Santos propone la disparatada hipótesis de que el término surgió de la combinación de danza y son, lo que repiten acríticamente Gerard y Sheller (1989: 72). Los investigadores tenemos que tomar con mucho cuidado aseveraciones como ésta de músicos practicantes pues, muy valiosas en términos de sus experiencias, están generalmente limitadas por el alcance temporal que sus experiencias vividas cubren. Aunque es absolutamente cierto, como más adelante historiaremos, la apreciación de estos autores de que *as time went on, the influence of the son on the danzón increased*, ello es cronológicamente muy posterior al surgimiento del género y del término, que claramente refiere al significado que expongo arriba en el texto.

[48] Es decir, ser considerados *dignos* partícipes de la ciudadanía. La lucha por la *dignidad* entre sectores trabajadores marcados por el *carimbo* del racismo, es una de las de mayor importancia y trascendencia en la historia obrera de sociedades atravesadas por la herencia de la esclavitud «racial», como el Caribe amplio y Brasil. Véanse capítulos concernidos de Pablo González Casanova (1984).

través de los instrumentos melódicos. En los conjuntos u orquestas de baile, se evadía que los ritmos se expresaran con tambor —con el timbre más identificado con la herencia africana—, sino «melodizados» entre los arpegios de las armonías de los instrumentos de viento, los timbres heredados de las bandas militares.

La identificación *nacional* pública bailable —«peligrosamente» erótica— se fortaleció en los ámbitos irremediablemente «decentes» del concierto y el espacio doméstico a través —como la composición nacionalista europea— del virtuosismo pianístico, que inicialmente propició la condensación como partituras para piano de composiciones dirigidas a las bandas para el salón de baile. Como señalan las importantes musicólogas cubanas que cité anteriormente:

> La microforma pianística del salón romántico europeo, supo del criollismo aportado por danzas, contradanzas, valses, maxixes [...] gestadas en los sectores populares que invadieron por derecho propio los salones americanos hasta instalarse en ellos, asumiendo contornos más precisos y afirmando un acento nacional (Gómez y Eli Rodríguez 1995: 319).

La deserotización de estas danzas *nacionales* en la percusión «aceptable» del piano constituyó la vía de expresión fundamental de los principales compositores-pianistas latinoamericanos, emblemáticos de la raigambre nacionalista: las danzas de Manuel Saumell e Ignacio Cervantes en Cuba, y Manuel F. Tavárez y Juan Morel Campos en Puerto Rico; los maxixes de Eduardo Nazareth en Brasil; los valses criollos de Dunker Lavalle en Ecuador y Manuel Aguirre en Perú; los cielitos de Alberto Williams y los *Aires nacionales para piano* de Hargreaves en la Argentina; y numerosos pasillos para piano en países como Colombia. Resulta muy ilustrativa al respecto la descripción del pasillo en el clásico libro de Slonimsky, como «poseedor de la aristocracia y distinción del vals, la cadencia de la contradanza, la sutileza de la gavota y la gracia del minué» (Slonimsky 1947: 182).

En tercer lugar, el erotismo subyacente al baile sincopado se pretendió suprimir con la *somatización* de los modales[49]. Mientras la distinción civilización-barbarie en Europa se identificó con la *urbanidad* frente al campo y se codificó, sobre todo, en modales de mesa que diferenciaban estos mundos en el

---

[49] Es el tema central de mi ensayo «The Somatology of Manners, Class, race and gender in the history of dance etiquette in the Hispanic Caribbean» (1996: 152-181). La versión revisada en español se publicó como «Los modales y el cuerpo, Clase, "raza" y género en la etiqueta de baile», en Waldo Ansaldi (2004: cap. 17, 395-423).

umbral entre lo público y lo privado que constituyen las relaciones interpersonales «en sociedad» (Elias 1982), en la conformación de las sociedades civiles americanas marcadas por la esclavitud «racial» la distinción se centró en los comportamientos sociales asociados al cuerpo. La consolidación de los bailes de salón criollos se dio paralela a la emergencia de una codificación propiamente americana en la etiqueta: el *Manual de urbanidad y buenas maneras* conocido como «El Carreño», escrito a mediados del XIX en Venezuela —la primera región hispano caribeña que experimentó un proceso de constitución nacional desde la centralidad del Estado— y muy pronto difundido por toda América Latina. Su autor —Manuel Antonio Carreño (1812-1874)— era, precisamente, un músico proveniente de sectores medios, luego «elevado» a la respetabilidad de ministro del Gobierno nacional (Pino Iturrieta 2000: 1-10)[50]. «El Carreño» dictamina que el control *cultivado* sobre el cuerpo y sus impulsos *naturales* es la base de la civilidad: la *continencia*, que la Real Academia Española define como

> Virtud que modera y refrena las pasiones y afectos del ánimo, y hace que uno viva en sobriedad y templanza [...] Dícese continencia porque contiene al hombre en su dignidad, y no deja que su *apetito le pase a ser bestia...* Por antonomasia se entiende la templaza del apetito venéreo.

Los grandes debates en torno a los modales en la América «mulata» no se dieron como en Europa respecto a la mesa, sino en la interrelación social del movimiento y aproximación corporal por excelencia, el baile en pareja y sus primeras músicas «mulatas» *nacionales*: merengue, maxixe, vals criollo, danza del país y danzón.

Son de la loma y canta en el llano

A partir de las músicas «mulatas» de América, el baile en pareja ha sido uno de los escenarios cotidianos centrales de las luchas sociales en el terreno-movedizo de la hegemonía. Las «armonías» negociadas en las construcciones nacionales iniciales en Latinoamérica, entre unas clases propietarias que requerían la deferencia de los subalternos y un artesanado «de color» que

---

[50] El Manual se publicó originalmente en Caracas «por entregas» a mediados de siglo; en otros países, como México, alcanzó numerosas ediciones. «Fue texto indispensable y obligatorio de todos los venezolanos durante varias generaciones», recomendado incluso por el Congreso (Calcaño 1958: 375-376). Véase también Hernán Ibarra (1998: 32-33).

luchaba porque se le reconociera como «dignos miembros» de la sociedad civil, fueron desvaneciéndose con las transformaciones clasistas que conllevó el cambio de una economía marcada por relaciones esclavistas y señoriales a una economía dominada por las impersonales relaciones capitalistas de producción. La proletarización de los artesanos fue distanciando su cotidianidad de las previas relaciones compartidas con las (supuestas) clases «superiores»[51], lo que se tradujo culturalmente en la emergencia o fortalecimiento de músicas más evidentemente proletarias, como la guaracha, la plena o el calypso; o en la transformación interna de las «músicas *nacionales* de salón», que tendían a sacudirse su carácter deferente, abandonando el camuflaje de la percusión y el disimulo del erotismo, como evidenció el danzón con su nuevo final de montuno a partir de 1910 y la incorporación del final de jaleo al merengue algunos años antes, como veremos en el Primer *Repiqueteo* del *Jaleo*. Tanto el danzón como el merengue se enriquecieron coreográficamente con el final de montuno y el jaleo, que estimulaban las improvisaciones creativas para la sorpresa erótica entre las parejas.

Por otro lado, la desintegración de la agricultura tradicional empujó a numerosos campesinos a emigrar a las grandes ciudades. Allí incorporaron sonoridades campesinas a las músicas de los trabajadores y otros sectores urbanos, conformándose géneros como el son en Santiago de Cuba, Santiago de los Caballeros y La Habana[52], la milonga en Buenos Aires, y los choros en Río de Janeiro[53]. Estos géneros sentaron las bases «desde abajo» para unos patrones bailables inclusivos que habrían de desafiar el carácter deferente de las músicas *nacionales* previas. Conjuntamente a las transformaciones en el merengue y el danzón (en este último marcadas, de hecho, por la influencia del son), sones, *tanguinhos chorados*, milongas y su sucesor el tango bonaerense, permitieron una mayor individualización de las parejas y, con ello, la posibilidad del desarrollo de un más intenso virtuosismo al bailar. La seducción solapada fue —en son, tango, danzón— elevándose a un verdadero *arte* de la comunicación corporal entre géneros, entre lo femenino y lo masculino. El cuerpo se tornaba, claramente, en un generador de cultura; y el baile desafiaba la ideología de las clases «altas», que «racializaba» su biología como «naturaleza».

Por otro lado, las ciudades del subdesarrollo no proveían suficientes empleos proletarizantes, y fue emergiendo en éstas —principalmente en aquellas que

---

[51] Para Puerto Rico lo examino en mi ensayo «Socialista y tabaquero: la proletarización de los artesanos» (1978).

[52] Véanse Cristóbal Díaz Ayala (1981) y James Robbins (1990: 182-200).

[53] Véase el valioso compendio de Ramos Tinhorão (s.f.).

eran, a su vez, puertos, con sus intermitentes borbotones de trabajo (empleo) —un *populacho* urbano arrabalero que ahogaba las penas de su desarraigo en cafetines y prostíbulos, en donde el baile social exacerbaba su erotismo.

Uno, dos y tres / ¡qué paso mas chévere, qué paso más chévere! / el de mi Conga es

El *populacho* barrial citadino y su irrupción popular en las calles de las grandes ciudades propiciaron una transformación fundamental de ese gran rito de momentánea trasgresión que representa el carnaval: ese «mundo al revés» de festiva celebración periódica de los ciclos del tiempo[54]. El carácter paradójico de sus múltiples manifestaciones y significados en la historia europea[55] ha generado una interesantísima literatura imposible de reseñar abarcadoramente acá[56], sino sólo resaltar que, como muchas otras importantes tradiciones que en Europa fueron principalmente populares, el carnaval en la América colonial fue convirtiéndose en una celebración de *elite*. Sólo retomó su carácter transgresivo popular interclasista cuando fue atravesado por la problemática «racial», en la «modernización» conflictiva de sus centros urbanos; sobre todo, con la migraron de negros y mulatos a las ciudades a partir de la abolición de la esclavitud, que en Trinidad data de 1838, en Estados Unidos de 1865, en Puerto Rico 1873, 1886 en Cuba y 1888 en Brasil. El carnaval, con toda su inherente teatralidad, pasó a constituirse en la América *performativa*, en una de las más impactantes manifestaciones rituales de la importancia barrial en la configuración de un mundo urbano nuevo, «moderno» y socialmente segmentado. Es significativo que, aparte del antiguo carnaval de Venecia, fueran los carnavales de ciudades afroamericanas en las primeras décadas del siglo XX los que, frente a una paulatina desaparición o supresión del carnaval en Europa[57], adquirirían mayor notoriedad, preminencia que aún conservan: Nueva Orleáns, Port-of-Spain, Santiago de Cuba, Barranquilla, Río de Janeiro, Salvador de Bahía, Recife-Olinda…

Para las comparsas de estos carnavales, fueron conformándose unas marchas rítmicas —sincopadas— que combinaban sonoridades de la tradición

---

[54] Resultan todavía fundamentales los análisis de Mihael Bakhtin (1968).
[55] Conclusión del excelente ensayo de Leander Petzold (1993: 149-166).
[56] Véase Edward Muir (1997), especialmente el capítulo 3, «Carnival and the Lower Body». Incluye una abarcadora bibliografía.
[57] Véase capítulo 5 «Killing Carnival: Reformation and Repression» de Ehrenreich (2006).

de las bandas militares de los mulatos artesanos decimonónicos a las cuales aludimos en las secciones anteriores, y la tradición sonora-bailable de muchos antiguos esclavos de las haciendas y plantaciones. Como señala para la samba Ramos Tinhorão,

> O ritmo —que representava a paganização das batidas de pés e mãos na marcação dos batuques e nos pontos de candomblé— conservava ainda [...] aquele elemento primitivo fundamental da correspondência entre a percussão e uma competente resposta neuromuscular (s.f.: 223).

Estas marchas sincopadas que entremezclaban herencias de las bandas militares y los barracones de esclavos, con las cuales las comparsas barriales se desplazaban por la ciudad tomándose las calles bailando, servirían de base central al desarrollo de la conga en Cuba, el calypso (en su vertiente original de *road-march*) en Trinidad, el *ragtime* de Nueva Orleáns, el frevo en Pernambuco y la *samba da rua* en Río de Janeiro. Cada una de estas marchas rítmicas carnavalescas, desarrollaría su variante de baile-canción poco después.

Además de los campesinos y los antiguos esclavos de plantación, las crecientes capitales latinoamericanas atrajeron también entonces emigrantes de pequeñas ciudades y pueblos del interior, que incluían diversos sectores sociales: desde hacendados y estancieros desplazados por una creciente concentración capitalista de la tenencia de tierra, descendientes de éstos en busca de una educación que les permitiera reciclar su hegemonía como profesionales, artesanos que perdían sus talleres o su mercado ante la emergente manufactura capitalista, hasta jornaleros atraídos por una mayor diversidad de oportunidades de empleo[58]. La emigración metropolitana facilitó, pues, un mayor intercambio e ínter-fecundidad entre tradiciones musicales de diversas regiones, clases y sectores sociales, engendrando géneros híbridos urbanos que habrían de reclamarle a los señoriales bailes *nacionales* de salón su carácter de representatividad «nacional». A diferencia de aquellos, hegemonizaban estas nuevas sonoridades urbanas lo que en la Europa previo a la Revolución industrial se conocía como «el tercer estado»[59], *el pueblo*, concebido como una

---

[58] Para Puerto Rico lo he trabajado extensamente en, por ejemplo, «La base social de la transformación ideológica del Partido Popular en la década del 40» (1985b: 35-120), o «Notes on Puerto Rican National Development: Class and Nation in a Colonial Context» (1980: 10-30).

[59] El primer estado lo constituían la realeza y la aristocracia; el segundo, el clero; y el tercero, todos los demás sectores sociales, desde una naciente burguesía hasta los trabajadores y el campesinado.

heterogénea gama de sectores sociales (característica del carnaval) no exenta de estratificaciones y conflictos internos. Una de sus tensiones principales en la mayoría de nuestros países (diferente a Europa), fue siempre la tara racista de la herencia esclavista y colonial[60]. Como bien denomina Edinha Diniz uno los capítulos (VIII) de su excelente libro que cito en los inicios del Prefacio: «Como a Música Popular se Fez Mulata» (Diniz 1999), como fueron definitivamente, de hecho, las principales marchas bailables de carnaval —la samba, el frevo, el calypso...[61]

Una *Chiquinha* gigante y la híbrida versatilidad de la composición popular

La heterogeneidad social y de trasfondos regionales de los inmigrantes a las ciudades capitales propició lo que los folkloristas puristas llaman «contaminación entre géneros», y que preferiría caracterizar como una enriquecedora hibridación. El caso de la vida y composiciones de la carioca Chiquinha Gonzaga (1847-1935), la primera gran compositora popular mujer de que tengamos noticia, es sumamente ilustrativo al respecto. Como muchas mujeres de las clases medias de su época, Chiquinha fue formándose como pianista en el espacio doméstico, marco que pronto se evidenció muy estrecho para sus dotes y pasión creativa. A los veintidos años se separó de su marido (con quien se había casado a los quince) y se incorporó a la emergente bohemia de Río; primero como amante de un conocido músico y, luego de un lustro, completamente «independiente». Fue entonces —a sus treinta años— que se le conoce su primera composición —de aproximadamente trescientas que compondría en su vida—, la polca brasileña «Atraente», inmediatamente seguida ésta de otra polca, «A Seductora», cuyos títulos ilustran el desafío erótico que su «atrevimiento» social constituía.

La polca centroeuropea empezó a popularizarse en Brasil y en otros países del continente como baile de pareja a mediados del siglo XIX. En algunos, como en Puerto Rico, fue refugiándose en la ruralía y criollizándose allí como parte de su música campesina. En Brasil se incorporó al carnaval, y su criollización significó también «mulatización».

---

[60] Para un buen compendio de las relaciones de clase atravesadas por el constructo «racial» y la herencia esclavista véase Gad Heuman (2006).

[61] La conga mantuvo su carácter fundamentalmente «negro», aunque fueran evidentemente «mulatas» sus fabulaciones fantásticas por Ernesto Lecuona: «La Conga de medianoche» y su célebre «La comparsa», que analizamos antes. También claramente «mulata» fue lo que llamaban en Veracruz «la conga criolla».

A polca fez sua entrada no carnaval do Rio de Janeiro de forma tão arrasadora, que, a partir de 1846, já havia una sociedade [...] especialmente organizada para promover os bailes [...] Nesses bailes de máscaras [...] a polca imperou sobre valsas, schottisches e mazurcas, reafirmando a sua condição histórica de primeiro gênero de musica carnavalesca de salão do Brasil (Ramos Tinhorão s.f.: 112-113).

Así, cuando en 1877 Chiquinha compuso «*Atraente*» y «*A Seductora*», estas polcas no aparecían como un género europeo, sino como la principal danza carnavalesca de salón. Veintidós años después,

Em 1899, para o Cordão Raso de Ouro, compõe a marchinha «Abre-Alas», considerada a primeira musica composta especialmente para o carnaval, desde então símbolo do mesmo, ainda que decorrido todo um século (Cardoso Junio s.f., c. 1999: folleto, 3).

Como Juan Morel Campos, el más prolífero compositor antillano decimonónico, Chiquinha desde sus inicios lo mismo compuso piezas eruditas de concierto como músicas «negras»: Morel congas y Chiquinha lundús, forrós y un candomblé para piano ya en 1888. También, las más «oscuras» músicas «mulatas»: Morel guarachas y ella *cordão y dobrados carnavalescos* y *batuques*. Morel era un mulato claro, de esos que en nuestra América podrían «pasar» por blancos; Chiquinha era «racialmente» caucásica. Sin embargo de Chiquinha conocemos su militancia a favor de la abolición de la esclavitud, mientras no tenemos noticia de ese tipo de activismo por parte de Morel, aunque sí posiciones claramente en contra de la discriminación «racial».

Ya en 1890 se conocen de ambos composiciones en la tradición musical «erudita»: de Morel, Cuartetos y Oberturas, y de Chiquinha, Invocaciones, Recitativos y Preludios para piano y para orquesta, e innumerables canciones de arte para voz y piano. Incluso en éstas, Chiquinha desbordaba su erotismo entrelazado de romanticismo, en la buena tradición sonora popular «mulata». Ejemplos de ello son sus valses de concierto «Harmonias do coração» de 1877 (justo el año de su «destape») e «Iara, coração de fogo» de 1885, y su *pas-de-quatre* para piano «La Violette» (sin fecha); como Morel en su fantástica danza-guaracha para virtuosismo pianístico «No me toques».

Sin embargo, al igual que Morel con sus «danzas del país», la producción de Chinquinha se concentró en los géneros «mulatos» bailables: 45 tangos brasileños (emparentado, pero diferente al rioplatense), 42 polcas y 30 choros, que en conjunto superaban sus 50 valses (género epítome del salón europeo pero que atravesaba contradictorios procesos de criollización también, como veremos en la próxima sección de este *Merengue*). Nueve de sus piezas hacen referencia explícita al carnaval, y resulta ilustrativo de la «contaminación de géneros» que 38 de sus composiciones explicitaran en sus partituras su hibridez, como su pieza para piano «Guaianazes», que fue publicada como choro en 1932 mientras en una partitura manuscrita aparece la indicación de *valsa-choro*, y en otra autografiada por ella se la identifica como *polca brasileira* (Diniz 1999: 261-162). Al respecto, un examen cuidadoso del minucioso catálogo de sus composiciones que Edinha Diniz recopila e incluye en su biografía (*ibíd.*: 237-294)[62] evidencia la interesante trayectoria de sus identificaciones de géneros músicales, además del movimiento de sus preferencias para la creación, y constituye un valioso registro documental para la historia de las formas bailables populares nuestras. De las 95 identificaciones por género que Diniz consigue fechar entre 1877 y 1899, 24 aparecen como tangos (25%), 22 polcas (23%), 19 valses (20%) y 6 habaneras (6%); mientras entre las 36 que logra fechar entre 1920 y 35, no aparecen tangos, polcas ni habaneras, sólo 3 valses (8%) y ¡24 choros (67%)![63], cuando sólo había aparecido un choro entre 1900 y 1919, y ninguno antes. En dicho período intermedio (1900-1919), ya los tangos se han reducido a nueve (de 72 piezas identificadas o el 12,5%) y casi todos al inicio del período; los valses a cinco (7%), y sólo se registran dos polcas y una habanera. Aparecen «nuevos» géneros que no se registraban antes (o sólo muy pocos), y que prácticamente desaparecerán en las décadas inmediatamente siguientes: siete romances, cinco serenatas, tres maxixes y ocho (un 11%) sencillamente identificadas como «canciones brasileñas».

Resulta, de hecho, interesante la trayectoria de la incorporación del «apellido» nacional en los híbridos géneros «mulatos». A las hoy llamadas «danzas puertorriqueñas o cubanas» en el siglo XIX se las denominaban sencillamente «danzas —o contradanzas— del país». No se cuándo se empezó a apellidar como peruano lo que originalmente se llamaba «vals criollo». En el Catálogo de las composiciones de Chiquinha, se apellidan *brasileiras* quince de las 31 obras que se identifican como «canciones» y todas las ocho apellidadas de las 17 que se pudieron fechar, corresponden al período de comienzos del siglo XX. Por otro lado, se apellidan nacionalmente nueve de los 45 tangos en el Catálogo, todos de finales del siglo XIX: 1881, 1884, 1885, 1890, 1894, 1895, dos del 1897 y un último de 1898; ninguno de los nueve fechados después. Se apellidan

---

[62] Para el Catálogo; el análisis cuantitativo es de este servidor.

[63] Para el análisis, los géneros identificados híbridos se contaron en toda identificación incluida; por ejemplo, dos de los tres valses de dicho período son piezas que la partitura señala como *valsa-choro*, y se contabilizaron en ambas identificaciones de género.

nacionalmente también dos de las tres Modinhas (1878 y 1904), uno de sus seis fados (1889), uno entre sus seis lundús (s.f.) y dos en las partituras manuscritas de sus 42 polcas (s.f.), entre éstas la anteriormente citada «Guaianazes» que se publicó como choro posteriormente. Por otro lado, es significativo que el editor no apellida su *Candomblé* para piano publicado en 1893, sino lo identifica en la partitura como «danza *africana*» (Diniz 1999: 248; énfasis añadido), lo que nos recuerda la exclusión de la bomba de lo considerado «del país» en las Antillas, como examinaremos en los primeros dos *Repiqueteos* del *Jaleo*. Sería materia de un interesante análisis musicológico futuro examinar las diferencias, si algunas, entre los géneros «a secas» y los apellidados *nacionalmente*. Por ejemplo, ¿cuáles serían las diferencias sonoras entre las composiciones de Chiquinha identificadas como «canciones» y las que especifican que son «canciones *brasileiras*»? Mucho sospecho que el apellidarlas responda, en muchos casos, más al clima político-cultural del período cuando se les apellida que a la sonoridad propiamente[64].

La larga vida creativa de Chiquinha nos permite ver en una sola trayectoria artística personal diversos procesos socio musicales que Brasil comparte con los demás países del continente[65]. En las próximas secciones de este *Merengue* examinaremos el tránsito de las músicas *nacionales* de salón a músicas nómadas presentes en todos los países, como el bolero (fenómeno asociado al desarrollo de la industria de la grabación[66]), con sus formatos tímbricos característicos: los *tríos* de voces y guitarras (incluyendo, a partir de *Los Panchos* como veremos, una guitarra más aguda, el requinto), los *cuartetos* cuando se le añade algún instrumento de viento (en la mayoría de los países, la trompeta con sordina) y *septetos* cuando el cuarteto se refuerza con contrabajo, bongoes y percusión menor —maracas, güiro, cencerro y clave—. En el Catálogo de las composiciones de Chiquinha este proceso se evidencia con la sustitución de polcas, maxixes y habaneras (todas músicas de salón,

---

[64] Sobre los procesos histórico-culturales en la identificación de unos tipos de música como símbolos *nacionales* resultan sumamente sugerentes los materiales recogido y analizados por Florencia Garramuño (2007). Véase también Juan Otero Garabis (2000) y, desde la perspectiva de los emigrantes —y, por lo tanto, de manera mucho menos explícita— Ruth Glasser (1995).

[65] Así como también otras facetas desafiantes de su interesantísima vida, como el que a los 52 años se «uniera sentimentalmente» a un joven de 16, a quien presentaría inicialmente como «su hijo» para evitar mayores escándalos. Lo especialmente notable es que esta unión consensual perdura hasta su muerte, acaecida 32 años después.

[66] El músico brasileño Rildo Hora, asocia el surgimiento del choro también a los comienzos de la industria fonográfica. CD *Café Brasil* (1999: folleto, 3).

las primeras dos *nacionales* o «nacionalizadas» brasileñas) inicialmente por tangos y, sobre todo a partir de los 1920, por choros precisamente caracterizados por su timbre de dos guitarras, un *cavaquinho* (equivalente al requinto en los *tríos*) y viento solista, como en los *cuartetos* y *septetos* antillanos. En los choros, los timbres de viento predominantes fueron el de flauta y figle (primo-hermano del bombardino), transformándose —como en el merengue dominicano, según veremos en el primer *Repiqueteo* del *Jaleo*— en saxofón (Ramos Tinhorão s.f.: 105).

Como en la salsa décadas más tarde, los choros se identificaban más con un «sonido» —con una manera de hacer música— que con una estructura musical formal en particular. Dicha manera *chorosa* combinaba la languidez del fado portugués con la alegría rítmica afrobrasileña. Como resume la carátula de una excelente recopilación de choros de distintas épocas, *Café Brasil* (Hora 1999), producción discográfica realizada por el *Warner Group* en Alemania:

> Choro, the precursor of Samba, «uma mistura aromática» of European salon music and urban Brazilian songs (*ibíd.*).

Por esto, al escuchar una presentación de choros, o un disco como el recién mencionado, podemos intuir lo que antes designarían como diversos géneros, ejercicio que resume el Cuadro 1 de este *Merengue* (véanse pp. 200-201). Así, una composición como la antes citada «*Guaianazes*» que escribió Chiquinha como polca podía ser popularizada después como choro; o su pieza «Bionne» (c. 1895) cuya partitura la identifica «tango», se incluyó en la colección de choros *Café Brasil* antes citada. Una de las variantes principales de los choros a partir de los 1930, fue lo que en los demás países identificaríamos como bolero (sobre todo aquellos con la tristeza del fado), como esa música nómada ampliamente latinoamericana que ningún país en particular podía legítimamente reclamar como «nacional». Ramos Tinhorão concluye su capítulo sobre «O Choro» así:

> De toda a experiência, salvava-se, afinal, um novo gênero nascido do estilo chorado de tocar [...] transformado em canção, resultado da cristalização daquela maneira lânguida que os músicos chorões imprimiam a execução mesmo... (*ibíd.*: 110)

Entre lo «culto» y lo «popular»: la composición y la improvisación en la ejecución

Como expresión «civilizada» frente a la «barbarie» de los bailes a la intemperie, los bailes de salón fueron el principal canal de creación y expresión «artística» de los músicos latinoamericanos en el cambio de siglo. Los bailes *nacionalizados* constituyeron la enorme mayoría de las composiciones en el Brasil de Chiquinha y Ernesto Nazareth, como en el Caribe de Morel Campos, Tavárez, Juan Bautista Alfonseca o Manuel Saumell. En un país como Paraguay, donde todos sus otros bailes eran hasta el siglo XX de figuras, la polca de parejas y salón fue, como en Brasil, criollizándose como su «danza» *nacional*, acaparando el interés de sus principales compositores. Como las «danzas del país» antillanas, la polca paraguaya en su proceso de criollización combinó lo binario (en la melodía) y lo ternario (en el acompañamiento), generando lo que allí llaman, de hecho, «la síncopa paraguaya»[67] donde la influencia «mulata» parece haber sido indirecta: a través de las danzas nacionalizadas de los otros países del Continente. En países como El Salvador, «sin música propia» entonces, en palabras de su principal historiador de la música, toda la composición del cambio de siglo se concentraba en piezas para el baile *civilizado*, fundamentalmente valses (González Sol 1940: 24).

El vals o *valse* fue un género de transición entre las *danzas nacionales* y aquellos géneros reconocidos como ampliamente latinoamericanos. Como primer baile europeo enteramente de pareja enlazada, compartió durante el siglo XIX los salones de baile con los géneros que combinaban la danza de figuras y el emergente predominio de la pareja: la contradanza, el chotis, la mazurca y la polca. Paralelamente a la transformación en el Caribe de la contradanza en danzas sincopadas *nacionales* y a la criollización en Brasil de la polca con la base de sus marchas de carnaval, en el resto de América Latina se criollizó más bien el valse. Pero sólo en Perú su criollización se consolidó como género *nacional*, manteniéndose en los demás países como un género trasnacional compartido que dominaba la atención de la composición ya que, como bien apunta el compositor venezolano José Antonio Calcaño, se trató más bien de «matices» que aparecían más en la ejecución que en la composición misma:

> Hay matices que diferencian el valse de distintos países, como lo es el francés, más fluido que el vienés, que tiende a alargar el segundo tiempo [...] En Venezuela, como sucedió en otros países latinoamericanos, adquirió el valse una riqueza rít-

---

[67] Véase Juan Max Boetter (s.f., c. 1963: particularmente 197-206).

mica desconocida en Europa. Fue, indudablemente, una labor anónima de nuestro pueblo [...] Los ejecutantes populares fueron incorporándole diseños rítmicos del joropo, elementos del seis por ocho de algunos bailes españoles o nativos [...] y toda una serie abundante de síncopas de origen tal vez africano [...] llegamos a tener en el valse criollo una superposición de diferentes ritmos y hasta de diferentes compases [¿métricas o claves?] que hacen de nuestro valse una especie de contrapunto de ritmos [...] La síncopa llegó a aparecer hasta en las melodías [...] Muy interesante también es el ritmo de los bajos, siempre cambiante, en contraste con la rigidez rítmica del vals vienés. Es frecuente en nuestro valse criollo la secuencia de cuatro bajos seguidos, casi siempre en cuatro grados sucesivos de la escala, de dos tiempos de duración cada uno, lo cual produce una sensación momentánea de desconcierto, hasta que el cuarto bajo coincide con el primer tiempo de un compás.

Esta fecundidad rítmica se manifiesta principalmente en los ejecutantes. Era en el momento de tocarse un valse, cuando los músicos comenzaban a improvisar nuevos ritmos. Así se producía esa simultaneidad de diferentes *golpes*, como a veces los llamaban [como denominaban en el Caribe a los ritmos básicos de los tambores en la bomba y sus géneros hermanos, según vimos en el *Paseo*]. Los instrumentos cantantes [...] la dieron de vez en cuando por tocar, no la melodía compuesta por el autor, sino variaciones también improvisadas. Todo esto convirtió el valse en un extraordinario cúmulo de elementos musicales imprevisibles por el compositor, ya que las improvisaciones de los ejecutantes enriquecían y transformaban la obra [...] Naturalmente, esto produjo, a la larga, la composición de simples melodías [...] Los valses impresos o manuscritos sólo contienen, con algunas excepciones, la melodía y un acompañamiento que pudiéramos llamar esquemático, casi siempre en acordes de tres [...] como el vals vienés, pero hay que tener bien entendido que esos valses criollos impresos o manuscritos no se tocaron jamás en esa forma, pues ya el compositor sabía que los ejecutantes le pondrían, de su propia cosecha, todo un caudal de complicaciones rítmicas (Calcaño 1958: 383-384; corchetes añadidos).

Así, la riqueza de la improvisación de los ejecutantes en los *civilizados* bailes de salón resultó en un arma de doble filo. Algunos críticos se quejaban, con razón, de que ceñir la composición a los parámetros del baile de parejas engarzadas limitaba las potencialidades creativas de los compositores. Siguiendo con la excelente descripción de Calcaño,

El valse llegó a ser casi una locura durante muchos años. Todo el mundo los componía, ya que sólo era necesario inventar una melodía [del resto se ocupaban los ejecutantes]. Muchos compositores, hasta de aquellos que habían hecho estudios musicales, se contentaban con escribir la melodía solamente. Se llegó a prestar atención únicamente a los valses, dentro del mundo musical. Así se convirtió en una especie de monomanía... (1958: 385).

Preocupaciones similares se encuentran en las Antillas respecto a la danza y al merengue, según veremos en el Primer *Repiqueteo* del *Jaleo*. Por otro lado, la riqueza de la improvisación de los ejecutantes fue generando una tradición de composición colectiva que habría de manifestar una democrática elaboración expresiva enorme en músicas y bailes posteriores más sofisticados, como la salsa y el jazz latino que examinaremos hacia el final de este *Merengue*.

Las limitaciones de la composición concentrada en las músicas bailables de salón, se compensaba con la composición en otro tipo de *performance*, posible cotidianamente entonces en sólo algunas pocas ciudades del Continente. Volviendo al Río de Janeiro de Chiquinha, es preciso recordar que esta ciudad vivía una intensa actividad teatral —tanto «culta» como popular—, como pasaba también en La Habana y Buenos Aires. Ello formaba parte de la bohemia, lo que propició que Chiquinha pudiera destacarse también como creadora de piezas teatrales musicalizadas; algo similar ocurrió en Cuba, con Jorge Anckermann, Eliseo Grenet, Gonzalo Roig y Ernesto Lecuona, pero diferente a la mayoría de los compositores de ciudades con actividad teatral mucho más limitada (como el Ponce de Morel Campos). Muchas de las *cançonetas* y *duetos* de Chiquinha, como las óperas de su compatriota Carlos Gomes, y las canciones para zarzuelas de los compositores cubanos arriba mencionados, fueron compuestas pensadas para este otro tipo de *performance*.

... los marineros besan y se van...

Previo al desarrollo de la comercialización de la música, gran parte de los intercambios musicales entre países se daba precisamente a través de las compañías itinerantes de teatro y espectáculos variados (comúnmente llamados, de hecho, «de variedades»). También, evidentemente, con las migraciones y, a un nivel cotidiano más generalizado, con los marinos mercantes que llevaban la música más reciente de un puerto a otro[68]. Para el cambio de siglo, las tres *mecas* teatrales recién señaladas —Río de Janeiro, La Habana y Buenos Aires— eran capitales cuyo franco crecimiento poblacional combinaba la migración interna y la inmigración desde Europa, siendo, simultáneamente,

---

[68] A través de las lecturas sugeridas por Errol Montes Pizarro en su ensayo «Influencias del son y de la salsa en el Congo y en Senegal», y otros manuscritos inéditos que gentilmente me facilitó, podemos percatarnos de la importancia de los procesos migratorios posteriores a la trata esclavista y los marineros en los intercambios musicales afro-diaspóricos. Sobre los marineros africanos véanse Jeffrey W. Bolster (1997) y John Collins (1992); y sobre las migraciones de «ida y vuelta», Chris A. Waterman (1990).

ciudades-puerto[69]. No es fortuito que la palabra africana *tango*, originalmente popularizada respecto a la música y al baile en el puerto de La Habana, adoptada luego por variaciones importantes del flamenco andaluz (Linares y Núñez 1998) e incorporada a las zarzuelas[70], deviniera en el nombre del principal baile y sonoridad portuaria de ciudades aparentemente tan distantes del Caribe y España como los importantes puertos de Río de Janeiro y Buenos Aires (y su primo-hermano, Montevideo).

En los tres niveles de intercambio musical internacional arriba mencionados, pero de manera especial en las migraciones y entre los marineros, predominó la interpretación de formato pequeño: la canción con acompañamiento de instrumentos que fueran fáciles de transportar y que pudieran proveer por sí solos elementos melódicos, armónicos y rítmicos, destacándose la guitarra y la sinfonía de mano, acordeón de botones o bandoneón. Indiscutiblemente vinculado al importante papel de los marineros en la difusión de la música previo a su reproducción mecánica, el acordeón, el bandoneón y la armónica o sinfonía de boca —instrumentos desarrollados comercialmente sobre todo en Alemania— fueron penetrando en la sonoridad popular latinoamericana hasta convertirse en instrumentos característicos del timbre de diversos géneros importantes. En las décadas finales del siglo XIX, el acordeón de botones sustituye a la guitarra y a los ruralmente criollizados instrumentos «españoles» de cuerda tocados con plectro (laúd, cuatro, tres...) en el merengue dominicano (según veremos en detalle en el Primer *Repiqueteo* del *Jaleo*), mientras paralelamente en Colombia se convertía en el principal instrumento del vallenato (Araújo de Molina 1973). En Cuba y Puerto Rico, con una mayor tradición de orquestas para el baile de salón, no penetró hasta mucho después: en Puerto Rico, el acordeón con la nómada-proletaria plena en los 1920 —aunque la armónica aparece en la música jíbara antes, sin que podamos precisar ¿cuánto antes? (López Cruz 1956: 19).

Con los marineros, la música caribeña, según se elaboraba en Cuba, y los tangos y milongas de Argentina y Uruguay tuvieron —en su ágil formato

---

[69] No es coincidencia, además, que todos los más célebres carnavales de las Américas, cuyas marchas bailables comparten muchos elementos en común, se consolidaran en ciudades portuarias —como fue la ciudad europea de carnaval más célebre, Venecia: Nueva Orleáns, Port-of-Spain, Santiago de Cuba, Río de Janeiro, Barranquilla, Recife-Olinda...

[70] Victoria Eli Rodríguez y María de los Ángeles Alfonso Rodríguez agudamente señalan que en las zarzuelas españolas «se utiliza el tango americano generalmente... a cargo de personajes que son negros o se inserta en ambientes relacionados con éstos» (1999: vol. 2, 35).

pequeño de tríos de guitarras o guitarra acompañando a un bandoneón— una amplia difusión entre los puertos del mundo. La habanera, por ejemplo que, como apunta Carpentier, fue un «[g]énero que había empezado a sonar, casi anónima en bailes y fiestas, bajo el título (así es como aparece en sus primeras ediciones) de *danza habanera*» (Carpentier 1977: 17; énfasis del original)[71]. Aunque incorporada a la música «clásica» desde la ópera *Carmen* (1875), fue realmente por los marineros que llegó a convertirse en un género «típico» del puerto de Barcelona.

La difusión musical a través de los marineros engendró problemáticas especiales respecto a la relación entre géneros, pues se trataba de una ocupación fundamentalmente masculina (como son, de hecho, todavía los cantos de habaneras en Barcelona) y sus posibilidades de baile con frecuencia las proveían los prostíbulos, que proliferaban en los puertos. Como poetizaba Pablo Neruda: «en cada puerto una mujer espera, los marineros besan y se van…» (1957: 16). Muchas de sus expresiones —como, evidentemente, el tango— estuvieron irremediablemente marcadas, lírica y coreográficamente, por esta relación desigual.

Las grabaciones y el radio: bolero, tango y desarraigo

Las transformaciones sociales de las primeras décadas del siglo XX —muy marcadas (como el mundo de los marineros) por el desarraigo de contextos comunales— transcurrían paralelamente al desarrollo de la reproducción mecánica de la música. En los años noventa del siglo XIX, comenzó a producirse comercialmente el fonógrafo. Los primeros discos fueron grabaciones para los sectores pudientes, con suficiente efectivo para comprar la nueva máquina. Se destacaron las grabaciones de arias de óperas, generalizando la importancia occidental de la canción frente a formas «abiertas» y bailables, que el corto formato del disco entonces (de sólo dos a tres minutos) no podía recoger, y habrían de mantenerse por más tiempo asociadas al evento «en vivo».

La economía norteamericana comenzaba a desarrollar el tipo de producción que le daría eventualmente su predominio mundial: la producción en masa para el amplio consumo personal o familiar, lo que habría de modificar el baile y las relaciones sociales en la difusión de lo sonoro. Una economía en expansión por el lado de la demanda no podía conformarse con la limitada producción de lujo,

---

[71] Es significativo que la habanera más antigua que la investigadora Zoila Lapique (1979: 14) ha podido registrar documentalmente lleve de nombre «El amor al baile», de compositor anónimo, fechada como de 1842.

muy importante en el desarrollo inicial del capitalismo en Europa —tanto en Inglaterra (Sombart 1979), como en Francia (Ortiz 1991: particularmente cap. «Luxo e Consumo»)— frente al cual el fordismo estadounidense constituyó una democrática modificación que le otorgó legitimidad entre los sectores populares y fortaleció su hegemonía interna e internacional. Tampoco podía limitarse a la satisfacción de las necesidades básicas —como señalara un merengue dominicano, «ropa, zapato, casa y comida»— las cuales exhibían límites naturales. Se tornó importante generar nuevas demandas masivas; entre ellas, el consumo cultural, en donde se destacaría la música. Para ello, era imprescindible convertir, a través de la producción en masa, antiguos productos «selectos» en artículos de uso diario. Hacia la segunda década del siglo xx, la compañía estadounidense Víctor se lanzó a popularizar internacionalmente su *Victor's talking machine* o victrola. Ello conllevaba producir discos que tocaran la fibra sentimental de compradores potenciales. Luego, la producción de discos adquirió importancia por sí; es decir, no sólo para estimular la venta de victrolas, sino por su propio potencial comercial[72].

En 1921 se vendieron más de cien millones de discos en los EE. UU.; los norteamericanos gastaron en éstos más dinero que en cualquier otro tipo de actividad recreativa (Lynes 1985: 117; mi traducción).

Las tiendas exclusivamente para vender discos empezaron a surgir hacia los años veinte.

La difusión musical por su reproducción mecánica en grabaciones fue pronto acompañada por otra novedad «mecánica»: la radio, cuya primera emisora se estableció en Pittsburg (EE. UU.) en 1920. En 1922 se estableció en La Habana la primera estación de radio latinoamericana (¡que fue la tercera en el mundo!); en San Juan, pocos meses después (¡la quinta a nivel mundial!)[73], y el año siguiente, en México. La radio difundía tipos de música e intérpretes en la fugacidad de la transmisión, que los oyentes intentarían preservar con la compra del disco. Subrayo *oyentes*, pues la interrelación entre músicos y bailadores se mantuvo (y mantiene) muy intensa en las músicas «mulatas»[74], y

---

[72] Por ejemplo, ya en 1916 aparece en el periódico puertorriqueño *Juan Bobo* un gran anuncio de contraportada para la venta de victrolas (23/12/1916) y simultáneamente en la revista *Puerto Rico Ilustrado* 16/12/1916 (hacia el final) un anuncio tanto del fonógrafo, como de discos.

[73] Torregrosa (s.f., c. 1991) y Rivero (1948: 1).

[74] Se han dado históricamente, al respecto, experiencias distintas regionalmente que sería importante analizar en términos concretos. Carlos Cataño Arango (2008) contrasta

el fenómeno de las discotecas, por ejemplo, tardaría aproximadamente medio siglo en popularizarse[75].

Para la producción masiva de las compañías disqueras era conveniente grabar y difundir tipos de música que representaran un mercado amplio; que pudieran venderse en varios países y diversos contextos sociales. Para América Latina, este proceso sirvió de base para la sustitución del predominio de las músicas *nacionales* de salón por géneros que respondieran a la sensibilidad continental. En la transferencia de lo nacional a lo nómada —además de las músicas móviles entre campo y ciudad antes aludidas, fueran sones o músicas de carnaval—, se generalizaron, sobre todo, el bolero (Salazar 1998) y el tango[76] (en muchos países, «abolerado»). También cierta modalidad del vals criollo que, transfiriendo a 6/8 el 3/4 del vals europeo, propició una binarización que facilitaba la expresión en síncopas (Pérez Franández 1988) y, como adelantamos antes, sirvió de transición entre los géneros *nacionales* y los ampliamente latinoamericanos.

Estas nuevas músicas «mulatas» combinaron el ritmo afrocaribeño (y su propensión al baile) y el acompañamiento guitarrero de toda la ruralía latinoamericana, con el protagonismo de la canción, fortalecido por el breve formato inicial del disco. Exhibió en Buenos Aires y el sur de Brasil —São Paulo, por ejemplo— un enorme desarrollo además, por su inmigración italiana, y en Río de Janeiro —y su modinha—, con la tradición portuguesa del fado. A través de esa combinación, se lograron expresiones que eran simultáneamente líricas y bailables en un encuentro continental trans-clasista de la intimidad. A diferencia de las músicas *nacionales* de salón, que expresaron inicialmente la hegemonía de las clases dominantes, el bolero, el vals criollo y el tango hegemonizaron la estructura sentimental plebeya de un populacho arrabalero que atravesaba profundos procesos de desarraigo. Más que una conciencia

---

la importancia del evento «en vivo» en Puerto Rico con el baile sobre grabaciones en Cali, «La capital de la salsa» colombiana.

[75] En el siglo XXI ya es muy común que se baile a los acordes de música reproducida por grabaciones o la radio. En una investigación que realicé en el 2002 sobre la principal estación de radio especializada en salsa de San Juan (Z-93), me resultó muy significativo que en los programas que incorporan solicitudes por teléfono desde «el público», los bailadores prefirieran (y así lo pedían) que la emisora trasmitiera versiones de grabaciones «en vivo» de sus piezas favoritas en lugar de las mucho más depuradas técnicamente y sonoramente más sofisticadas versiones grabadas en discos comerciales.

[76] Ramón Pelinski, «Diásporas del tango rioplatense» y «El tango nómade», capítulos XI y XII de *Invitación a la etnomusicología: quince fragmentos y un tango* (2000: 176-238). Más sobre su carácter de música urbana popular en Héctor Luis Goyena (1994).

colectiva, expresaron experiencias colectivas a través de los avatares en la relación sentimental individual, sobre todo la «tragedia» de sus fracasos[77] en su estilo *chorado*, agudizando el desarraigo mismo.

Otros procesos de desarraigo parecidos se experimentaron en varios países décadas más tarde; sobre todo, con el desvanecimiento de un proletariado rural de plantaciones en las transformaciones hacia la manufactura que acompañaron la intensa inversión industrial estadounidense en el continente posterior a la Segunda Guerra Mundial[78]. Y el fenómeno de la canción de *amargue* se repetirá en los boleros y tangos abolerados de Felipe Rodríguez (Malavet Vega 1984), en la canción rocolera en Ecuador[79], y con la posterior recreación del bolero por las bachatas en la República Dominicana[80].

Volviendo a las primeras décadas, cuando se inició la difusión radial y fue generalizándose la disquera, aparte de la luso-americana Río de Janeiro, los principales puertos de la América hispana eran La Habana y Buenos Aires: la primera con su exportación azucarera que atravesaba un período de gran auge conocido como «la danza de los millones» y la segunda con su exportación de carnes y cereales que convertía a la economía argentina-uruguaya en una de las más prósperas del mundo. Con el auge económico que experimentaban estos países —en donde sectores medios relativamente amplios comenzaban a considerar la victrola y el radio como parte fundamental del equipamiento hogareño—, la reproducción comercial de una música considerada ampliamente *latinoamericana* se concentró en los polos de La Habana y Buenos Aires. A comienzos de los 1920, el catálogo latinoamericano de la compañía Víctor incluía unas trescientas grabaciones de Cuba y unas 350 del binomio Argentina-Uruguay, mientras sólo pocas decenas de grabaciones, si alguna, de los demás países[81].

---

[77] Respecto a lo que llama «la atmósfera depresiva» del vals criollo, véase Steve Stein (1982: 47). Trayectoria similar atravesaría en Ecuador el *pasillo*, originalmente de salón, en su proceso de «popularización proletarizante» (Nuñez 1980).

[78] Varios ejemplos en González Casanova (1984).

[79] Hernán Ibarra, «Que me perdonen las dos: el mundo de la canción rocolera» (1998: 54-74).

[80] Juan Miguel Pérez, «De la diversión a la redención, notas económicas sobre las funciones sociales de la bachata» y Carlos Andújar, «Merengue y bachata: un puente de comunicación musical. Notas sociológicas», ambas en Tejeda y Yunén (2006: 385-394 y 395-402, respectivamente).

[81] Ruth Glasser, «Qué vivio tiene la gente aquí en Nueva York»; Music and Community in Puerto Rican New York, 1915-40, tesis PhD., U. de Yale, 1991, publicada como *My Music is My Flag...* (1995).. Pedro Malavet Vega (2002: cap. III) ofrece información detallada sobre las grabaciones de esas primeras décadas del siglo XX en Puerto Rico.

Lo íntimo y lo social: *tríos*, nomadismo y migración

Además de Buenos Aires, Río de Janeiro y La Habana, el desarrollo de una música ampliamente latinoamericana tuvo un cuarto centro citadino portuario de enorme importancia: Nueva York, pero más que por los marineros, por la emigración. En 1917, Estados Unidos concedió a los habitantes de su colonia caribeña de Puerto Rico su tan preciada ciudadanía, en gran medida para que sirvieran de «carne de cañón» en sus ejércitos durante la Primera Guerra Mundial. El ejército estadounidense, como muchas esferas institucionales en aquel país, estaba segregado racialmente, y a la mayoría de los puertorriqueños —que se vanagloriaban de ser los más «blancos» entre los caribeños— se los integró a los batallones negros. En 1918, el entonces trombonista de bandas pueblerinas, el mulato Rafael Hernández, fue reclutado por el ejército, donde formó parte de su banda de músicos. En ésta se puso en contacto con los extraordinarios juegos de voces de los *spirituals* y los atrevidos experimentos armónicos del *blues*, el *ragtime* y el jazz emergente. Al finalizar la guerra se estableció en Nueva York como obrero fabril durante varios años. Como explica vívidamente la historiadora Ruth Glasser, la emigración latinoamericana en Nueva York no estaba aún segmentada por país de origen. Puertorriqueños, cubanos, mexicanos y otros «latinos» vivían en los mismos barrios y tenían clubes sociales en común (Glasser 1995). Predominaban allá los conjuntos musicales constituidos por músicos de diversas procedencias. Fue así surgiendo la noción de *latino*, como término común abarcador.

Tanto el surgimiento y los requerimientos de la industria disquera, como la formación de una comunidad «hispana» nacionalmente mixta, nutrían una más intensa intercomunicación musical y fomentaban el desarrollo de formas comunes de expresión. Es preciso recordar además, que varios países latinoamericanos experimentaban paralelamente importantes migraciones del campo y los pequeños pueblos a las ciudades portuarias, donde los géneros *folklóricos* se ponían fácilmente en contacto con las formas popularizadas en el intercambio comercial. En México, por ejemplo, la trova yucateca, en constante comunicación previa con La Habana, empezó a migrar también al DF. Quebrados los contextos comunitarios tradicionales de la música, la expresión sonora se tornó más individual, y los bailes de los emergentes clubes sociales se convirtieron en los transformados contextos de una nueva comunalidad citadina. Aunque el bolero latinoamericano comenzó a desarrollarse a finales del siglo XIX en el intercambio entre los puertos caribeños de Santiago, La Habana, Veracruz, Nueva Orleáns, Cartagena y San Juan, no fue hasta los 1920 cuando experimentó su enorme difusión continental, siendo emigrantes la mayoría de sus primeros grandes artífices: el boricua Rafael Hernández, el cubano Nilo Menéndez y la mexicana María Grever desde Nueva York, por ejemplo; junto al Trío Matamoros, migrando de Santiago a La Habana, y Guty Cárdenas, constantemente moviéndose entre Mérida, La Habana, el DF y los Estados Unidos.

La emigración «latina» a Nueva York fue en aquella época fundamentalmente obrera. Los emigrantes no contaban con instituciones que apoyaran el amplio formato de la orquesta o la banda, como habían hecho, en sus países de origen, los gobiernos municipales, el sistema escolar o instituciones como los bomberos, el ejército o la policía[82]. Y como comunidad obrera, sus bailes rara vez contaban con los recursos para contratar una orquesta. Los conjuntos de esa emigración inicial fueron, pues —como los de los marineros— principalmente «vente-tús» de formato pequeño, constituidos por trabajadores que complementaban sus ingresos con la música. Mientras los bailes con orquestas de las clases altas caribeñas seguían expresando una *estructura sentimental* hegemonizada por lo señorial, donde cada damisela no debía destinar en su carnet más de dos piezas a una misma pareja (Asenjo 1947: 4-5)[83], los bailes de los clubes sociales de los emigrantes manifestaban una más libre y espontánea sociabilidad, predominando el baile para la seducción y el intercambio corporal comunicativo. Mientras entre las clases «acomodadas» las orquestas de los bailes *nacionales* y europeos de salón se sustituían por el estadounidense *jazz band* (Díaz Díaz c. 1980)[84]; en los bailes populares guarachas, sones, cumbias y sobre todo boleros fueron sustituyendo a las contradanzas *nacionales* y los valses europeos.

---

[82] Los numerosos detalles que presenta para el caso puertorriqueño Malavet Vega (2002: cap. III) sirven para ilustrar procesos muy similares en países hermanos.

[83] Los carnet —que la enciclopedia caracteriza como *argentinismo*— se popularizan en Puerto Rico en los 1890 en las bailes *señoriales*, y hacia 1930 se encontraban en vías de desaparición (Díaz Díaz c. 1980).

[84] Incluye un ejemplo de un carnet de un casino puertorriqueño donde se señala el siguiente repertorio: Primera parte 1. Vals 2. Foxtrot 3. Foxtrot 4. Danza 5. Foxtrot 6. Pasodoble 7. Danzón; Segunda parte 1. Vals 2. Foxtrot 3. Danza 4. Foxtrot 5. Danzón 6. Danza 7. Pasodoble, combinando las danzas *nacionales* y españolas con la influencia estadounidense. Malavet Vega (2002) incluye muchos otros ejemplos de repertorios (por ejemplo en las páginas 69, 71, 177-179). La influencia estadounidense fue aparentemente aun más fuerte en países que no sufrían el tipo de subordinación política que experimentaba Puerto Rico respecto a Estados Unidos: por ejemplo, Calcaño señala: «Al finalizar la primera guerra mundial apareció en Caracas la música de jazz, que fue acabando poco a poco con las músicas de baile venezolanas» (1958: 440).

Una de las grandes aportaciones de Rafael Hernández a la expresión musical latinoamericana fue el desarrollo que logró, desde Nueva York, del formato pequeño del *trío* y el cuarteto[85]. Combinando la música negra estadounidense con su formación inicial en las bandas pueblerinas, el *jibarito* Rafael incorporó al formato pequeño la riqueza de la elaboración armónica. Con los juegos de voces (lo que, desde entonces, los músicos denominan «hacerle segunda» o «tercera» al cantante principal) y la combinación de guitarras (instrumento de amplio registro, donde pueden combinarse a dúo arpegios agudos secundados por muy variados acordes en los registros graves) los *tríos* lograron una riqueza sonora poco antes experimentada en conjuntos de tan pocos integrantes. La transformación de una de las guitarras en requinto, que se incorporaría a estos conjuntos a partir del *Trío Los Panchos* una década después, expandió aun más el registro tonal y propició una mayor creatividad melódica en la introducción instrumental que daba paso a la canción, y en los floreos ornamentales como parte del «acompañamiento», según examinaremos más adelante.

La elaboración armónica en las voces y en los acompañamientos guitarreros, combinada con el lirismo melódico de la canción y la riqueza rítmica afrocaribeña bailable, hicieron de la música de *tríos* (y cuartetos) un extraordinario vehículo de expresión de la creatividad popular «mulata», su diálogo descentrado entre melodía, armonía y ritmo, y su combinación entrelazada de baile y canción, de erotismo y romanticismo. (Con evidentes modificaciones, otras culturas lo adoptaron posteriormente en contextos sociales parecidos, como Los Beatles, en el mundo obrero portuario inglés del Liverpool de los 1960.) El mundo popular emigrante, en la inestabilidad de su movilidad, su precariedad económica y desarraigo, encontró identificaciones con este formato musical a nivel simbólico visual también: sus instrumentos populares, su aspecto democrático de reunión de amigos y su apariencia de caminantes: los *tríos* tocaban —y siguen hasta hoy tocando— siempre de pie.

Luego de Nueva York, el *jibarito* Rafael extendió por Latinoamérica su nomadismo: vivió en Cuba y en México, y visitaba con frecuencia países como la República Dominicana y Colombia (Betancur Álvarez 1993). Su *trío*, constituido por dos puertorriqueños y un dominicano, que en Nueva York se llamaba *Trío Borinquen* (nombre indígena de Puerto Rico), cuando tocaba en la República Dominicana se rebautizaba como *Trío Quisqueya* (nombre indígena de Santo Domingo). En todos estos países compuso canciones que

---

[85] Sobre la importancia de los *tríos* en la historia de la música popular latinoamericana véase Pablo Marcial Ortiz Ramos (1991).

llegaron a considerarse emblemáticas de cada lugar: para Santo Domingo, su más difundido *himno* popular —«Quisqueya, tierra de mis amores...»—; en México su canción «¡Qué chula es Puebla!» se convirtió oficialmente en el Himno regional de este estado (Rodríguez Tapia 2005: 61); y en Cuba, ¿quiénes no consideran a «El cumbanchero» o «Cachita» como dos de las más «representativas» canciones «cubanas»?[86]

La primera grabación del *Trío Borinquen* fue una guaracha que recoge la tragedia íntima de un personaje popular que se ganaba la vida mostrando de pueblo en pueblo su deformación física: «Monchín del alma». Los múltiples dramas de caminantes pueblan sus composiciones con referencias directas o indirectas a los más variados contextos del fenómeno migratorio. «Errante por esos caminos...» comienza su bolero «Pobre gitana»... y «Ausencia» se titula su bolero musicalmente mejor logrado[87] que, como harían décadas después Los Beatles en «Yesterday»[88], se mueve ambivalentemente entre dos registros armónicos, generando un ambiente de incertidumbre y sorpresas en la sensación de la ausencia. En este bolero, además, el contexto social alcanza la posición protagónica: el cantante no dirige su palabra a su amada como era lo usual, sino directamente a la situación social:

> Ausencia, *tú* que pensabas poner alivio a mi penar.
> Ausencia, *me* has engañado
> ¡con lo mucho que he llorado!
> no la puedo olvidar.

---

[86] Rodríguez Tapia (2005: 49) relata que incluso una intérprete de la talla de Celia Cruz confesó haber pensado por años que «Cachita» y «El cumbanchero» eran canciones de un compositor cubano de nombre Rafael Hernández. J. Raventós incluye, de hecho, a la puertorriqueña «Cachita» en su selección del «Cancionero musical cubano» en su libro para el uso didáctico en las escuelas *Historia de la música* (1951: 77).

[87] Opinión que comparte conmigo su viuda, María Pérez.

[88] Vea el sugestivo ensayo del renombrado musicólogo Deryck Cooke, «The Lennon-McCarney Songs» (1982: 196-200).

El nomadismo, el desplazamiento, la separación, la ausencia, son temas centrales también de la *samba canção* de Noel Rosa, y del segundo gran bolerista puertorriqueño, Pedro Flores, el principal compositor de las canciones popularizadas por Daniel Santos, «el jefe» («menos el domingo, todas las tardes salgo a ver si el cartero trajo algo para mí...»). La temática migratoria atraviesa repetidamente a la bolerística mexicana: «Ella se fue...», «Por la vereda tropical» de Gonzalo Curriel, 1936; «¡hazla volver, Vereda! ...Y que tú vayas por donde yo voy...» del «Frenesí» de Alberto Domínguez, 1939; «Piensa que tal vez mañana te encuentres muy lejos...», del célebre «Bésame mucho» de Consuelo Velásquez, 1941; «La vida inclemente te separa de mí y un siglo de ausencia voy sufriendo por ti», de Alfredo Gil, 1949[89]. No es coincidencia que el *trío* que alcanzó mayor celebridad por toda América Latina —Los Panchos— hubiera nacido en Nueva York, formado por dos mexicanos y un puertorriqueño (Ortiz Ramos 2004), los países que experimentaban de manera más aguda los procesos de emigración y los desgarramientos personales, culturales y sociales que acarrearon.

---

[89] Rico Salazar (1988), Castillo (1991). Véanse también los sugerentes intentos interpretativos de sus letras por Karen Poe (1996) e Iris M. Zavala (1991), en los cuales, por otro lado, se echa de menos la ausencia de sus contextos socio históricos.

Entre el *profundo Latin Tinge* del Jazz y la *llana* trivialización mafiosa del *Tropicana*

Las economías esclavistas de plantación en América, dirigidas a la producción masiva para la exportación, comunicaron entre sí a los principales puertos caribeños de manera muy intensa, al menos desde el siglo XVIII. Ello ocurrió tanto «oficial» como «extraoficialmente», a través del contrabando. La trata esclavista instituyó en el Caribe importantes «centros de distribución», que comunicaban «desde arriba» a los diversos puertos en la región. Paralelamente, se desarrollaban «desde abajo» flujos migratorios intracaribeños de esclavizados cimarroneándose. Con las complejas redes comerciales de la economía de la monoproducción (entre las mercancías que las plantaciones producían —melazas, tabaco o algodón— y los insumos que requerían —animales de acarreo, maderas; importación de maquinarias; intercambios de técnicos) los marineros de diversas embarcaciones llevaron de puerto en puerto, además, «producciones» culturales, tradiciones, símbolos, canciones, bailes... La interrelación musical entre la cultura afroestadounidense y el Caribe tiene un largo abolengo en los procesos de criollización y «mulatización» de sus expresiones sonoras[90]. El puerto de Nueva Orleáns era un hervidero de esas relaciones, y no es fortuito que se desarrollara en él uno de los principales carnavales del Nuevo Mundo.

Su música de *ragtime* «(that) came to mean that part of black music which was neither work songs nor blues nor spirituals» (Lynes 1985: 97), es decir, sus marchas de carnavales y su música bailable fue desarrollada sobre todo por sus «Negro brass bands which had sprung up after the Civil War» (*ibíd.*: 98), de manera similar a los conjuntos de vientos —de artesanos negros y mulatos— descendientes de las bandas militares en el resto de América, como hemos visto. Dicho *ragtime* fue descrito por uno de sus detractores en 1899 como «distorted reminiscence of Spanish and Mexican dances» (citado de un periódico de Boston por Lynes: 96). Su baile, generalmente denominado *one-step*, fue duramente atacado por «vulgarizing the young, undermining respect [...] responsible for deterioration of manners, taste, and right thinking» (*ibíd.*: 103), como los bailes «mulatos» herederos de las bandas militares en el Caribe antes reseñados.

---

[90] He trabajado la historia de esa relación en los ensayos «Migration, Ethnicity, and Interactions between the United States and Hispanic Caribbean Popular Culture» (2007a: 83-93), «Fordismo, migración y etnicidad: Estados Unidos y la cultura popular en el Caribe» (2007b: 135-158).

Comenzando el siglo XX, Jelly Roll Morton, de descendencia haitiana y nacido en Nueva Orleáns, a quien muchos estudiosos consideran como el «puente entre el *ragtime* y el jazz» (Clarke 1989: 829) o «el primer gran compositor de jazz» (Tanner y Mengill 1988: cap. 6), era conocido por su *latin tinge* e incorporaba habaneras a su repertorio (Lomax 1956; Wright 1980). Diversas fuentes registran numerosos apellidos «latinos» entre los músicos de finales del siglo XIX y principios del XX en Nueva Orleáns (Roberts 1979) y el gran estudioso y coleccionista cubano Cristóbal Díaz Ayala apunta paralelismos significativos entre las «típicas danzoneras» cubanas y la *dixieland jazz band* a niveles de configuración tímbrica (Díaz Ayala 2006: cap. 1; Santos 1982: 2). Cuando comenzaron a establecerse las grandes orquestas de jazz —los *big bands*— más allá de Nueva Orleáns, a partir de la segunda década del siglo XX, sus directores acostumbraban visitar Puerto Rico para contratar músicos, porque —además de ser legalmente ciudadanos de Estados Unidos[91]— éstos combinaban el *swing* afroamericano de unas rítmicas compartidas, con una buena formación musical formal —originalmente, en las bandas militares— que les permitía tocar bien partituras[92]. Así, por ejemplo, se incorporó en 1929 al célebre *jazz-band* de Duke Ellington el trombonista Juan Tizol, quien el propio Ellington, hacia el final de su vida, describió como «one of the finest musicians I've ever known» (Ellington 1973: 56). Tizol compuso, entre otras, dos de las piezas que en el jazz se consideran *standards* (sobre las cuales improvisan muchas de las agrupaciones después): «Caravan» y «Perdido», los primeros destellos de lo que habría de desarrollarse más tarde como el jazz latino, que examinaré hacia el final de este *Merengue*.

---

[91] Puerto Rico es colonia de los Estados Unidos a partir del desenlace de la Guerra Hispano-Cubano-Americana en 1898. Lo que ello representó en términos de las clases sociales y sus conflictos políticos y culturales fue el centro de mis primeras investigaciones de sociología histórica: principalmente los libros *Conflictos de clase y política en Puerto Rico* (1977); *Puerto Rico: identidad nacional y clases sociales* (1979); y *Patricios y plebeyos: burgueses, hacendados, artesanos y obreros, las relaciones de clase en el Puerto Rico de cambios de siglo* (1988); resumidos en el ensayo «Puerto Rico c. 1870-1940», en Leslie Bethell (1986: vol. V, cap. 6, 265-286), traducido al español y publicado con la bibliografía actualizada (1992: vol. 9, cap. 6, 240-258) y reproducido en F. Moya Pons *et al.* (2001: cap. 4, 84-104).
[92] Véanse descripciones de Juan Tizol en entrevista grabada por Patricia Willard para la Historia oral del jazz, reproducidas por Rafael Aponte Ledée, «En busca de Juan Tizol», revista *La Canción Popular* (Ponce), núm. 11 (1996: 31-35). Trasfondo de búsquedas previas en Jorge Javariz «Músicos puertorriqueños en Nueva York» (1998: específicamente 51) y el excelente ensayo de Serrano «Puerto Rican Musicians of the Harlem Renaissance» (2007).

Mientras tocaba Tizol con Ellington (e incorporaban su *latin-tinge* a los *jazz-bands* muchos otros músicos puertorriqueños y cubanos) y comenzaba a producir sus boleros y guarachas en Nueva York el emigrante mulato Rafael Hernández, claramente influenciado por el *ragtime* y los *blues*, se prohíbe en Estados Unidos la venta y consumo de bebidas alcohólicas, constriñendo enormemente el —hasta entonces— creciente mundo comercial de la música y el baile social. La *Prohibición* se extendió entre 1918 y 1933, y fue a través del negocio ilícito de bebidas alcohólicas, generalmente acompañado de bailes y espectáculos musicales de la «vida alegre», que los grandes carteles de la mafia italoamericana amasaron entonces sus grandes fortunas. No es coincidencia que Chicago, la primera ciudad de la mafia, sustituyera en ese período a Nueva Orleáns como el centro del jazz.

La Habana, puerto de intensa tradición de prostíbulos, de teatro musical y salas de baile, donde no estaba prohibida la bebida a sólo 150 kilómetros de Miami[93], se convirtió en una de las plazas principales de la mafia: *la* más importante (aparte de Sicilia) fuera del territorio continental estadounidense. Su música «tropical», ejecutada en el formato de *jazz-band* para ese turismo mafioso, se vio asociada a los grandes capitales del «bajo mundo», llevando a la espectacularidad del derroche y la desinhibición aquella identificación inicial de los tangos, boleros, rumbas y sones con la bohemia arrabalera. Vestimentas exuberantes (encajes guaracheros en las mangas de los maraqueros y en los bordes de unas faldas pegadas al cuerpo abiertas hasta más arriba de mitad de muslo) y una grotesca exacerbación del erotismo danzante para una «liberación ilícita» y mafiosa de quienes debían reprimirse en casa, trivializaron sonoridades y bailes de profundos significados sociales y sabidurías emergentes y ancestrales.

La prematura «globalización» de las danzas afroamericanas

Con la *Prohibición* en los Estados Unidos mucha de las presentaciones bailables de los *jazz-bands* se trasladaron (además de a los *night clubs* habaneros) a los *music-halls* y *cabarets* del viejo continente. Los europeos habían comenzado a conocer más directamente y de manera auténtica esta sonoridad con los batallones negros del ejército estadounidense en la Primera Guerra Mundial. Pero con el auge, arriba descrito, de la espectacularidad «tropical»

---

[93] A San Juan sí se extendió la *Prohibición*, siendo como era parte del «territorio» estadounidense.

bailable que se desarrollaba durante la *Prohibición* en La Habana, los *jazz-bands* que invadían a los *cabaret* europeos alternaban *charlestons, foxtrots, one-step, two-step* y otros géneros estadounidenses que habrían de agruparse como *swing*, con rumbas, congas, danzones y sones bailables antillanos. Como reseña Alejo Carpentier desde París en 1922:

> Sólo se oye hablar del son, de la rumba [...] Después de apoderarse de los *dancings*, del tablado de los *music-halls*, nuestras danzas se están introduciendo en los bailes populares (Carpentier 1980: vol. 2, 529).

Esta prematura «globalización» de los bailes y las músicas «mulatas» asociados al espectáculo frívolo tenía importantes antecedentes, pues en la península ibérica la presencia musical afroamericana había sido muy intensa desde mucho antes. La fecundación mutua entre las tradiciones musicales de la Península y sus colonias se dio de manera tan continua desde el siglo XVI que muchos géneros han sido caracterizados, de hecho, como «de ir y venir»[94]. Como bien dice en otro escrito, muy posterior, Carpentier,

> «los parientes que se habían quedado en casa» [...] se vieron invadidos por unas «endiabladas zarabandas» que, al decir de Cervantes (véase: *El celoso extremeño*) eran *«nuevas en España»*. Y, con las diabólicas zarabandas, una *chacona*, no menos remeneada, que, según Lope de Vega: «*De las Indias a Sevilla —ha venido por la posta»*. Y, tras de esto, un *«fandango»* que, según el *Diccionario de Autoridades*, era «baile introducido por los que han estado en los reinos de Indias y que se hace al son de un tañido muy alegre y festivo» (Carpentier 1977: 14; todos los énfasis y entrecomillados del original).

Precisamente por su apariencia «alegre y festiva», frente a una cultura que llevaba siglos intentando reprimir las urgencias y la expresividad corporal como ancla de la «barbarie» para el vuelo civilizado del espíritu, desde los inicios mismos del período colonial la profundidad de los significados culturales de los bailes afroamericanos, la cultura de sus expresiones corporales, su erotismo y su seducción, fueron trivializándose como «diversión»[95]. Así los

---

[94] Véanse, por ejemplo, los dos volúmenes que llevan de título *La música entre Cuba y España*, el primero de subtítulo [*La ida*] por María Teresa Linares, [*La vuelta*] por Faustino Núñez (1998), y el segundo subtitulado [*Tradición e Innovación*], de Eli Rodríguez y Alfonso Rodríguez (1999).

[95] Esta caracterización respondía a una previa distinción europea inicial entre la música sagrada, considerada «profunda» (que previo al Renacimiento era la única que se escribía y se pretendía dictaminar por «leyes» de producción sonora) y la música profana, que el

analiza, sin ambages, una de las más importantes investigaciones históricas sobre la vida cotidiana de la España de entonces: los libros de José Deleito y Piñuela, el primero sobre las «diversiones» cortesanas en el reinado de Felipe II y, sobre todo, el segundo, su complemento *También se divierte el Pueblo*... En éste, sobre la mulata y americana *zarabanda* que había adoptado Sevilla, la puerta europea de las Indias, Deleito señala que se decía en Castilla que era

> un baile y cantar tan lascivo en las palabras y tan feo en los meneos [...] tan lascivo y obsceno que parecía estar inventado por Luzbel para inducir a pecar a la senectud y a la santidad misma (Deleito y Piñuela 1944: 79)[96].

Esta cita seguramente parafraseaba los dictados del austero *Tratado contra los juegos públicos* del Padre Mariana (1536-1623), del que cita Carpentier:

> La zarabanda era tan lasciva en sus letras, tan impúdica en sus movimientos, que bastaba para incendiar el ánimo de la gente, aún de las más honestas (1977: 14).

Desde España, la zarabanda y otros bailes afroamericanos fueron penetrando otras regiones de la Europa occidental: como la *chacona* y, un poco antes, la *pavana*, que la musicología eurocéntrica identifica como «italiana» no obstante ser el *pavo* un ave americana (según examinaremos más a fondo en el Primer *Repiqueteo* del *Jaleo*). Desde Italia mismo, Giambattista Marino publicó en Turín un largo poema en 1623 que incluía una vívida descripción de las supuestamente hermanas gemelas (así las llama) chacona y zarabanda:

> Danzas de movimientos obscenos y gestos lujuriosos [...] danzas *provenientes de la Nueva España* [...] que hacían pantomima de las intimidades del acto conyugal [...] acompañadas del sonido de las castañuelas tocadas por damiselas licenciosas que las combinaban con el castañeteo de los dedos y el taconeo de los pies [...] mientras los bailarines hombres tañían tamboriles [...] orgías frenéticas acompañadas sólo de instrumentos ruidosos (Marino 1623; citado por Stevenson 1952: 95; énfasis añadidos).

---

fundador del calvinismo describía en un escrito del 1543 como «ligera y frívola» «for there is a great difference between the music one makes to *entertain* men... and psalms which are sung in the Church in the presence of God» (cita de John Calvin en Goehr 1992: 120). Las diferentes concepciones de la religiosidad descentrada afroamericana que analizamos antes, mucho menos divorciada de la vida diaria, generaron que incluso sus bailes relacionados a la presencia de lo «divino» fueran concebidos en Europa como «diversión».

[96] Véase también Cotarelo y Mori (1911: «Introducción»).

Un «manual de baile» francés, reproducido en varios países de América y cuya fecha de publicación original desconozco, se refiere a la zarabanda como «baile prohibido por lascivo[97]». De hecho, alrededor del 1590 fue suprimido en España por Felipe II,

> but continued to exist [...] through the 17th and 18th centuries as a quick dance [...] in slow triple meter and dignified style [...] with an accent or prolonged tone on the second beat and with feminine endings of the phrases (Apel 1982: 750).

Como «dignificado» y «español» aparece en partituras inglesas y francesas desde el siglo XVII. Y en Alemania, Bach lo incluye en su célebre *Suite* de danzas de intención abarcadoramente «europea»: junto al *allemand* tudesco, el *courante* francés, el *polonaise* polaco y el *gigue* escocés, aparecerá el *saraband* «español» (*ibíd.*: 223). Muchos diccionarios contemporáneos omiten su origen americano, como el de otros bailes afroamericanos «globalizados» entonces. Por ejemplo, el de María Moliner define la chacona como «Composición musical de origen italiano que en España se adoptó para danza ejecutándose a veces con el acompañamiento de castañuelas» (Moliner 1994: vol. I, 592), cuando es amplia la evidencia de su origen americano[98]; igualmente, define al fandango como «Danza española antigua, conservada hoy en Andalucía» (*ibíd.*: vol. I, 1281); y la zarabanda como «Danza picaresca, de movimientos lascivos, que se usó en España en los siglos XVI y XVIII». ¿Por qué nada menciona dicho diccionario sobre el XVII, nos preguntamos, mientras se incorporaba «dignificada» y «española» en las *Suite* de Bach? En la definición de las últimas dos, el Moliner añade: «Movimiento desordenado [...] que produce mareo [...] (fig.) Bulla o Jaleo», definiendo *Jaleo* —¡tan importante en América (y en este libro)!— como

> Cualquier cosa, asunto o situación en que hay mucho *movimiento, ruido,* o agitación, complicación, confusión [¿*confusión?*], *desorden* o dificultad [poniendo el ejemplo de:] «Había tanto *jaleo* que era *imposible oír la música*». (Añadiendo como segundo significado:) Cierta danza popular andaluza (*Ibíd.*: vol. II, 181-182; énfasis de la última oración en el original; otro énfasis y corchetes, añadidos).

La novedad de la repenetración europea de las «divertidas» y supuestamente *lascivas* danzas afroamericanas hacia 1920 y 1930, a través de los *jazz-bands,*

---

[97] M. P. L. Mercadier, *Ensayo de instrucción musical*, sólo he tenido acceso a su reedición de 1862.
[98] Stevenson (1952: 95), presenta mucha de esta evidencia.

fue su abierta y reconocida naturaleza afro y latinoamericana. Se «globalizaban» ya independientes de su barniz español. En los salones para el baile social, los *jazz-bands* del *swing* alternaban con los *big-bands* de rumbas, sones, boleros y sambas. Los *choros* de *Pixiguinha e Oito Batutos*, la «negra» norteamericana Josephine Baker y la «mulata clara» cubana Rita Montaner acompañada por las sonoridades «mulatas oscuras»[99] de la orquesta de Don Azpiazú, estremecieron a unos europeos insatisfechos con la contradictoria trayectoria (¡y muy peligrosa, como habrían de evidenciar las dos guerras «mundiales»!) que exhibían entonces su modernidad y los presupuestos epistemológicos de ésta. Proliferaron los *espectáculos* y las escuelas de tango, y el erotismo bailable americano con su arte corporal hamaqueaba el encartonamiento de las figuras del baile de salón europeo[100]. Como *The Tango Rage* titula su capítulo correspondiente a esta época John Storm Roberts en su importante libro sobre el impacto de la música *latina* en el mundo del espectáculo estadounidense (1979). Poco antes, como antecedente, el brasilero

> maxixe [...] was a hit in 1914, part of the «dance mania» that had America gyrating in the early days of the Jazz Age (Lynes 1985: 104).

El espectáculo separaba de su contexto comunal unas expresiones músico-danzantes donde su carácter *performativo* inherente asumía significados contradictorios[101]. Por otro lado, los músicos y bailarines, que hasta entonces

---

[99] Figurativamente, claro está; pensando en composiciones como «¡Ay! Mamá Inés» dedicada por su compositor Eliseo Grenet a Rita Montaner y grabada por ésta con Azpiazú. La partitura la identifica como «Tango congo».

[100] Sachs (c. 1937: cap. final); Novati y Cuello (1980). La interpretación positiva de la valoración parisina hacia estas músicas nuestras que propongo, por la naturaleza liberadora de su manejo cultural del cuerpo, contrasta con la interpretación negativa que postula Marta Savigliano, quien analiza el furor por el tango en París como «un episodio en la larga historia de la manufacturación colonial de lo exótico» (1995: 82; traducción de Garramuño 2007: 103). Aunque reconozco que algunos elementos de esa llamada «manufacturación» pudieron haberse hecho presentes en dicho furor (como Savigliano evidencia) y formaran parte de las contradicciones que de inmediato analizo en el texto, sin querer desmerecer otros aspectos valiosos de su trabajo considero su interpretación de este asunto en particular, unidimensional y, por tanto, desacertada. Por su manejo cuidadoso de las fuentes de la época (muy atento a posibles contradicciones) recomiendo el análisis del Jazz-Tango en París del ensayo de Philippe Gumplowicz (en Darré 1996: cap. 5, 95-110).

[101] Es ilustrativo el caso del gran trompetista, cantante y *showman* Louis Armstrong, que en 1933 sorprendió y fascinó a Europa. Descrito por el *Penguin Encyclopedia of Popular Music* como «The first and still perhaps greatest solo star in jazz; the most influential musi-

más bien complementaban con sus presentaciones sus ingresos como trabajadores, se fueron profesionalizando; y esta dedicación cotidiana elevó la calidad interpretativa posibilitando una mayor profundización artística. El arte «mulato» del sonido y el movimiento inició su «globalización» atravesado de una espectacularidad que lo obligaba a desarrollar conjuntamente —frente a concepciones y procesos que intentaban trivializarlo— lo que Arcadio Díaz Quiñones agudamente examina como «el arte de bregar» (2000): el dificultoso lidiar solapado, camuflado u oblicuo.

El color y sonido de la Nación: **mestizaje y nacionalismo (¿«globalizado»?)**

Este casi inmediato «reconocimiento» popular europeo, principalmente a través del baile, vino acompañado por un redescubrimiento del valor de la estética africana y afroamericana por las grandes figuras del mundo artístico occidental: Picasso y Matisse, entre otros, en las artes plásticas; Stravinsky y Milhaud, entre muchos, en el arte de los sonidos (a diferencia del filósofo Theodor Adorno, quien descartó el valor de las bailables músicas «mulatas» por su intrínseca vinculación con la «cultura de masas» y el mercado).

Este reconocimiento, sorpresivo e inusitado a los ojos racistas de culturas marcadas por la tara de la esclavitud, tuvo importantes repercusiones en el mundo intelectual latinoamericano, especialmente en aquellos países con un mundo popular más claramente atravesado por la herencia cultural africana: los países caribeños[102] y Brasil. Los más destacados y progresistas intelectuales de dichos países se lanzaron por campos y barrios populares a redescubrir en su «otro interior» *el color y sonido de la nación*[103]. Es significativo que los más importantes intelectuales en los debates en torno a *lo nacional* en estos países hubieran sido entonces, a su vez, estudiosos del mestizaje y de su música:

---

cian of the century and one of the best-known, best-loved entertainers in the world» (Clarke 1989: 39). Iniciador del *scat singing* y de la libre improvisación en los registros graves de su trompeta y su voz, entre innumerables innovaciones creativas que frecuentemente pasan inadvertidas por su fachada de bufón y sus concesiones al pop, imposibles de entenderse fuera del contexto de un constante balanceo artístico en la «cuerda floja» que representó la contradictoria transición entre *performance* y espectáculo.

[102] Respecto a Cuba, véase Robin Moore (1997).
[103] Como ha examinado lúcidamente Mareia Quintero que, de hecho, titula su libro *A cor e o som da nação, A idéia de mestiçagem na crítica musical do Caribe hispánico e do Brasil (1928-1948)* (2000). Detalles sobre el trabajo de investigación folklórica de Andrade en Brasil pueden examinarse en Flávia Toni (1996: 170-178).

Pedro Henríquez Ureña y Enrique de Marchena en la República Dominicana, Tomás Blanco y Antonio S. Pedreira en Puerto Rico y, destacándose de manera especial, Mário de Andrade en Brasil, y Fernando Ortiz y Alejo Carpentier en Cuba.

Este redescubrimiento de su «otro interior» no se dio sólo entre los analistas. En esos años surgió, además, una escuela de compositores en la tradición erudita o «clásica», que intentaron integrar creativamente las diversas herencias étnicas de sus países: Alejandro García Caturla (White 2003; Henríquez 1998) y Amadeo Roldán en Cuba (Gómez García 1978)[104], Heitor Villa-Lobos, Francisco Mignone, Lorenzo Fernandez y Camargo Guarnieri en Brasil (Correa de Azevedo 1948), Manuel Ponce, Silvestre Revueltas y Carlos Chávez[105] en México, Eduardo Fabini en Uruguay[106] y, un poco después, Héctor Campos Parsi, Amaury Veray y Jack Delano en Puerto Rico. Aunque todos valoraban sus herencias «folklóricas», tendieron a escuchar con sospechas las expresiones «mulatas» comercializadas (Mareia Quintero 2000).

Cuando se examinan procesos como éste, usualmente se excluye del análisis a Ernesto Lecuona, probablemente el compositor cubano de todos los tiempos más conocido internacionalmente. Es que más que un compositor «erudito», Lecuona representa una continuación de la gran tradición de versatilidad de las músicas «mulatas» populares, que antes vimos a través del boricua Morel Campos y la carioca Chiquinha Gonzaga. Su conjunto de danzas afrocubanas para piano es, tal vez, la más estilizada melodización de diversos ritmos de la herencia afroamericana: la conga, la danza lucumí y, sobre todo, su célebre «La comparsa», que analizamos antes. Marcadas por la herencia africana son también sus canciones clásicas «Siboney», «Canto Karabalí», «Tabú» y «Babalú», así como «Rapsodia Negra», su composición orquestal más conocida. Paralelamente compuso algunas de las canciones «españolas» más famosas de todos los tiempos, como «La Malagueña» y «Andalucía» (la cual la compañía de derechos de autor BMI testimonia que ha sido interpretada en más de un millón de ocasiones). Trabajó también otros géneros bailables como valses, habaneras, mazurcas y danzas cubanas; además de las más conocidas zarzuelas caribeñas —*María la O* y *El cafetal*—, operetas, *ballets* y música para una decena de películas para las grandes compañías de la industria cinematográfica

---

[104] Sobre ambos, Charles Byron Asche (1983); Alejo Carpentier (1989).

[105] Stevenson (1952: cap. 5); Julián Orbón, «Las sinfonías de Carlos Chávez», en su libro *En la esencia de los estilos y otros escritos* (s.f., c. 2000).

[106] Todos incluidos, con ejemplos de partituras, en la serie de 15 volúmenes bilingües publicados por la Unión Panamericana, *Compositores de América, datos biográficos y catálogos de sus obras* (1955-1969).

en México, Buenos Aires, La Habana y Hollywood. Manifestó esta versatilidad también como director formando, junto a Gonzalo Roig, la Orquesta Sinfónica de La Habana, y un poco después una de las primeras orquestas populares latinoamericanas en alcanzar grandes triunfos en Estados Unidos y Europa: los *Lecuona Cuban Boys* (Martínez 1989; Gómez Cairo 1995). ¡¿Cómo ante semejante *cafrería*, vamos a incluirlo entre la composición «culta»?!, señalarían sus detractores convencionales.

El cine sonoro y las velloneras *Wurtlizer*: el dramatismo —espectacular y cotidiano— de lo *tropical*

El surgimiento del cine sonoro en Latinoamérica estuvo indisolublemente vinculado a su música y la emergente espectacularidad bailable de lo «tropical». En 1931 nació la industria cinematográfica en México, en palabras de la historiadora Yolanda Moreno Rivas, «bajo el signo de sus canciones» (1979: 80-81). La primera película sonora fue, de hecho, *Santa*, basada en una composición de su más celebrado bolerista, Agustín Lara. Un año antes se había iniciado la publicación anual en México —y a difundirse por toda la América hispana— del *Cancionero de la sal de uvas Picot*, que vinculó la entonces naciente industria editorial de la palabra impresa popular con la industria del cine, la temprana «globalización» de la comercialización de productos manufacturados y la música popular. La empresa que producía la *Sal de uvas Picot* fue, de hecho, quien en 1932 contrató al puertorriqueño residente en Nueva York Rafael Hernández para que produjera y animara un programa radial en México, para el cual dirigiría

> una orquesta de 35 músicos compuesta por mexicanos y cubanos que combinaban exquisitos ritmos caribeños y mesoamericanos... (Rodríguez Tapia 2005: 59)

Viviendo en México hasta 1947, el *jibarito* Rafael participó con frecuencia en películas mexicanas que se exhibieron por toda Latinoamérica.

El cine mexicano comenzó difundiendo a nivel latinoamericano su música de charros y mariachis[107]; como el argentino, sus tangos. Pero ambos descu-

---

[107] Un pequeño paréntesis sobre el mariachi, la más célebre fusión tímbrica entre el conjunto campesino de violines con guitarras y sus derivados (guitarrón, vihuela, etc.) y la sonoridad predominantemente de vientos-metal de las bandas militares. Por su función más común de servir a un enamorado en las serenatas, el cantar se manifestó «gritado»,

brieron pronto la importancia de incorporar el baile de otras músicas «mulatas» del continente, sobre todo a las grandes rumberas cubanas que alcanzaban celebridad en la espectacularidad de los clubes nocturnos, como el *Tropicana*, de la efervescente industria turística de La Habana que crecía con la ola de estadounidenses escapando de «la prohibición». El director de orquesta cubano Dámaso Pérez Prado, que acompañaba siempre sus presentaciones con espectáculos bailables desde la tarima (sobre todo con la rumbera Ninón Sevilla), se estableció también en México, y fue desde México y su industria cinematográfica que internacionalizó el mambo. Fue uno de los principales adaptadores del formato del *big band* del jazz-swing a la música «tropical», enriqueciéndolo con un especial contrapunto entre los trombones y saxofones que habría de asumir posteriormente la salsa.

El cine inició en América Latina el *Star system* popular en la música. Muchos de los principales actores eran también cantantes. Los argentinos Carlos Gardel y Libertad Lamarque, los mexicanos Jorge Negrete, María Félix y María Antonieta Pons, la brasileña Carmen Miranda, el cubano Benny Moré y el

---

simulando al *bel canto* masculino. Surgió en el oeste de México, aparentemente hacia mediados del siglo XIX, en una región predominantemente de vaqueros «blancos» (charros, que la dotaron de su vestimenta típica), con alguna influencia indígena y muy poca africana. Es, de hecho —o, sus principales géneros, «las rancheras» y corridos—, de las pocas músicas populares de la tradición latinoamericana que no sería correcto denominar «mulata». Ello se manifiesta en sus ritmos y metros europeos: fundamentalmente el 3/4 del vals (que tienen muchas de las rancheras), el 2/4 del corrido y el 4/4 de la balada, aunque cierta «africanización» se dio binarizando en 6/8 muchos 3/4 (como en los valses peruanos). La tradición oral vincula etimológicamente su nombre al término francés para matrimonio, *mariage*, pero su presencia previa a la intervención francesa de México (1861-1867) levanta dudas a esa suposición. Otros argumentan que el término proviene de lenguas indígenas. Probablemente se originó asociado a los cantos a María, bien en su acepción religiosa o en su asociación laica como sinónimo de mujer. Sus letras manifiestan una visión masculina (por no decir, abiertamente machista) de la relación romántica. Posteriormente a la Revolución Mexicana (1910-1920), devinieron en símbolo *nacional* y, aunque el cine mexicano difundió esta música por Latinoamérica entera, en todos lados se le reconoce «mexicana». Sus principales exponentes fueron el cantautor José Alfredo Jiménez (1926-1976), compositor de «El rey», los grandes galanes del cine, Jorge Negrete (1911-1953) y Pedro Infante (1917-1957), y una de sus pocas mujeres intérpretes, Chavela Vargas (n. ¿México o Costa Rica? 1919). Es significativo que ésta solía cantar vestida como hombre, fumando cigarros, bebiendo y exhibiendo pistolas; aunque fuera ya anciana (en una entrevista televisiva en el 2000), cuando expresó abiertamente su lesbianismo. El término «chavelazo» se ha incorporado al español como expresión pasional «femenina» cargada de la fuerza emotiva «masculina», como fueron sus intervenciones en los films *A Cry of Stone* de Werner Herzog y *Tacones lejanos* de Pedro Almodóvar.

puertorriqueño Bobby Capó, entre otros, sustituyeron los puestos de estrellato que habían ocupado antes las grandes sopranos y tenores de la ópera italiana. Es significativo que muchos de éstos se destacaron por cantar bailando.

Pero eran también los años de la más aguda crisis económica experimentada en su historia por el capitalismo, la Gran Depresión. Y el «bajo mundo» latinoamericano entrelazaba contradictoriamente dos caras —la «vida alegre» y la vida trágica—, recogidas ambas en algunas de sus «estrellas» de la música más mimadas, como «el jefe» Daniel Santos. Oriundo del proletario barrio de Trastalleres en San Juan, «el jefe» inició su carrera en Nueva York y alcanzó el estrellato como el cantante de la Sonora Matancera en Cuba y como solista luego, alternando espectáculos en célebres *night clubs* —como el *Blanquita* en la Plaza Garibaldi del DF mexicano— con presentaciones en las más oscuras barras de las diversas capitales de la Latinoamérica «tropical»[108]. Con su sólido arraigo barrial, en muchas ciudades surgieron versiones locales del internacionalizado «jefe»: el ecuatoriano Julio Jaramillo fue, quizá, su más emblemática figura.

A partir de los años treinta, proliferaron también casas disqueras locales, y esta música de fuerte arraigo citadino —espectacular y dramática— se difundió por todos los barrios —incluso barriadas rurales— en los cafetines a través de las rockolas, traganíckeles o velloneras, conocidas también por su marca comercial *Wurtlizer*.

> Popularizándose desde los 1930, apelaba a todos menos los ricos y la alta clase media (Malavet Vega 1984: 19).

En su historia de la vida de un trabajador cañero, elaborada sobre entrevistas grabadas, el antropólogo Sydney Mintz incluye una excelente descripción de un baile rural comercial con vellonera. La fiesta alternaba el juego de topos (dados) con el baile, lo que parecería confirmar la observación de otro analista extranjero respecto a la importancia otorgada por los caribeños a la sorpresa del azar y la sorpresa musical:

> They are gambling and singsong people, singing softly to themselves as they work; singing lustily when together (Parmer 1937: 181; se refiere particularmente a los puertorriqueños).

---

[108] Ramos (1989); Santos (1982); Ibarra, «Biografía y mito de Daniel Santos» (1998: 87-98). Véase también la «novela» de Luis Rafael Sánchez (1989).

Significativamente, en la fiesta que Mintz describe, predominaba la nómada proletaria plena, combinada con fox-trots, boleros, charlestons e infinidad de géneros. La vellonera le permitía, de hecho, al proletariado rural una mayor variedad sonora bailable que su música previa, descrita por los informantes de Mintz como «de sinfonía, pandereta, güiro y guitarra» (por la combinación de timbres descrita, parecería de plenas). Los varones pagaban cincuenta centavos y las damas entraban gratis. Estos eventos comerciales en un ámbito rural comunal transcurrían del oscurecer al amanecer. Muchos jóvenes (varones y hembras) se conocían por primera vez en estos bailes, que proveían la oportunidad para comunicarse al danzar; fuera de allí, señala Mintz, eran pocas las oportunidades que tenían de hablarse (Mintz 1988: 117-121). Hombres y mujeres jóvenes socializaban y se enamoraban, sobre todo, bailando.

Proveniente de una sociedad tan «racialmente» segmentada, le sorprendía al antropólogo estadounidense el que no parecía haber problema alguno con que intercambiaran libremente blancos, negros y mulatos (campesinos pobres de todos colores), incluso en la práctica de «cortar» (interrumpir algún varón a una pareja en medio de alguna pieza para bailar con la dama). Como describe otro baile rural una mirada etnológica anterior:

> Dancing is, next to cock-fighting, the most popular amusement. Dances are held upon the most diverse occasions. The baptism of a baby, the celebration in the honor of the patron saint of the town, the festival of the Three Kings, a betrothal or a marriage, or any one of a dozen motives may be used as a pretext to engage in this diversion [...] There are certain folkways or mores that cannot be violated [...] For instance, between the measures of the dance, it is supposed to be the right of a man to cut into any couple and ask the girl to dance with him (Rosario 1935: 102-103).

La irrupción de la reproducción mecánica representó un marcado traspaso paulatino de la danza comunal al baile como evento de celebración de parejas o espacio de encuentro entre géneros al cual se asistía en su carácter individual. No obstante el desarrollo de la importancia de la reproducción mecánica de la música y su irrupción en los bailes populares a través de la vellonera, el ingreso principal de los intérpretes seguía radicando principalmente, más que de la venta de discos, de sus presentaciones «en vivo». Los eventos o el contexto de la música «tropical» fue combinando los bailes con vellonera con aquellos en clubes con «espectáculos» de *tríos*, cuartetos, septetos, pequeños conjuntos u orquestas, en los cuales había que pagar para entrar y manifestaban, pues, enormes gradaciones de la estratificación social. El carácter intercomunicativo entre sus intérpretes, su «público» y el baile se mantuvo, pero atravesado por las tensiones y contradicciones que la reproducción mecánica supuso.

El populismo modernizante y su ideológico intento de «nacionalizar» los bailes

Merengue by Cugat! *¿castizo o catalán?*

Aunque en algunos de nuestros países la negritud y el mestizaje comenzaron a reconocerse positivamente por algunos destacados intelectuales y compositores *clásicos* en las décadas de 1920 y 1930 —concibiéndolos incluso, según vimos, como elementos centrales en la definición de la nación—, la tara racista de la herencia esclavista perduró con fuerza por muchas décadas más, sobre todo en los nuevos contextos para el baile que fueron generándose con el desarrollo de la reproducción mecánica de la música. No estuvieron exentos de la poderosa ideología racista (repitiendo a Quijano, de aquella «cárcel de larga duración»), los intentos populistas de refundar la nación en un sentido más moderno, todos los cuales otorgaron gran importancia a sus músicas bailables en la reinvención de tradiciones[109] sobre las cuales habrían de basar sus proyectos de redefinición nacionales. Al respecto fue dramático el caso dominicano, cuya nacionalidad fue constituyéndose frente a la primera nación del mundo surgida de una rebelión contra la esclavitud «racial», con toda su poderosa cultura «negra»-africana trasplantada. Como examinará con detalles el primer *Repiqueteo* del *Jaleo*, en las primeras décadas del siglo XX en la República Dominicana el merengue fue tornándose cada vez más popular, con su final de jaleo en el baile, precisamente. Y Trujillo, su dictador modernizante entre 1930 y 1961, se propuso a elevarlo a símbolo de la «dominicanidad», subvencionando orquestas que le otorgaran la espectacularidad del *big band* y estableciendo «eventos» que lo consagraran desde el Estado. Muchos latinoamericanos nos iniciamos en su baile siguiendo los diagramas de pasos de la carátula del LP que recogía las presentaciones del *big band* del catalán cubanizado Xavier Cugat en la famosa «Feria de Santo Domingo» de 1955. Se recreaba imaginariamente el evento espectacular, bailando a los acordes de un LP masificado en alguna marquesina de nuestras ciudades en expansión.

Como los haitianos en general lo reclaman suyo, estudiosos de la talla de Flérida de Nolasco —una de las pioneras de la musicología en América Latina— dedicaron su talento, sólida formación académica y meticulosas

---

[109] Me apropio del concepto elaborado por Eric J. Hobsbawm (1983).

investigaciones a demostrar lo indemostrable: que el merengue era un desarrollo criollo ¡exclusivamente proveniente de su herencia hispana! Así lo plantea Nolasco desde su primer libro de 1927, que «fue declarado texto para las Escuelas de Música de la República Dominicana», y lo recalca en un segundo —cuyo prólogo insiste en la unidad Latinoamericana a la vez que lanza epítetos insultantes al período «negro» de la dominación haitiana de la historia «nacional» dominicana (Nolasco 1948)— y en un tercero, significativamente titulado *Santo Domingo en el Folklore Universal*, ya explícitamente dedicado a Trujillo, «benefactor de la patria», como

> máximo impulsor de la cultura patria en su visión anticipada y certera de los orígenes de nuestra tradición *hispánica* (1956: 10; énfasis añadido)[110].

La cadencia andaluza del Lamento Borincano

En forma más solapada, aquella «cárcel (racista) de larga duración» tiñó también algunos *populismos* más progresistas y democráticos. Es significativo que movimientos que agrupaban diversas clases y sectores «populares» bajo el liderato de un nuevo sector social de profesionales modernizantes, ante la crisis de la agricultura tradicional y el fracaso *nacional* de sus oligarquías[111], adoptaran como símbolo fundacional, no a las nuevas clases emergentes que lo conformaban, sino al campesino emblemático del antiguo sistema de dominación que se encaminaba superar. Volveré sobre esta supuesta paradoja más adelante, al discutir la «nacionalización» de la marinera en el populismo del APRA en Perú. Sólo adelanto acá sus paralelos con el Partido Popular Democrático en Puerto Rico, cuyo logo electoral en los comicios de 1940, en los cuales emergió triunfante, fue, precisamente, un *jíbaro*, y su canción de campaña «Lamento borincano» de Rafael Hernández, de hecho conocida por toda Latinoamérica como «el jibarito». Su «mulatería» rítmica se camuflaba en el *tempo* sosegado de un bolero construido sobre patrones armónicos identificados con aguinaldos campesinos que evidenciaban la presencia de su herencia hispánica: la cadencia andaluza, usada no sólo como final, sino como el patrón armónico principal

---

[110] También se vio obligado a asumir dicha tesis la, por lo demás, valiosísima investigación de Emilio Rodríguez Demorizi (1971).

[111] El sociólogo brasileño latinoamericanista Octavio Ianni (1975) presenta un excelente compendio de los múltiples elementos compartidos por los populismos latinoamericanos entre los 1930 y los 1950, con el antecedente de Cárdenas —y el PRI— en México, y liderados por Getulio Vargas en Brasil, Haya de la Torre en Perú, Perón en Argentina y Muñoz Marín en Puerto Rico.

y recurrente (en el tono de *la* que es de los más usados popularmente en los boleros, la cadencia andaluza estaría constituida por la secuencia de *la menor – sol séptima – fa mayor – mi séptima*).

Este bolero-lamento fue compuesto por el nómada mulato oscuro puertorriqueño Rafael Hernández, en pleno período de la gran crisis internacional del capitalismo, «la depresión» de 1929, en Nueva York, y —como vimos antes— estaba claramente influenciado por la música «negra» estadounidense, sobre todo los *blues*. Sin embargo, al escribir unos años después «la letra» de «Preciosa», su canción más abiertamente «patriótica» —otro bolero montado también sobre la cadencia andaluza típica de la música *jíbara* campesina, aunque compuesto entre la urbanísima Nueva York y México— caracterizaba a su país *Borinquen* (nombre indígena de la isla) por «la noble hidalguía de la Madre patria y el fiero cantío del indio bravío», dejando fuera la herencia africana evidente tanto en sus sonoridades como en su propia complexión «racial». Rafael Hernández, uno de los más importantes compositores en la historia de la música popular latinoamericana, tardaría años en asumir de forma explícita esta herencia tan fundamental; significativamente, la asumiría principalmente en sus intentos de música *clásica* hacia el final de su vida, aunque ya en los treinta se le conociera ampliamente también por sus composiciones claramente «negras» o «mulatas oscuras», popularizadas sobre todo desde Cuba, «El cumbachero» y «Cachita».

Paralelamente a los escritos de Carpentier y Fernando Ortiz en Cuba, y mientras Mário de Andrade participaba en la conformación del populismo de Getulio Vargas en Brasil, redefiniendo, como aquellos, la nación a través de sus estudios e interpretaciones sobre el mestizaje y su música (Quintero Rivera, Mareia 2000 y 2002), los más renombrados intelectuales puertorriqueños (denominados como la Generación del 30) sentaban, sobre los mismos temas, las bases ideológicas que habrían de cristalizar en el populismo muñocista. Antonio S. Pedreira, en ese momento el líder intelectual indiscutible de la Universidad de Puerto Rico —y quien podría legítimamente calificarse como el *fundador* del análisis sistemático académico «moderno» de la cultura en su país— centra sus argumentos de su ensayo más influyente, *Insularismo* (1934), precisamente, en el hibridismo «racial» que, a diferencia de Carpentier y a Andrade, visualiza como una limitación o «un problema»:

> cómo combinar con *amorosa comprensión* [...] la firmeza y la voluntad del europeo [con] la duda y el resentimiento del africano [...] [para que] los rasgos [...] se maticen en el crisol del blanco, borrándose casi por completo el [problemático] punto de partida (1934: 27-29.; énfasis y corchetes añadidos).

Haciendo solapadamente referencia al entonces creciente Partido Socialista de tabaqueros proletarizados y trabajadores de las plantaciones capitalistas de caña de azúcar[112], base social de la plena, argumenta que, frente al «jíbaro blanco», los mulatos y grifos

> con la fuerza del negro y la inteligencia del blanco, *nunca bien balanceadas* [...] con la poca sangre blanca que *abona su derecho*, aspira y ambiciona, y *su resentimiento encuentra válvula de escape en la democracia* (Pedreira 1934: 25; énfasis añadidos).

Al año siguiente publica su ensayo *Actualidad del jíbaro* donde, luego de describir sus bailes, reconoce —como buen académico *moderno*— dos posiciones encontradas en la literatura respecto a la naturaleza «racial» del campesino *jíbaro* que habría de emblematizar el populismo: aquellos autores que lo analizan como amalgama étnica y otros que postulan su «origen netamente hispánico»[113]. Sin ofrecer evidencia alguna añade: «me inclino a sostener la segunda teoría», y hace de inmediato referencia a la primera alusión que encuentra del término en la literatura, *Las coplas del Gíbaro* ¡nuevamente la música! publicadas en 1820, y cuya primera copla lee:

> Vamos siudadano
> jasta ei pueblo oi
> poique tío Juan Congo
> tocarai ei tamboi.

en evidente alusión ¡que increíblemente pasa desapercibida! a su ascendencia africana[114]. No hay peor ciego que quien no quiere ver. Más adelante en su texto remata que

> el jíbaro blanco [...] ha tenido que refugiarse en la astucia para protegerse del atropello de la zona urbana y *de la negra competencia de la costa* (Pedreira 1935: 18; énfasis añadidos).

---

[112] Véanse García y Quintero Rivera (1996: especialmente caps. 3 y 4) y González y Quintero Rivera (2000).
[113] Pedreira (1935), descripción de bailes en pp. 19-21, hipótesis enfrentadas en p. 41.
[114] Véanse también Rivera García (1964: 56), y Laguerre y Melón (1968: IX), ambos de los cuales afirman que el «jíbaro es el campesino de predominante ascendencia hispana».

En 1929, justo el año en que Hernández compuso «El jibarito» y mientras Flérida de Nolasco elucubraba malabares intelectuales para «hispanizar y adecentar» el merengue *nacional-dominicano*, Pedreira publicó su ensayo sobre «El Merengue», donde añoraba los bailes jíbaros «tradicionales de la montaña» junto a «las polkas, mazurcas y lanceros de los salones aristocráticos» frente a *la decadencia* que supuestamente representó el merengue:

> acortando distancias y preámbulos [...] observa en su *paseo* una mínima reminiscencia de las figuras cortesanas prolongando, en cambio, el abrazo[115] (Pedreira 1929: 126)

El segundo intelectual más renombrado de la Generación del 30, Tomás Blanco, dedicó prácticamente toda su obra de análisis nacional a *cualificar* la postura conservadora y elitista de su célebre y muy celebrado compañero de generación, intentando imprimirle al proyecto modernizador que compartían un carácter más popular. Más directamente que Pedreira, pues, proveyó las principales bases intelectuales inmediatas al populismo. Como Pedreira (y Andrade en Brasil), recurrió también a la música. En su libro alterno a *Insularismo*, *Prontuario histórico de Puerto Rico*, Blanco cita al joven Luis Muñoz Marín:

> la bandera de Estados Unidos encontró a Puerto Rico pobre, pero satisfecho. Ahora flota sobre una factoría donde trabajan esclavos que han perdido sus tierras y quizás pronto perderán sus guitarras y sus canciones (Muñoz Marín, citado por Blanco 1952: 134).

Ello, década y media antes de que Muñoz asumiera el liderato carismático del movimiento populista.

Blanco, hijo de farmacéutico, fue un intelectual independiente de la bohemia urbana (nunca estuvo vinculado a la Universidad). A diferencia de Pedreira, argumentaba que el jíbaro, citando de antiguos cronistas, «muy inclinado al baile y a la música, y mucho más al otro sexo» (Blanco 1959: 9, de descripción del siglo XVIII de fray Iñigo Abbad), era, «como la mayoría de los puertorriqueños», producto de la mezcla racial, y en lugar de concebir esa realidad como «un problema», aplaudía «la prolongada convivencia armónica» que el mestizaje propició. «Entre las clases populares el prejuicio es prácticamente inexistente» (Blanco 1948: 47), argumentaba; y entre las clases altas, en con-

---

[115] Es decir, el baile engarzado o su sección prolongada principal: su merengue, propiamente. Más detalles en el Primer *Repiqueteo* del *Jaleo*.

traste con la virulencia del racismo estadounidense, era, decía, «un juego de niños», una *changuería*[116].

Muy lejos del racismo explícito de los escritos de Pedreira, los de Tomás Blanco constituyen la más coherente representación antillana de la ideología de «la democracia racial», tan importante también para el populismo brasileño[117]. No es de extrañarnos, pues, que en su hamaqueante «Elogio a la plena», publicado por la *Revista del Ateneo Puertorriqueño* en su mismo primer número en 1935, confrontara a la intelectualidad elitista argumentando que la proletaria plena —y no la decimonónica *danza* señorial— debía declararse la *música nacional* puertorriqueña, no por proletaria, sino porque mejor expresaba nuestro mestizaje «racial». Pero, no sin antes «demostrar» —algo para mí tan cuestionable— que aunque «mulata», ¡como todos en Puerto Rico!, era, según él, por su *lírica* fundamentalmente hispánica.

¿Y su sonoridad? ¿y el baile?, me pregunto...

El APRA y la marinera

En la «reinvención de tradiciones» por parte del intento populista de elevar como símbolo *nacional* al campesinado y, prominentemente, sus músicas y bailes, se repitió el intento, a lo largo del Continente, de evadir el reconocer el carácter «mulato» de muchas de estas expresiones artísticas «rurales». En el Puerto Rico populista, por ejemplo, era prácticamente un dogma contrastar la «hispana» sonoridad del jíbaro «de monte adentro» con la bomba «negra» de los bateyes cañeros de las áreas costeras. No fue hasta la década de los noventa del siglo XX, ya claramente el populismo en repliegue, que a través de los estudios musicológicos de Luis Manuel Álvarez (algunos con este servidor), fue aceptándose la «mulatería» constitutiva de la música jíbara[118]. Antes lo había hecho Luis Felipe Ramón y Rivera para Venezuela y su baile *nacional*, el joropo[119], que podríamos expandir a su primo-hermano mayor el galerón. Pero, en términos generales, la musicología continental

---

[116] Véase el estudio crítico de Díaz Quiñones a la reedición del 1985 de *El prejuicio racial* de Blanco (1948). Más sobre Blanco, en Díaz Quiñones (2006: cap. 6).

[117] La ideología tras el imaginario de «la democracia racial», fundamental sin lugar a dudas en estos populismos, aparece como sustrato protagónico de las luchas políticas en América Latina desde la fundación misma de sus Estados nacionales. Un buen resumen de la amplitud latinoamericana de los debates, que además aporta nuevo conocimiento histórico concreto para un contexto nacional, en Marixa Lasso (2007: 32-45).

[118] Detalles y fuentes en *¡Salsa, sabor y control!* (2005a: cap. 3).

[119] *La música afrovenezolana* (1971), y *El joropo* (1987).

(aun entre excelentes profesionales) se replegó a los postulados ideológicos del populismo. No he podido realizar las investigaciones necesarias sobre la pluralidad de estos bailes y sonoridades *rurales* como para *afirmar* su «mulatería», pero he examinado suficientes elementos como para *sospecharlo*. El malambo gauchesco, por ejemplo, no obstante la frecuencia de su ejecución a la intemperie (¡huy! «la barbarie»), fue convirtiéndose en símbolo *nacional* en lo que podríamos denominar los *antecedentes* del populismo argentino en el cambio de siglo (del XIX al XX). Con demasiada cautela a mi juicio, las excelentes musicólogas cubanas Zoila Gómez García y Victoria Eli Rodríguez señalan:

> Sin afirmar rotundamente la influencia que la cultura musical de antecedente africano pudo tener sobre esta especie, es importante señalar el evidente origen bantú del vocablo y el empleo en las formas de interpretación de los toques percutidos en la guitarra, así como eventuales sucesiones rítmicas sincopadas (1995: 155).

En un afán formalista, no obstante, que tanto limita las posibilidades interpretativas de sus pesquisas sociohistóricas y culturales, estas musicólogas *clasifican* el malambo —con su baile zapateado, las coplas improvisadas del cante y el rasgado guitarrero— como parte de lo que denominan «el complejo del punto»,

> donde se evidencia con mayor claridad la presencia y persistencia del *cancionero hispánico* antecedente (*ibíd.*: 152; énfasis añadidos).

En el mismo punto cubano, base del «complejo genérico» que fabulan estas investigadoras, sobre todo en su variante de *punto en clave* o *cruzado* que ellas mismas reconocen —«muy sincopado en el canto y el ritmo estable en el acompañamiento, subrayado por la percusión» (160)—, me parece advertir una evidente presencia de la herencia africana, si bien camuflada, como he examinado antes para la música jíbara puertorriqueña[120]. Así como también en la binarización como cumbia de la *mejorana* panameña rural, de metro originalmente ternario, aunque —como el vals criollo peruano— más en 6/8 que en 3/4 (atravesando procesos de binarización). También es evidente esta presencia en muchos de los llamados «sones mexicanos» que incorpora en su repertorio el *Ballet Folklórico Nacional* (de intensión «nacionalizante» populista), sobre todo del área cercana al puerto caribeño de Veracruz, con sus formas *atravesadas* en 3/8 y la prominencia de la percusión en *cajón*.

---

[120] «El tambor camuflado» (en 2005a: cap. 3).

Merece que nos detengamos en el caso emblemático de la tan *nacionalmente* peruana Marinera, que las antes citadas musicólogas, en su afán formalista, *clasifican* como parte del «complejo genérico de la zamacueca», caracterizado por

> la fuerte presencia de elementos indoamericanos [...] notablemente interaccionados con los elementos culturales hispánicos (*ibíd.*: 135).

Las referencias históricas, sin embargo, asocian a la zamacueca peruana (de donde habría de surgir la marinera) con la población afrodescendiente:

> The zamacueca was not a black dance per se, but there are enough sources that confirm that the genre was the favorite one for the blacks, and it was generally identified with them (Romero 1994: 317)[121].

Se evidencia esta vinculación también en las detalladas investigaciones etno-musicológicas sobre la región afroperuana de El Carmen realizadas por Rosa Elena Vázquez Rodríguez (1982). Esta investigadora pertinentemente aclara que no se puede hablar propiamente de «comunidades negras» en Perú, sino de la importante presencia de afrodescendientes en la cultura, sobre todo a través del carácter «racial» en la conformación de sus clases sociales populares, como podría argumentarse también para las Antillas hispánicas y otras regiones del Continente. Uno de sus informantes, un anciano de noventa años que había sido maestro de baile, destacaba, en entrevista realizada en 1978,

> la diferencia entre las fiestas en las Casas Grandes (casa-hacienda) en donde se bailaba la jota, mazurca y one-step y las fiestas de los sirvientes que con guitarra y cajón, suficientes para armar una jarana, bailaban toro-mata, marinera y ungá (Vázquez Rodríguez 1982: 64).

Y complementa la fuente oral con otros documentos a través de los cuales concluye

> Pese a que se daban esos casos en que los negros se convertían en maestros de baile (incluso de *señoritas bien*), las fiestas y reuniones estaban separadas; la clase dominante bailaba en el «gran salón», su vals, mazurca, jota, minué, etc. mientras que las clases populares bailaban en rancherías y callejones, formas musicales como la zamacueca (*ibíd.*: 24)

---

[121] Lo evidencian las investigaciones de Fernando Romero, según citadas por Raúl R. Romero (1994: 307-330).

El carácter «racial» de esta separación de clases se recalca en los pioneros trabajos sociológicos de Luis Millones:

> Obsérvese por ejemplo la participación de negros e indios [...] en bailes como el festejo o la marinera en los que muy raras veces condescendía en participar un español (1978: 46)[122].

Si la marinera fue originalmente un baile «mulato» popular, que por lo general tenía lugar a la intemperie (aunque se tratara de una intemperie «callejera», es decir, urbana ¿civilizada?), ¿cómo llegó al sitial de ser considerado como *el baile nacional*? Es interesante que aparte de su zapateado y de bailarse en parejas independientes (no de «figuras») pero «sueltas» (es decir, no engarzadas), la marinera sigue una forma, en muchos aspectos, similar a las primeras danzas *nacionales* antillanas. Como el merengue (y este libro) se inicia con una introducción —entrada o preludio— que, como el *paseo* en las Antillas, no se baila sino se «pasea»: sirve para que la pareja se desplace hasta el centro del salón de baile. Le sigue la sección bailable principal, como la sección propiamente de «merengue» en las Antillas; y concluye con una sección más viva —fuga o resbalosa— donde se acentúan los contoneos, como el jaleo en el merengue o el final de montuno en el danzón, según analizaremos con más detalle en el Primer *Repiqueteo*. Los bailes negros peruanos previos a las «mulatas» zamacueca y marinera consistían también de tres partes, denominándose la final igualmente «fuga»[123]. La segunda sección se llamaba «dulce», en interesante evocación similar a la segunda sección (el «merengue») de los primeros bailes *nacionales* en las Antillas.

Existían en Perú diversas versiones regionales de la marinera y es significativo que fue, sobre todo, la variante de Trujillo o «norteña» la que más claramente experimentó un proceso *nacionalizante*, cuando más bien Arequipa (es decir, el sur) fuera la ciudad que tradicionalmente más pretendiera «simbolizar» la nación, cuna de la mayoría de sus presidentes, etc. Según el Censo de 1940, la población negra en Perú representaba sólo el 0,45% del total poblacional. En Arequipa la proporción se reducía a 0,08%, mientras en Trujillo era parecida a la proporción general 0,43%, mientras en el Callao era 1,39% y en Lima casi 2,00%[124]. En Arequipa, la marinera se asociaba sobre todo a su importante sector artesanal urbano, que tenía fama de orgulloso, autosuficiente y «blanco».

---

[122] Véase también su libro *Las minorías étnicas en el Perú* (1973).
[123] Véase descripción del sociólogo Roberto MacLean y Estenos (1948).
[124] Cálculos míos a base de cifras del Censo reproducidas por MacLean (1948: 147-148).

En Trujillo, como en Amacaes a las afueras de Lima y su puerto del Callao, se identificaba con las jaranas callejeras, principalmente de un populacho mulato, pero donde solían asistir también, como en las *cunas* de las Antillas, varones de las clases llamadas «de primera» en busca de aventuras eróticas. En busca de *la mulata* —la progenie del pecado— que en América simbolizó el embrujo a los hombres *respetables*, el fruto prohibido, *el ideal del canon somático*[125], rechazado por la razón y deseado con ardor y con pasión.

Trujillo fue el centro urbano de la región de las haciendas azucareras, que en las primeras décadas del siglo XX atravesó, como en muchos lugares de América, una acelerada transformación hacia la plantación agroexportadora capitalista: concentración abarcadora de la propiedad territorial, proletarización de la ruralía, y enclaves de encadenamientos comerciales con el exterior. El populismo peruano —el APRA— surgió en Trujillo respondiendo, precisamente, a dicha transformación. Como la generalidad de los populismos latinoamericanos, tuvo su liderato principal en los «sectores medios»; pero, según el excelente estudio ya «clásico» de Peter Klaren (1970), distinto al modelo cono sureño que ha servido de arquetipo analítico, donde las clases medias representaban un sector emergente que, en contraste con la oligarquía tradicional, se manifestaba progresista y moderno, las clases medias del populismo peruano eran clases propietarias tradicionales desplazadas, pequeños agricultores antiguamente independientes, pequeños o medianos comerciantes y artesanos «cuya posición económica y aun social sufría el deterioro a causa de la rápida modernización» (Klaren 1970: 195). Se manifestaba muy antiimperialista frente a las «intrusas» compañías azucareras acaparadoras, pero socialmente conservador, nostálgico del «encuentro» entre clases como en las jaranas, donde ejerciera, como frente a las seductoras mulatas en la marinera, su hegemonía «conquistadora».

La amplia *latinoamericanidad* de *Los Panchos* y su melancolía *tropical bailable*

Pancho poncho haragán, *eñangota'o* durmiendo bajo un sombrero ancho de mariachi, fue una de las imágenes del estereotipo latinoamericano difundida por los *media* estadounidenses en la primera mitad del siglo XX. Alejados de los populismos *nacionales*, desde Nueva York de hecho, y precisamente en 1944, cuando se iniciaba el *boom* de las películas de tema latinoamericano en

---

[125] Hoetink (1967 y 1973: véase específicamente 202).

Hollywood, dos mexicanos y un puertorriqueño, con sus sombreros anchos y pantalones ceñidos de *charros* se pondrían de pié para socavar este estereotipo desde adentro. Bautizándose como «Los Panchos», y aspirando representar no tal o cual país, sino a toda la América Latina, aquel *trío* llevaría dicho pequeño y nómada formato tímbrico (que había iniciado, también en Nueva York, influenciado por los *spirituals* negros y el *soul*, el jibarito Rafael Hernández unos quince años antes) a niveles de una alta sofisticación musical, significativamente reforzando su carácter bailable. Tal vez inspirados por el uso del *cavaquinho* y el bandolín en los choros brasileños, Los Panchos sustituyeron una de las guitarras del *trío* por el «requinto», lo que amplió hacia lo agudo el registro sonoro. Pero, distinto al *cavaquinho* que se toca con plectro —como el cuatro, el tres, el bandolín, el laúd y otras variaciones latinoamericanas identificadas con su campesinado— y, con frecuencia, sólo se rasguea, el requinto se toca con la técnica de la guitarra *clásica*, con todos los dedos, combinando las finas sutilezas de sus *tirando* y *apoyando*. Todos los boleros de Los Panchos se inician con una introducción donde el requinto elabora preludios a la seducción bailable que seguirá a este especie de *paseo*. Estas «introducciones» nada tienen que envidiarle en virtuosa elaboración a aquellos preludios que canonizaba para escuchar pasivamente la música «erudita» (López 2004: Apéndice 2, 433-445). Veamos, como ejemplo, de una de las primeras grabaciones de Los Panchos (con Hernando Avilés como primera voz) el «Preludio» para requinto del «Pancho mayor» Alfredo Gil al bolero «No me quieras tanto» de Rafael Hernández (transcripción de Luis Manuel Álvarez):

Gracias a la abarcadora y meticulosa investigación de Pablo Marcial Ortiz Ramos podemos analizar el amplio alcance latinoamericano de este *trío*. Entre 1944 y 1965 grabaron aproximadamente 539 canciones, de las cuales 385 (el 71%) fueron boleros. La otra casi tercera parte restante incluyó variadísimos géneros nacidos a lo largo y ancho del continente: 18 corridos y rancheras, 16 sones, 13 tangos, 11 guarachas, 11 valses criollos, 6 cha-cha-chás, y algunas guajiras, rumbas, huapangos, joropos, merengues, porros, pasodobles, tamboritos... De estas 539 canciones, se conoce la nacionalidad del compositor en 516 de ellas. Naturalmente predominan los mexicanos, que representaron el 50% de esas 516; pero la otra mitad se distribuye ampliamente por el continente: 129 (o el 25%) de las Antillas hispanas —subdivididas entre 12% de compositores puertorriqueños, 11% cubanos y 2% dominicanos—, el 14% (74) de los países del Cono Sur, 3% de Venezuela, 3% del resto de los países latinoamericanos y 4% de otros países del mundo (vea el Cuadro 2 de este *Merengue*, p. 202).

La información que Ortiz Ramos provee, permite examinar los cambios históricos del repertorio. En sus primeros años, casi el 87% de todas las grabaciones fueron composiciones mexicanas, aunque se incluyeran ya canciones de casi todos los países de América Latina: diecinueve cubanas, diez puertorriqueñas, nueve argentinas, seis brasileñas, tres venezolanas, dos dominicanas, dos bolivianas y una chilena, colombiana, peruana y española, respectivamente de un total de ciento cincuenta (Ortiz Ramos 2004: 367). Para sistematizar el análisis he configurado un primer período que cubre toda la década del cuarenta. De las grabaciones de esa década, los compositores mexicanos constituyeron el 58% del total y los compositores antillanos el 23%, predominando los cubanos con el 16%, mientras los puertorriqueños representaban el 5% y los dominicanos menos del 3%. En un segundo período —entre 1950 y el 57, cuando Julito Rodríguez Reyes sustituye a Hernando Avilés en la primera voz— las composiciones de mexicanos se redujeron al 49%; y en el tercer período —entre 1957 y 1965, con Johnny Albino como primera voz— mantuvieron la tendencia de ir reduciéndose un poco más (43%). *Los Panchos* fueron «latinoamericanizándose» cada vez más. Los compositores antillanos se mantuvieron fluctuando entre el 23 y el 25% del repertorio, mientras la proporción de canciones compuestas desde los demás países latinoamericanos fueron incrementando su presencia. Entre los antillanos, las composiciones de puertorriqueños fueron desplazando la hegemonía cubana originaria: del 5% que señalamos para el primer período, aumentaron al 14% en las décadas siguientes, mientras el 16% que habían representado al principio las composiciones cubanas se redujo al 8% en los 1950. Los boleros siguieron predominando (77% del total de grabaciones en el tercer período), pero se redujeron enormemente las rancheras y corridos mexicanos para dar paso a géneros identificados con otros países de la región: tangos, valses criollos, cha-cha-chás...

La amplia «latinoamericanidad» de Los Panchos influyó en el carácter de la estructura sentimental que subyacía a la música de *tríos* en las culturas latinoamericanas a nivel continental. Un análisis de la producción de uno de los más populares *tríos* «locales» puertorriqueños en los setenta arroja la siguiente distribución regional entre los compositores interpretados: 82 composiciones de puertorriqueños, 46 cubanas, 45 mexicanas y 5 colombianas. En términos de géneros musicales, el análisis evidencia la consolidación de los géneros ampliamente latinoamericanos frente a los «nacionales» o más estrictamente «autóctonos»: 192 boleros y 9 valses, frente a 10 guarachas y sólo 2 aguinaldos (Ortiz Ramos 1991: 309). Esa amplia latinoamericanidad fue predominante también en otros formatos instrumentales, como evidencia el Cuadro 3 (p. 202).

¡Basta de melancolía! (*Chega de saudade*). **La ¿complementaridad? de la armonía: el** *bossa nova*, **lo femenino y el** *feeling*

La importancia de lo femenino en la tradición afro de las músicas «mulatas» confrontó contradicciones con la visión de la mujer como complemento del hombre en la ideología patriarcal. Ya señalamos que no fue hasta que se divorció de su primer marido y se separó de su primer amante que pudimos empezar a disfrutar las composiciones de la carioca Chiquinha Gonzaga. La pianista caraqueña Teresa Carreño (1853-1917), la más destacada instrumentista femenina latinoamericana del cambio de siglo, hija del músico autor del célebre *Manual de urbanidad y buenas maneras* que debían memorizar los escolares de la América «mulata» hispana, experimentó una historia personal similar: tuvo que divorciarse en tres ocasiones para poder mantener su independencia artística (Calcaño 1958: 375-377). Además, tuvo que emigrar a Nueva York donde, de hecho, se presentó por primera vez en público como concertista. Vivió luego en La Habana, de allí a París y de vuelta a Nueva York. Pidió que al morir la enterraran en su querida Venezuela: añoraba regresar a su país latinoamericano, pero sólo para «descansar en paz».

No es casualidad tampoco que los más importantes boleros «mexicanos» femeninos (de María Grever y Consuelo Velásquez) no se hayan conocido desde México, sino desde Nueva York. Como la Carreño, María Grever, tal vez la más importante compositora mujer de boleros de todos los tiempos, dejó establecido en su testamento que la enterraran en su país natal. Regresaba a México para alguna presentación u homenaje, pero jamás antes de su entierro, a *vivir*.

Durante la primera mitad del siglo XX, aparte de Chabuca Granda (la creadora de los más famosos valses peruanos) y de los arriba descritos casos excepcionales, las latinoamericanas se destacaron principalmente como actrices y bailarinas, primero del teatro bufo y luego del cine. Es decir, «actuaban» principalmente como complementos «espectaculares» o *performáticos* de los varones. Ello se fortaleció con la ofensiva inversionista estadounidense de la posguerra en América Latina, liderada por el neoyorquino Nelson Rockefeller, y el creciente interés de *Hollywood* por iconografiar la hegemonía del nuevo polo de la modernidad civilizadora en su complejo entre-juego simbólico con la «otredad» del exotismo exuberante, pero a la postre «trivial» (o, trivializado) de sus recién redescubiertos «buenos vecinos». Para 1943, las películas de *Hollywood* de tema latinoamericano sumaban treinta; escasamente dos años después, el número había ascendido a 84. La mayoría incluía jubilosas escenas de baile bajo los acordes de las grandes orquestas del *latin beat*. Las relaciones de poder económico-políticas entre Estados Unidos y sus «buenos vecinos» se representaron a través de desiguales relaciones de género: hombre norteamericano (sobriedad, civilización, raciocinio) y mujer «latina» (volatilidad, sensualidad, primitivismo, barbarie). El contraste lo ilustra bien la estrella brasileña Carmen Miranda, que con sensuales vestidos carnavalescos y sombreros de exóticas frutas tropicales enseñaba a sobrios y elegantes oficiales navales norteamericanos a bailar el «Uncle Sam-ba»: *Well, there's your Good Neighbor Policy. Come on, honey, let's Good Neighbor it* (López 1993).

Si bien es cierto que Hollywood utilizó ideológicamente la imagen del estereotipo «trivial» *tropical* de figuras femeninas del espectáculo, éstas, por su parte, aprovecharon la espectacularidad del éxito «extranjero» para su difícil independencia en la sociedad machista donde se desarrollaban. Carmen Miranda —Carmen adoptado de aquella célebre seductora de la ópera de Bizet, a través de la cual penetró la *habanera* «mulata» a la música «culta»— no fue un producto de Hollywood. Diez años antes de su primer *film*, en 1930, con sólo 21 años, grabó en Río la marcha-canción «*Pra você gostar de mim*» que vendió 35 000 copias, siete veces más ejemplares de lo que en Río era considerado entonces «exitoso». Fue después de ese éxito, y no antes, que la trasnacional RCA Víctor decidió contratarla, para la cual grabó 148 canciones entre 1930 y 1935. Con la *Nippon Víctor* grabó «Alo... Alo» que vendió en Japón 25 000 copias en 1938, el primer éxito latinoamericano en Asia. Se presentó varias veces en Buenos Aires, donde se le consideraba «la dictadora risueña de la samba» (De Souza 1998: 14). Filmó varias películas en Brasil donde, desde 1935, hizo famosos los sombreros de exhuberancia «tropical» que ella misma preparaba, pues se había educado para costurera.

Mas neste mesmo fulminante ano de estréia (1931), Carmen sentiria o primeiro revês ao participar da revista Vai Dar o Que Falar [...] A peça tinha um quadro sobre a zona de prostituição [...] que foi considerada imoral e terminou em vaias, tumulto e até tiros. Ficou apenas uma semana em cartaz [...] (*ibíd*.: 11)

Su ascenso al estrellato no estuvo, pues, exento de las dificultades que confrontaban las mujeres del mundo del espectáculo en nuestras culturas patriarcales. No titubeó al aceptar las posibilidades «liberadoras» que se le abrían al invitarla Hollywood.

En Hollywood vivió desde 1940 hasta su temprana muerte, en plena actuación, en 1955. Realizó catorce películas con las cuatro principales casas productoras: *Fox*, *United Artists*, *Metro* y *Paramount*. A mediados de los cuarenta, sólo Bette Davis la superaba en la lista de los mayores contribuyentes en el *income tax* estadounidense. En los *films* no aparecía necesariamente como «brasileña», sino como *latina*, como la encarnación del mito de la exuberancia «tropical». Además de en Río, algunas de sus películas se ambientaban en La Habana o Buenos Aires, las otras dos grandes capitales latinoamericanas del espectáculo.

Hollywood cobiçava seu modelito cada vez mais tropicalista, estampado em publicações como Life, Look, Vogue, Harper's Bazar e Esquire. Fazia anúncio da cerveja Rheinegold, posava ao lado de eletrodomésticos... (*ibíd*.: 15)

Por encarnar el estereotipo trivializado, esta «cantora tão típica e ao mesmo tempo tão exportável, sofreu um processo de desenraizamento» (*ibíd*.: 16); fue rechazada en Brasil hasta que a finales de los sesenta Caetano Veloso y el movimiento *Tropicalia*, que discutiremos más adelante, reivindicaron la enorme importancia de su trascendencia: el camuflado alegato en sus *performances* sobre la indisoluble vinculación entre la canción y el baile, entre el romanticismo y el erotismo (Carmen cantaba bailando); y, frente a los llorosos *choros*, tangos bonaerenses y muchos boleros, la fuerza de la alegría del ritmo «tropical» desinhibido en sus sambas, lundús, cateretês, marchas y *marchinhas* de carnaval.

Los períodos posguerra, frente a la disminución masiva de juventud masculina, han tendido a fortalecer las concepciones de la feminidad como maternidad, el hogar como el espacio femenino por excelencia y la ideología de la mujer como «complemento» del hombre público (Davin 1978: 9-65). Traducidos a los principios de la sonoridad occidental, la mujer sería para el hombre, lo que representaban para la melodía sus armonías correspondientes.

Las descentradas músicas «mulatas» de América tuvieron en la posguerra de los 1950 un papel fundamental en la camuflada impugnación también de dicho principio patriarcal. En el bolero, este proceso se manifestó con el surgimiento del movimiento denominado *feeling* que, no por coincidencia, elevó el protagonismo femenino, tanto en la interpretación, como en la composición. Se destacaron como intérpretes —y sin tener ya que necesariamente abandonar de manera definitiva sus países— las cantantes Elena Burke, Omara Portuondo y Olga Guillot en Cuba y Lucy Fabery en Puerto Rico, junto al pianista cubano Ignacio Villa «Bola de nieve». Como compositores, además de los boleristas cubanos Antonio Méndez, Julio Gutiérrez y César Portillo de la Luz, se destacaron la cubana Marta Valdés y las puertorriqueñas Myrta Silva, Puchi Balseiro y, de una manera especialmente destacada, quien para el cubano Julio Gutiérrez (autor de los clásicos «Inolvidablemente» y «Llanto de luna») era sinónimo de este tipo de bolero feeling: Sylvia Rexach (Rivera 1995: 78). De ella, considero especialmente emblemático del intimismo en la elaboración armónica su bolero de 1960 «Mi versión» donde con una melodía sumamente sencilla —*mi, mi, re, mi, mi, re, mi, mi, re, mi, mi* («Tantos que dicen tener un pasado»), *la, la, sol, la, la, la, sol, la, la, sol, la, la* («y tantos que dicen que el amor han logrado...»)— se «acompaña» con numerosos cambios armónicos sutiles (¡diez cambios! en dicho ejemplo tan corto: *re menor, re menor sexta bemol, re menor sexta, re menor sexta bemol, re menor, sol menor sétima, do sétima, fa mayor sétima, fa sexta* y *la menor sétima bemol aumentada en quinta*). Como en el famoso «Preludio *en mi menor opus* 18, núm. 4» de Chopin, en «Mi versión» la armonía supuestamente «acompañante» lleva claramente la «voz cantante», ejerce un evidente protagonismo (vea fragmento incluido de la partitura).

Frente a la tan poderosa tradición rumbera femenina previa, lo armónico, no sólo opacó a lo melódico, sino también al ritmo: las y los principales intérpretes del *feeling* se caracterizaron por un estilo de cantar *parlatto*. Las cuerdas metálicas de la guitarra fueron sustituidas por cuerdas de nylón, y el rasgado rítmico por finos «tirando y apoyando» que colmaban de sutilezas tímbricas los atrevidos experimentos armónicos que hacían parecer como «arcaicos» los «acompañamientos» tradicionales de tónica-dominante-subdominante que habían inicialmente adoptados los boleros de la armonía occidental. La armonía desarrolló, como antes había logrado el ritmo, su propia voz.

En el *feeling*, el romanticismo se erotizó con la suave voz de la armonía sugerente y seductora mientras, paradójicamente iba perdiéndose la riqueza bailable de las rítmicas «mulatas», que antes habían emblematizado su erotismo. Esta riqueza se recuperó y reincorporó a la seducción armónica en un movimiento expresivo que impugnaba también el centralismo totalitario melódico occidental, pero con una mayor elaboración artística: la *bossa nova*, que podríamos categorizar como un *feeling* sobre la rítmica clave de samba.

Bossa significa disturbio; y como movimiento musical, la *bossa nova* manifestó abiertamente, desde su nombre mismo y en muchas instancias de su historia, sus intenciones de desestabilizar la tranquila centralidad de la convención y la costumbre. No hay que olvidar el título de una de sus más logradas composiciones, «Desafinado», de Antonio Carlos Jobin y Newton Mendonça

MI VERSIÓN
(BOLERO)

(noviembre del 1958), como respuesta a la crítica a su recurrir constante a las disonancias en sus atrevidas elaboraciones armónicas. Generalmente se toma el lanzamiento por el cantante y guitarrista João Gilberto en julio del 1958 de la composición musical de Jobin con letra de Vinicious de Moraes «Chega de saudade» («¡Basta de melancolía!») como el nacimiento público de este movimiento, presentándose desde el principio como desafiante alternativa a los *choros* y boleros *chorosos* (llorosos). De hecho, frente al romanticismo empalagoso de aquellos, reafirmó una estética *cool* característica de los principios compartidos de la estética africanista, según vimos en los primeros pasos de este *Merengue*.

El carácter *cool* de la *bossa nova*, mientras revolucionaba profundamente la sonoridad popular (al estilo de la cara impávida, de apariencia imperturbable, de muchos notorios tamboreros en pleno desenfreno de su descarga de improvisaciones), dejó perplejos y confundidos a muchos militantes y analistas de izquierda (sobre todo de una izquierda ajena a las sensibilidades *africanistas* de las luchas «raciales»), que pasaron por alto el alcance ideológico progresista de sus propuestas sonoras transformadoras[126]. «La samba para sólo una nota»

---

[126] Incluso, la *Pequena história...* de Tinhorão (s.f.), que he citado ampliamente para otros procesos. Una de las más honrosas excepciones fue el gran arquitecto comunista

(*Samba de uma nota só*) de Antonio Carlos Jobin, constituyó —frente al largo y poderoso *colonialismo* de la melodía de «Occidente»— el más elocuente testimonio de cómo podían ejercer protagonismo la armonía y el ritmo. La *bossa nova* y la sucesión progresiva de escalas en el armazón armónico del jazz (músicas en constante intercomunicación, además) fueron las más destacadas expresiones del carácter descentrado de las músicas «mulatas» a nivel de la armonía.

Precisamente por el carácter *cool* que asumían estéticamente sus propuestas revolucionarias, se vinculó de inmediato —en una especie de «amor a primera vista»— con la corriente más abiertamente *cool* del jazz norteamericano, representada entonces principalmente por Miles Davis y toda una escuela de músicos de la costa oeste de aquel país. Con el saxofonista californiano Stan Getz, Jobin, Astrud y João Gilberto grabaron en 1963 «Garota de Ipanema», «Meditação» y «Águas de março», entre otras canciones que alcanzaron prontamente una gran popularidad internacional. Poco antes se habían presentado en el más prestigioso escenario neoyorquino, Carnegie Hall, con connotados jazzistas como Getz, Dizzy Gillespie y Charlie Byrd. Muchas otras figuras célebres del jazz grabaron también *bossa novas*: Miles Davis, Ella Fitzgerald, Coleman Hawkins, Sarah Vaughan, Errol Garner, Dexter Gordon, Herbie Hancock, Ron Carter, Santana y muchos otros (Chediak s.f., c. 1998: 126-127). Esta exposición internacional, sobre todo estadounidense, fue malinterpretada por el nacionalismo estrecho de las corrientes antes aludidas como una subordinación al mercado y a la «cultura enemiga». No así, el más importante movimiento juvenil contestatario de la generación siguiente, La Tropicália, que discutiremos más adelante. Caetano Veloso, por ejemplo, recalca repetidamente en su libro-memoria (Veloso 1997) la fundamental influencia que ejercieron sobre él y sus compañeros de Tropicália, los creadores de la *bossa nova,* sobre todo João Gilberto con sus transformaciones *cool*.

El *big band* «latino» y la fusión bailable desde la emigración

El concepto abarcador de música «latina» que comenzó a desarrollarse en la época de los boleros y *tríos* en Nueva York fue fortaleciéndose con los *big bands* de la espectacularidad «tropical» de mediados de siglo, ya que estas

---

Oscar Niemayer quien colaboró con escenografías en algunas puestas a escena de obras musicalizadas por Jobin.

orquestas combinaban diversos géneros bailables en sus repertorios. Más aun, por el hecho de que seis de las más populares orquestas de música bailable «tropical» estaban radicadas en los Estados Unidos: las orquestas dirigidas por los violinistas catalanes Xavier Cugat y Enric Madriguera, las dirigidas por el clarinetista cubano Mario Bauzá (*Machito y sus afro-cubans*), por el pianista puertorriqueño Noro Morales y por los timbaleros Tito Rodríguez (boricua) y Tito Puente (nuyorican). Como por lo general tocaban para públicos amplios de norteamericanos (principalmente judíos neoyorquinos) y emigrantes de diferentes países latinoamericanos —audiencias, además, conformadas por diferentes grupos de edad—, su repertorio incluía géneros de diversas épocas y orígenes nacionales *fusionados* como música «tropical».

Las orquestas de Tito Rodríguez y Tito Puente fueron particularmente importantes, pues con toda la espectacularidad de la *hollywoodense* sonoridad de las orquestas de Madriguera y Cugat, y siguiendo, como aquellas, el formato básico de la orquesta de *swing* con su percusión al fondo, como estupendos percusionistas al fin le devolvieron a la sonoridad «tropical» producida en Estados Unidos su claro protagonismo rítmico e intercomunicación con los bailadores, y un sentido identitario propio —latino caribeño amplio— que no se sentía obligado a manifestarse como un «amigable exótico otro» frente a la cultura angloamericana dominante. Rodríguez descolló también como cantante desde muy joven con dos de los conjuntos de formato pequeño más populares en el Puerto Rico de los treinta: el Conjunto Típico Ladí y el Cuarteto Mayarí. Emigró adolescente a Nueva York, donde su hermano Johnny se destacaba en la música de *tríos*. Fue reclutado por los *big bands* de Noro Morales, Madriguera y Cugat antes de formar, a finales de los cuarenta, su propio conjunto. Por otro lado, Tito Puente, quien habría de llegar a ser el más célebre virtuoso de los timbales en la historia de la música «tropical», establecía también su orquesta propia. Rodríguez le compuso de inmediato «El que se fue no hace falta» (también conocida como «El del ritmo soy yo»), iniciando una larga rivalidad mediática, de ingeniosos «ataques» —hoy llamados *tira'era*— que entusiasmaba al público seguidor del uno o el otro.

La *tira'era* tiene una larga historia en América, desde los duelos de trovadores (payadores en el Cono Sur). Se fue convirtiendo en una práctica de muchos géneros[127] y no debe, por lo tanto, tomarse literalmente la posible virulencia de los «ataques». De hecho, en el Caribe anglófono se le conoció como *friendly rivalry* (rivalidad amistosa) aunque culminara en los «duelos»

---

[127] Como vívidamente describe Max Salazar para el son, según citado por Gerard y Sheller (1989: 76).

aparentemente violentos del *dancehall* (López de Jesús 2003: 42), antecedente inmediato de la *tira'era* del reggaetón. Los «ataques» de Rodríguez a Puente estaban permeados de camufladas referencias homofóbicas, muy comunes en el machismo imperante entonces (y contemporáneamente revivido refortalecido en el dancehall y el reggaetón), a pesar del hecho de que su hermano Johnny fuera declaradamente homosexual.

Puente se curtió también en los *big bands* de Machito y Morales antes de rivalizar con Tito Rodríguez. Además tuvo una sólida formación musical en Juilliard, y al formar su propia orquesta combinó desde un comienzo la música tradicional bailable con las innovaciones del jazz (Loza 2000), lo que llevó a Rodríguez —en su rivalidad— a experimentar también con dicha combinación enriquecedora. Mientras Puente producía *Dancemania 2* en 1960, disco que el *New York Times* incluyó entre los 25 más influyentes en toda la historia de la industria musical, Rodríguez le riposteba con *Live at Birdland* (1963). Ambas orquestas estaban siempre muy atentas a los giros de las modas bailables. Al comenzar a popularizarse la pachanga, Puente produjo *Pachanga con Puente* (1961) y Rodríguez lo intentó superar con *Tito Rodríguez Returns Live at the Palladium*.

Las orquestas de ambos Titos —en su mediática rivalidad— alcanzaron el máximo nivel de los *big bands* «tropicales» pre-salsa (Rondón 1980): una música orientada al bailador y, simultáneamente, muy sofisticada en sus combinaciones tímbricas, melódica, armónica y rítmicamente. Su *tira'era* estimuló la superación de cada uno, y una muy enriquecedora interfecundidad. Cada cual adoptaba libremente las innovaciones y las trabajadas elaboraciones estilísticas del otro. Casi sólo se diferenciaban por el hecho de que Rodríguez era además el cantante de su orquesta, mientras en la orquesta de Puente desfilaban o se formaban los demás mejores cantantes puertorriqueños y cubanos de entonces: entre los primeros, Bobby Capó, Gilberto Monroig y Santitos Colón, y entre los segundos, Rolando Laserie, Vicentico Valdés y las fabulosas Celia Cruz y La Lupe. Cuando Rodríguez produjo uno de los más celebres discos de boleros de todos los tiempos *From Tito Rodríguez with Love*, Puente rivalizaba con *Tito Puente Swings – The Exciting Lupe Sings* (1963). En ambas orquestas desfilaron muchos de los mejores instrumentistas, tanto de la música «tropical» bailable como de lo que pronto se denominaría jazz latino.

Las composiciones de Puente «¡Oye como va!» y «Para los rumberos» se hicieron famosas en las versiones rockeras del mexicano Carlos Santana en el célebre festival juvenil de Woodstock a finales de los sesenta, sobre lo cual volveremos más adelante en este *Merengue*. Pero Puente alcanzó su mayor notoriedad una vez se liberó de la presión de su rivalidad con Rodríguez ante la temprana muerte de éste último en 1973. Puente vivió casi treinta años más, y libre de la competencia con aquel gran vocalista, concentró en sus últimas tres décadas en la música instrumental. No abandonó del todo la música «tropical» cantada, y logró grandes producciones con el cantante panameño Camilo Azuquita, entre otros, pero sus mayores esfuerzos los dedicó a las descargas bailables y al jazz latino, donde logró joyas como *Tito Puente's Golden Latin Jazz All Stars* que un excelente *Diccionario del Jazz Latino*, considera «la mejor grabación de los noventa y posiblemente de todos los tiempos» (Chediak s.f., c. 1998).

Del *Big band* al *Combo*: la reinserción de la negritud

En los años protagónicos de los *big bands*, específicamente en 1954, el conguero y timbalero negro puertorriqueño Rafael Cortijo inició una revolución tímbrica en los formatos de las músicas «mulatas» combinando, en un conjunto que denominó «combo», la tradición percusiva espontánea del *rumbón de esquina* con la tradición de las orquestas «latinas» para el baile «social» (de salón), predominantemente de vientos-metal. Esta combinación se había comenzado a ensayar en varios países, sin tanto éxito, pocos años antes, como el caso del maestro negro Abigail Moura en Brasil.

El *combo* de Cortijo (como el de Moura y otros de esos mismos años) colocó en la línea frontal, por primera vez en la historia de la música popular «comercial», una combinación de percusión, canto y baile, que estaba constituida por conguero, timbalero y bongosero, y el cantante principal junto a dos cantantes que le hacían «coro» y tocaban la llamada «percusión menor» (maracas, güiro, clave y cencerro o campana). Éstos, además, coreografiaban la música, es decir, bailaban, reforzando la tradición del imprescindible diálogo entre bailador y tamborero de las músicas afrolatinoamericanas. En un costado se colocaban el piano y el bajo, y en la parte posterior los vientos-metal: trompeta, trombón y saxofón. El protagonismo rítmico de *Cortijo y su combo* no sólo se manifestó en su línea frontal sino, además, en la contribución de los instrumentos melódicos y los cantantes a la compleja conformación polirrítmica. Los contrapuntos entre el bajo y el piano, entre saxofones y trompetas, y entre solista y «coro», ejercieron una evidente función rítmica, incorporando a composiciones descendientes de sonoridades «negras», la tradición de melodización de ritmos de las primeras músicas «mulatas» para el baile en pareja.

Cortijo y su combo, que examinaremos en detalles en el segundo *Repiqueteo del Jaleo*, fue también la primera agrupación popular «comercial» —que se tenga noticia— en pagar los mismos salarios a los percusionistas —músicos «naturales»— que a los instrumentistas de formación académica. Fue, además, la primera agrupación en llevar a la esfera mediática del disco y la entonces naciente televisión —como música popular bailable, no como *folklore* o música «tradicional»— composiciones contemporáneas de la música afro principal de su país, la bomba, género que, de hecho, predominó en su repertorio, conformado además por todo el complejo de músicas «mulatas» hispanoamericanas: guaracha, merengue, plena, bolero, samba, cumbia y calypso. Fue la primera agrupación «latina» también, en interpretar canciones en inglés; pero no el de la metrópolis, sino el inglés «cocolo» de las Antillas menores. Su irrupción innovadora llamó la atención del albañil mulato claro Ismael Rivera, quien era entonces el cantante de la más reputada orquesta de baile en Puerto Rico, significativamente bautizada *La orquesta panamericana. Maelo*, no por casualidad apodado «el sonero mayor», renunció a la muy distinguida posición que había alcanzado, para irse a cantar con este combo que inicialmente tocaba principalmente en prostíbulos.

Las *descargas* de los vientos-metal, la riqueza armónica del piano y las modulaciones vocales de Ismael Rivera y sus *soneos*, le otorgaron una complejidad y riqueza melódico-armónica hasta ese momento insospechada a una música fundamentalmente percusiva de «calle y esquina». Esta sofisticación melódico-armónica, vino acompañada de un enriquecimiento en las letras. En la bomba tradicional, como composición «abierta», la canción prácticamente no existía. El Coro y el solista principalmente alternaban frases referentes a realidades míticas. La bomba manifestaba la realidad cultural de un mundo social al cual se había intentado despojar de la palabra. En la guaracha, el populacho urbano del siglo xix, y en la plena y el calypso, el proletariado móvil de las primeras décadas del xx, elaboraron una forma-canción antifonal que combinaba, no ya frases, sino estrofas, del solista con estrofas del coro, entremezclando la forma «abierta» con la estructura «redondeada» en unas composiciones que principalmente bailaban y cantaban épicas barriales de la cotidianidad. La plena «se tocó, cantó y bailó a un mismo tiempo», insiste, con una buena investigación etnográfica, su cronista principal (Echevarría Alvarado s.f., c. 1984: 81). Las bombas, guarachas y plenas de *Cortijo y su combo* adelantaron una combinación de esferas temporales que habría de alcanzar dimensiones revolucionarias en la *salsa*: combinaciones de lo mítico y lo cotidiano con lo histórico, en el contexto del baile (Quintero Rivera 2005a: cap. 2).

A mediados de los cincuenta, mientras comenzaba a arropar al mundo la sonoridad rockera anglo, precisamente cuando miles de puertorriqueños iniciaban las migraciones masivas a Nueva York, presagiando las migraciones de la «periferia» al centro, de las antiguas colonias a las metrópolis, que habrían de caracterizar a la realidad social internacional de las décadas siguientes, *Cortijo y su combo* popularizó su mirada de la movilidad ascendente desde el entrecruce de diversos tiempos históricos. Obviamente presentes los intensos movimientos migratorios que se vivían, pero en evidente referencia a la gran migración constitutiva del Caribe —la trata esclavista— con ritmos afro y tímbrica «mulata» sentenciaban

> ¡Déjalo que suba a la nave,
> déjalo que ponga un pie!
> ¡Que van a llevar latigazos,
> hasta los que están por nacer![128]

Nueva York, el barrio y la salsa

Las orquestas de Noro Morales, Machito, Tito Puente y Tito Rodríguez representaron las más elaboradas estilizaciones del máximo desarrollo alcanzado por las músicas «mulatas» latinocaribeñas en los EE. UU. Sin embargo, en los cincuenta y sesenta, Nueva York experimentaba su más masiva emigración «latina», y para los adolescentes emigrantes e hijos de inmigrantes (impactados por la rebeldía generacional del rock) aquellas *big bands* representaban también una música distanciada de su cotidianidad: el *establishment* musical «latino» de sus padres, orquestas sólo de los grandes salones para los «grandes momentos». Estos jóvenes desarrollaron entonces innovaciones similares a las que paralelamente elaboraban los músicos negros más *avant-gard* del jazz: un rechazo al formato del *big band* y una búsqueda de nuevas maneras de hacer música. Los nuyoricans Ray Barreto, Eddie Palmieri y Willie Colón, protagonistas centrales en la creación de la *salsa*, se formaron musicalmente, de hecho, tocando jazz con los afroestadounidenses.

Adoptando el formato de *combo* que había introducido Cortijo en la década anterior, formato económicamente más viable para músicos experimentales y más acorde a una sonoridad —no de gran espectáculo u ocasión, sino— de cotidianidad barrial, los jóvenes de la gran migración *latina* a Nueva York, en continua comunicación e intercambio con los músicos de sus países de origen, desarrollaron maneras de conjugar en el baile una enraizada y valorada tradición cultural con unas impugnadoras identidades generacionales,

---

[128] Composición de Encarnación García en *Baile con Cortijo y su combo* (1958).

sociales y étnicas. La *salsa* tomó de la tradición del *big band* su sentido de identidad *latina*, ampliamente extraterritorial, y sus «ingredientes»: los «negros» y «mulatos» géneros bailables *latinos* previos. No obstante, revolucionó su sonoridad, más por sus prácticas que por sus contenidos: sobre todo, a través de una libre y espontánea combinación de formas y ritmos, práctica que se llamaría posteriormente *fusión* (y de aquí, su nombre: *salsa*), a través de la cual —como decían los tradicionalistas— «se le faltaba el respeto» a la «integridad» de cada género. Se transgredían sus bordes, las «fronteras» entre un género y otro, con un entrelazamiento combinatorio indeterminado de porosidades mutuas donde se hacía difícil «determinar» qué (es decir, cuál «género») se estaba tocando: si una guaracha, un son, una rumba, una cumbia, una guajira, un cha-cha-chá, un tamborito, un bolero, una samba, un merengue, un *hip-hop*, una plena o un guaguancó. De hecho, se elimina la costumbre, hasta entonces muy generalizada, de identificar cada canción por su género en las carátulas de los discos. La *fusión* se ha convertido ya en práctica común de músicos de avanzada dentro de muy diversas tradiciones, pero muy comúnmente se olvida que fue el movimiento salsa uno de sus más impactantes propulsores pioneros.

La *fusión* existía en la música «tropical» previo a la salsa; pero casi siempre para la conformación de un nuevo género que emergía de la combinación[129]; el más famoso ejemplo quizá fue «el bolero-son». Lo significativo y novedoso de la práctica combinatoria en la salsa fue la valoración de la *fusión* como práctica libertaria descentralizadora, no dirigida a la formación de nuevas estructuras o estereotipos. Las buenas composiciones salseras son sorpresivas por lo indeterminadas: se mueven libre y espontáneamente entre diversos ritmos y géneros tradicionales de acuerdo a la sonoridad que se intenta producir para el sentimiento o mensaje que se quiere comunicar en cada canción o baile. Por ello, los más célebres LPs de su período de «gloria» —entre finales de los sesenta y comienzos de los ochenta— agrupan como *salsa* composiciones muy distintas entre sí, que se bailaban de forma diferente; pues en la valoración de la heterogeneidad, cada una representaba *fusiones* distintas, preferiblemente inéditas.

El crisol neoyorquino de inmigrantes *latinos* de variadas procedencias nacionales sentaba las bases para las combinaciones; pero la *fusión* libre y descentralizada en realidad respondía, por un lado, a las emergentes sensibilidades postmodernas en torno a las identidades múltiples y, por otro lado

---

[129] Díaz Ayala (1981) describe la trayectoria de muchas de estas *fusiones*. Véase, también, Natalio Galán (1983: e. g., 212).

¡y sobre todo!, a la *estructura sentimental* ancestral de las migraciones del «Atlántico negro» cuya historia, como bien ha analizado el sociólogo afro-británico Paul Gilroy,

> yields a course of lessons as to the instability and mutability of identities which are always unfinished, always being remade (1994: XI).

Las otras dos prácticas fundamentales de la *salsa* fueron transformaciones, simultáneamente más creativas, descentradas, sorpresivas e indeterminadas, de las antiguas prácticas de improvisación vocal o los *soneos* y de improvisación instrumental o las *descargas* (Quintero Rivera 2005a: cap. 6).

Concibiendo como definitorios sólo los contenidos, y entendiendo éstos sólo en términos de las estructuras y fórmulas que identificaban tradicionalmente los distintos géneros, muchos músicos y comentaristas autorizados llegaron a argumentar incluso que la *salsa* no existía. No existiendo, de hecho, un ritmo que propiamente se pudiera llamar *salsa*, sino escuchando como «salsa» muy variados ritmos afroamericanos identificados con géneros previos, otros la entendieron sólo como un concepto «sombrilla» que agrupaba los muy distintos géneros de la música «tropical». Finalmente otros, apegados a las «reglas» de los géneros, la vieron como un disparate *nuyorican*[130]. Pasaron años antes de que finalmente se comprendiera la *salsa* como un movimiento musical heterogéneo y variado, más identificado con «unos sonidos», que como un género propiamente[131]. Se identificaba con «unos sonidos», repito, producto más de unas novedosas maneras de hacer música (es decir, de unas prácticas) que de unas estructuras o «fórmulas»; más aún, cuando la práctica central que la definía —la libre combinación de ritmos, formas y géneros afroamericanos previos— evitaba o evadía su posible fosilización en fórmulas estereotipadas[132].

---

[130] Así lo reconoce el importante musicólogo cubano Leonardo Acosta (1995: 4-8).

[131] Véase la entrevista a Willie Colón en Leonardo Padura (1997). Muchos otros importantes músicos entrevistados en este libro, más enfocados en sus creaciones que en la reflexión sobre sus propias prácticas, no lograron la profunda conceptualización que Colón expresó.

[132] Como señalé en el «Prefacio» de *¡Salsa, sabor y control!...* (2005a), es preciso reconocer que, como en toda expresión artística atravesada por la comercialización de su reproducción mecánica, el movimiento *salsa* enfrentó desde sus comienzos la tensión entre sus prácticas libertarias y los intentos por encajonarla en fórmulas que se hubieran probado exitosas. En esta tensión, podemos encontrar numerosos ejemplos, comercializados como «salsa», de composiciones que ejemplifican ambas tendencias opuestas.

Esta innovadora manera de hacer música *latina* expresó sus prácticas también en su lírica y en el baile. En los 1960 y 1970, sus letras constituían, por lo general, afirmaciones de la necesaria unidad entre *latinos* y latinoamericanos, expresiones impugnadoras de la desigualdad social y el discrimen racial, y aspiraciones utópicas por un mundo más justo y más libre[133]. Una de sus primeras grabaciones importantes se tituló, de hecho *Justicia*, de Eddie Palmieri, con la cual iniciaremos los argumentos del tercer *Repiqueteo* o «capítulo» final.

La *salsa* se difundió muy pronto por toda América Latina y, unas dos décadas después, por todo el mundo (como examinará en detalles el tercer *Repiqueteo* del *Jaleo*), desplazando la previa hegemonía del tango, así como a la rumba, la samba, el jazz, lo folklórico y el *ballet*, como el género de baile que más personas en el mundo interesan practicar o aprender.

Más que una salsa, *salsas*

Su libre combinación de géneros o *fusiones* hizo del movimiento salsa uno sonora y bailablemente muy heterogéneo. Representó, de hecho, un baluarte al valor del carácter descentrado de las músicas «mulatas» y un reconocimiento y alegato de la importancia de la heterogeneidad, precisamente en un momento histórico donde hacía crisis un modelo de acumulación basado en la unitaria y centralizada producción en masa.

Por ello incluyó desde representantes de las más tradicionales vertientes de la musicalidad «tropical» hasta los más innovadores músicos, compositores y coreógrafos que habrían de abrirle nuevas sendas y derroteros. Entre los primeros, su figura tal vez más emblemática fue Celia Cruz[134], formada en la tradición de la célebre Sonora Matancera, a la cual perteneció por unos quince años a partir de 1950 antes de emigrar a Nueva York. Previo a sus éxitos con La Sonora, Celia Cruz se había distinguido por sus cantos afro-religiosos; y como tal, con «Las mulatas de fuego», tuvo sus primeros éxitos internacionales en México y Venezuela. En el movimiento salsa colaboró sobre todo con la Orquesta de Tito Puente, que ejemplificaba la vertiente tradicional del *big band*, y con el dominicano Johnny Pacheco, que se inclinaba también hacia las sonoridades cubanas tradicionales. No obstante, no tuvo reparos en hacer un disco con Willie Colón, uno de los más destacados representantes de la ver-

---

[133] Numerosos ejemplos en Rondón (1980).
[134] Véanse Umberto Valverde (1995) y Eduardo Márceles Daconte (2005).

tiente innovadora. Se manifestó como excelente sonera con una poderosa voz de contralto y un amplio registro, que combinaba a su extraordinario sentido rítmico para cantar bailando.

Entre la vertiente innovadora merece destacarse a Eddie Palmieri y Willie Colón, por el desarrollo —frente a las *big bands*— de un sonido más intencionalmente áspero y agresivo, más afín con la estructura sentimental juvenil del Bronx. En el caso de Colón, ese sonido se fortaleció además con el argot callejero de los soneos de Héctor Lavoe[135] y con la imagen —re-enfatizada en las carátulas y títulos de sus producciones— que parodiaba el esteriotipo de «malandro» con el cual, desde *West Side Story*, los anglos visualizaban a los *spiks* (modo despectivo de referirse a los inmigrantes puertorriqueños por su marcado acento al hablar el inglés). El primer LP del binomio Colón-Lavoe se tituló *El Malo* (1967), al cual le siguieron en los próximos ocho años *The Hustler, Guisando (Doing a Job), Cosa Nuestra* (parodiando al *Cosa nostra* de la mafia), *La Gran Fuga, El Juicio, Lo Mato* y *The Good, the Bad and the Ugly*; intercalando luego del tercero y el séptimo dos discos para Navidad titulados *Asalto Navideño* (*1* y *2*) jugando con el doble sentido de la palabra, pues además de robo, *asalto* en Puerto Rico refiere a una antigua tradición de parranda navideña con la cual se visita sorpresivamente a los amigos despertándolos con una ofrenda musical a mitad de noche.

Las salsas del movimiento salsa no se desarrollaron sólo en Nueva York, sino también en Puerto Rico, Colombia y Venezuela (y, posteriormente, en Cuba y muchísimos otros países y territorios). Aunque manifestaban variaciones, fueron consolidándose en intensa intercomunicación. Una de las manifestaciones más evidentes de este diálogo se dio a través de la práctica de la composición abierta, destacándose de manera muy especial el cartero mulato Catalino «Tite» Curet Alonso, quien compuso piezas para un amplio abanico de intérpretes. Estimulando la improvisación creativa del sonero y los instrumentistas, Curet Alonso componía muy heterogéneamente —con una creatividad *descentrada*— pensando siempre en las variaciones —que respetaba y fomentaba— de quienes habrían de intercambiar con el público oyente y bailador sus ideas líricas y sonoras. En una entrevista, señaló:

> Yo soy sastre [...] cojo esa medida de la voz, de la forma de cantar, sabes, de la expresión [...] Todo eso se estudia antes para que sirva [...] yo no las quiero para ropa de vitrina, tiene que ser una canción hecha para cantar [...] (y para bailar),

---

[135] Sobre éste véase Jaime Torres Torres (2003).

añade, pero del ritmo sé yo, que me crié entre conjuntos, congueros y bongoceros (Roma 1995: 26).

Entre sus cientos de canciones se destacaron inicialmente sus boleros, principalmente «Puro Teatro», «Carcajada Final» y «La gran tirana», popularizados por La Lupe con la Orquesta de Tito Puente (y utilizados por Almodóvar en sus películas), «Tiemblas» para Tito Rodríguez y «Mi triste problema» para Cheo Feliciano. Alcanzó el cenit de su popularidad con sus salsas para una enorme variedad de los más destacados intérpretes de esta nueva «manera de hacer música»: «Las caras lindas de mi gente negra», «La perla» y «De todas maneras rosa» para *el Sonero Mayor* Ismael Rivera; «Periódico de Ayer», «Barrunto», «Piraña», «La María» y «Juanito Alimaña» para Héctor Lavoe con la orquesta de Willie Colón; «Plantación adentro» y «La palabra adiós» para Rubén Blades, la primera con la orquesta de Colón y la segunda con la *Fania All Star*; «El hijo de Obatalá» para la orquesta de Ray Barreto; «Agüita de ajonjolí», «Marejada Feliz» y «Chotorro» para la orquesta de Roberto Rohena; «Plante Bandera» y «Evelio y la rumba» para la orquesta de Tommy Olivencia; «Huracán» para la orquesta de Bobby Valentín; «Galera 3» y «Vengo vira'o» para Ismael Miranda con la orquesta de Larry Harlow; «Isadora» (Duncan) para Celia Cruz; «La esencia del guaguancó» y «Primoroso cantar» para la orquesta de Johnny Pacheco; «La Cura» para Franky Ruiz; y «Juan Albañil» y «Anacaona», entre muchísimas, para Cheo Feliciano. Además compuso muchas plenas, como «Pena de Amor», «Tinguilikitín» y «La humanidad» para Mon Rivera con la orquesta de Willie Colón; «Pa' los caseríos» para el Combo de Cortijo; y «Ondea Bandera» para el grupo plenero puertorriqueño *Atabal* con *Los Papines* de Cuba.

Curet Alonso fue fundamentalmente un autodidacta, no obstante haber alcanzado estudios universitarios en diversas disciplinas: ciencias sociales, periodismo y farmacia. Nunca se consideró (ni se le consideró) un músico profesional; trabajó toda su vida como empleado del correo. Representó —mejor que nadie en la música «tropical»— la necesidad de romper la dicotomía clasista entre lo «culto» y lo «popular», como parte de una larga ¡muy importante! tradición poco reconocida en la historia del Caribe, donde sectores de negros y mulatos libres —especialmente como trabajadores diestros (*maestros artesanos*)— fueron convirtiéndose con enorme esfuerzo y tesón en parte de los sectores más *cultivados* de la sociedad colonial (tradición sobre la cual abundaremos en el Segundo *Repiqueteo* del *Jaleo*).

Además, le tocó vivir y representar en su salsa heterogénea una importante transformación en el ámbito de la música: de una expresión barrial como parte de una sociabilidad comunal —en calles, cafetines, plazas y esquinas—, a una música de reproducción masiva en discos y otras formas del *media*, con el fundamental intermediario del espectáculo en clubes, hoteles y *cabarets*. Sus salsas se mueven entre estos diversos contextos, ejemplificando la moldeabilidad creativa de una cultura popular de fuertes raíces formativas y aguda receptividad y disposición a la inclusión, al cambio y la innovación. Su música representa, finalmente, una feliz conjunción entre el valor de lo particular y la riqueza de lo universal. Aunque refieren a unas sociabilidades barriales muy concretas, expresan sensibilidades de patrones culturales considerados nacionales, *latinos* (en el doble sentido de latinoamericano y «latinos» de la emigración), y de valores humanísticos generales. Entusiasta del jazz, la música «clásica» y la brasileña, así como de diversas músicas tradicionales de América (el vallenato, la cumbia, el tamborito, etc.), supo incorporar sonoridades y prácticas de esas tradiciones a unas salsas profundamente enraizadas en la expresión afroantillana de la bomba, la plena, el aguinaldo, la guaracha, el bolero y el guaguancó.

Las salsas de Curet Alonso son por lo general contestatarias y utópicas. Representan sueños de libertad y democracia. Protestan, pero no de forma agria, sino alegre; la alegría que se nutre de la esperanza de que las cosas cambiarán. No son composiciones políticas en un sentido estrecho, sino canciones de preocupación social que se basan en la cotidianeidad. Como bien expresara él mismo en una entrevista:

> canción social es también un tema amoroso que descubre el conflicto de los sentimientos en una sociedad que prácticamente nos castra para amar o, por lo menos, lo intenta[136].

Grandes sonidos del «pequeño» Caribe: calypso, beguine, souk...

Los más populares bailes y músicas del Caribe anglófono y francófono experimentaron trayectorias con muchas semejanzas a las del Caribe hispánico, no obstante ser sus *letras* en otros idiomas[137]. El calypso o *kaiso* se originó en Trinidad sobre la base de la tradición del *praise singer* del África occidental, «trovador» encargado de pasar de generación a generación la historia oral de

---

[136] Anónimo, «Un poeta cronista, Tite Curet Alonso», *Bailando en la casa del trompo*, Caracas, agosto de 1988, pp. 239-244 (la cita es de la p. 243).

[137] López de Jesús (2003) intenta, de manera muy valiosa, ese tipo de examen conjunto abarcador. También Isabelle Leymarie (1998).

la tribu, cumpliendo simultáneamente la función del comentario social —tanto crítico, como adulador— y, frecuentemente, satírico (Warner 1982). Como palabra o término, se registra por primera vez en 1900, y estuvo, por tanto, vinculado al proceso inicial de proletarización de una población campesina, a su vez surgida, décadas antes, de la emancipación de la esclavitud. La tradición hace referencia a este tipo de «trovador» en varias de las Antillas Menores desde finales del siglo XVIII —*carrousseaux* en el *créole* francés y *careso* en las Islas Vírgenes, por ejemplo—, pero la música a través de la cual se expresa la trova parece haber cristalizado a principios del XX, combinando formas de la herencia africana con todo el crisol de las muy diversas dominaciones coloniales que experimentó Trinidad: española, portuguesa, francesa y, finalmente, británica. También es evidente en su música la influencia de su vecina Venezuela. El calypso se expandió rápidamente por todas las Antillas anglófonas, y es hoy un género ampliamente difundido en toda la cuenca caribeña, incluyendo el Caribe hispano, como en la costa «atlántica» de Costa Rica[138] y Panamá, y en la República Dominicana y Puerto Rico.

El calypso en Trinidad está estrechamente vinculado al carnaval (Dudley 2004; Cowley 1996; Hill 1993), que, como en muchos otros puertos de América, en la segunda mitad del siglo XIX se transformó de una festividad aristocrática a una popular. En las últimas décadas, el carnaval de Trinidad en Port of Spain compite con los de Río de Janeiro y de Venecia como uno de los más espectaculares del mundo. Los historiadores del calypso señalan el 1921 como la fecha en que la tradición de ensayar las canciones que se tocarían en las comparsas del carnaval en especie de «tiendas» —*tents*— se consolidó como un segundo espacio de expresión autónomo. Desde entonces, el calypso se divide en dos expresiones básicas: el *road march,* o la canción emblemática de cada comparsa de carnaval, y el «reinado» de calypso de los diferentes *tents*. Como música asociada a un particular evento del calendario festivo, los calypsos cambian cada año. Se producen competencias anualmente para seleccionar la mejor composición en cada una de sus dos variantes.

Con el desarrollo de la industria petrolera en Trinidad, surgió allí una nueva y extraordinaria modalidad de expresión tímbrica. Martillando los extremos de los barriles petroleros de acero fueron inventándose instrumentos de percusión que podían ser a su vez melódicos, siguiendo antecedentes africanos que seguían un principio similar. Se desarrollaron «orquestas» con las distintas tonalidades de diversos *steel drums*: las «bandas de acero» o *steel*

---

[138] Para lo cual se cuenta con la excelente investigación de Monestel (2005).

bands[139]. Éstas acompañan al *road march* en las comparsas; mientras en los *tents* los *calypsonians* son acompañados por conjuntos de instrumentos más convencionales en el baile social: piano, trompetas, guitarra, bajo, etc.

En 1914 se grabaron por primera vez calypsos, como parte de la campaña de expansión de la compañía Víctor dirigida a la venta de «victrolas», que antes examinamos. Aunque en los veinte se grabaron algunos producidos por emigrantes trinitarios en Estados Unidos, el calypso se insertó de lleno en la industria disquera en los años treinta, cuando empresarios trinitarios enviaron a grabar a Nueva York a los *calypsonians* Atilla the Hun y Roaring Lion (los *calypsonians* se identifican hasta hoy por sus apodos). Raymond Quevedo (Atilla the Hun), de madre trinitaria y padre venezolano, fue muy importante, no sólo por sus composiciones, sino además por haber escrito (con la ayuda del estudioso John La Rose) el primer libro importante sobre esta tradición musical (Quevedo 1983).

La crítica sociopolítica caracteriza la tradición del calypso, con inclinación claramente de izquierda. Una de las más famosas composiciones de Mighty Sparrow (Slinger Francisco), nacido en Grenada y criado en los barrios populares de Port of Spain, probablemente el más conocido *calypsonian* a nivel internacional, se titula «*Capitalism gone mad*» (1983). Otros *calypsonians* destacados son Black Stalin, Lord Kitchener y Calypso Rose, la única mujer en haber ganado competencias anuales. Además del calypso, se popularizó desde Trinidad un género derivado, el *soca,* que inicialmente *fusionó* el calypso, con el estadounidense *soul* (Dudley 1996: 269-298), y luego, con otros géneros, especialmente con la tradición sonora de los inmigrantes de la India a Trinidad. Como apunta el *Penguin Encyclopedia of Popular Music*,

> Soca lyrics initially treated the same sort of topics as calypso, but there is a tendency towards blandness aimed at crossover success (Clarke 1989: 1093).

De aquí, el surgimiento de artistas como David Rudder, quien hace la distinción entre los *calypsonians* propiamente y otros cantantes como él que utilizan el calypso entre varios géneros (y por ello no usan apodo). El más conocido entre éstos fue Harry Belafonte.

Belafonte nació en Nueva York en 1927 de descendencia jamaiquina. Ya era un artista conocido cuando empezó a cantar calypso, género con el cuál alcanzó una mayor notoriedad. Había aparecido en varias películas y grabado

---

[139] Véase la excelente investigación y análisis de Stephen Stuempfle (1995); también Shannon Dudley (2002: 135-164).

unos tres o cuatro discos cuando en 1959 produjo en Nueva York el LP *Calypso*, que vendió más de un millón de ejemplares y ocupó el primer puesto del *hit parade* de Estados Unidos durante 31 semanas seguidas. Este LP incluye los dos mayores éxitos de su carrera: «*Jamaica Farewell*» y «*Day-o*» (o «*Banana Boat Song*»), ambas del folklore caribeño (*ibíd*.: 92, 195-196). Tuvo éxito también su LP en español de composiciones del Caribe hispano.

El calypso es, como muchos géneros caribeños, tanto parte del folklore como un género vivo y cambiante, a través del cual innovan numerosos artistas. Es significativo que como baile enfatiza en la versatilidad y flexibilidad del cuerpo, siendo notoria su práctica del *limbo*: competencias entre bailadores para traspasar bailando una cuerda extendida en tensión o un palo que van acercando cada vez más a ras de tierra. El *limbo* celebra las contorsiones del cuerpo en su habilidad para «escurrirse», en evidente evocación del cimarronearse. De hecho, se le considera una derivación de la *masumba*, una de las danzas que desde la época de la esclavitud se agrupaban como los *maroons* (García 2006: 54), un conjunto de bailes que se denominaban con la misma palabra que vino a significar cimarrón.

Los bailes y músicas de Martinica y Guadalupe (VV. AA.: 1988) —los departamentos franceses de ultramar— son, junto a la champeta del Caribe colombiano, las músicas mulatas de América que han mantenido una más constante intercomunicación con las músicas africanas. El beguine o *biguine*, frecuentemente descrito como un calypso-rumba, surgió —como el calypso, los choros o la milonga— a finales del siglo XIX, y siguió una historia similar a estos géneros. Fusionó danzas europeas como la mazurca, la polca y el vals, con bailes negros de una sacralidad animista (Rosemain 1993). Originalmente fue marcha de carnaval con un predominio de los instrumentos de vientos, sobre todo vientos-metal, desarrollándose luego como baile-canción. En los 1920 fue enriquecido, como los choros, por el virtuosismo de clarinetistas que le imprimieron giros tipo *dixieland jazz* de Nueva Orleáns. Sus primeras grabaciones datan de 1929 en París, alcanzando amplia difusión internacional a través de los *big bands* de Nueva York poco después: interesantemente, según re-trabajados en Estados Unidos por su *Tin Pan Alley*, sobre todo con la composición de Cole Porter *Begin the Beguine*, que reapropió como título de todo un disco Xavier Cugat en 1935, y por la regrabación instrumental de esta composición en el formato jazz-swing por Artie Shaw en 1939, bailado luego en 1940 por el célebre *performer* norteamericano Fred Astaire en el film *Broadway Melody*.

El radio de intercomunicación musical tomó rumbos distintos con la transformación del beguine en cadence en los años setenta. La cadance es música híbrida, como la salsa, que, sobre la base del beguine, fusionó elementos de diversos géneros «tropicales», principalmente del merengue, el soca, el soul y el reggae. Pero a diferencia de la salsa, adoptó los timbres eléctricos del rock en constante intercambio con el pop, en considerable medida «tropical», del África occidental (Zaire y el Congo, principalmente) que desarrollaba paralelamente sus propios híbridos electrificados[140]. Entre varios, su más conocido expositor ha sido el grupo Kassav que, como la salsa, conformaron músicos antillanos emigrados a la metrópoli, en este caso, París. Igual a la salsa también, recurrió en su lírica al idioma de sus orígenes: la salsa, al español, y Kassav, al creole. El intento salsero de dirigirse en español a un público ampliamente latinoamericano y latino, puede encontrarse en Kassav a través de su práctica de no usar el creole estrictamente usado en Guadalupe, sino un creole que fusionaba los diversos creoles caribeños (Ferrian 2000). Kassav incorporó a su lenguaje cosmopolita las tradiciones rítmicas consideradas como los «troncos» de la sonoridad de Guadalupe (gwo-ka) y Martinica (léwoz y belés o *belairs*), como la salsa con la bomba y el aguinaldo. La referencia gastronómica une también a estos dos movimientos musicales caribeños, aunque el término «salsa» refiere a su constante hibridación, mientras el término «kassav» enfatiza la importancia de «los orígenes»: *kassav* significa casabe, el «pan» antillano aborigen cocinado con harina de yuca. Del soukous africano (con fuerte influencia del son y la rumba cubana, pero hegemonizado por las guitarras eléctricas), en combinación con *la cadence*, surgió el souk, que predomina hoy en las Antillas menores francófonas y entre su diáspora en París (Guilbault 1993).

El «hombre nuevo» y la *Nueva Canción*

Mientras los jóvenes «latinos» de Nueva York se inventaban la salsa, surgían paralelamente otros importantes movimientos musicales juveniles en América Latina. Uno de los de mayor impacto se autodenominó *Nueva canción* o *Nueva trova*. Distinto a la salsa que, aunque sus composiciones conllevaban y estaban atravesadas por claras repercusiones políticas nunca se visualizó a sí misma como expresión *política*, este otro movimiento sí se concibió como *político* de manera explícita. De hecho, en muchos países se conoció inicialmente como «canción protesta». Su emergencia se asocia a unos acontecimientos políticos

---

[140] Véase Errol Montes Pizarro (2008), así como algunas de las obras citadas por éste.

de enorme trascendencia latinoamericana: las grandes luchas estudiantiles del 1968 (internacionales en realidad, pero con experiencias latinoamericanas dramáticas, como el Tlatelolco mexicano), la construcción socialista a partir de las guerrillas, identificada con Cuba, y la inminente posibilidad de una vía de masas hacia la construcción socialista que representó la victoria electoral de la Unidad Popular y Salvador Allende en 1970 en Chile (Carrasco 1982). Los focos iniciales de este movimiento fueron precisamente Cuba y Chile.

En marzo de 1969 se puso en marcha el Grupo de Experimentación Sonora del ICAIC (Instituto Cubano de Artes e Industria Cinematográficas), que sirvió de base para la consolidación del intercambio entre jóvenes cantautores identificados con la utopía del Ché Guevara: la construcción del «hombre nuevo» en Latinoamérica que se iniciaba en Cuba. Los principales artífices de la Nueva Trova fueron Pablo Milanés, Noel Nicola y Silvio Rodríguez (Otero Garabís 2000).

Frente a la enorme difusión internacional de la expresión juvenil rockera que hegemonizaban Estados Unidos e Inglaterra, estos cantautores —muy influenciados por aquella— intentaron afincar su expresión juvenil revolucionaria en las tradiciones sonoras nacionales más afines a su concepción del «hombre nuevo»: la principal (y de allí su nombre) fue la trova campesina, que privilegiaba la palabra y la expresión «seria» de sus cuitas y añoranzas. La Nueva Trova se caracterizó, como la trova antigua, por el protagonismo de la guitarra y por el carácter poético de sus letras. Como agrupación de jóvenes letrados, cultos en la literatura y la música, no se reprodujo la trova antigua tal cual; la trova fue enormemente enriquecida literaria y musicalmente, por ello «Nueva», además de por su carácter *juvenil* y del compromiso político con la *nueva* sociedad socialista y su *hombre nuevo*. En la Cuba socialista el artista fue empleado por las instituciones del Estado[141], lo que ayudó a fortalecer su —también— nueva concepción como «trabajador cultural»; en palabras de algunos de sus apologistas, libre ya de la «ignominiosa atadura al mercado y los intereses mercenarios capitalistas» (Díaz Pérez 1994; también Tumas-Serna 1992: 139). La Nueva Trova se caracterizó también por un rechazo a la llamada «música comercial», que diferenciaba la trova campesina «pura» de aquellas expresiones «mulatas» bailables atravesadas por la industria musical.

La gran tradición cubana de las músicas «mulatas» del *Tropicana night club*, con sus sensuales rumberas y exuberantes guaracheros, históricamente vinculada a una Habana de la «vida alegre», al turismo decadente de la mafia

---

[141] La mejor investigación abarcadora sobre la relación entre las transformaciones socialistas en Cuba y su música es, sin duda, de Robin Moore (2006).

y la prostitución que estereotipaba un exotismo «tropical», se la asoció con la *guachafita* y el relajo que la Revolución se proponía a erradicar. Las músicas negras de los carnavales, el guaguancó y la santería, con el atraso de la superstición o la enajenación del escapismo de la «falsa conciencia». Por este rechazo, la «mulatería» en la Nueva Trova estuvo presente sólo a través de la «mulatería» que atravesaba a la trova antigua: en las síncopas de la guajira campesina o del son montuno migrante (del campo a la ciudad) de la trova santiaguera. Pablo Milanés, el único integrante protagónico del movimiento que no era evidentemente «blanco», rescató del bolero su vertiente *feeling* —con su protagonismo armónico—, como solapada impugnación a la tan poderosa ideología cubana de la supuesta armonía racial, que tanto defendía la Revolución.

Estos principios centrales de la construcción sonora del *hombre nuevo*, se replicaron por toda Latinoamérica en su *Nueva Canción*: el rescate de las sonoridades campesinas como depositarias del «alma» de cada nación, el acompañamiento guitarrero y el protagonismo —sobre el baile— de la canción, de la expresión poética que tanto apelaba a los estudiantes universitarios[142]. Estos principios caracterizaron en términos generales la obra de Enrique García Godoy en Nicaragua, Amparo Ochoa en México, Daniel Viglietti en Uruguay, Mercedes Sosa en Argentina, las primeras composiciones de Edu Lobo y Chico Buarque en Brasil, grupos como *Taoné* y *Haciendo Punto en Otro Son* en Puerto Rico y, sobre todo a los grupos y cantautores vinculados a las luchas políticas de la Unidad Popular en Chile.

La *Nueva Canción* en el Cono Sur contaba con dos importantes antecedentes: el argentino rural —de porte absolutamente contrario al citadino porteño— Atahualpa Yupanqui y la chilena Violeta Parra —con porte diametralmente distante a la pituca de Las Condes—, quienes en las décadas previas al surgimiento de la *Nueva Canción* se habían dedicado a conocer y difundir el folklore rural de dos de los países más urbanos del continente. Inspirados sobre todo en Violeta Parra —hermana, además, de un reconocido poeta «nacional», Nicanor Parra—, se establecieron unos tipos de café con tarimas, denominados *peñas*, primero en Santiago a finales de los años sesenta, y luego en toda capital del continente en la década siguiente. En éstas, estudiantes con pretensiones de poetas cantaban a la Revolución y al *hombre nuevo* a los acordes de guitarras, charangos y flautas andinas. Los hermanos Ángel e Isabel Parra, Víctor Jara y los grupos *Inti-Illimani* y *Quilapayún*, entre otros, junto a los cantautores de los otros países antes mencionados,

---

[142] Por ejemplo, Carlos A. Martins (1986).

se tornaron ampliamente conocidos entre los grupos estudiantiles de todo el continente. Comenzaron a celebrarse encuentros interamericanos, donde aprendían y se imitaban unos a otros.

Tras el golpe de estado y la consolidación de la dictadura pinochetista en Chile, el fracaso de las guerrillas, el desgaste del carácter transformador inicial de la Revolución Cubana, y el asenso del neoliberalismo, la utopía del *hombre nuevo* fue refugiándose en la intimidad, y en ésta, algunos exponentes de la *Nueva Canción* lograron reciclarse con composiciones de un elevado lirismo y elaboración sonora. «El Unicornio», entre muchas canciones de Silvio Rodríguez y muchas otras en la amplia discografía de Pablo Milanés, y «Árboles», por ejemplo, de Roy Brown (uno de los fundadores de *Taoné*) con letra de Clemente Soto Vélez, (junto a muchas de sus composiciones posteriores), son algunos de los ejemplos más destacados y evidentes de esta transformación acorde a los cambios en sensibilidad de los tiempos posmodernos. Entretejer lo íntimo y lo social, lo personal y lo público, en composiciones más líricas que «combativas» —aunque privilegien lo que se ha denominado *mensaje*—, caracterizan a los herederos contemporáneos de la *Nueva Canción*, uno de cuyos más destacados exponentes es el uruguayo Jorge Drexler, aunque algunos (ya no tantos) jóvenes estudiantes sigan insistiendo en la «militancia» de la Canción Protesta original.

«Lo tropical» y *Tropicalia*

La *Nueva Canción* tuvo también importantes vertientes «mulatas». La primera producción de Manuel Monestel en Costa Rica —*Canto América* (1988a)— sigue básicamente de manera fiel las líneas básicas de la Nueva Trova. Pero en aquella búsqueda de las raíces folklóricas que caracterizó al movimiento de la *Nueva Canción*, en un país de tan marcada —y, a su vez, silenciada— segregación étnico-racial, Monestel se maravilló con la riqueza de los calypsos cocolos de la Costa Atlántica (en realidad, Caribe), y su segunda producción se basa en esa otra cara primigenia del «alma» nacional (1988b). La incorporación de tradiciones folklóricas afro a la *Nueva Canción* se dio también entre exponentes de otros países «mulatos»: como Alí Primera en Venezuela, el grupo *Convite* en la República Dominicana y entre algunos participantes de los grupos *Taoné* y *Haciendo Punto* en Puerto Rico. Dice mucho del carácter del movimiento de la *Nueva Canción* el hecho de que muchos de estos valiosos trabajos «mulatos» no alcanzaron la notoriedad de los ejemplos antes mencionados en el resto de América.

Surgieron, además, vertientes nuevas que no siguieron aquella misma trayectoria, en cierto sentido, de incorporación «subordinada». Para lograrlo, tuvieron que distanciarse de algunos de los principios constitutivos de *La Nueva Trova*: su carácter eminentemente estudiantil inicial, el rechazo a «lo comercial», un sentido político estrechamente limitado a las luchas por el control del Estado, su identificación del «alma» nacional con un idealizado campesinado y la preponderancia de la tímbrica guitarrera. Podrían incluirse en esas nuevas vertientes recreaciones líricas de las músicas «negras», como las de Susana Bacca del mundo afroperuano y Totó «La momposina» respecto al afrocolombiano —en comunicación «espiritual» con la «diva descalza» Cesaria Evora de las islas de Cabo Verde (Montaigne 1998)—, producciones todas posteriores a los años cumbre del movimiento; pero pienso que estaríamos estirando demasiado el término. Debemos concentrar más bien, en las tres grandes expresiones «mulatas» de la *Nueva Canción* en América, las cuales sí correspondieron en términos cronológicos con el auge de la Canción Protesta: la «nueva canción» salsera de Rubén Blades, el reggae jamaiquino, y el movimiento *Tropicalia* en Brasil.

Brasil, como Cuba, vivió la problemática de una generalizada imagen «tropical» estereotipada a nivel internacional; pero a partir de 1964, en contraste con una política gubernamental enfrentada a dichos estereotipos por parte de la Revolución cubana, el control del Estado en Brasil era ejercido por militares de derecha sin una política clara al respecto. Distinto a Cuba también, en la década previa, la música popular brasileña (MPB), sin abandonar su fundamental carácter bailable, había experimentado una notable renovación, incluso utilizando la consigna de «la novedad». Ello, a través de la bossa *nova* de Jobin y Joao Gilberto, las letras poéticas —con camufladas connotaciones de izquierda— de Vinicius de Moraes, y la recuperación de una trova bahiana mucho más compleja que la guajira cubana y con influencias «mulatas» más marcadas, por Dorival Caymmí, entre otros. Los principales fundadores del movimiento *Tropicalia* (Favaretto 2000) en 1968, Caetano Veloso y Gilberto Gil, habían producido discos en la «onda» del MPB en 1966 y 1967; así como consagrados cantantes del MPB, Elis Regina por ejemplo, habían grabado algunas de sus composiciones. La *Nueva Canción* en Brasil nunca se desvinculó, pues, de la tradición bailable. También, del MPB surgían para esa fecha, ejemplos estupendos de Canción Protesta rítmica: el más destacado entre varios, Chico Buarque.

La *Nueva Canción* del *Tropicalia* no tuvo que buscar «su alma» en el campesinado sino, al contrario, enfrentarse a la trivialización de la ruralía «tropical» otorgándole un carácter más evidentemente urbano, trasnacional y contemporáneo a la extraordinaria labor realizada antes por aquel movimiento renovador del cual se sentían herederos o parte (Dunn 2001). Ello, a través de una incorporación más abierta del reggae y el rock —con su tímbrica de guitarras eléctricas— y, la adopción de símbolos internacionales de protesta (como los *dashikis* de Gil que reforzaban su africanidad y la vestimenta «futurista» con adornos «primitivistas» de Veloso) y a través de un estilo paródico altamente impregnado de humor (Veloso 1997), importante camuflaje frente al Estado militar autoritario. Además de Gil y Veloso, se distinguieron en la *Tropicalia*, Gal Costa, María Bethania —hermana de Caetano y, como intérprete, inicialmente más destacada que él—, y su más creativo y atrevido experimentador, el *performer* mulato Tom Zé. La dictadura militar los expulsó del país en 1969, y su exilio en Londres les ayudó a fortalecer sus propuestas y a internacionalizar sus protestas sonoras bailables, que se mantienen vigentes hasta hoy.

Las «protestas» del reggae...

Paralelo a la consolidación de la *salsa* en el mundo hispano parlante y de la *Tropicalia* en Brasil, surgió el reggae en la angloparlante isla tropical de Jamaica (Giovannetti 2001). El reggae, como la *Tropicalia*, expresó, en la tímbrica contemporánea del rock, ritmos autóctonos y formas culturales desarrolladas por su negritud y «mulatería»: en el caso de Jamaica, principalmente su religión y visión del mundo *rastafari* y la afroamericana estética de lo *cool*. Echando a un lado el «up-tempo» ritmo del ska, se desaceleró el *tempo* al del *rocksteady*, lo que facilitaba enfatizar en las letras de una música que había sido previamente bailable, principalmente. Es decir, la conformación sonora del reggae estuvo indisolublemente vinculada al interés (tipo *Nueva Trova*) de difundir sus letras con mensajes de protesta social, cultural, personal y política.

Sus iniciadores y más destacados exponentes fueron el compositor y guitarrista negro Peter Tosh y el cantautor y guitarrista mulato Bob Marley (White 1989), ambos militantes *rastafarians* e integrantes del grupo The Wailers, cuyo primer exitoso LP, *Catch a Fire* del 1973, grabaron juntos. Como la *Nueva Canción* chilena respecto a Allende, el movimiento reggae participó activamente en la campaña electoral del entonces político socialista Michael Manley a principios de los setenta; aunque desde sus comienzos, sus composiciones abarcaban temas muy diversos, de un alcance discursivo mucho más amplio de lo estrictamente político. Sus canciones más difundidas, no obstante, fueron expresamente de protesta social. Pero a diferencia de la Canción Protesta hispanoamericana, éstas enfatizaban en el antirracismo afro, en la «purificación» personal interna y en el pacifismo, tocando la sensibilidad antimilitarista de la oposición a la Guerra de Vietnam en los centros de Occidente, la lucha afro por los derechos civiles en Estados Unidos y la preocupación psicológica de un tipo de crítica al *establishment* capitalista —tipo *One Dimensional Man* de Marcuse (2002)— muy en boga entre la juventud disconforme (principalmente) universitaria de las metrópolis occidentales. Se tornaron, pues, muy populares entre la juventud y los sectores progresistas de Estados Unidos y Gran Bretaña; a ello contribuyó el hecho de tratarse de letras en inglés y de bailes individualizados —en pareja, pero desligadas—, como se había ido tornando el rock en el individualismo del Occidente capitalista. La concepción *peace-and-love* del *rastafari* coincidía con las propuestas sociopolíticas de Los Beatles, y los exponentes del reggae, sobre todo Marley, fueron muy comúnmente invitados a compartir tarima con continuadores de la tradición anti-*establishment* del rock progresista, como Bob Dylan, Marvin Gaye, Eric Clapton y Bruce Springsteen.

Es significativo que, como en la salsa, el principal exponente del reggae popularizó sus canciones más emblemáticas desde la metrópoli, habiendo emigrado Marley a Londres en 1977 (en los sesenta, es decir previo a su estrellato, había experimentado también la emigración a Estados Unidos). La super estrella del reggae murió muy joven, en 1981, y decayó la presencia internacional de este género en Occidente. Pero el reggae siguió desarrollándose en Jamaica y expandiéndose por todo el Caribe (además de su marcada influencia en la «mulatización» del *hip-hop* en *reggaetón*, sobre lo cual volveremos más adelante). Fue tremendamente importante en la incorporación de la problemática «racial» a la protesta[143]. Y se mantiene hoy como uno de los géneros principales del mundo «tropical», fundamental en la postura —de antecedente *rastafari*— de la «renovación» personal para la transformación cultural y política[144].

---

[143] Es sumamente interesante el impacto del reggae en culturas latinoamericanas donde lo «racial» refiere más a la problemática indígena que a la de afrodescendientes. Rossana Reguillo (2000: cap. 4) examina el caso mexicano de los «raztecas» (conjunción de los términos «rasta» —rastafari— y azteca).

[144] *Ibíd.* Es significativo que la historiadora brasileña Elysabeth Senra de Oliveira (2007), examinando un «posmodernismo» político en la música popular contemporánea, centre su análisis en un conjunto puertorriqueño de raggae, *Cultura Profética*, junto al nómada franco-catalán Manu Chao y al *heavy metal* californiano multiétnico (cuyo cantante principal, Zack de la Rocha, es chicano) *Rage Against the Machine*.

... y la salsa «poética»

El exponente más evidente de la *Nueva Canción* en la sonoridad «mulata» salsera fue el panameño (hijo de cubana y cocolo de Saint Lucia) Rubén Blades, tal vez su único, propiamente, cantautor. Algunos de los más destacados cantantes salseros —Héctor Lavoe, Ismael Miranda, Cheo Feliciano...— compusieron canciones muy valiosas y logradas, pero como parte de un repertorio constituido principalmente por músicas de otros compositores. Su función creativa en este tipo de práctica de elaboración sonora, que combina la composición «redondeaba» con la improvisación «abierta», se ubica principalmente en los *soneos* (la improvisación en el cante), siendo sobre todo Lavoe, entre finales de los sesenta a los ochenta, el más grande continuador e innovador del nuevo *soneo* salsero iniciado por el puente inmediato entre la música «tropical» tradicional y la salsa: Ismael Rivera —el «Sonero Mayor»—. Como intento desarrollar en detalle en el Segundo *Repiqueteo* del *Jaleo*, un elemento central de esa improvisación en el cante fue la simulación del baile, la corporeidad de las palabras. Los cantantes salseros que alcanzaron mayor notoriedad siguieron siendo sobre todo grandes soneros: el dominicano José Alberto «El canario» y los puertorriqueños Marvin Santiago, Gilberto Santa Rosa y el Cano Estremera entre finales de los ochenta y el 2000; Choco Orta, Domingo Quiñones y Víctor Manuelle, a comienzos del siglo XXI. Blades fue el único que se distinguió como intérprete de sus propias composiciones; pero su notoriedad fue posible por el hecho de ser un gran sonero también. Sus *soneos* en dos de las pocas canciones que popularizó de otros compositores —«Ojos» de Johnny Ortiz y «Plantación adentro» de Catalino «Tite» Curet Alonso— son de los más extraordinarios ejemplos de *soneos* salseros en la historia.

Aunque la salsa ha tenido algunos grandes compositores —sobre todo, de hecho, los puertorriqueños Ortiz y Curet Alonso (junto a Roberto Angleró, Jenaro «Henny» Álvarez y Tití Amadeo) y el cubano neoyorquino Justi Barreto en los primeras décadas de la salsa, y el panameño Omar Alfanno y los boricuas Pedro Azael, Peter Velásquez y Perín Vázquez, en las más recientes—, la composición salsera principal ha sido comúnmente práctica de los propios instrumentistas de los conjuntos, especialmente de sus directores de orquestas, encargados de imprimirle su «sonido» particular. Entre los más destacados merecen mención especial el pianista puertorriqueño Raphy Leavitt, el flautista dominicano Johnny Pacheco, el bajista venezolano Oscar De León y los nuyoricans Eddie Palmieri y Richie Ray, pianistas ambos, el timbalero Tito Puente y el trombonista Willie Colón. Muchas composiciones de algunos de ellos comparten las preocupaciones socio-políticas de la *Nueva Canción*, pero las coincidencias fueron mucho más explícitas en la obra de Blades, quien fue apodado en el movimiento salsa, de hecho, como «el poeta». Su «poética» y compromiso social, no le impidió ser, además, el más comercialmente difundido. El disco más vendido en toda la historia de la salsa ha sido *Siembra*, de su cantautor Blades con la orquesta (y arreglos) del atrevido innovador Willie Colón.

El Rock Nacional

El *rock-and-roll* fue inicialmente una música «mulata» estadounidense que combinaba su tradición negra de los *rythms and blues* con su tradición campesina (*hill-billy*) de la sonoridad *country*. Sus primeros grandes exponentes fueron los afronorteamericanos Little Richard y Fats Domino, y el blanco «mulatizado» —proveniente del centro de la tradición *country*— Elvis Prestley. Surgió en un contexto histórico donde la identidad juvenil primó sobre otras identidades sociales, y pronto empezó a difundirse internacionalmente como expresión *juvenil* por grupos principalmente «blancos» de los países centro del mundo angloparlante: agrupaciones como los Rolling Stones y Los Beatles.

Como parte de esta pronta difusión internacional, fueron surgiendo los exponentes equivalentes latinoamericanos que inicialmente cantaron en inglés o tradujeron al español o al portugués éxitos comerciales anglos, y comenzaron luego a componer sus propias canciones en los estilos de aquellos países. En extremos del Continente se le lanzaron los mismos epítetos trivializantes: tanto a la *jovem guarda* brasileña como a la *nueva ola* puertorriqueña se les conoció en referencia al «yeah yeah yeah» de Los Beatles: *iê-iê-iê* en Brasil y *a-ye-ye* en Puerto Rico (Santiago 1994). Similarmente al rock anglo, la expresión juvenil desarrolló simultáneamente una tendencia rebelde y otra que se recreaba en la adulación del presente (que denominaron *bubble gum* —goma de mascar—). De ese momento, *Teen Tops* (al cual pertenecía Enrique Guzmán) de México fue la agrupación más popular a nivel continental en la corriente «rebelde» y Palito Ortega de Argentina en su vertiente *bubble gum*. En los orígenes del rock latino se destacó también la comunidad chicana en EE. UU., sobre todo Richie Valens, quien sacudió al mundo con *La Bamba* (difícil de categorizar en la dicotomía anterior), y el guitarrista Carlos Santana (claramente en su vertiente «rebelde»), que adquirió notoriedad interpretando —en el célebre festival juvenil de Woodstock— una versión rockera del mulato-latino «¡Oye

como va!» del timbalero nuyorican Tito Puente y el *tour de force* instrumental «Samba pa' ti».
Santana merece un comentario especial. Originario de México, emigró —con su padre, un músico de la tradición mariachi— a San Francisco (California) en 1962, cuando sólo contaba con quince años. Como inmigrante muy joven, asumió inicialmente la cultura de su «nuevo» país, pero no la del *establishment*, sino la de sus «minorías»: su primera agrupación musical fue de *blues*, es decir, afroestadounidense. Pero ésta se transformó muy pronto en un innovador híbrido entre ritmos afrolatinos y guitarra eléctrica rockera. Su música ha sido desde entonces, sobre todo instrumental, experimentando con el *latin-rock-jazz fusion*. En diversas producciones, incorporó a destacados músicos del jazz y el rock innovador, y casi siempre de posiciones de avanzada en términos de la imprescindiblemente necesaria (reiteración adrede) transformación social de la organización económica capitalista, logrando mantener una renovada vigencia musical y socio-política. Por más de tres décadas, mantuvo siempre alguna composición suya en los primeros escalafones del *hit parade* estadounidense y británico. Ha desafiado el comercialismo desde adentro, con numerosas innovaciones que acercan su *latin-rock-jazz fusion* a experimentaciones en la tradición de la música «erudita», pero simultáneamente trabajándolas hacia la difusión comercial, que generalmente han logrado. En el 2000, su disco *Supernatural* ganó ocho premios *Grammy*, igualando el récord que hasta entonces ostentaba Michael Jackson por *Thriller*. Su influencia ha sido decisiva para que las trasformaciones pop que ha experimentado la música «tropical» no sucumbieran ante lo banal (Clarke 1989: 1035-1036).

Aparte de casos excepcionales como el de Santana, desde finales de los sesenta hasta principios de los ochenta, el rock latinoamericano palideció ante la emergencia de la salsa y las diversas vertientes antes señaladas de la *Nueva Canción*. Sin embargo, algunos exponentes de estos movimientos fusionaron elementos de rock con sus músicas nacionales, como Roberto Rohena en la salsa[145] y el movimiento *Tropicalia* en Brasil (fenómeno que se replicó con menor éxito en muchos de los países latinoamericanos). El rock influenció también a muchos de los que, poco más tarde, descollarían como importantes cantantes pop: Sandro en Argentina, Roberto Carlos en Brasil y Chucho Avellanet en Puerto Rico, entre muchos. También, en Argentina empezó a destacarse

---

[145] Robert Padilla, *La trayectoria de Roberto Rohena* (1994), ensayo que acompaña la recopilación de éxitos de Rohena en la serie *The Fania «legends of salsa»* (1994: 6) y Héctor I. Monclova Vázquez (1994: 22-23).

Charly García, con una especie de *Nueva Canción* rockera que serviría de punta de lanza para el desarrollo del «rock nacional». El *rock-and-roll* anglo empezó a diversificarse en tendencias como el *Heavy Metal*, el *Punk*, la *New Wave* y el *Tecno Pop*, todas las cuales generaron sus imitadores en Latinoamérica, sin mayores consecuencias artísticas a nivel continental[146].

Fue frente a las dictaduras militares del Cono Sur que, en los ochenta, se conformó un *Rock Nacional* contestatario en español que sigue teniendo vigencia musical y lírica hasta hoy: Los Prisioneros en Chile y numerosos conjuntos en Argentina —Los Enanitos Verdes, Los Fabulosos Cadillacs, Fito Paez, Miguel Mateos, Soda Stereo... Paralelamente se formó en Brasil Os Paralamas do Sucesso, en México Maná y Café Tacuba, en Perú el grupo de Miki Gonzalez y muchos conjuntos con filosofía parecida en casi todos los países (éstos fueron también los años de Mecano en España). En esa década comenzaron los festivales interamericanos de *Rock Nacional*, y fue generándose una mayor comunicación e intercambio entre los conjuntos, consolidándose el género. Siguieron proliferando agrupaciones, tanto en Latinoamérica, como entre emigrantes latinos en Estados Unidos (King Chango, banda venezolano-americana de Nueva York; Volumen Cero, chileno-peruana de Miami; Maria Fatal, básicamente mexicana de California, etc.). El *Rock Nacional* puede dividirse en dos grandes tendencias: el que sigue el estilo paródico —con influencias *hippie*— de la *Tropicalia* y aquel que se considera heredero modernizado de la *Nueva Canción*. Prolifera en muchos países también, un *soft rock* pop casi balada, de orientación muy comercial, que podría señalarse como una tercera tendencia, aunque no es común que se le considere parte del «Rock Nacional». Como ejemplo, en Puerto Rico —cuya trayectoria este autor conoce más de cerca— la primera tendencia la ejemplificaría *Circo*, la segunda, *Fiel a la Vega* (Soto Torres 2005) y la tercera, Wilkins.

El pop latino

Una de las más impactantes *fusiones* entre el rock y la música «mulata-latina» fue el *Miami sound* iniciado por los esposos cubano-americanos Gloria y Emilio Estefan. Éste dinamizó el *soft-rock pop* romántico con un *back beat* «latino» incorporándole la fuerza y espectacularidad del baile a un rock que empezaba entonces a «rayar» casi en balada. La canción «Conga!» del disco

---

[146] Aunque importantes para las «culturas juveniles», según analiza Reguillo (2006b: cap. 4).

Primitive Love de Gloria Estefan ha sido la única en la historia que ha estado simultáneamente en las listas de *Billboard* en las categorías *Pop, Dance, Latin* y *Soul*. No se ha estudiado lo suficiente, pero me atrevería a sugerir que el *Miami Sound Machine* fue precursora del estilo bailable de *performance* cantable, hoy predominante, junto a las grandes figuras internacionales del *pop rock* como Michael Jackson y Madonna. En esta línea se destacan a principios del siglo XXI los puertorriqueños Ricky Martin, Chayanne y Jennifer López (nuyorican), la mexicana Paulina Rubio y la colombiana Shakira, quienes han ocupado los primeros escalafones del *hit parade* a nivel mundial.

Otra vertiente importante del pop latino la constituyen cantantes y cantautores que han otorgado una mayor amplitud temática a la tradición lírica de la *Nueva Canción*, en la línea del italiano Sergio Endrigo y el catalán Joan Manuel Serrat: los más destacados inicialmente fueron el brasileño Roberto Carlos, el argentino Alberto Cortés y los puertorriqueños Lucecita Benítez y Danny Rivera, y hoy en día es —con una mayor agresividad juvenil rockera— el cantautor puertorriqueño Robi Rosa «Draco», compositor además, de las más difundidas canciones del mayor «astro» del pop latino Ricky Martin, como «María», «La copa de la vida» y «Living la vida loca».

Una última vertiente del pop latino canaliza su expresión a través de la modernización tímbrica y armónica de viejos géneros «mulatos» latinoamericanos, como Carlos Vives con el vallenato colombiano, Luis Miguel con los boleros mexicanos y puertorriqueños y Juan Luis Guerra, con los merengues y bachatas dominicanas. Respecto a Carlos Vives, habría que añadir que luego de sus excelentes grabaciones de vallenatos *Los clásicos de la provincia*, *La tierra del olvido, El amor de mi tierra* y *Déjame entrar*, produjo el álbum *El rock de mi pueblo*, donde logra un rock basado en un profundo conocimiento de los géneros «tropicales», *fusión* sobre la cual experimentan otros grupos de la América «tropical».

Juan Luis Guerra pertenece a toda una generación de cantautores dominicanos (entre los cuales se ha destacado también Luis Días) que se lanzaron a principios de los años ochenta a redescubrir la riqueza del folklore de su país. Con una sólida formación musical —estudió jazz en la prestigiosa escuela Berklee de Boston— renovó y sofisticó (en el sentido anglo positivo de compleja elaboración, reitero) la tradición folklórica sobre todo del merengue y la bachata, dándole un nuevo aire y una gran popularidad y reconocimiento internacional a estas músicas bailables. Con su agrupación 440, logró extraordinarios juegos de voces que enriquecieron armónicamente la música popular dominicana desde su primera producción *En soplando* de 1984. Sus canciones se han ido enriqueciendo líricamente también con cada producción, alcanzando letras del nivel de las más sofisticadas producciones de la *Nueva Canción*. Combinan temas amorosos con algunas de aguda crítica social, con las cuales se integró a la tradición utópica de la salsa. «Ojalá que llueva café» y «Visa para un sueño» son ya *clásicos* en esa dirección. De hecho, parte de su enriquecimiento del merengue lo logró incorporándole giros salseros, además de recursos del jazz, el rock y la música «clásica».

Revolucionó además la canción romántica a través del género de la bachata, canción dominicana tipo amargue descendiente del bolero popular de cafetín y, como éste, claramente orientado al baile. En el disco *Bachata rosa* de 1990 colaboró el gran pianista de jazz latino cubano Gonzalo Rubalcaba. Su más grande éxito en este disco fue la surrealista y sugestiva composición «Burbujas de amor». Dignificó también la tradición musical de las antillas anglófonas, sobre todo en su migración «cocola» a su país, con las canciones «Woman del Callao» y «Guavaberry». De su producción *Ni es lo mismo ni es igual* se destaca su excelente descripción crítica de los servicios médicos en el subdesarrollo en el merengue «El Niágara en bicicleta». En los últimos años ha producido también composiciones importantes de la «música cristiana», categoría por la cual recibió un *Grammy* latino en el 2005.

Nuevas resignificaciones de lo afroamericano:

El jazz ¡latino!

Como discutimos en una sección anterior de este *Merengue*, la interrelación musical entre la cultura afroestadounidense y el Caribe tiene un largo «abolengo» en la historia de las sonoridades y bailes «mulatos». Allí discutimos el importante papel de tradiciones y músicos *latinos* en los orígenes del jazz. Esta interrelación continuó desarrollándose a lo largo del siglo (Acosta 2000; Chediak s.f., c. 1998), y se amplió y fortaleció con la bosanova a comienzos de su segunda mitad. El conguero cubano Chano Pozo se integró en los cuarenta a la Orquesta de Dizzy Gillespie para la cual produjo en 1947 la composición «Manteca», que dio seguimiento, fortaleció e inició la consolidación del estilo expresivo que había iniciado en la Orquesta de Duke Ellington el boricua Juan Tizol con «Perdido». El compositor cubano Chico O'Farrill fue en los cincuenta el arreglista de las más célebres *jazz bands* —las dirigidas por Count Basie, Benny Goodman y Stan Kenton—, y muchas de sus composiciones fueron interpretadas por instrumentistas del calibre de Charlie Parker y Gillespie. Para esa época, el guitarrista brasileño Laurindo

Almeida, quien había llegado a Estados Unidos acompañando a Carmen Miranda, se incorporó a la orquesta de Stan Kenton y con ella produjo en 1953 *Brazilliance*, «una relectura de los ritmos brasileños asociados al jazz» (Chediak *ibíd.*: 19). Antes señalamos también que en 1963 Tom Jobim, João y Astrud Gilberto grabaron con el saxofonista Stan Getz el LP *Getz/Gilberto* que en un año desplazó del primer escalafón del *hit parade* internacional nada menos que a Los Beatles.

Conviene recalcar, también, que la salsa se desarrolló en estrecha comunicación con el jazz; y que cuando presiones comerciales fueron haciendo cada vez más difícil grabar sus prolongadas descargas jazzísticas, muchos de sus mejores directores e instrumentistas comenzaron a consolidar el género fundamentalmente instrumental del jazz latino (Delannoy 2000; Roberts 1999), donde lo latino no sería una mera influencia del jazz y el jazz no una mera influencia de lo «tropical», sino su elemento central. Entre sus primeros grandes exponentes encontramos a muchos de los salseros nuyoricans: el pianista Eddie Palmieri, el timbalero Tito Puente, el conguero Ray Barreto, el contrabajista Andy González y el flautista Dave Valentín. Se incorporaron luego otros músicos latinos y norteamericanos, destacándose el pianista dominicano Michel Camilo y el cubano Gonzalo Rubalcaba, y muchos de los instrumentistas originales de los grupos *Irakere* de Cuba y *Batancumbele* de Puerto Rico: de *Irakere*, el clarinetista Paquito D'Rivera, el pianista Chucho Valdés y el trompetista Arturo Sandoval; de *Batacumbele*, el pianista Eric Figueroa, el trompetista y cantante Jerry Medina y el conguero Giovanni Hidalgo, entre otros. Con la consolidación del género resurgieron como «jazzistas latinos» muchos instrumentistas previos que habían estado siempre influenciados por la intercomunicación con el jazz, como el contrabajista Cachao y el pianista Bebo Valdés, cubanos, y el saxofonista argentino Gato Barbieri.

El jazz latino es una de las más complejas y sofisticadas elaboraciones sonoras del mundo contemporáneo. Y es significativo que esté incorporando, cada vez más en los últimos años, sonoridades *nacionales* de las músicas «mulatas». Se destacan hoy, entre una considerable camada, las experimentaciones con la fusión entre el jazz y las músicas tradicionales afrolatinoamericana del pianista panameño Danilo Pérez con su *Panamerican sound* y de los puertorriqueños, el trombonista, William Cepeda con la bomba, y los saxofonistas Miguel Zenón, con la «mulata» música jíbara o campesina del Caribe hispano, y David Sánchez con los boleros y la música clásica sincopada de Villa-Lobos, Ginastera y Piazzola.

Hip-hop, reggaetón, champeta

Esa rica interrelación entre lo «negro» estadounidense y las músicas latinoamericanas que el jazz latino expresó (y manifiesta) requirieron, cada vez más, instrumentistas de una sólida formación musical, vedada para muchos jóvenes de los marginados *ghettos* en Norteamérica. El virtuosismo alcanzando en la salsa y el jazz latino, tornaba doblemente difícil que jóvenes «prometedores» pudieran incorporarse a sus agrupaciones, así como iniciar bandas juveniles que compitieran dentro de esa tradición. Las urgencias expresivas de la intercomunicación entre los jóvenes afroestadounidenses y los jóvenes emigrantes (o descendientes de emigrantes) jamaiquinos y latinocaribeños, fueron conformando en el Bronx neoyorquino de finales de los setenta y en los ochenta un complejo de prácticas artísticas que sus mismos forjadores denominaron, significativamente, como una nueva «cultura»[147], combinando las dos principales acepciones del término: elaboración cultivada o arte y modo de vida. Se trataba de una «cultura» juvenil callejera de *ghetto* urbano, distanciada de —e incluso enfrentada a— los espacios institucionales y domésticos, y sus respectivos símbolos de autoridad. El carácter de separación tajante —étnicoracial y de clase— que fue consolidándose en la morfología y cotidianidad de las urbes norteamericanas marcó dramáticamente sus modos expresivos. Incluso en contraste con otras tradiciones artísticas que compartían sus bases clasistas y étnicas, como habían sido las «mulatas» músicas del jazz y la salsa, que siendo también, en su momento inicial, impugnadoras y contestatarias, no necesariamente debían manifestarse atrincherantes y agresivas. La centralidad de lo juvenil-callejero en la «cultura» *hip-hop* exacerbó el carácter de «rompimiento» de su desafío en esferas generacionales y de género, ausentes (o limitadas) en las otras tradiciones populares antes mencionadas.

Es ya un lugar común entre sus participantes e intérpretes, describir la «cultura *hip-hop*» como conformada por cuatro elementos centrales: *DJing*, o la producción sonora mecánica utilizando como instrumento principal a la música grabada misma, ya sea combinando secciones o «pistas» de LPs, como elaborando recursos rítmicos a través de un rayado (o «scratchiando») los propios discos en movimiento; *MCing*, o *rapiar* una improvisada poesía rítmica; *Graffiting*, o mensajes —inicialmente alfabéticos, desarrollándose luego en murales— en paredes a ser vistas desde la calle, utilizando la comercialmente difundida y doméstica pintura de aerosoles; y *B-boying*, o la encadenación de movimientos entrecortados súbitamente formando un acrobático *break-dance*

---

[147] Numerosos ejemplos en Sexton (1995).

en diálogo con la música del DJ, reviviendo aquella ancestral tradición de las músicas afro en Latinoamérica. Un quinto elemento (secundario) fue el llamado *beatboxing*, que es la técnica de imitar con la boca sonidos instrumentales, especialmente de percusión, presente antes en la tradición salsera, en conjuntos que integran lo popular y lo folklórico (como, en Puerto Rico, *Atabal*), y que haría famoso, más tarde, el grupo cubano *Vocal sampling*.

El *B-boying* (identificado, en sus comienzos, también como «electro-boogie») se desarrolló de una combinación de las prácticas del *breakdancing* originadas en Nueva York y el baile que denominaron «popping and lockin» en la costa oeste de Estados Unidos Ambos respondían —como el *DJing*, según veremos más adelante— a la predominancia del sonido mecánico que se intentaba simbolizar corporalmente. En la conformación de ambas prácticas, los jóvenes latinos jugaron un papel fundamental, así como la herencia africana. La fuerte tradición danzaria afrolatina parece haber sido trasfondo para que los jóvenes de ascendencia puertorriqueña en el Bronx alcanzaran la fama de ser considerados entre los más innovadores y diestros. Este baile sirvió de inspiración a algunas de las obras gráficas célebres del movimiento en las artes plásticas que inició el *Graffiting*[148].

El *Graffiti* alcanzó una mayor notoriedad y atención por el mundo intelectual, en gran medida asociado a su vinculación con la vanguardia del movimiento de arte pop que lideró Andy Warhol desde Nueva York. Aunque queda, al respecto, mucho por historiar, algunos artistas que participaron del movimiento de la cultura *hip-hop* en su fase del graffiti han alcanzado la consagración museística: como el haitiano-puertorriqueño Jean-Michel Basquiat y el norteamericano *anglo* Keith Haring. Es ilustrativo del mundo social que ambos compartían el hecho de que todos los «compañeros sentimentales» que se le conocieron a Haring fueran, como Basquiat, latinos o afros: el DJ Juan Dubose, Juan Rivera y Gil Vázquez; así como el hecho de que Haring trabajara muchas de sus obras en conjunto con el joven *graffitero* latino de catorce años Ángel Ortiz (LA II) y exhibiera junto a *graffiteros* latinos conocidos, como Lee Quiñones.

El *DJing* (término surgido de *disc jockey*), es una nueva forma de hacer música a través de la predominancia contemporánea de su reproducción mecánica. La proporción del universo sonoro que representa el sonido producido por máquinas —frente a los sonidos producidos por la naturaleza y por el ser humano— fue tornándose predominante sobre todo durante la segunda mitad del siglo XX y, de manera dramática, en ciudades como Nueva York.

---

[148] Extraordinarios ejemplos en Kolossa 2004: 48 y 49 (puede entreverse su presencia también en las pp. 20, 28, 29, 43 y 45).

Creció también la proporción de la experiencia con música grabada frente a la experiencia de la música «viva». El *DJing* responde, en gran medida, al intento de apropiarse expresivamente y hacer arte de esa realidad. En la medida que forma parte de un movimiento (o «cultura») de rebeldía juvenil, esa predominancia de la sonoridad mecánica fue exacerbada hasta niveles intolerables para generaciones formadas en universos sonoros distintos y tradiciones musicales cónsonas con éstos. Además chocaba, entre esas generaciones, la simplicidad evidente de una sonoridad naciente, frente a la rica variedad de texturas y timbres que fueron desarrollando a través de su historia tradiciones sonoras «mulatas» de largo abolengo. Sin embargo, una vez establecida la predominancia de la sonoridad mecánica en la nueva «cultura», se ha notado una mayor apertura a la incorporación de agentes sonoros de tradiciones previas, así como un más complejo y elaborado desarrollo de sonoridades electrónicas.

Inicialmente los DJs mezclaban pedazos de pistas de LPs tomadas del reggae y las diversas variantes de las sonoridades afronorteamericanas: música *disco*, *funk*, jazz, *afrobeat*...; pero pronto comenzaron a incorporarse también grabaciones de salsa, merengue, bachata y otras músicas afrolatinoamericanas. Los DJ empezaron a utilizar MC (maestros de ceremonias) para calentar los ánimos con poesía callejera oral improvisada, en la tradición del *toasting* jamaicano y su *dup poetry*, y los *poetry slams* del *Nuyorican Poets Café*. El MC se convirtió en el representante del público en el escenario. Los participantes de las fiestas amenizadas por los DJ «reaccionaban ante la locuacidad del MC, celebraban su ingenio, aplaudían sus fanfarronadas, vibraban con sus historias inverosímiles, compadecían su dolor nostálgico...»[149].

El talento del MC se denominó *flow*: generar un flujo artístico rítmico de palabras. Entre los MCs del Bronx se destacó de manera especial en los noventa el nuyorican Big Pun, quien incluía en un mismo disco temas y frases en español y *spanglish*, junto al inglés que constituía su idioma predominante. En décadas previas los más destacados habían sido los afronorteamericanos Afrika Bambaataa y Public Enemy.

Ya a finales de los setenta, compañías disqueras independientes empezaron a grabar estos encuentros de DJs y MCs, y un disco del *Sugar Hill Gang*, *Rapper's Delight* tuvo una extraordinaria acogida internacional, lo que interesó a las grandes compañías en aprovechar comercialmente esta expresión callejera, aunque su predominio no se alcanzaría hasta los noventa. La difusión disquera

---

[149] Jeff Chang, director de redacción del *website* <http://www.360hiphop.com> (visita en septiembre del 2005).

acentuó el protagonismo sonoro y lírico de la «cultura *hip-hop*» respecto al *graffiti* y al *b-boying*. Frente la amplitud mediática de sus audiencias, la rebeldía *rapera* enfatizó —como, en sus comienzos, la *salsa*— una paródica exacerbación del estereotipo del *ghetto* como el «bajo mundo de la criminalidad». *Niggas with attitudes* (que podría traducirse como «negros parejeros»), lanzó el disco que se convirtió en especie de himno de esa generación, *Gangsta Gangsta*, que a sólo seis semanas de su aparición había vendido más de medio millón de ejemplares.

El *hip-hop* encontró su segundo centro importante de producción y difusión en los barrios marginados de la ciudad de Los Ángeles. Allí se destacaron, junto a exponente afroestadounidenses, MCs como Mellow Man Ace de origen cubano, el chicano Kid Frost y grupos que incluían latinos de diversos trasfondos, como Cypress Hill, cuya combinación de rap y rock fue imitada por grupos mexicanos como Molotov. En 1988 se inició *I MTV Raps* que facilitó al mundo entero el acceso televisivo instantáneo a los llamados «estilos urbanos» —crudos, violentos, sexistas, intencionalmente ofensivos— de los *ghettos* de afroamericanos, chicanos y nuyoricans.

Poco antes, a finales de los ochenta, jóvenes de los caseríos (*public housing projects*) de San Juan y los barrios de Panamá, que habían experimentado la vida emigrante en Nueva York, empezaron a grabar versiones caseras (*underground*) de *rap* en español. Especialmente destacados fueron el panameño (de madre cocola —hija de descendientes de las antillas anglófonas— y padre colombiano) Edgardo Franco «El General» y el nuyorican «de retorno» (así les llaman a los que se reintegran a la vida en la «isla») Armando Losada «Vico C», el primero con letras-piropos de alto contenido sexual y el segundo expresando profundas críticas sociales, que lo llevaron a ser apodado como «el filósofo del rap». En los noventa fueron grabados por grandes compañías disqueras; grabaciones que recibieron los más prestigiosos premios de la industria musical, discos oro y platino, *Grammy*, etc. Es significativo que luego de alcanzar el estrellato, ambos han intentado ayudar a otros jóvenes del género. Vico C apadrinó la carrera de las primeras exitosas raperas —Liza M y Franceska— y de otros DJ. «El General» estableció en Panamá la fundación *Niños Pobres Sin Fronteras* para ayudar al desarrollo de niños en barriadas como las que él se crió, y su estudio de grabación ha abierto sus puertas gratuitamente a jóvenes talentosos sin recursos.

Hoy, la cultura *hip-hop* está universalizada, principal —aunque no exclusivamente— entre sectores sociales marginados. Frecuentemente se combinan algunos de sus elementos distintivos con diversas particularidades de los grupos «subalternos» que la adoptan, resemantizándola[150]. Se la tiende a considerar como originada por la cultura afronorteamericana, cuando es evidente que surgió de la interrelación entre afroestadounidenses y *latinos*, principalmente, nuyoricans[151]; y sigue desarrollándose con mucha intensidad, no sólo en el mundo urbano estadounidense sino, también, directamente en el Caribe, como evidencia la excelencia del grupo cubano *Orishas*. Entre los raperos actuales se distinguen también los puertorriqueños Welmo Romero, Siete Nueve y el grupo *Intifada*.

Del *hip-hop* surgió, entre Panamá y Puerto Rico, una variante con ritmo y características propias denominado *reggaetón*[152]. Como su propio nombre sugiere, esta variante *hip-hop* deriva de la vertiente *dancehall* del reggae a la cual se le enfatiza un desplazamiento en los acentos de su métrica que tornan más explícito y protagónico el carácter sincopado de su rítmica interna. En esa línea, ha ido desarrollando una sonoridad instrumental independiente del *mixing* y *scratching* con anteriores LPs, incorporando fundamentalmente tradiciones afrocaribeñas: ya sobrepasando al reggae mismo, la bomba, la bachata y la salsa. De hecho, los exponentes del *reggaetón*, como los «latinos» del *hip-hop*, se sienten musical y socialmente herederos y continuadores de la tradición salsera. En la celebración de la entrega de premios *Grammy* latinos del 2005, doce de los más conocidos exponentes del *reggaetón* se presentaron en escena vestidos con *T-shirts* donde cada uno llevaba la imagen del salsero con el cual más se identificaba. Bajo el sugestivo título de *Los 12 discípulos*, se difundió su presentación por CD y DVD (Dee 2005). Hacia mediados de la primera década del siglo XXI son muy frecuentes los experimentos de fusiones entre salsa y reggaetón, entre estas formas complementarias de hacer música.

Esta variante «tropical» del *hip-hop* se consolidó en medida considerable en su tránsito de la calle a la discoteca. El *B-boying* fue cediendo su importancia al baile en parejas, sobre todo a un tipo de baile (como fue el *dancehall* para el reggae) explícitamente sexual denominado «perreo», al estilo de una antigua tradición anglocaribeña en los carnavales. Esta forma de bailar, intencionalmente provocadora y para escandalizar a las identidades sociales y generacionales dominantes, se replica en numerosas expresiones

---

[150] Véanse, por ejemplo, casos tan distantes y disímiles como los de Italia y Nueva Zelandia, estudiados por Mitchell (1996).

[151] Señalado desde los primeros estudios importantes —e.g. Tricia Rose (1994) y Juan Flores (1993 y 2000)— y ampliamente evidenciado por Raquel Rivera (2003).

[152] Resumo mi ensayo «El reggaetón» (2007c: 36-37).

juveniles en la América «mulata», como en la denominada «champeta» del Caribe colombiano. Aunque no se han abandonado otras temáticas del *hip-hop*, como la descripción y crítica social, la discoteca y el «perreo» fomentan un «rapeo» más comercial en torno al acercamiento corporal, con mayor uso de estribillos y repeticiones que facilitan el aprenderse las canciones entre escuchas y bailadores.

El elemento visual que había representado el *graffiti* ha ido cediendo su importancia ante la producción de videos, que enfatizan también el mundo discotequero, aunque sin abandonar totalmente el mensaje social crítico.

El *reggaetón* ha alcanzado una rápida popularidad mundial, y sus más destacados exponentes —hasta hoy, prácticamente todos puertorriqueños— Daddy Yankee, Don Omar, Tego Calderón y Calle 13, entre muchos otros, son considerados súper estrellas de la industria musical y el media.

Lo culto y lo popular: transformaciones en lo «erudito» y el canon

Quisiera concluir este panorámico —necesariamente esquemático— recuento histórico de las bailables músicas «mulatas» con la preocupación que animó el capítulo final de mi libro anterior *¡Salsa, sabor y control!*: las transformaciones en lo considerado popular o «erudito», y en la conformación de un canon.

En los albores del siglo XXI, no es raro encontrar en Latinoamérica que se incorpore —aunque aún casi siempre como *encore*— alguna canción popular en un concierto de *bel canto*; como tampoco es raro escuchar a algún virtuoso de la música popular, sobre todo en el jazz latino, interpretar o grabar composiciones de la llamada «música culta». A nivel de composición, esta porosidad es más problemática, pero cuenta con importantes antecedentes en la música «clásica», como examinamos en una sección anterior. Especialmente interesante resulta que en las tres décadas más recientes, el proceso se esté dando también en dirección inversa: músicas populares que «invaden» el campo de lo denominado «culto».

En 1977, el salsero nuyorican Willie Colón, muchas de cuyas composiciones más difundidas aludían y recalcaban el tema de la marginalidad social, produjo la música para un *ballet*, para la forma bailable emblemática de la música occidental *erudita*. Éste, que llamó *ballet latino*, se inspiró en un poema anti-racista muy difundido del reputado escritor venezolano Andrés Eloy Blanco, «Píntame angelitos negros», poema que en los años cuarenta, el cubano Antonio Machín había popularizado en forma de bolero que utilizaba la cadencia andaluza[153], como los boleros más célebres de Rafael Hernández, según examinamos antes[154]. El ballet de Willie Colón se tituló *Baquiné de los angelitos negros*[155], en referencia a la tradición afro-campesina de celebrar la muerte de un niño que, en su inocencia, iría directo al cielo. Éste fue el tema del más importante óleo puertorriqueño de principios del siglo XX, *El velorio* de Francisco Oller, hito fundamental en la historia de las artes plásticas en dicho país «tropical». Estos referentes interrelacionados —el poema de Blanco dirigido al pintor y la pintura de Oller—, indiscutibles valores de la más «alta» tradición artística (parte de lo que se considera «el canon»), fortalecían el intento del *ballet latino* de establecer la sonoridad popular salsera y sus formas bailables correspondientes en el ámbito de la «cultura», quebrando la dicotomía binaria excluyente entre lo «popular» y lo «culto». Ambos referentes seleccionados —aunque ya «canonizados»— fueron expresiones artísticas de inspiración democrática y clara protesta social.

El *Baquiné de los angelitos negros* es un experimento sonoro que sorprende en su combinación de timbres: una poderosa sección (y *descargas*) de percusión —bongoes, congas y timbales— alterna el protagonismo con el instrumento símbolo del mundo campesino, el *cuatro*. Cumplen un papel importante también los vientos-metal en entrejuego con violines y *violoncellos*. Aunque los violines habían sido utilizados en la música latina y en el jazz, era muy raro escuchar los *violoncellos* en el Caribe fuera de la música «erudita». Entre los vientos-metal predominan, como en general en la salsa, los trombones y trompetas, pero juegan un papel importante otros timbres más identificados con el jazz, como los saxofones alto y barítono. Se utilizan también otros instrumentos comunes de las orquestas de salsa, como la flauta, y el piano y bajo acústicos, además de otros asociados a la experimentación tímbrica contemporánea del rock, como el bajo eléctrico y el sintetizador. Finalmente, se utilizan también la guitarra y la batería.

A través de esta tímbrica tan compleja y variada, *El Baquiné de los angelitos negros* incorpora al *ballet latino*, elementos de las tradiciones «mulatas»

---

[153] Musicalizado por Manuel Álvarez Maciste, partitura editada en España en 1947 por la editora Música del Sur, con *copyright* de Editorial Mexicana de Música Internacional, 1946.

[154] A estos boleros aflamencados se les llamó también «boleros morunos» (como se denomina también un tipo de seises jíbaros en la música campesina puertorriqueña, que exhibe claramente su «mulatez» sincopada, como sus variantes «Villarán» y «Montebello». Es significativo que el precursor de este tipo de bolero fuera, precisamente, Rafael Hernández, según las investigaciones de Cristóbal Díaz Ayala (1998: 89).

[155] Grabado como disco con el mismo título poco después (1977).

sonoramente más elaboradas, como el jazz y la música «erudita», a la libre combinación de formas de la salsa, No se recrea, por tanto, un baquiné tradicional, sino una ensoñación utópica. Tanto la carátula como los títulos de las diferentes piezas, lo ubican contemporáneamente en la urbe neoyorquina.

En 1973, un compositor popular puertorriqueño negro, «Heny» Álvarez, y el judío pianista salsero *neoyorquino* Larry Harlow unieron esfuerzos en Nueva York para producir una ópera. Aunque podría considerarse más influenciada por la tradición norteamericana del *musical*, los compositores de este intento de dramatización musical salsera insistieron en apropiar el término «clásico» de *ópera*. Al igual que el *ballet* de Willie Colón, se consideró importante adjetivar el concepto «erudito» en términos identitarios: sería una ópera *latina*. El argumento de *Hommy, a Latin Opera* (1973) es una recreación afrocaribeña de la *rock-opera* inglesa *Tommy*, muy interesante por la multiplicidad simbólica de sus variaciones. El personaje principal en *Tommy* era un niño ciego y sordomudo que maravillaba por su habilidad en el juego de *ping-ball*. Para *Hommy* (pronunciado Omí como para recalcar su negritud y marcar su diferencia con el *musical* previo) su impedimento físico —ciego y sordomudo también— no le impedía manifestarse como un virtuoso del bongó, instrumento fundamental, como vimos al comienzo, en los intercambios mutuos entre los repiqueteos percusivos y los *piquetes* bailables. La música no es, pues, sólo un medio a través de la cual se expresa un argumento; se convierte en un elemento central del argumento mismo. Hommy ve y escucha otras realidades, o a través de otros registros o filtros, con los cuales interactúa, se comunica o «habla» a través del ritmo[156]. La música —el ritmo, particularmente— se convierte en la dimensión donde se manifiesta su «lugar» en el mundo y la historia. La malévola *Acid Queen* de *Tommy,* se transforma, interpretada magistralmente por Celia Cruz, en la maravillosa y bondadosa *Gracia Divina*, atravesada de numerosos referentes afrorreligiosos de la santería cubana, el *shango-cult* trinitario o el candomblé de Brasil. Así, la subcultura juvenil urbana de la rockera *Tommy*, se transforma en todo un universo étnico-civilizatorio alternativo. Esta *latin opera* concluye con un apoteósico *finale* exhortando en su «letra» a: *¡mírame, óyeme!*; es decir, a otra manera de ver y oír.

---

[156] En Juan Flores y Jorge Matos Valldejuli, «Tremendo rumbón: una entrevista con Genaro "Heny" Álvarez» (en Flores y Valentin-Escobar 2004: 121-131), el compositor relata que la idea de estar ciego y sordomudo surgió como metáfora de no haber recibido regalo alguno (por la pobreza en su familia) con qué jugar en un Día de Reyes de su infancia, combinado con la experiencia de no habérsele permitido aprender música en su escuela secundaria por prejuicio racial.

En 1977, Harlow incursionó en la suite sinfónica, nuevamente con la definición identitaria de «lo latino». *La raza latina, a Salsa Suite* —en cuya carátula protagoniza el baile social en parejas— enfatiza el carácter nomádico de esta identidad y lo étnico-«racial» en dicho nomadismo. Trata sobre el tránsito de África a Nueva York vía el Caribe. Su primera pieza, que evoca a África, es un *guaguancó* con una combinación tímbrica sencilla de tres voces: cueros, *cuatro* (o *tres*) y canto. En la medida que la *Suite* va elaborando una creciente complejidad sonora en el tránsito territorial *La raza latina* no refiere a una genética, a la persistencia de unos orígenes, sino a la complejización histórica de esos orígenes en sus desplazamientos. Remite sobre todo a un proceso de formación cultural que la *Salsa Suite* intenta expresar a través de una elaboración sonora *in crescendo*. Estas tres invasiones salseras a las formas de la «música clásica» se dieron en torno a temáticas de índole étnico-«racial» expresadas a través de mitos y arquetipos. Un segundo intento de apropiación salsera de la ópera, *Maestra vida*, de Rubén Blades con el apoyo musical de Willie Colón (1980), ubica las mismas problemáticas en la vida diaria.

La particular marginalización «latina» en Estados Unidos llevó a esta «invasión» explícita de los formas «eruditas». Hoy, no sólo en la salsa, sino también en el jazz latino, en las variadas secuelas de la bossa nova, en el pop latinoamericano e inclusive en los desarrollos del *reggaetón*, la mayoría de sus instrumentistas —aunque provengan mayoritariamente de sectores sociales populares— tienen formación musical académica, e incorporan las *leyes* de la armonía, el contrapunto y la elaboración melódica extraordinariamente desarrolladas por la composición «clásica», a su elaboración sonora «popular» bailable simultáneamente «abierta» y «redondeada». Por otro lado, los compositores «clásicos» de las culturas «mulatas» —el cubano Leo Brower, el haitiano Frantz Casseus, el argentino Astor Piazzola, el uruguayo Miguel del Águila, el mexicano Ernesto García de León, el dominicano Bienvenido Bustamante, el nuyorican William Ortiz, los puertorriqueños Roberto Sierra y Ernesto Cordero, entre muchos— han incorporado en las décadas recientes (y continúan haciéndolo *in crescendo*), no sólo motivos de las músicas populares (lo que históricamente se había hecho siempre en la música «clásica» internacional), sino las *prácticas* de elaboración sonora de las músicas «mulatas»: el camuflaje melodizado de ritmos, el diálogo descentrado entre melodía, armonía y ritmo, la apertura a la improvisación, la valoración democrática de la heterogeneidad en los timbres, las métricas de clave (y su efecto sincopado), la libre combinación de formas y tiempos... En una de las más recientes composiciones de Ernesto Cordero se recurre, incluso, a la improvisación «rapera», y, como en varias composiciones del jazz latino —el de William Cepeda, entre otros—, a los ritmos del rayado del *hip-hop* o al *scratching*. Todos, de una manera u otra, participan, parafraseando al compositor norteamericano Elie Siegmeister (1980: 101), autor de uno de los más fabulosos conciertos para clarinete del siglo XX, estructurado sobre el jazz,

> en la tarea de destruir la caduca división tajante entre música erudita o de arte, por un lado, y música tradicional o popular, de otro. Al hacerlo así ayudarán a destruir las diferencias sociales que esas divisiones musicales han simbolizado y ayudado a perpetuar.

Toda expresión estética tiene esa posibilidad. Las prácticas de las tan comúnmente subestimadas «músicas mulatas» bailables abren, para ello, una brecha más amplia: un camino donde el desarrollo cultural puede ser, además, expresión y goce corporal.

Cuadro 1
Identificación latinoamericana por géneros musicales de colección de choros Café Brasil*

Fecha	Compositor(es)	Composición	Timbre	Géneros identificados	Metro	Lugar CD
1897	Chiquinha Gonzaga (1847-1935)	Bionne	Piano	Polca y danza del país (festiva)	2/4	15
c. 1900	Pattapio Silva (1881-1907)	Meu primeiro amor	Flauta (y *piccolo*) y piano	Mazurka y vals (rápido)	3/4	13
c. 1910	Ireneu de Almeida (1890-1916)	Mariana	Conjunto 1**	Polca	8/16	16
c. 1910	Ernesto Nazareth (1863-1934)	Brejeiro	Mandolina, clarinete, guitarra, cavaquinho, bajo y *tambourine*	Choro – samba (trasfondo de polca)	4/4	3
1946	Pixinguinha (1897-1973) y Benedito Lacerda (1903-1958)	1:0	Flauta (y *piccolo*), saxofón tenor, mandolina cavaquinho, 3 guitarras (una 7c), percusión (cymbal), *tambourine* y P	Samba da rua (trasfondo de polca)	4/4	5
1947	André Correia	André de Sapato Novo	Clarinete, mandolina, guitarra, cavaquinho, bajo y *tambourine*	samba da rua (carnavalesca)	4/4	9

*Rildo Hora, *Café Brasil*, s.l. (¿Río de Janeiro?): A & R (CD) 8573-82368-2, 2001. No se trata de un análisis musicológico profesional, sino de los géneros que un latinoamericano con una buena cultura musical continental general (no especialista) «escucha» en las interpretaciones. Todas las interpretaciones fueron grabadas y mezcladas entre el 2000 y el 2001.

** *Conjunto Época de Ouro*: *Tambourine*, Percusión brasileira, 4 guitarras (una 7c), Cavaquinho, 2 Mandolinas, Vientos (Flauta, *piccolo* y saxofón).

Breve historia social de las bailables músicas «mulatas» 201

Fecha	Compositor(es)	Composición	Timbre	Géneros identificados	Metro	Lugar CD
1966	Jacob do Bandolim (1918-1969)	Treme – Treme	Mandolina, cavaquinho, 3 guitarras (una 7c), *tambourine*	Samba (con aires de polca y seis chorreao)	4/4	11
c. 1970	Jacob do Bandolim	Noites cariocas	*Ibid.* Más acordeón y percusión brasileira (PB)	samba	4/8	1
c. 1970	Jacob do Bandolim y Bittencourt (1971)	Jamais	Conjunto 1 y voz	Bolero	2/4	8
c. 1970	Horondino Silva (1918-2006) y Alberto Ribeiro (1902-1971)	Pastora dos olhos castanhos	Conjunto 1 y voz	Bolero	2/4	4
1976	Martinho da Vila (1938)	Choro chorão	Mandolina, cavaquinho, piano, guitarra, bajo, voz y PB	bolero tipo bachata (con aire de danza del país)	2/4	6
c. 1985	Paulinho da Viola (1942)	Sarau para Radamés	Harmónica, bajo, cavaquinho, piano, guitarra, *tambourine* y PB	Samba jazz	6/8	14
c. 1985	Miguel Lima	Galo Garnizé	Mandolina, clarinete, guitarra, bajo, cavaquinho, piano, voz y *tambourine*	samba	4/8	12
c. 1990	Caetano Veloso (1942) y Ferreira Gullar (1930?)	Onde andarás	Conjunto 1 y voz	bolero (con aires de fado y danza del país)	4/4	2
c. 2000	Waldir Azevedo (1923-1980)	Brasileirinho	Cavaquinho, mandolina, piano, bajo, guitarra y *tambourine*	samba da rua jazzeada (con evocaciones a polca y a seis chorreao)	4/4	7

Cuadro 2 Discografía del trío Los Panchos entre 1944 y 1965. Análisis por género musical y nacionalidad del compositor*

País	Bolero	Corridos y Rancheras	Guarachas	Guajiras	Son	Cha-cha-chá	Tango	Vals	Otros	Total
Cono Sur	55	0	0	0	0	0	13	0	6	74
Cuba	30	4	5	4	4	3	0	0	6	56
Dominicana	5	2	2	0	0	0	0	0	1	10
México	197	12	2	0	12	1	0	6	29	259
Puerto Rico	53	0	1	0	0	2	0	0	7	63
Venezuela	5	0	0	0	0	0	0	0	9	14
Otros latinos	8	0	0	0	0	0	0	3	6	17
Europeos y EE.UU.	15	0	0	0	0	0	0	0	7	22
Desconocido	17	0	1	0	0	0	0	2	3	23
TOTAL	**385**	**18**	**11**	**4**	**16**	**6**	**13**	**11**	**74**	**538**
Por ciento	72.6	3.3	2.0	0.7	3.0	1.1	2.4	2.0	13.8	100

*Cálculos de Ángel Quintero y Tahirín Artreches a base de información en Pablo Marcial Ortiz Ramos (2004): *El trío Los Panchos: historia y crónica*. San Juan: Corripio.

Cuadro 3 Discografía en 78 rpm de Billo's Caracas Boys (*circa* 1937 y 1959). Análisis por género musical*

	Bolero	Merengue y Merencumbe	Guarachas	Porro	Son	Cha-cha-chá	Danzón	Otros	Total
TOTAL	**81**	**28**	**115**	**13**	**14**	**6**	**11**	**33**	**301**
Por ciento	26.9	9.3	38.2	4.3	4.7	2.0	3.6	11.0	100

*Cálculos de Ángel Quintero y Nilvea Malave a base de información en Ángel Vicente Marcano (1998): *Billo Frómeta: Biografía Musical*. Caracas: Alter Libris.

III. *Jaleo.*
Polirritmo a tres tiempos *¿cruzados?* para *entrar en uno, en dos…* y *en contratiempo* (*tres*) a la salsera investigación concreta («científica y poética») del baile «sincopado»

PRIMER *REPIQUETEO* DEL *JALEO*

EL MERENGUE DE LA DANZA

ORÍGENES SOCIALES DEL BAILE EN PAREJA EN EL CARIBE

> Para José Alberto «El Canario», salsero dominicano; boricua además, de Villa Palmeras y El Barrio; y a la memoria de Harry Hoetink de origen holandés; y caribeño —curazaeño, dominicano y puertorriqueño— por adopción y decisión.
>
> Si hay baile en algún CASINO
> alguno siempre se queja,
> pues a la blanca aconseja
> que no baile con negrillo
> teniendo, aunque es amarillo,
> *el negro tras de la oreja.*
>
> Del célebre trovador dominicano,
> Juan Antonio Alix, 1883[1]

Paseo del *repiqueteo*: trayectorias, o la presencia contemporánea de la historia

Algunos de los primeros intentos de historiar la música y el baile en la República Dominicana y en Puerto Rico enfatizan sobre la estrecha relación entre la *danza puertorriqueña* y el merengue, que son generalmente considerados los bailes «nacionales» de estas Antillas, respectivamente. En Santo Domingo, por ejemplo, Emilio Rodríguez Demorizi describe el merengue como modalidad de

---

[1] Citado por Hoetink (1985: 259).

mediados del siglo XIX de la *danza criolla* (1971: 125-126)[2]; mientras Cesáreo Rosa Nieves analiza en Borinquen la *danza puertorriqueña* como desarrollo de la *upa* cubana y el *merengue* (1951: 191-192). Estos autores investigaron y escribieron hacia mediados del siglo XX, es decir, aproximadamente todo un siglo después del surgimiento de estas expresiones musicales y danzarias.

Prácticamente, todos los estudiosos posteriores han seguido haciendo énfasis en esta «estrecha relación», sin percatarse —tanto estos tan citados pioneros, como los que los han seguido hasta el día de hoy— que *danza* y *merengue* fueron inicialmente términos utilizados indistintamente en ambas Antillas para referirse a un mismo fenómeno: el primer baile en pareja de salón que no era un «eco repetido de los de Europa» —citando al primer libro costumbrista importante de la literatura puertorriqueña, de 1849 (Alonso 1968: 33-34)—. Incluso, serios estudiosos extranjeros, muy identificados con nuestros países y sus músicas, no lograron aprovechar el posible distanciamiento de las fuentes que su origen les permitía, para corregir esta confusión, raíz de innumerables errores interpretativos. Paul Austerlitz, por ejemplo, de cuya meticulosa investigación aparece lo que es evidente para quien examina las fuentes primarias originales sin dejarse cegar por las gríngolas de las ideologías «nacionales» —«Like Puerto Ricans, Dominicans seem to have used the terms "merengue" and "danza" interchangeably...» (1997: 22) —, hace la citada mención prácticamente *en passant*, y continúa todo su muy valioso libro con la distinción con que —siguiendo a Rodríguez Demorizi y Rosa Nieves, convertidos en «la sabiduría convencional»— inicia su análisis:

> Like *another* pan-Caribbean form, the «danza», the Caribbean merengues fused the European «contredanse» with local, African-derived elements... (*ibíd.*: 15; énfásis añadido)

Para todo el que vea bailar o escuche hoy una *danza* puertorriqueña, un *danzón* cubano y un *merengue* dominicano le parecerá evidente que se trata de géneros claramente distintos —a lo sumo relacionados, sobre todo en el caso de la danza y el danzón—. Y así era ya desde, al menos, los años cuarenta del siglo XX, cuando desarrollaban su oído y sus percepciones sus posteriores estudiosos, como Rodríguez Demorizi. ¿Por qué, entonces, los términos que nombraban a dos de estos géneros musicales fueron en sus primeras décadas de «existencia» —como señala Austerlitz— *terms used interchangeably*? ¿Refirieron siempre estos términos a la música y el baile con los cuales los asociamos hoy?

---

[2] Sección titulada «Un apunte acerca del merengue» (125-133).

Veamos como embocadura preliminar —o *paseo* del primer *Repiqueteo* del *Jaleo*— algunos documentos «puertorriqueños» en secuencia. He colocado la referencia *nacional* entre comillas del todo adrede, pues iniciaré esta *en-bocadura* con una carta escrita por un comerciante «extranjero», en visita de negocios, que muy significativamente firmaba sencillamente como «un transeúnte». Se trata de una de las primeras descripciones en las fuentes puertorriqueñas de ese baile *propio del país*. Fue publicada en el periódico *El Ponceño* con fecha del 4 de julio de 1854, es decir, el mismo año (aunque algunos meses antes) en que los estudiosos dominicanos señalan que aparece la primera referencia al merengue en la República Dominicana[3]. Dice así:

> una sonora música: el blando y dulce movimiento de la *contradanza del país*. Aquí, Sr. Redactor, falta me hace la poética pluma de Dumas para describir, tal como yo lo siento, la impresión á la vez melancólica y embriagadora que se apoderó de mi al escuchar la música y entregarme (pues yo también «upo») al paso suave y elegantemente lánguido de esta *danza*. Llámenla *contradanza, merengue, upa* o lo que se quiera, siempre es que no existe otra danza mas llena de gracia i casto abandono que la que nos ocupa. Rabia me dá, por Dios, oír hablar á personas que debían saber lo que dicen, de la necesidad de desterrar tal o cual costumbre del país porque no cuadra con los usos y costumbres que se observan en la culta Europa y en tal virtud desean relegar del suelo que ha visto nacer á la contradanza del país, meramente porque se le ha encaprichado á alguno el llamarla *merengue*...[4]

Uno de los principales intelectuales modernizantes del Puerto Rico de finales del siglo XIX describía con amargura, cuatro décadas después, la transformación de la «contradanza sin contra»[5] de esta manera: «la danza de figuras española, hoy sustituida por el *merengue* sensual» (Del Valle Atiles 1887: 112).

La poetisa y pianista Trina Padilla de Sanz, apodada «La hija del Caribe», se refiere, en una conferencia dictada en 1937, a la danza como «merengue» en un proceso inverso, en un proceso de «depuración» social y moral del género:

> algunas parejas las bailaban a manera de «serrucho», que se decía entonces, y que consistía en bailarla dando dos pasos hacia atrás y dos hacia delante... bastante *indecoroso*, ciertamente; pero andando los tiempos y al llegar los autores Tavárez,

---

[3] José del Castillo y Manuel A. García Arévalo (1988: 13); Darío Tejada (2000); Rodríguez Demorizi (2000); entre muchos.

[4] *El Ponceño*, pp. 2 y 4, énfasis añadidos. En todas las citas mantendré la ortografía original.

[5] Así titula Natalio Galán el capítulo 4 de su excelente *Cuba y sus sones* (1983).

Callejo, Campos, Mislán se varió la forma indo africana por el *llamado «merengue» que actualmente constituye la danza*... (1938; énfasis añadidos)

Si *danza* y *merengue* fueron en una época términos equivalentes, no podemos historiarlos asumiendo desde sus orígenes las diferencias que se desarrollaron después. Una de las limitaciones principales a las cuales nos enfrentamos en el análisis de los orígenes sociales del baile en pareja en el Caribe, la constituye el hecho de que las investigaciones sobre la historia de los géneros musicales caribeños se han enmarcado en el paradigma de «la cultura nacional» y sus análisis se han hecho para cada país individualmente.

En este ensayo me propongo traer a la consideración algunos elementos que entiendo puedan ayudarnos a estudiar mejor la entretejida historia social de los géneros musicales que fueron alcanzando, en cada Antilla hispana, el pedestal de ser considerados «símbolos nacionales», pero intentando analizar éste como un proceso caribeño en su conjunto. El análisis debe, pues, poder distinguir entre aquellos procesos propios de cada configuración nacional en formación, y las trayectorias que sólo se entienden desde una más amplia perspectiva regional, sobre todo en momentos cuando aún no había cristalizado del todo el carácter *nacional* de nuestras formaciones socio culturales y cuando, además, se evidencia una amplia movilidad de intérpretes y compositores entre las diversas Antillas[6]. Sí es muy significativo que fueran, en todo el Caribe, músicas bailables.

El estudio de los géneros musicales danzarios que llegaron a ser considerados «símbolos nacionales», requiere examinar sus trayectorias; y para dicho examen, aproximarse críticamente a las fuentes. No puede tener, para los análisis, el mismo peso un documento —fuente primaria— que describe un fenómeno transcurriendo en el mismo momento en que se escribe, que otro basado en recuerdos de varias décadas después, naturalmente matizado por un sinnúmero de trayectorias —sociales y personales— y concepciones posteriores. Es importante considerar ambos, pero teniendo en cuenta que se trata de documentos de carácter distinto. Así mismo, resulta imprescindible intentar conocer, en la medida posible, la naturaleza y fuente generadora del documento: ¿se trata de una observación o de un estudio? ¿Privado o público? ¿*Oficial* o «ciudadano»? ¿Generado por un hombre o una mujer? ¿De cuál clase social e identificación étnico-«racial»?

---

[6] El valioso trabajo de Edgardo Díaz Díaz, «El merengue dominicano: una prehistoria musical en diez pasos» (2006: 179-209), lo ilustra ampliamente, sobre todo en el caso de las bandas militares.

La historia está conformada por sucesos y procesos. Mucho de la historia musical de las Antillas se monta sobre la indagación de sucesos —¿cuándo, quién y por qué se «inventó» o «creó» la primera *danza* o el primer merengue?, por ejemplo—; en este ensayo intentaré, por el contrario, concentrarme en los procesos: ¿cómo fueron estas músicas y estos bailes conformándose y transformándose?

Finalmente, y en función de ese propósito, considero importante distinguir entre la trayectoria de unos términos y la historia de aquello a lo cual dichos términos se refieren. Los avatares de la danza o merengue en cada Antilla —tanto de su sonoridad y su expresión bailable, como de su nomenclatura— podrían ayudarnos a examinar las diferencias entre la formación nacional (y las culturas nacionales) de países muy similares en tantos otros aspectos. Quisiera aportar a este estudio mi análisis de esta trayectoria a base de los documentos que he podido examinar de las tres Antillas, reconociendo que, inevitablemente, mis fuentes primarias serán principalmente de Puerto Rico, donde vivo y trabajo. Confío aprender más sobre sus avatares en las Antillas hermanas de estudiosos de éstas, para intentar juntos futuros análisis comparativos, tan importantes para fenómenos que son simultáneamente *nacionales* como ampliamente caribeños.

«Raza», clase y erotismo en la emergencia del *merengue*

En las llamadas sociedades *primitivas* el baile en parejas se asocia a los ritos de fertilidad. No llegó a ser parte de los bailes de salón europeos hasta muy tarde en el siglo XVIII; al principio, por medio de una combinación de pasos en pareja con figuras grupales en la contradanza[7] y, posteriormente, con el desarrollo del vals (*waltz*), un baile que terminó siendo enteramente de parejas. Curt Sachs, en su clásico estudio sobre la historia del baile, el libro más erudito y completo en torno al tema (sobre todo, a lo que «occidente» se refiere), analiza el desplazamiento del *minuet* por la contradanza y el vals, como parte de la transformación burguesa de la cultura aristocrática (c. 1937)[8]; un desplazamiento, pues, fundamental en la conformación de las relaciones entre géneros (lo femenino y lo masculino) de la modernidad.

---

[7] Juan Max Boetter (s.f., c. 1963; 221) incluye una detallada descripción de la contradanza de figuras dirigida por el bastonero según se bailaba en el Paraguay de mediados del siglo XIX.

[8] Véase también Richard Leppert (1988: cap. 5 «Dance»).

Aunque no contamos para el Caribe hispano con una historia del baile equivalente, según diversas referencias (e.g. Álvarez Nazario 1974: 291-322), el baile en parejas parece haber existido desde mucho antes entre algunos sectores populares. La trayectoria danzaria en el Caribe sigue otros parámetros a los excelentemente analizados por Curt Sachs, pues combina la trayectoria «occidental» con nuestra fundamental herencia africana. La primera gran crónica abarcadora del Puerto Rico colonial describe a los esclavos negros como «muy inclinados al baile y á la música y mucho más al otro sexo...» (Abbad y Lasierra s.f., c. 2002: 496). Y ya en 1763, las autoridades eclesiásticas trinaban contra

> el abuso y péssima costumbre de ciertos bayles, que llaman fandangos [...] desenvoltura de bayles como inventiva del Demonio[9].

Aunque la mirada europea se escandalizara con la expresión danzaria de cuerpos que evidenciaban esa «otra procedencia», la importancia y autonomía de la pareja se daba, no obstante, en movimientos de seducción sin llegar a abrazarse, ya que en la tradición africana el abrazo significa el clímax de los ritos de fertilidad: la copulación (Jahn 1963: 122).

> [...] son naturalmente danzas sexuales. Sin embargo [...] no hay brazos que estrechen la cintura, ni lazo físico, *ninguno* (Seabrook 1930: 221; citado en Ramos 1943: 169; énfasis añadido).

En uno de los ya «clásicos» estudios etnográficos de Melville J. Herkovits se evidencia que todavía en los años treinta del siglo XX en Haití:

> For men and women to dance with arms about each other, as do Europeans, is still regarded as immoral (1937: 264).

Así, en algunas variantes de la rumba (por ejemplo, el *guaguancó*), una pareja baila junta pero sin tocarse; ella incitando y, a su vez, esquivando el *vacunao* —es decir, el abrazo símbolo de la copulación— ante el acoso insistente del bailarín varón (Ortiz 1985)[10]. El intelectual dominicano Pedro Henríquez Ureña describía en 1929 a la rumba como danza de «persecución sexual» (1924: 152); añadiría yo, de perenne persecución. Setenta años después, con un mayor

---

[9] «Primera visita pastoral del Obispo Martí al Pueblo e Iglesia de la Ribera del Arecibo» (1950: 35). Recalco que mantendré en las citas la ortografía original.

[10] Buenas descripciones en Daniel (1995).

El Merengue de la Danza 211

acceso a fuentes de ambos continentes, el destacado analista y escritor cubano Antonio Benítez Rojo asocia la rumba con el baile africano bantú *yuka*,

> ambos [...] de pareja separada, donde el hombre busca a la mujer en medio del polirritmo (Benítez Rojo 1997: 22).

Existen referencias a este tipo de baile de pareja separada en «persecución sexual» en América desde los comienzos mismos de su «colonización» europea. De hecho, así es el primer baile americano que, hasta ahora, han registrado los documentos: «Sus pasos semejaban a los del pavo cortejando a su "gallina" (su pava)»[11]. Se trata nada menos que de la *pavana*, baile que llegó a ser el baile más generalizado en Europa Occidental durante el siglo XVI. Uno de los más antiguos escritos específicamente sobre los bailes de «Occidente», el *Dictionnaire de danse* de Compan de 1787, lo identifica como «originario del Nuevo Mundo», como originario de América era de hecho el pavo[12].

En la última década del siglo XVIII, los documentos de la Inquisición registran en México condenas «por indecente, lujurioso y lascivo» a otro baile de pareja separada en «persecución sexual» con el sugestivo nombre gastronómico de *pan de jarabe*. Una de las primeras descripciones «modernas» del *jarabe* se asemeja a la del *Dictionnaire de danse* respecto al pavo y la pava de la *pavana*, pero con el más grácil movimiento de las palomas:

> The women playing the coquette, alternately attracted and repelled her suitor, using small and light rapid tappings of her feet to encourage his suit and then turning away at crucial moment [...] the man fallows his partner as she dances around the broad brim of his sombrero, imitating the courtship of doves[13].

Tanto se generalizó aquella dulce persecución sexual (aquel *jarabe*), que en 1802 la Inquisición dejó de «juzgar» casos aislados para emitir un decreto

---

[11] Descripción del *Dictionnaire de danse* de Compan de 1787, según citado por Stevenson (1952: 94): «The steps imitated the courtship of a turkey-cock approaching his hen».

[12] La musicología eurocéntrica lo define como «A 16th-century court dance of Italian provenance» (Willi Apel 1982: 650), idea que repiten sin más diccionarios españoles (e.g. Moliner 1994: vol. II, 671). *The Shorter Oxford English Dictionary on Historical Principles* (1972: vol. II, 1450) reconoce que su nombre se deriva «perhaps from Spanish pavo». Ninguno de estos diccionarios hace referencia al *Dictionnaire de danse* de Compan de 1787 que es, al respecto, una fuente de más peso.

[13] Frances Toor, "Mexican Folk Dances» (1935), según citada por Stevenson (1952: 216).

de prohibición general[14]. Tal vez como desafío a autoridades eclesiásticas que se las identificaba como parte del orden colonial, el prohibido jarabe se utilizó como música para numerosas coplas revolucionarias, y no sólo como danza, sino también como canto, fue adoptado en todo México por los ejércitos en lucha contra el colonialismo español, llegando a ser considerado (significativamente, con la Independencia) como su «baile nacional» (Stevenson 1952: 185). Aunque por su melodía y armonía, y el uso predominante del zapateado y del metro 3/4, frecuentemente se le considera como «bailable de origen *español*» (Gómez García y Eli Rodríguez 1995: 173; énfasis añadido), importantes elementos del jarabe evidencian una marcada presencia de la herencia africana, fundamental y sin embargo generalmente tan subestimada en los estudios sobre esa frontera oriental del Caribe[15]: la alternancia del 3/4 con el 6/8 combinando grupos rítmicos binarios y ternarios, su casi equivalente distribución de los acentos en todos los golpes del metro, como en las más conocidas *claves*, y la frecuencia de las síncopas (o notas con puntillo). Se coqueteaba y se «hostigaba», pero jamás se abrazaba[16].

El baile de parejas abrazadas se introdujo en los bailes de sociedad del Caribe a comienzos del siglo XIX como, según el «clásico» puertorriqueño decimonónico antes citado, un *eco repetido de los de Europa*. En ese sentido, siguiendo la dicotomización «occidental» entre *civilización* (identificada con el raciocinio) y *barbarie* (asociada a la naturaleza y, por ende, en términos humanos, al cuerpo), el baile de parejas engarzadas se identificó como «baile de salón», frente a los «bárbaros» bailes populares que no se distanciaban civilizatoriamente de la naturaleza celebrándose a la intemperie, como se bailaban generalmente en México los jarabes, y en Puerto Rico entonces los «negros» bailes de bomba[17] y muchos de sus bailes *jíbaros* (de campesinos libres). Un buen ejemplo de la óptica «civilizatoria» respecto de los bailes a la intemperie lo constituye la descripción decimonónica naturalista «científica» del médico francés De Grasourdy de aquellos bailes («lascivos», según sus palabras) que observó en sus andanzas por los campos boricuas (Genel 1985: 21-24). Entre las costumbres que abonan al «primitivismo lascivo» que este

---

[14] Gabriel Saldívar (1937: 276) reproduce el texto completo del decreto.

[15] Como bien han demostrado los pioneros estudios de Gonzalo Aguirre Beltrán (1946). Véanse también los trabajos más recientes de Luz María Martínez Montiel (2006).

[16] Se registran bailes «de persecución» en muchas otras áreas afroamericanas. Por ejemplo, sobre Venezuela, véanse Pollak-Eltz (1991: 31) y Ramón y Rivera (1990: 54).

[17] El investigador Edgardo Díaz Díaz registra un fenómeno parecido en Paraguay, «La gomba paraguaya: un documento para el estudio de la bomba puertorriqueña» (1986a: 8-14).

autor señala que deberían prohibirse se encuentra aquella socialización que permite que

> los niños de ambos sexos jueguen desnudos hasta los cinco años, especialmente los negritos.

Describe al «llivarot» (jíbaro) como

> Muy aficionados al baile; su orquesta se compone de guitarras, tiples y güiros […] El vestido, el baile y la música tienen para (las jíbaras) un atractivo irresistible […] El cielo devorador de los trópicos y, más aún, los excesos en los placeres del amor, hace que las nativas, de cualquier clase que sean, se marchiten muy temprano (*ibíd.*: 23).

Del salón señorial, el baile en parejas fue generalizándose a todos los sectores sociales, algunos de los cuales participaban de otras trayectorias en su expresión bailable. Combinando —irremediablemente de manera problemática— estas trayectorias disímiles, hacia mediados del siglo XIX en Puerto Rico y la República Dominicana[18] y, tal vez, unas décadas antes en Cuba (Linares 1970) y unas después en Curazao, fueron creándose nuevos bailes de salón de parejas engarzadas con un distintivo carácter caribeño; bailes «mulatos». La antes citada descripción de 1854 de aquel primer baile de parejas (abrazadas) —la «contradanza del país que algunos se han encaprichado de llamar *merengue*»— lo presenta como el *baile nacional* puertorriqueño, «propio del país y su idiosincrasia».

> Cada país tiene su baile nacional, emblemático del carácter y temperamento de sus habitantes […] ¿que tipo mas descriptivo de su índole puede haber que las tristes y armoniosas contradanzas del país, cuyos pasos lentos y suaves se unen también con las cadencias tiernas y melancólicas de la música. Entre nosotros mismos, estranjeros que cabalmente somos los que con mas imparcialidad y fundamento podemos juzgar en esta materia. ¿Cuántas veces no hemos confesado que nada nos parecía mas poéticamente hermoso, mas bello de suave encanto y casta pasión,

---

[18] José Enrique Pedreira, quien a mediados del siglo XX se distinguía como compositor e intérprete al piano de este —decimonónico— primer tipo de baile de parejas engarzadas, calcula —por su conocimiento de la historia oral como partícipe de esa tradición— que fue alrededor de 1840 cuando «el baile a dos desplaza al baile de figuras», lo que aproximadamente coincide con otras fuentes documentales que iremos presentando en el texto. Véase José Enrique Pedreira (1957: 4).

que una de las lindas Ptoriqueñas llevada por su parejo en medio de los graciosos tornos de la *danza*... (*op. cit.*)

Uno de los debates que atraviesa prácticamente toda la literatura sobre los albores de ese primer baile de parejas engarzadas es si constituyó inicialmente una expresión popular o una manifestación de lo que Moreno Fraginals (1978) llamaba *sacarocracia*, es decir, de las clases altas. El debate siempre estuvo empantanado por dos supuestos, a mi juicio, erróneos, que es importante desbrozar. En primer lugar, por una visión estructuralista a-histórica de lo que constituyen las divisiones sociales, para la cual las «clases sociales» se entienden prácticamente como si fueran «grupos» (de presión o inactivados). Como bien han ilustrado las excelentes investigaciones históricas de E. P. Thompson[19] —que no me canso de citar, desde casi mi primera publicación a principios de los 1970—, las clases son fundamentalmente fenómenos relacionales. En un trabajo previo —hermanado temáticamente al presente, «La *Danza* puertorriqueña: ¿*blanquita* o mulata? ¿*populachera* o señorial?» (1995: 106-123)—, intenté demostrar que ese primer baile caribeño de parejas engarzadas, sobre todo en la medida que fueron considerándolo y fue a sí asumiéndose como *nacional*, es imposible encajonarlo en *una* clase social particular, cuando en realidad manifiesta una *relación* entre clases. En este ensayo intentaré retrabajar aquel análisis —centrado en Puerto Rico— en torno a su expresión más ampliamente caribeña.

El debate sobre el origen social del primer baile de parejas abrazadas en el Caribe se empantana también, en segundo lugar, por una visión dicotómica de la estructura social en nuestros países de aquel entonces: las clases altas o «dominantes» y «el pueblo». Es interesante que aquel «transeúnte» que participó en y escribió sobre la fiesta y nuestra *danza* o *merengue* ubica ese nuevo baile «en el salón» —no en la intemperie—. Pero su referencia no es al salón de las «clases altas» de hacendados, profesionales y comerciantes, sino de aquellos a los que llama *clase mediana*, refiriéndose a los trabajadores de

---

[19] Sobre todo su monumental *The Making of the English Working Class* (1968), en español *La formación histórica de la clase obrera* (1977). Es excelente la edición de Josep Fontana de varios de sus ensayos al español, publicado como *Tradición, revuelta y conciencia de clase* (1979). Véase también su debate más explícito con el estructuralismo en su libro *The Poverty of Theory and other essays* (1978). Más sobre su concepto de clase en Ellen Meiksins Wood, «El concepto de clase en E. P. Thompson» (1984: 47-86) [primera ed. en inglés, *Studies in Political Economy* (1982)]. Muy iluminadores son también los escritos de Raymond Williams: e.g., *Keywords, A Vocabulary of Culture and Society* (1976) y *Culture and Society* (1961), entre otros.

oficios, a los artesanos, «clase que por su posición está casi enteramente desconocida de los estrajeros [sic] transeúntes». Es decir, se ubica aquella *danza* o *merengue* en sus comienzos dentro de un mundo popular *urbano* de «dignos» u *honrados hijos del trabajo*: ciudadanos que vivían del trabajo manual y, en ese sentido, se consideraban —como los campesinos— «trabajadores», pero que compartían con las clases «dominantes» la *urbanidad*, la «civilización» que los distinguía de la «barbarie» natural. Poseían, pues también, como las «clases altas», sus salones de baile[20]. Como evidencia el documento de *El Ponceño* antes citado:

> A decir verdad, he estado penosamente impresionado de la falta de todo espíritu de diversión y alegría en la clase mas alta de Ponce, que parece este año haber hecho gratuita abdicación del puesto que le corresponde de iniciar y ahijar la acostumbrada serie de fiestas y bailes de esta bulliciosa temporada, y haber legado por ahora sus atribuciones á la *clase mediana*, clase que por su posición está casi enteramente desconocida de los estrajeros transeuntes, pero que encierra en si cualidades y prendas que merecen ser apreciadas (*op. cit;* énfasis añadido).

La mayoría de los que se consideraba *músicos* en Cuba y Puerto Rico provenía entonces de esa «clase mediana», donde predominaban los mulatos y negros libres, que Tomás Blanco —como muchos intelectuales de mediados del siglo XX— caracterizaba como —citando a las célebre crónicas del fraile Abbad del siglo XVIII— «ambiciosos de honor» (Blanco 1959: 8; cita original de Abbad y Lasierra s.f., c. 2002: 495). Palabras como *Maestro* —la tradicional forma deferente de referirse al *músico*— se llegó a usar en las dos Antillas indistintamente para referirse a los artesanos y a la gente de color (Pichardo 1955: 442). Con su aguda perspicacia Tomás Blanco, uno de los más profundos estudiosos de la problemática de la identidad nacional puertorriqueña en los 1930, señalaba

> no creo equivocarme al anotar que la mayoría de los *maestros* creadores de nuestra *danza* llevaban en sus venas un feliz fermento *extra*caucásico —levadura de *ritmos*— que ha donado a la *danza* sus más típicos contornos[21].

---

[20] Véase, por ejemplo, la historia local pueblerina de Bunker (1975-1981), según citada por Pedro Malavet Vega (1992: 452).
[21] «Elogio a la plena» (1935); uso ed. reproducida por Mariana Robles de Cardona (1950: 137; énfasis añadidos).

Este hecho había sido señalado antes —bajo otro tono— en un documento anónimo del siglo XIX, específicamente de 1878:

> los autores de las *danzas*, en su mayor parte almas enfermas, que guardan aún resquicios y consecuencias de los tiempos de la esclavitud...[22]

La conferencia dictada en 1938 por la pianista «Hija del Caribe» —antes citada— apunta con cariño paternalista al mismo hecho:

> Las primeras *danzas* de autores injustamente olvidados, como que ya no se recuerdan sus nombres casi, daban a la *danza* un ritmo que recordaba la *bomba* africana, y cuyos motivos acentuaban sus títulos, como «Siña María la colorá», «Menéndez boca é covacha», «*El Merengazo*»... (*op. cit.*)

El Censo de 1862 en Puerto Rico distingue ocupaciones por «raza». Mientras la población de color constituía menos del 24% de los labradores, el 0,8% de los comerciantes y el 0,3% de los dependientes del comercio, entre los músicos representaba el 68%[23]. Y es que la participación en las bandas militares, como músicos, constituyó para los artesanos mulatos y negros libres una forma de ascenso social, y de respetabilidad en un mundo que les era socialmente hostil[24]. Como interesantemente distingue una excelente descripción del sur de la cuenca del Caribe (venezolana):

> Con pocas excepciones, nuestros músicos coloniales pertenecieron a la clase de los pardos [...] clase de la gente de color. Esto no quería decir, ni mucho menos, que fueran negros [...] Esta clase de los pardos contenía personas de todos los colores [...] (Calcaño 1958: 125, 128)

Las investigaciones históricas dominicanas sobre su merengue que he podido examinar, distinguen orígenes sociales urbanos de los rurales —muy

---

[22] Anónimo (probablemente Manuel Fernández Juncos o José Gautier Benítez) (1978: 412).

[23] Censo citado en escrito del político autonomista y abolicionista Rafael María de Labra (1987: 37).

[24] Para Cuba, véase Galán (1983) y Carpentier (1946). Cristóbal Díaz Ayala (1981: 38) específicamente demuestra la combinación usual de músicos con los oficios de artesanos; también lo apunta María Teresa Linares (1974: 194). Es lamentable que una rigurosidad musicológica (siempre valiosa, por cierto) que se niega a enriquecerse con la perspectiva sociológica, limite la importante información recogida por Díaz Díaz (*op. cit.*) sobre las bandas militares en las Antillas y España a, prácticamente, sólo personajes individuales.

importantes, por cierto—, pero no —si las he leído bien— internamente entre los representantes de la *urbanidad*.

Un boceto costumbrista de 1884, que desde San Juan truena contra la cultura popular, se refiere a aquellos artesanos y obreros que en Ponce denominaban *honrados hijos del trabajo*, como

> gentes por lo regular chillonas y bullangueras, que cantan, bailan, alborotan y se hacen sentir (Ormachea 1884: 56).

Y algo más adelante:

> El baile es ya una necesidad [...] para la clase que llamaremos *democrática*. [...] deshoga sus cuitas bailando el clásico *merengue*, que les sirve para endulzar las penas (Ormachea 1884: 82).

Como bien adelantó «La Hija del Caribe», los nombres de esas primeras danzas o merengues de mediados del siglo XIX evidencian ese origen popular, «democrático». Además de los que ella menciona, se tiene noticia de *La sapa, Federico Pan de huevo, El macetazo, Rabo'e puerco, ¡Ay, que no quiero comer mondongo!...* Una fuente dominicana de 1855 —sólo un año después de la carta del «transeúnte» a *El Ponceño*— evidencia el carácter popular de los nombres de los primeros *merengues* allá también: *¡Ay, Cocó!, El Morrocoy, La Juana Aquilina, Carlito cayó en el pozo...*[25] Un escrito cubano de 1852, escasamente dos años antes de la carta del «transeúnte» (aunque publicado cinco años después), apunta también al carácter «populachero» de los nombres de las primeras *danzas criollas* en la isla hermana —*Cascarilla de huevo, María la O, El Obispo de Guinea, Dame un besito, ¡caramba!*—. Dicho testimonio añade que, al componer danzas, los músicos

> las hacen sobre [...] cantos inventados por el vulgo, y aún de los pregones de los vendedores y las canciones de los negros (García de Arboleya 1859: 263-264).

Un documento puertorriqueño de su capital oficial, San Juan, de escasamente dos años después de la carta a *El Ponceño*, señala:

---

[25] Según citada por Del Castillo y García Arévalo (1988: 15). También, las descripciones de Rodríguez Demorizi evidencian el carácter inicialmente «populachero» de «ambos géneros» [sic] —la danza y el merengue— en Santo Domingo (1971: 130).

La contradanza [...] ha sufrido muchas variaciones en Puerto Rico: de grave y compasada que era [...] se ha vuelto ligera y bulliciosa[26].

Las danzas caribeñas creadas por esa *clase mediana, democrática*, se popularizaron prontamente entre todo el populacho urbano y las variadas capas sociales que interactuaban con éste. *El Pichardo* —excelente diccionario de cubanismos originalmente publicado en 1849— comienza su definición de *danza* en la siguiente manera:

> Baile favorito de toda esta Antilla y generalmente usado en la función más solemne de la capital como en el más indecente Changüí del último rincón de la Isla (Pichardo 1955: 258).

Y define *Changüí* como

> Bailecito y reunión de gentualla; a estilo de Cuna (*ibíd*.: 240)

y *Cuna*

> Reunión de *gente de color criolla* o gentualla, para *bailar* y muchas vezes jugar; casa reducida, pocos músicos, arpa y guitarra & c.; todo en pequeño y nada de etiqueta (*ibíd*.: 228; énfasis en el original).

El significado común del término *cuna* es la cama donde se acuesta a un bebé; probablemente, su adopción para este tipo de baile viene de la asociación con el lugar de apareo; también, puede tener relación con el término *baja cuna*, que se refiere a personas de origen plebeyo. Otro agudo observador cubano de la época definía así estos encuentros:

> se llama *cuna* la reunión de gente soez o inmoral en que bailan juntos blancos, negros y mulatos (García de Arboleya 1869: 264).

Aunque estaba vedada la entrada de mulatos a los casinos *de sociedad* excepto en calidad de músicos, los jóvenes varones blancos de las clases altas asistían a estas *cunas*. Como describe la novela cubana *Cecilia Valdés*,

> el baile era uno de los que, sin que sepamos su origen, llamaban *cuna* en La Habana. Sólo sabemos que [...] tenían entrada franca los individuos *de ambos sexos*

---

[26] *Guirnalda Puertorriqueña, Periódico de Amena Literatura y Modas* I:3 (marzo de 1856), p. 5.

de la clase de color, sin que se le negare tampoco a los jóvenes blancos que solían honrarlos con su presencia (Villaverde 1981: cap. IV; énfasis añadidos).

Mientras el «evento» donde se daba el baile de parejas abrazadas en los sectores sociales populares vino a llamarse *cuna*, con su correspondiente asociación al apareamiento, el baile en sí adoptó el nombre de *merengue*: como cadencioso prolongado *vacunao*. La referencia más antigua que he encontrado para el término es de 1847 en un escrito cubano de Bartolomé José Crespo titulado *Las habaneras pintadas por sí mismas* describiendo a la mulata libre, significativamente «bailando en la *cuna*»

> Porque su cuerpo se ciñe
> se estira, encoge y doblega,
> igual que la goma elástica,
> lo mismo que la gacela.
> Y, «noramala el jaleo,
> el fandango y las boleras
> —dice ella—, cuando yo bailo
> la sopimpa de mi tierra,
> el *merengue* y la ley brava
> *danzas* para mí compuestas»
> (1847; citado por Linares 1970: 20).

Existe en el Caribe gran controversia sobre el origen del término *merengue* para referirse a una particular forma musical danzaria. Los haitianos argumentan que tiene su origen en la colonia francesa de *Saint Domingue* y que se deriva de un baile africano de Mozambique llamado *tomton mouringue* (Fouchard 1973: 40)[27]. El erudito estudioso de la historia del léxico puertorriqueño, Manuel Álvarez Nazario, enmarcando su investigación en amplios factores históricos, entre ellos la avasalladora trata esclavista (y, consecuentemente, el peso relativo de las diversas familias lingüísticas africanas de donde fueron traídos los esclavos al Caribe), aborda con mucha cautela la procedencia del término:

> El punto de partida *probable* de los bailes [...] así denominados, el *méringue* de Haití y de las Antillas francesas (Guadalupe y Martinica) lleva a considerar la idea de una procedencia africana [...] con un sentido primero de 'canción y baile', *posiblemente* surgido de la voz bantú «maringa», con la cual denominan

---

[27] Suscriben esta tesis también los dominicanos Almanzor González Canahuate (1998: 263) y Fradique Lizardo (según citado por Luis Manuel Brito Ureña 1997: 20), entre otros.

los bubis de Fernando Poo a la danza más extendida en dicha isla, «una especie de zapateado lascivo y juguetón, con movimientos grotescos de caderas y brazos» en cuya ejecución forman *las parejas* una gran rueda (Álvarez Nazario 1974: 322; énfasis añadidos)[28].

De forma más arriesgada (porque a diferencia del pasaje que acabamos de citar, esta vez no explicita fuentes), Álvarez Nazario añade, refiriéndose a Puerto Rico, que los bailes así denominados «se introdujeron [...] hacia 1842, procedentes de Santo Domingo y Haití» (*ibíd.*). Resulta intrigante, pues ninguno de los muchos estudiosos que hemos escudriñado los orígenes del merengue hemos encontrado referencia al término hasta 1854 en Santo Domingo, y cinco años ¡antes! en Puerto Rico (el término en Haití tampoco se ha podido fechar). Pero toda buena investigación histórica tiene que vencer la tentación de convertir el documento escrito en un fetiche; debe reconocer que, respecto a muchas cosas, «¡de eso no se habla!», como bien expresa el dicho popular (en el Caribe, sobre todo, se refiere a asuntos que conciernen al erotismo vinculado a nuestra compleja problemática étnico-«racial»). Es necesario experimentar con diversas aproximaciones, muchas veces indirectas.

Es significativo que en Trinidad, con una «inmigración» africana de lugares de origen similares, aparezca —«entre los negros», dice la fuente— un baile denominado *maringo*, aunque curiosamente el investigador no lo incluya entre los bailes netamente africanos, sino entre aquellos surgidos del «contacto negro-blanco», bajo la forma europea de los bailes de figura tipo *reel* o *quadrille*[29], que el Diccionario asocia con la contradanza:

> Conjunto de las cinco figuras de una contradanza bailadas sin interrupción (Velázquez de la Cadena 1964: 536; para *reel*, 552).

En Colombia

> figura también desde antaño el «merengue» entre los aires musicales negroides más populares, tocado y bailado en casi todo el departamento de Magdalena (Costa Caribe) (Álvarez Nazario 1974: 323)

---

[28] Tejeda (2000: 40) hace referencia a un artículo periodístico de Álvarez Nazario con tesis similares aparecido en *El Tiempo* de Bogotá 23/7/1987, reproducido en *El Nacional* de Santo Domingo el 2/8/1987, p. 13. Probablemente, se trate de la reseña de alguna conferencia que dictara el estudioso puertorriqueño en aquella ciudad. También, José G. Guerrero (2006: 69-104) examina meticulosamente la etimología de la palabra. Este ensayo comparte muchos otros argumentos con el presente Repiqueteo.

[29] Del clásico de Melville J. y Frances S. Herskovits (1947: 284 y 315).

¿Cuán antaño es dicho «antaño»? La fuente parece querer indicar «desde tiempo inmemorial», pero realmente no tenemos forma de saberlo. Otro autor colombiano se refiere al merengue como «danza vernácula» y en unas coplas lo ubica entre los negros que más retienen su africanidad, los de comunidades cimarronas:

> Un acordeón, un tambor y un guanche... bullangueros y alocados merengues
> Tabletean los negros de Palenque
> en la maldita culpa de un merengue
> (Lanao Loaiza 1936; citado por Nolasco 1956: 339).

La hipótesis de Álvarez Nazario sobre la «posible» africanidad original del término se fortalece con el hecho de que su primera mención civil en Puerto Rico (es decir, aparte del Código *oficial* prohibiéndolo en 1849) se ubica en el contexto de un diálogo entre esclavos domésticos, a uno de los cuales se le identifica como negro bozal (los negros bozales, a diferencia de los negros ladinos, eran aquellos que habían sido traídos directamente de África). Se trata de una obra de teatro de 1851, publicada en Ponce (Caballero 1852: 45). Además, allí aparece como verbo —*merenguear* o *miringando*—, por lo cual el sustantivo de donde deriva debe haber existido antes. Como en el recuento del «transeúnte», *merengue*, *contradanza* y *hupa* (aquí con h) se utilizan intercambiantemente (*interchangeably*) en este escrito, como sinónimos respecto al baile en parejas de salón, pero podría ser indicativo el hecho de que, en dicha obra, sólo en los diálogos entre esclavos es que se usa *merengue*.

¿Cómo es posible que escasamente tres años después aparezca el término en el contexto de una elegante y sosegada danza, en el fino casino de la *clase mediana* que describe «el transeúnte»? Permítanme recordarles que, en su carta a *El Ponceño*, «el transeúnte» manifiesta preocupación por que algunos quieran desterrar a esa «*danza* llena de gracia i casto abandono»... «meramente porque se le ha encaprichado á alguno el llamarla *merengue*»; lo que indica que era éste ya un término de connotaciones «negativas» o de «sospechosa» moralidad. ¿Referiría el mismo término a bailes distintos? Además, tanto como su origen mismo, es importante preguntarse ¿por qué ese término «pegó» y perduró, mientras otros, como «upa» desaparecieron prontamente?[30]

---

[30] Los documentos puertorriqueños de esa época con frecuencia apellidan la «upa» como cubana, cuando todos los estudiosos cubanos consultados aseguran no haber encontrado baile alguno con dicho nombre en sus archivos. Experiencia similar apuntan Catana Pérez de Cuello y Rafael Solano (2003: 222-225).

Es obvio que en el Caribe hispano la palabra «merengue» debía relacionarse con el postre de clara de huevo batida con azúcar o caramelo a punto de nieve[31], pues —aunque originalmente francés— esa acepción del término estaba incorporada a la lengua española desde el siglo XVIII. Es significativo que, desde sus orígenes gastronómicos, el término se encuentre relacionado al Caribe, pues aparentemente el merengue, como dulce, se incorporó a la gran cocina francesa a mediados del XVIII desde su colonia azucarera de Martinica. Y hay quienes han argumentado que el término para referir a dicho postre es realmente metafórico del baile afrocaribeño la *maringa* (Álvarez Nazario 1974: 322)[32]. No hay que olvidar la importancia que tenían entonces las colonias del Caribe para Europa. Sus colonias azucareras del Caribe le proveían mayores riquezas a Francia en el siglo XVIII que cualquier otra colonia a cualquiera de las otras metrópolis europeas. A manera de ilustración, tampoco debemos olvidar que Josefina, el gran amor de Napoleón, era oriunda de Martinica.

Pero en todo caso, indistintamente de su origen, directa o indirectamente, el término *merengue* prevaleció en las Antillas hispanas debido a sus múltiples simbolismos eróticos: música *dulce*, como los postres que se sirven al final del banquete; postre poco rígido, *fluffy*, muelle, como los movimientos del cuerpo en este baile; postre donde la clara del huevo (blanca) y el azúcar (morena) pierden su identidad original al batirse vigorosamente, como pierden su identidad los elementos musicales europeos (blancos) y afrocaribeños (*morenos*) en el movimiento vigoroso del baile de esta música nueva. Conviene recordar también la connotación de fertilidad que usualmente acompaña a los huevos; como los ritos de fertilidad, al baile de parejas abrazadas. Los huevos, sobre todo la clara, se asocian principalmente a la sexualidad masculina. Por ello, se agrupan siempre en docenas, siendo el doce la forma solar (masculina) de medir el tiempo —doce los meses del año, doce las horas de luz y doce las de sombra en cada día... como se explicó en la sección anterior—. Por otro lado, la identidad de género del *azúcar* es ambigua —puede ser tanto *el* como *la* azúcar—. Por último, merengue tiene además la connotación en español de mezcla un tanto amorfa.

Muy probablemente los variados argumentos en torno al surgimiento del término tengan todos algunos elementos de verdad. El propio Fouchard apunta

---

[31] Brito Ureña (1997) hace una abarcadora recopilación de diversos autores que insisten en esa identificación; asociación que reconoce también para Haití Fouchard (1973: 132).

[32] El *Corominas* (*Diccionario crítico etimológico castellano e hispánico*), después de afirmar que probablemente fue tomado del francés, añade «de origen incierto» (Corominas y Pascual 1981: vol. 4, 49).

cómo los esclavos domésticos en Haití imitaban a los blancos, y cómo de la combinación de esa imitación con sus tradiciones sonoras y danzarias africanas se derivó, de la chica, la contradanza del país o merengue (Fouchard 1973; 18-34). Los historiadores de la música atribuyen la difusión de la contradanza por todo el Caribe hispano, a comienzos del siglo XIX, a la inmigración de familias francesas de *Saint Domingue*, después de la Revolución haitiana (Díaz Ayala 1981: 31; Urfé 1982: 154). Ello no obstante el hecho de que la contradanza se registra inmigrada a España desde Francia a principios del siglo XVIII, como «un baile *moderno* de figuras» (Cotarelo y Mori 1911: ccxxxix). Ya en 1809, la contradanza inmigrada de Haití es identificada en el Caribe hispano como lasciva:

> ¿por qué no hemos de extrañar de nosotros la *balsa*[33] y la contradanza, invenciones siempre indecentes, que la diabólica Francia nos introdujo? [...]Gestos lascivos y una rufiandad imprudente son sus constitutivos que provocan, por la fatiga y el calor que padece el cuerpo, a la concupiscencia [...][34]

Es muy probable que esta contradanza hubiera incorporado en Haití elementos africanos de la *maringa* bantú o del *tomton mouringue* mozambiqueño, que los artesanos de color desarrollaron en la parte bailable de su nueva *danza*, conservando el término *merengue* debido a sus otros múltiples simbolismos eróticos.

Liberalismo versus prohibición: el *merengue*, lo nacional y la moral

Dado la anteriormente examinada asociación del *merengue* al erotismo, no es de sorprender que la primera aparición del término para referir a esta nueva *danza del país* en las fuentes puertorriqueñas, fuera en un documento del Estado promulgando —en 1849— su prohibición[35]; como entiendo que se prohibió en Santo Domingo pocos años después[36]. Esta prohibición quedó sin efecto muy

---

[33] ¿Se referirá por este término a lo que los dominicanos denominan *balsié* o a los orígenes de éste, referencia frecuente a influencias haitianas en la conformación dominicana del merengue?
[34] Artículo firmado B.J.F.R.C. publicado en el diario *Aviso de La Habana* el 28/9/1809, citado por Linares (1970: 18).
[35] Antonio S. Pedreira (1929: 136) cita el texto completo de la prohibición.
[36] Rodríguez Demorizi (1971: 67) señala que en 1845 la policía prohibió bailar en las *Fiestas de Cruz* porque ponía en riesgo las buenas costumbres, pero no menciona específicamente el *merengue* para esa fecha. López Morillo, según citado por Díaz Díaz (2006:

pronto, pues, según las fuentes puertorriqueñas de la época, personas de diversas clases sociales *se aferraron tercamente a esta moda perniciosa*[37] y, según las fuentes dominicanas «el decreto exacerbó los ánimos, nada se consiguió y siguieron bailándose más exagerados»[38].

La actitud del Estado en torno a la naciente danza del país generó agudos debates públicos. De estos debates, por las publicaciones de la época podemos conocer la posición de aquéllos que tenían acceso a la prensa escrita, es decir, de los sectores sociales denominados «de primera»: los profesionales independientes, los hacendados, los comerciantes, y aquellos intelectuales al servicio de las clases «dominantes». Colocamos «dominantes» entre comillas, pues no podemos olvidar que Puerto Rico y Cuba seguían siendo entonces colonias españolas, y el Estado era controlado por la metrópolis.

Durante toda la segunda mitad del siglo XIX, los llamados sectores «de primera» estuvieron políticamente divididos en las colonias españolas del Caribe. Los funcionarios públicos, el gran comercio y algunos de los mayores terratenientes apoyaban la política colonial, al punto de que en Puerto Rico constituyeron un Partido, que inicialmente se denominó *Conservador* y que adoptó luego el significativo nombre de *Incondicionalmente Español*[39]. Por otro lado, el sector de los profesionales y el grueso de los terratenientes —principalmente, medianos y pequeños hacendados y estancieros— conformaron una política crítica del colonialismo a través del *Partido Liberal Reformista*, que en 1888 se transformó en *Partido Autonomista*. Los trabajadores urbanos (en Puerto Rico aún principalmente artesanos independientes) —aquella *clase mediana* que la carta del «transeúnte» a *El Ponceño* identificaba con el surgimiento del merengue— participaban de la política liberal reformista, pero de manera subordinada a los sectores «dominantes»[40].

En Cuba, la división fue tan tajante que llevó incluso a guerras de independencia; en Puerto Rico, predominó el reformismo autonomista. En ambas islas la división asumió caracteres regionales: las áreas más cercanas al asiento

---

200), menciona un bando de prohibición de 1862 que incluía otros bailes —*holandés, tango, bambulá*...— cuyos nombres nos hacen sospechar sobre su parentesco a la bomba puertorriqueña y otros géneros negros del Caribe

[37] Recogidas en Pedreira (1929).

[38] López Morillo, tomo I, libro segundo, p. 56, en Díaz Díaz (2006).

[39] Véanse los escritos de uno de los principales líderes autonomistas, Francisco Mariano Quiñones (1988 y 1889). Para un análisis más detallado de las clases sociales y la política en el Puerto Rico del siglo XIX, véanse mis escritos previos (1977, 1979 y 1988).

[40] García y Quintero Rivera (1982: cap. 1); García (1990: 181-247); Quintero Rivera (1977: 100-137).

del poder estatal eran más conservadoras o *incondicionalmente españolas* (en Puerto Rico, San Juan y los grandes terratenientes del área norte central: el Conde de Santurce, el Marqués de la Esperanza, el Marqués de Cabo Caribe...), mientras las áreas de hegemonía de las ciudades secundarias (Santiago en Cuba y Ponce en Puerto Rico, principalmente) manifestaban más fuertemente el incipiente sentimiento nacional[41].

Los comentaristas liberales reformistas de las clases «dominantes» experimentaban una ambivalencia respecto al merengue. Por un lado, favorecían el desarrollo de una música *nacional* que los distinguiera de la Metrópoli, que le demostrara a ésta, y al resto del mundo «civilizado», su cultura diferenciada distintiva, que debía materializarse políticamente en un «gobierno propio». Pero, por otro lado, le temían al carácter afrocaribeño de esta danza distintiva, a esos *asomos de la barbarie*.

En sociedades de plantación, donde el trabajo ha sido envilecido por la esclavitud[42], y el ocio se identificaba con los movimientos indómitos (*apasionados, voluptuosos, bárbaros*) del cuerpo en el baile negro, resultaba especialmente importante para la plantocracia demostrarle al mundo sus esfuerzos formidables contra ése, su enemigo interno, contra la presencia corruptiva de su *otredad* amenazante.

> Caminamos á paso de gigante á un abismo insondable con esas danzas de *ciento veinte compases* de MERENGUE con que hoy se divierte la buena sociedad de Puerto-Rico. No es solo el pudor y la virtud [...] el mejor escudo de nuestras bellas; hay que evitar también el dominio de una pasión cuyas tristes consecuencias pueden tocarse bien pronto. El Baile [...] es una diversión honesta y lícita en sí misma; pero está más expuesta que ninguna otra á degenerar en culpable y peligrosa.
>
> O se reforma la Danza, la *voluptuosa* danza del país en los términos que cuadre mejor á las buenas costumbres [...] ó los extraños, que nos visiten en lo sucesivo, tendrán el derecho de sospechar de nosotros y de los hábitos que en nuestra manera de ser se han infiltrado sin ponerle un dique bastante poderoso que los corrija (Morales 1895: 42-43; énfasis del original)[43].

---

[41] Para Cuba véase, por ejemplo, el clásico de Raúl Cepero Bonilla (1948) y, para Puerto Rico, mi libro *Ponce: la capital alterna* (2003).

[42] Recuerden, por ejemplo, el famoso *merengue* de los 1950, «A mi me llaman el negrito del batey / porque el trabajo para mí es un enemigo...», la música es de Medardo Guzmán y la letra de Héctor J. Díaz.

[43] Incluye artículos de periódicos desde la década de 1860. Véanse, específicamente, «El baile» y «La danza y los danzantes».

En relación a esta nueva danza o merengue, el término *voluptuosa* se usó constantemente en ambos lados de la controversia. Aparece incluso en aquel citado primer escrito de 1851

> En medio del bullicio y del *voluptuoso* compás de *nuestras irresistibles contradanzas*, se levantan alegres los jóvenes y acompañados de sus parejas se olvidan, en medio del hupaneo (Caballero 1852: 66; énfasis añadidos).

Un escritor que en la controversia se colocaba entre los que atacaban la ingerencia del gobierno, argumentaba que la prohibición por parte del Estado tuvo, de hecho, el efecto contrario: hacer que un pueblo anti autoritario (de herencia *cimarrona*, añadiría yo, aludiendo a algunos de mis escritos previos[44]) tuviera mayor avidez por experimentar lo prohibido (Morales 1895). No obstante la controversia, el consenso general entre la gente de «primera» era que el merengue o danza del país era, por lo menos, potencialmente peligrosa. En palabras de otro de los liberales que se oponían a su prohibición:

> La *danza moderna* tiende á anular todos estos bailes [...] hoy sólo expresa la pasión amorosa [...] En la danza de figuras la pantomima desarrollaba el proceso amoroso más lógicamente; las parejas colocadas unas frente á otras, se saludaban, paseaban, se daban las manos y por último, después de varias figuras, llegaba el baile íntimo, por vueltas de vals. En el *merengue* todo preliminar está casi abolido; el caballero invita á la dama y en seguida se establece la intimidad de un abrazo, que por cierto dura largo tiempo, sin que [...] aparten del baile toda voluptuosidad [...] hallándose la pareja solicitada por una música de languidez dulce y *predisponente*.
> No queremos decir que esto ocurra siempre que se baila la *moderna danza*; pero no puede desconocerse el peligro de la posibilidad. Es posible bailar inocente y correctamente el *merengue*, pero en este baile se reúnen una porción de circunstancias, contra las cuales es bueno estar prevenido (Del Valle Atiles 1887: 112; énfasis añadidos).

Una descripción anterior de una reseña oficial de unas fiestas «que juntaban a todas las clases» señalaba:

> La *danza* es cosa deliciosa: no es baile de *mudanzas* sino de *melindre*, no es de *grandes actitudes y giros* sino de *movimientos delicados*, no es de *artificio* sino de *naturalidad*, no es por último de *maestría* sino de *enlace*, pero á la verdad de

---

[44] E.g., «La cimarronería como herencia y utopía» (1985: 37-51); *¡Salsa, sabor y control!*...(2005a: caps. 2 y 3).

enlace íntimo, y tan íntimo que parece algo ocasionado á ludimientos y encuentros inevitables[45].

Un documento dominicano del 1855 se refiere al merengue como «aborrecible e inmoral» (Coopersmith 1974: 29)[46]. Al encararse estos peligros en Puerto Rico, algunos, como el gobierno colonial, hubiesen preferido prohibir del todo al merengue de la danza; el peninsular Carlos Peñaranda, por ejemplo, del *Partido Incondicionalmente Español*, por lo que él llamaba su «sensualidad desmoralizante» (1967). Pero la plantocracia hacendada, en el ejercicio de su vocación hegemónica, fomentó otra opción: realzar los elementos positivos que representaba el desarrollo de una música nacional propia, a la vez que se contenía el peligro potencial del caos moral por medio de la *somatización* de los modales, a través de la etiqueta de baile[47]. Pero unos particulares movimientos del cuerpo respondían a un tipo especial de estímulo musical

> La música propia de estos bailes que llevan así mismo el significativo y dulce nombre de *merengues*, es también especialísima y deliciosa, por su rara composición [...] y modulaciones de sus tiempos y períodos musicales. Se puede asegurar que al oir una *danza* todos la bailan, por que hasta las personas que por su edad ó por otras causas no quieren ponerse en escena, ó mueven sus cuerpos ligeramente, ó hacen esguices de cabeza ó cuando ménos acompañan con los acompasados y ligeros golpes de sus bastones aquellos sonidos concertados, que no sólo agradan al oído, sino que *afectan y conmueven dulcemente el sistema nervioso* por el carácter especial y la naturaleza particularísima de sus acordes, cadencias y consonancias (*Descripción de las fiestas...* 1858: 35)[48].

---

[45] *Descripción de las fiestas reales que celebró la muy notable y muy leal ciudad de Puerto Rico, con motivo del fausto natalicio del Serenísimo Príncipe de Asturias Don Alfonso* (1858: 34).

[46] Entre las pp. 26-27, examina la relación cercana [sic] entre el merengue dominicano y la *danza* puertorriqueña y describe la reacción fuertemente moralista que asumió la sociedad dominicana también contra el *merengue*. Véase también Nolasco (1956: 324), Rodríguez Demorizi (1971: 114) y Del Castillo y García Arévalo (1988: 13-16).

[47] Detalles en mi ensayo «Los modales y el cuerpo: clase, "raza" y género en la etiqueta de baile» (2004: cap. 17, 395-424), algunos de cuyos argumentos incorporo acá.

[48] Siglo y medio después, uno de los pioneros y protagonistas del movimiento *salsa*, Eddie Palmieri (véase el Tercer *Repiqueteo* de este *Jaleo*) expresaba en una entrevista filmada: «los patrones rítmicos de baile que tocamos nosotros son los más complicados del mundo entero [...] la esencia de nuestra orquesta [...] es saber cómo se va afectar el organismo, cómo tú vas a excitar ese organismo: ése es el trabajo del músico» (film documental de Ana María García 1992).

El freno a los movimientos lascivos por medio de la etiqueta de baile podía conllevar posibles cambios a la música misma:

> La polémica parece que aún no ha terminado, y á no dudarlo, de una y otra parte se están diciendo verdades que sostienen en el fondo de la discusión una especie de conformidad, debida quizás, á que realmente tanto es lo que influye la música en las almas que crecen, como estas á su vez en las *danzas* que después de ellas nacen (Anónimo 1878: 412-413).

Como parte del desarrollo de la etiqueta de baile, la plantocracia hacendada inició una campaña para suprimir los elementos negros de la música que los artesanos de color les habían compuesto y tocaban para ellos. Alejandro Tapia y Rivera, probablemente el intelectual puertorriqueño de mayor renombre de su época, afirmó en relación a lo que se convertiría en su *música nacional*:

> Todavía hoy suelen abusar algunos [...] dándole un ritmo amanerado y propio para que resalte la influencia del vodú o del tango africano. Debería *purgarse de todo esto* como lo ha hecho Tavárez [...] *y modificarse la manera de bailarla* cuando se usa por gentes *comme il faut* [...] pues *despojada de lo que tiene de voluptuosa*, quédale siempre [...] la poesía [...] característica de nuestra manera de sentir (1928: 103; énfasis añadidos).

La supresión de los elementos negros en el merengue de la danza puertorriqueña era tarea prácticamente imposible, en gran medida porque los compositores eran, como hemos señalado, mayormente mulatos y, relacionado a ello, debido a la poderosa huella de la esclavitud en todo proceso cultural del Caribe. Como señalaba uno de los «liberales» que se oponía a la prohibición del *merengue*:

> Más trascendental ha sido la influencia de otra raza oprimida por tres siglos [...] el esclavo africano, que no podía traer ciencia como el griego, ha modificado desfavorablemente nuestro carácter; nos ha prestado su entonación gutural en el habla, *sus movimientos muelles en el baile*, la tristeza voluptuosa de su música, el indeferentismo y la indolencia [...] (Morales 1895: 57; énfasis añadidos).

Mientras los demás países latinoamericanos se encontraban involucrados en procesos (aún zigzagueantes y tortuosos) de construcción nacional, la mayor parte de las sociedades del Caribe seguían siendo coloniales. El reclamo de los hacendados por gobierno propio, requisito para el desarrollo de su aún incompleta y frágil hegemonía de clase, necesitaba demostrarles a las naciones del mundo —al *Primer Mundo* de los países *civilizados*— que sus sociedades eran parte del *mundo moderno*, no de la *barbarie*. La modernidad se asociaba a la racionalidad: la ciencia era la base del progreso, y el progreso exigía que se «usara» el tiempo de una manera rentable. El triunfo de la *civilización* sobre la *barbarie* implicaba suprimir las *pasiones* por la *razón*, el ocio por el trabajo, y el control del cuerpo y de sus impulsos naturales —sus *urgencias*— por el cultivo de la mente y la laboriosidad.

Como lúcidamente ha examinado el sociólogo peruano Aníbal Quijano, la cosmovisión racista de la modernidad «occidental» está indisolublemente vinculada a la radical separación cartesiana entre mente y cuerpo, entre la razón (de la *civilización*) y la pasión (de lo primitivo o la *barbarie*):

> La separación de estos elementos [...] es parte de una larga historia [...] (que) muestra una irresuelta ambivalencia de la teología cristiana [...] Ciertamente, es el «alma» el objeto privilegiado de salvación. Pero al final, es el «cuerpo» el resurrecto [...] (Con la modernidad) lo que sucede es la mutación del antiguo abordaje dualista sobre el «cuerpo» y el «no-cuerpo». Lo que era una co-presencia permanente [...] en cada etapa del ser humano (en cualquier aspecto, instancia o comportamiento, visión común a toda cultura históricamente conocida), en Descartes se convierte en una radical separación entre «razón/sujeto» y «cuerpo». La razón no es solamente una secularización de la idea de «alma» [...] sino una mutación en una nueva identidad: [...] la razón/sujeto humana y el cuerpo/naturaleza humana[49] [...] Sin esa «objetivación» del «cuerpo» como «naturaleza», de su expulsión del ámbito del «espíritu», difícilmente hubiera sido posible intentar la teorización «científica» (a lo Gobineau)[50] del problema de la raza [...]
>
> Ese nuevo y radical dualismo no afectó solamente a las relaciones raciales de dominación, sino también a las más antiguas, las relaciones sexuales [...] En adelante, el lugar de las mujeres, muy en especial de las mujeres de «razas inferiores», quedó estereotipado junto con el resto de los cuerpos [...] dentro de la naturaleza (Quijano 2000: 223, 225).

---

[49] Véase acá también Paul Bousquié (1994).
[50] Conde de Gobineau (1853-1857); uso edición en inglés (1967).

«Mi loca tentación»[51]: la mulata (rechazada, pero ferozmente deseada) y el liberalismo

> Me distrae el eco de una música dulce y no puedo trabajar...

Así comienza otro blancófono artículo advirtiendo a la plantocracia hacendada sobre los peligros que acarrea el merengue a la razón y a la ética del trabajo, a causa de su «predisposición a la voluptuosidad» (Elzaburu 1878: 406-407). Manuel de Elzaburu, fundador de la *muy distinguida* institución puertorriqueña de refinamiento intelectual —el docto Ateneo—, prominente *Liberal autonomista*, patriarca político, alza su voz en contra de una música de los sentidos: maldición de nuestra herencia de la plantación. «La danza nos recuerda a la mujer», argumenta, que es la causa de la caída del hombre, de sus pecados, del triunfo de la naturaleza, de la pasión sobre el intelecto:

> Oh *Danza!* canto dolorido de mi país, calla!! Con esas cadencias embriagas, con esos acordes adormeces, con esas inflexiones haces soñar [...] Tu conviertes lo interior en una cámara oscura donde se reflejan [...] rostros de todo género que fascinan y llaman y provocan, porque siempre que levantas tu voz, das retratos de mujer despertando la *voluptuosidad* más refinada y siempre desarmando el espíritu de su vigor [...] Cuánto hay en tí de *voluptuoso* abatimiento [...] eco blando á la vez que terrible, si se te estudia en tus causas y en tus afectos [...] no has podido nacer sino como un castigo! castigo lento!! y más castigo!!! [...] cuanto más suavemente te metes como un demonio por nuestros sentidos, para acallar nuestra energía soñolienta [...] (Elzaburu 1878; énfasis añadidos)

Salvador Brau, el portavoz más articulado de la ideología hacendada en el cambio de siglo, considerado por muchos como el fundador de la sociología y de la historiografía puertorriqueña moderna[52], coincide con Elzaburu en la importancia del estudio de este nuevo baile en parejas, y en sus efectos perniciosos a la racionalidad y a la ética del trabajo de la modernidad:

> embriaguez de la molicie que produciendo el marasmo físico ha de conducir al raquitismo moral (Brau 1956: 205)

---

[51] «...¡te quise, te quiero y siempre serás tú: mi loca tentación, mujer!» del bolero de Paquito López Vidal grabado en San Juan en el 1941.
[52] E.g., Fernández Méndez (1956).

En el proceso de construcción nacional, era importante, argüía, analizar nuestros defectos y vicios para poder sobreponernos a ellos[53]. Ya en 1882 reconoce que la danza y su merengue han venido a ser la música *nacional* puertorriqueña pero, como una creación mulata, *encarna* los defectos de nuestra historia colonial. Los hacendados deben reemplazar totalmente esta «Danza afeminada de la molicie» por

[...] la ronda sagrada del Trabajo y del Progreso, al compás de las armonías solemnes de la Ciencia (Brau 1956: 206; énfasis añadidos)[54].

El dominicano de Santiago, Ulises Espaillat, en un escrito de 1879, es decir, casi contemporáneo al de Brau, en su «catálogo de males nacionales» vincula *bailar merengue* con el «dejar para mañana lo que se puede hacer hoy» (citado por Del Castillo y García Arévalo 1988: 15).

El *merengue* de la *danza* es tan peligroso porque se le asocia a los movimientos corporales de la mujer:

en las danzas [...] su ligero cuerpo conviérteseles en radiante urna de ritmos (Deschamps 1899: 24)

Especialmente de la mulata —la progenie del pecado— que ejerce una especie de embrujo en los hombres *respetables*. La mulata es el fruto prohibido, *el ideal del canon somático*[55], rechazado por la razón y deseado con ardor; es la pasión embrujante que la etiqueta tratará de contener. No es fortuito que «El Carreño», el gran *Manual de urbanidad y buenas maneras*[56] del Caribe, enfatizara, no sobre los modales de mesa, como los libros de modales europeos, sino en los comportamientos relativos al cuerpo[57]. La peligrosidad de la *danza* se miraba por el prisma patriarcal, que concebía a la mujer como la

---

[53] En *Patricios...* (1988a: cap. IV) intento un análisis más abarcador de sus escritos. Véase también Díaz Quiñones (1993: 395-414).

[54] Leppert (1988: cap. 8) apunta para la Inglaterra de la época esa concepción de la música como «pérdida de tiempo» para el hombre y su relegación paulatina hacia el espacio doméstico para la mujer.

[55] Hoetink (1967 y 1973: en particular 202). Puede examinar también su ensayo posterior «*Raza y color en el Caribe*» incluido en *Santo Domingo y el Caribe...* (1994).

[56] Uso edición preparada especialmente para las escuelas (1894).

[57] Véase mi examen en «El Carreño y el análisis de la emergencia del orden civil en el Caribe» (1995a). Sobre «El Carreño», véase también Elías Pino Iturrieta (2000: 1-10); sobre su presencia en el contexto *cholo*, es decir, del mestizaje indígena, véase Hernán Ibarra (1998: 51).

encarnación de la naturaleza y, por ende, representante de la barbarie; en la tradición del mito de Eva, la mujer se visualizaba como la fuente principal de las pasiones:

> la danza en sus orígenes fué religiosa y guerrera [...] el bailarín siempre era hombre. La mujer no tomó parte en el baile hasta que éste fué popular y de regocijo [...]Aún despues de que las mujeres entraron en el baile, éllas eran *las bailadas*, no las bailadoras [...] El baile se hacía profano, pero no licencioso, porque faltaba la ocasión para la licencia. Sólo cuando la mujer bajó de su pedestal de diosa para ser *actriz*, pudo comenzar el *peligro del baile [...]* la mujer, que es la belleza y la gracia personificadas [...] deciende de su trono donde es bailada, para bailar élla propia á una belleza y una gracia que han de ser mayores aún; y como esas dotes no se encuentran sino en élla, la belleza y la gracia desconocidas han de buscarse *fatalmente en la exageración de la gracia* y la belleza que posee el alma y el *cuerpo* de la mujer. Es, por lo tanto, la danza más inocente y pura, cuanto menor parte tome la mujer en ella; y es tanto más profana y licenciosa, cuanto mas recargada esté la acción de la belleza y la gracia femeniles (Castro y Serrano 1878: 403; énfasis añadidos).

Un argumento similar se encuentra incluso entre los más liberales ataques a la prohibición del merengue:

> el baile es el estado natural del instinto [...] el bello sexo bailando es lo más triste [...] se inicia el vicio y se ahuyenta la virtud. Mujer que ha bailado una sóla vez no puede ser perfecta. Ha tenido que perder el *pudor* por unos minutos; ha tenido *que separarse de la formalidad*; ha tenido que ser inmodesta y vana por las *exageradas* galanterías de su pareja. El baile es cátedra del vicio [...] (Morales 1895: 46; énfasis añadidos)

Cecilia Valdés es el gran mito de las relaciones interpersonales del siglo XIX del Caribe hispano. El hacendado criollo blanco, Leonardo Gamboa, está fascinado por su hermana «ilegítima»: la hija de su padre español y una esclava criolla. Cecilia embruja por mulata, es decir, por su color, por el movimiento de su cuerpo, por su cadencia polirrítmica, pero también por mujer: esa fabulosa *encarna*ción de los sentidos[58]. El embrujo embriagante que las *Cecilias* pudieran ejercer sobre los *Leonardos* constituyó la mayor preocupación entonces del patriciado caribeño hispano en lo que concierne a las relaciones interpersona-

---

[58] La imagen de la mulata como símbolo de la *perdición* de los «señores» y las repercusiones de ello para la difícil construcción «nacional» en América está muy presente también en la cultura brasileña, como examina Florencia Garramuño (2007: cap. 2).

les. Era importante frenar ese embriagante embrujo a través de los modales, organizados como el control de la Razón sobre las pasiones corporales[59]:

> [...] estudiad esa música, lectores míos. Pero no la estudiéis en el salón de baile. Allí, la tibia densidad de la atmósfera [...] la irradiación deslumbradora de las luces, el acre incentivo de los perfumes, todo, todo, produciendo la excitación física ha de conducirnos a la *perturbación psicológica*; y al estrechar en vuestros brazos a la *mujer*, amada algunas veces, *deseada siempre*; al poneros en contacto con la *plástica morbidez de sus formas*, al aspirar su aliento, al oír de sus labios una frase de esperanza, promesa, largo tiempo perseguida, de inefables deleites, cohibidos por la *fuerza misteriosa de irresistible encantamiento*, no podréis apreciar toda la trascendencia de aquella música que responde unísona a los *enajenamientos de vuestra razón*. Pero [...] refugiaos en la soledad del pensamiento [...] tratad de poner en actividad vuestras facultades intelectuales [...] si en esos instantes, vibran los acordes de una Danza debajo de vuestros balcones, si aquellas notas languidecientes, *sensuales, embriagadoras*, logran volar hasta vosotros, las sentiréis agarrarse a vuestro *organismo*, como los tentáculos de un pólipo formidable e invadiendo al corazón ola de llanto, y enervando la voluntad [...] veréis descorrerse [...] *todo el pasado de vuestra historia [...]* (Brau 1956: 202; énfasis añadidos)

El mismo año en que Brau escribió sus *Disquisiciones sociológicas sobre la danza*, Luis Bonafoux estremeció a la sociedad caribeña hispana con la publicación, en un periódico madrileño, de la siguiente descripción de nuestro bailar *voluptuoso*, «no sólo de los negros; también los blancos que emulan sus insólitas hazañas» (Bonafoux 1914-1927: 108), donde recalca, exponiendo ante los ojos europeos nuestra (muy caribeña) simultánea repulsión (*superégica*) y fascinación (libidinosa) por la mulata, por aquella frente a la cual toda etiqueta se rinde. Veamos:

> Alegres y lúbricas parejas se entregan con una voluptuosidad de sátiros á un baile orgástico, denominado *merengue* por el esquicito sabor que tiene. Y es de ver allí la descocada y sensual mulata, destrenzado el cabello, contraídos los labios por el paroxismo del placer, húmedos y tiernísimos los ojos, palpitante el seno que amenaza traspasar la tenue y poco discreta valla, imprimiendo á las caderas ondulaciones lascivas, jadeante, sudorosa, ardiente, pensando sólo en el placer y por el placer viviendo, emprender aquel baile [...] cual ninguno voluptuoso (*ibíd.*: 110-111; énfasis del original).

---

[59] Detalles en mi ensayo «Los modales y el cuerpo: clase, "raza" y género en la etiqueta de baile» (1997c).

Esta escena no podía haber tenido lugar en un gran salón de *sociedad* ni en un casino de artesanos; sino en un carnaval popular —a la intemperie[60]— donde, como en las fiestas patronales, donde, como señala Brau, «esclavos y señores, damas y granujas se codeaban en abigarrada mezcolanza» (1909: 325). Porque era, en efecto, en festividades populares a la intemperie, como las supuestamente religiosas *Fiestas de Cruz*, donde con frecuencia se podían ver estas escenas «escandalosas». Citando otro de los escritos de Brau, ver por ejemplo a

> algún hombre enlazado a alguna mujer de mórbidos contornos *columpiarse* muellemente a los acordes plañideros del *merengue* sensual (Brau 1886, citado en Fernández Méndez 1956: 244)[61].

Es significativo que todos estos autores que trinan contra la danza del país escriban desde San Juan. Sin embargo en Ponce se defienden a brazo partido «esas músicas tentadoras»:

> Bien es verdad que ciertas clases sociales de determinadas poblaciones que no queremos singularizar [¿estará refiriéndose a San Juan?], hánse esforzado, sin darse cuenta de ello, en degenerar nuestro baile hasta convertirlo en repugnante crápula [...] pero no es menos cierto que en la generalidad de nuestros centros de población [...] el baile puertorriqueño conserva toda su pureza primitiva, su verdadero tono aristocrático [...] nuestro baile, el propiamente nuestro, el *merengue* ó la danza, es y será siempre la Leucosia encantadora que Amor artero pone al paso sutil Himeneo: la red milagrosa que en su forma primera de simpatía tiende á dos corazones, que [...] se alejan sin sentir que se alejan, se buscan sin percibir que se buscan y no se encuentran, que se aman y no se entienden, hasta que por el *magnetismo de la danza concluyen por unificarse para siempre* (Marín 1875: 42-43; primer énfasis del original, segundo énfasis añadido).

---

[60] Son interesantes los debates europeos «moralizantes» respecto al *walz* en el siglo anterior, que fueron generando una segmentación similar, pero matizada por el clima y la cultura mercantil: el desarrollo y multiplicación de *dance halls* populares a los cuales se accedía pagando la entrada. Véanse las páginas dedicadas al *dance music* en el excelente libro de Arthur Loesser (1954: 158-159), y también Colin MacInnes (1967). Penélope Summerfield (1981: 285) evidencia un *concern* del Estado en el desarrollo de los lugares comerciales de baile «to create orderly places of popular entertainment», cuando «customs themselves became part of active, contemporary class struggle».

[61] En su tan citado ensayo sobre la danza, Brau insiste en la utilización para apestillarse de esta música «híbrida», tristemente «nuestra Marsellesa», es decir, nuestro «himno nacional».

La sonoridad del *merengue* de la *danza*. *Escobilleo o columpio*: ritmo, baile, *clave*, «clase» y urbanidad

Tanto en Puerto Rico como en Santo Domingo, el primer baile en parejas de salón que no fue *eco repetido de los de Europa* se denominó inicialmente *merengue*. ¿Por qué —a diferencia de lo que ocurrió entre los dominicanos— entre los puertorriqueños fue desapareciendo esta palabra? Como hemos visto, hasta finales del siglo XIX *merengue* y *danza* fueron términos prácticamente intercambiables. Poco a poco, en Borinquen *merengue* fue refiriéndose sólo a las secciones *bailables* de la danza, es decir todo lo que no fuera el *paseo*; y ya en el siglo XX, el término casi desaparece del todo de la danza puertorriqueña, apropiándoselo completamente los dominicanos. Es interesante que aunque la primera referencia escrita al merengue como danza del país se encuentra en un documento cubano (de 1847), rara vez se siguió utilizando allá.

Es relevante que en Cuba y Puerto Rico —a diferencia de Santo Domingo— el baile en parejas «propio del país» finalmente adoptara sencillamente la denominación de danza. Relevante, porque *danza* (*del país*) no es sólo una versión acortada de contradanza, sino un término con una historia colmada de significantes. A diferencia del inglés, en español tenemos dos palabras muy semejantes para denominar el movimiento corporal al son de la música: *baile* y *danza*. La distinción entre estos dos términos equivalentes se originó aparentemente en Italia para la época del surgimiento de los libros cortesanos en el Renacimiento. Mientras *ballo* describía bailes de ritmos variados, propios para el despliegue del virtuosismo individual o espectáculos grupales, *danzas* se refería a bailes con un sólo tipo de ritmo de principio a fin, que eran considerados más corteses y apropiados para el baile de salón. Un minucioso estudio de las diversiones en la España del siglo XVII apunta hacia una diferenciación similar:

> Distinguíanse, en general, las *danzas* de los *bailes*, por ser aquellas más acompasadas, honestas y señoriales, mientras los últimos eran más desenvueltos y chacarreros [...] los bailes [...] encandilaban [...] mientras que las danzas, como expresión de gallardía [...]se aceptaban sin censura (Deleito y Piñuela 1944. 69).

Este estudio añade otro elemento importante. En los «bailes», se podían mover las manos y los pies con gran libertad, como se describe a la *maringa* bantú[62]; mientras que, en las «danzas», sólo se aceptaba mover los pies y de una manera más mesurada. Ello eventualmente facilitaría bailar en parejas.

---

[62] Álvarez Nazario (1974: 212) señala el «empleo marcado del movimiento de brazos y manos» como característica más general de la tradición africana.

Pero ese primer baile de parejas engarzadas, que tanto en Puerto Rico como en la República Dominicana se denominó inicialmente merengue, y que en Puerto Rico terminó llamándose sencillamente danza, ¿era en sus comienzos sonora y coreográficamente igual en las tres Antillas hispánicas? Hasta ahora hemos concentrado nuestro análisis en descripciones y términos que, bien que mal, se registran documentalmente. No es fácil el análisis de unas trayectorias sonoras desenvolviéndose en momentos históricos cuando la sonoridad no se registraba: cuando no existían grabaciones y pocos escribían partituras. Compartiré con los lectores los hallazgos obtenidos hasta el momento, adelantándoles mi mejor disposición a revisar estas tesis a base de la nueva información que pueda ir suministrándonos la investigación.

Hoy conocemos de muchas semejanzas en ese baile de parejas abrazadas entre las tres Antillas hermanas. Aunque muchas anécdotas dominicanas sobre sus primeros merengues dan la impresión de ubicarse en un ambiente campesino —podríamos decir «a la intemperie»—, y a pesar de que el anecdotario concentra en la historieta de sus «letras» dejándonos ignorantes respecto a su sonoridad y al baile, una vez introducido al salón, sí hay referencias de que compartía con las versiones cubana y puertorriqueña una estructura básica de dos secciones. Una introducción de evidente corte europeo, conocida como *paseo*, le permitía al varón invitar a una pareja a bailar. Después de unos pasos elegantes y un saludo cortés, comenzaba la sección propiamente bailable, larga y rítmica, que fue la cual más se asoció, propiamente, al término *merengue*. El *paseo* se estructura sobre una métrica europea, mientras que la sección bailable de la danza del país (entre puertorriqueños y dominicanos, merengue) es, en las tres Antillas, música sincopada, es decir, montada sobre una métrica de *clave* (para detalles sobre las claves como metros, véase el *Paseo* de este libro). En las tres, la sección bailable fue siendo cada vez más determinada por cada pareja individualmente, independizándose de las figuras grupales de la contradanza. Citando nuevamente la carta del «transeúnte» a *El Ponceño* de 1854:

> Bastante me gusta el *nuevo modo de bailar* [...] Estoy con aquellos que piensan que la contradanza ha ganado con dejar la costumbre de ponerse las parejas en fila militar y pasar cada una en su turno por la eterna figura de la cadena y otras muchas ya *caducas*, pues ahora hay la ventaja de que nadie se queda sin bailar, y mas ocasiones tiene cada uno de conversar con *su pareja*. Siendo, pues, partidarios de *entera libertad de gusto* en ese respecto, tenemos mas derecho, yo y los de mi opinión, de reconvenir cuando veamos que se trata de abusar de ella.

Ya en la génesis de su desarrollo se suprime al bastonero, que dictaba en la contradanza los pasos a seguir[63], facilitando el lucimiento de la pareja en su mayor libertad de expresión bailable (Fonfrías 1967: 3)[64], como parte —escribe el músico y musicólogo cubano Natalio Galán— del *individualismo modernizante* de las transformaciones de la época (Galán 1983: especialmente cap. IV «La contradanza sin contra», 137). Pero tanto la danza cubana o el merengue dominicano como el merengue de la danza puertorriqueña retienen algunos elementos del baile de figuras; a diferencia del danzón, cuyas figuras —inicialmente las tuvo— parecen haber prácticamente desaparecido ya para las guerras de independencia.

No obstante las semejanzas, el carácter de esas figuras que el merengue y la danza mantienen parece diferente. En el merengue dominicano se retiene el carácter campesino original de la contradanza como «country dance», como el *quadrille* del trinitario *meringo*[65], mientras que en el *merengue* de la *danza* puertorriqueña las figuras siguen los patrones y estilos de los bailes de salón. Manifiestan estos últimos, por un lado, la tensión burgués-aristocrática por la que atravesaba el contradictorio proyecto hacendado que fue haciendo suyo este nuevo baile «propio del país» —al punto que el himno nacional de Puerto Rico es una de esas primeras *danzas* (Quintero Rivera 2005a: cap. 4)— y, por otro, la ambivalencia de los artesanos u *honrados hijos del trabajo* al expresar sus visiones, prácticas y pasiones de tal forma que fueran aceptables, o idealmente aceptadas, para las clases dirigentes.

No obstante su básica semejanza en la forma —*paseo* isométrico[66] y *merengue* sincopado—, las síncopas de la sección bailable en lo que devino en merengue «dominicano» se fueron consolidando sobre un ritmo diferente

---

[63] Véase *Descripción de las fiestas...* (1844: 9), donde «figuras de galop, rigodón y contradanzas españolas eran bailadas por doce parejas y bastonero».

[64] Coopersmith (1974: 26) lo apunta para la República Dominicana, a mi juicio correctamente, como un proceso. Señala que hacia 1822 la contradanza criolla o *tumba dominicana* era todavía baile de figuras, pero donde las parejas —y no el bastonero— escogían las figuras a seguir. En la siguiente página señala que hacia 1850 la *tumba* desapareció, poniéndose de moda el *merengue*.

[65] Se observa claramente en grupos folklóricos que lo interpretan hoy. Naturalmente, hay que tener cuidado con este tipo de evidencia, aunque estudiosos muy responsables como Fradique Lizardo han contribuido con esos grupos.

[66] El término se refiere al intento de la modernidad «occidental» de regular la sonoridad a partir del siglo XVII, estableciendo un metro uniforme para toda una composición, con el efecto simplificador de «strong accents in regular recurrence that pervade and regulate the entire fabric» (Apel 1982: 731). Más análisis en *¡Salsa, sabor y control!...* (2005a: cap. 1).

al del merengue de la danza cubana y puertorriqueña; lo que conlleva, correspondientemente, distintos movimientos corporales al bailar: «escobilleo» frente a «columpio». Citando aquella primera referencia puertorriqueña al *merengue* de la *danza*:

> Bastante me gusta el nuevo modo de bailar, o sea, de *columpio*; pero tampoco se debe exajerar, pues se debe evitar que el caballero tenga la apariencia de usar los brazos de su pareja como mamgueta de *bomba*. Hay cierto respeto esterior, que nunca está demás (*El Ponceño op. cit;* énfasis añadidos)

Dos décadas después, otra descripción ponceña recalcaba que

> como las olas se *columpiaban* al mágico y lánguido son de [...] un *Recuerdo*, una *Borinqueña*, y de todo ese catálogo inagotable del precioso repertorio de danzas puertorriqueñas (Marín 1875: 43; énfasis añadidos).

Ambos bailes expresan ritmos sincopados, pero el «escobilleo» que fue caracterizando al *merengue* dominicano responde a la repetición constante de un mismo patrón o la reiteración de patrones equivalentes, algo que puede visualizarse en las partituras siguientes. La primera es de uno de los ritmos más frecuentes del merengue, que significativamente comparte el más rural de estos iniciales bailes de pareja abrazada con el seis *mapeyé* del campesinado o jíbaro puertorriqueño:

Y la segunda es de otro de los más populares ritmos del merengue dominicano, que comparte éste también con otra variante del seis jíbaro, el seis milonga (que me imagino que evoca —o tiene alguna relación— con la milonga argentina, pero no existen las fuentes documentales para afirmarlo):

Por otro lado, el «columpio» del merengue de la danza puertorriqueña resulta de la combinación de un compás afroárabe tipo habanera —o, en ocasiones, de manifestar explícitamente su *clave* (sobre lo que volveré más adelante)— que alterna con un compás de cuatro corcheas simples, en una especie de síntesis entre la isométrica de la modernidad europea y los acentos móviles de la tradición sonora africana[67]. Resulta interesante que fuera esa la forma predominante en el *méringue* popular haitiano, al menos a principios del siglo XX; contamos con transcripciones de la época, gracias a la labor pionera del músico haitiano Fernand Frangeul (1872-1911), que se dio a la tarea de transcribir y publicar partituras de lo que se escuchaba en su época. Reproduzco los primeros compases de dos de estas transcripciones. En la primera, la más antigua, que corresponde a la pieza *Antoine Simon Dit Ca* (1909), se combina el cinquillo con el par de corches simples:

La segunda, de *La Dangereuse* de Luddovic Lamothe (c. 1910), demuestra haber refinado su transcripción, pues el cinquillo se subdivide en el estilo de habanera que generaba el movimiento de columpio que caracteriza el bailable tanto en Cuba como en Puerto Rico[68]:

---

[67] Pérez Fernández analiza la «alternancia regular de compases (como) común en la danza puertorriqueña« (1988: 95).

[68] Reproducidas de los numerosos ejemplos incluidos en el muy valioso libro de Michael Largey (2006: 105 y 107).

El *basso ostinato* que define el columpiado ritmo bailable del merengue de la danza y el *méringue*, así como el que define el escobilleo del merengue dominicano, aunque se trascriben al papel en el compás de 4/4 o 2/4, se elaboran sobre la ordenación sucesiva de la composición en el estilo métrico heredado de la tradición africana, lo que se conoce en el Caribe como *las claves*: una subdivisión basada en pulsaciones temporales heterogéneas y acentos diseminados, no solamente al principio del compás como en la isométrica de la música de la modernidad «occidental» (vea detalles en el *Paseo* y *Merengue*, que anteceden a este Primer *repiqueteo*). Pero, mientras en el merengue dominicano su *basso ostinato* es, por lo general, la repetición constante de su ritmo en *clave* —lo que produce la sensación del reiterado *escobilleo*, aunque pueda incluir internamente alguna frase de habanera, como el ejemplo arriba expuesto—, el merengue de la danza puertorriqueña tiene la característica de que su *basso ostinato* incorpora su *clave* en sólo la primera mitad del total de pulsaciones de su *clave* métrica, lo que genera la sensación del columpiarse. En ocasiones, las danzas puertorriqueña y cubana sustituyen esa expresión explícita de la *clave* por el ritmo de *habanera*, conocido en la tradición folklórica popular de la ruralía puertorriqueña como el «café con pan»: *pan-café-con-pan-café-con-pan*. En esos casos, la métrica de *clave* queda implícita, produciéndose el *columpio* por la combinación de la *habanera* sincopada con las cuatro corcheas isométricas que le siguen.

Veamos la transcripción del compañero etnomusicólogo Luis Manuel Álvarez de la versión «folklórica» de la danza *La Borinqueña*, hoy el himno nacional de Puerto Rico, en 16/16, para facilitar el análisis de la *clave* implícita.

En la parte inferior de la partitura (en su «primer piso»[69]), Álvarez ha colocado la *clave*; sobre ella, hemos colocado el ritmo que caracteriza al género, que hemos trascrito en forma melódica ya que en los conjuntos de *danzas* el ritmo se expresaba con una segunda voz melódica —un *obbligato*— ejecutada por los vientos-metal, sobre todo el bombardino, el cual examinaremos más adelante en este *Repiqueteo*. Finalmente, en la parte superior colocamos un fragmento de la melodía (que encierra también ritmos, como veremos).

Además de la africanidad de su métrica en *clave*, la primera frase melódica del merengue de la versión popular de la danza-himno puertorriqueña (así como la tercera frase —*spierta borin*— del segundo compás) constituye una melodización de uno de los ritmos tradicionales de bomba, el tronco «folklórico» de la música puertorriqueña más apegado a su herencia africana. El etnomusicólogo Emanuel Dufrasne encuentra también que

> el patrón de cuas [palitos con los cuales se explicita la clave tañendo los bordes del tambor en la bomba del sur de Puerto Rico] que corresponde al son de bomba conocido como güembé es igual al de secciones de la parte del bombardino [su *basso ostinato*, como analizaremos más adelante] de la danza *La Borinqueña* (Dufrasne 1994: 46; corchetes añadidos).

Natalio Galán analiza, en el contexto cubano, el tránsito del compás ternario (3/4) del bolero español al binario (2/4) de la danza criolla, alrededor del 1840, como un fenómeno caribeño de *mulatización*, pues facilitaba una mayor libertad en los acentos y, por ende, unas cadencias que rompían la monotonía rítmica (1983: 283)[70]. La sensación de columpio se producía también a través de la utilización de tresillos —o tresillo elástico— en la melodía, lo que facilitaba combinar lo ternario con lo binario. Es importante recordar que la figura del tresillo es frecuente tanto en la música original de plantación —la bomba, en Puerto Rico—, como en la del campesinado libre —el aguinaldo y el seis en la tradición jíbara boricua.

---

[69] La referencia es al polémico ensayo de José Luis González (1980), donde argumenta que «el primer piso» de la sociedad puertorriqueña lo constituye su «zapata» afrocaribeña.

[70] Véase también Pérez Fernández (1988). Antonio García de León (2002) recalca también la importancia de ese tránsito entre lo ternario a lo binario en la sonoridad del Caribe.

Interludio histórico clasista

Pero los géneros musicales son procesos sociohistóricos. ¿Fueron siempre estos ritmos y esta forma, que combinaba *paseo* isométrico y merengue sincopado, los que caracterizaron al merengue dominicano y al merengue de la danza puertorriqueña y cubana? Respecto a la historia dominicana del merengue, me aventuraré a adelantar algunos análisis más adelante, reconociendo lo mucho que necesito aprender. Veamos rápidamente algunos aspectos de su trayectoria boricua.

Aunque algunos estudiosos señalan a «La Margarita» (1870) de Julián Andino como la primera danza —por ser la primera en utilizar explícitamente, es decir, consignándolo en la partitura, el tresillo elástico que caracteriza su melodía rítmica y su rítmico «acompañamiento» arpegiado—, otros hacen referencia a una tal «La sapa» de 1848 (Font 1970)[71], lo que parece más plausible, ya que sabemos que en 1849 el Gobernador español decretó la prohibición del merengue. Ahora bien, como señala el gran compositor y estudioso Amaury Veray, la danza puertorriqueña no pudo ser un invento de tal o cual compositor, sino un género que fue conformándose en un proceso musical en el cual participaron innumerables músicos: compositores e intérpretes y bailadores en su constante interrelación, particularmente importante en las formas populares. Igualmente, Carpentier analiza formas básicas de la música cubana como «modalidades de interpretación que pasan al papel después» (1946: 105). Los inicios de la danza puertorriqueña —*merengue, upa o lo que se quiera*, como decía «el transeúnte»— pueden fecharse, pues, desde antes de mediados del siglo XIX, alcanzando una forma más o menos definitiva unos treinta y tantos años después. Dice Veray:

> Hacia los años 50, la contradanza comenzaba a cobrar *perfil criollo* y a manifestar el *carácter borincano*. El acompañamiento arpegiado (1844) pronto se va a enriquecer con el puntilleo y la semicorchea que no es otra cosa que el primer destello del patrón rítmico que se convierte en el futuro *tresillo* (1977a: 26; énfasis añadidos).

En el escrito cubano de 1852 que antes señalamos como una de las primeras referencias a la danza criolla caribeña, claramente se establece:

---

[71] Díaz Díaz (*op. cit.*) otorga gran importancia a un evento de dicho año también pues, aunque no se menciona aún el término se hacen referencias explícitas a piezas (*danzas*) compuestas por músicos del país.

Su música es de un estilo *peculiar*, y tanto que quien no la ha oído a un *iniciado* en vano intentará tocarla *aunque la tenga perfectamente escrita* (García de Arboleya 1859: 263; primer énfasis del original, el resto añadidos).

Aun cuando en la línea anterior de este documento se había señalado que

la danza criolla, *verdadera especialidad cubana*, no es otra cosa que la antigua contradanza española (y contradanza la llaman aún los músicos) modificada por el clima [...] *voluptuoso* de los trópicos (*ibíd;* énfasis añadidos)[72].

Esos treinta y tantos años en que fue consolidándose la danza se caracterizan en Puerto Rico por la transformación de una economía campesina a una economía hegemonizada por la hacienda, organizada en torno a la agroproducción para la exportación. La ciudad portuaria de Ponce —a través de la cual se irá canalizando mucha de esa agroexportación— crecerá más que ninguna en esos años y se convertirá en el asiento principal de la clase de hacendados; mientras la sede del poder colonial, San Juan, retendrá el predominio de la importación y, por tanto, de los grandes comerciantes importadores. Social y culturalmente, Ponce fue convirtiéndose en una capital alterna; se erigía como el centro urbano de una emergente ciudadanía que comenzaba a configurar elementos incoativos de un proyecto alterno de país. El carácter *ciudadano* de Ponce, frente a la naturaleza *oficialesca* de San Juan, es evidente en las primeras descripciones de la vida urbana del país[73].

Ello se manifestó también demográficamente. Mientras en Cuba la suma de la población de la segunda, tercera y cuarta ciudades no alcanzaba la mitad de la población de La Habana, que representaba el 15,7% del total poblacional de ese país (Morse 1971), en 1899 en Puerto Rico la suma de la población de las tres ciudades siguientes en magnitud a la capital —cuya población en el siglo XIX fluctuó entre sólo el 2,7 y 3,5% del total insular— era aproximadamente el doble de ésta, y era prácticamente igualada por Ponce[74].

En 1857 visita Puerto Rico y se establece, no por casualidad, en Ponce, Louis Moreau Gottschalk, un músico y compositor de Nueva Orleáns, importante en la historia de la música «clásica» por ser de los primeros en basar

---

[72] La referencia a la *danza* como contradanza impregnada de languidez (o *voluptuosidad*) *tropical* se repite en numerosas descripciones y análisis. La frase recién citada es de Henríquez Ureña (1984: 150).

[73] Detalles en mi libro *Ponce: la capital alterna...* (2003d).

[74] Detalles sobre las fuentes consultadas para estos cálculos en mi libro *Ponce: la capital alterna...* (2003d: 39-41).

sus composiciones sobre la música popular de América (Starr 1995) —de la tradición norteamericana del sur y de países latinoamericanos con marcada presencia afro en su expresión sonora (como su ciudad natal): Brasil, Cuba y Puerto Rico (Pasarell 1959: 53-55)[75]—. En Ponce, compone dos piezas: una cuya melodía central está basada en la música campesina —*Souvenir de Porto Rico, Marche des gibaros* (*Op.* 31)— y otra que tituló sencillamente *Danza* (*Op.* 33)[76] y que se conoció popularmente como «Las ponceñas». Su *Danza* no es, evidentemente, para bailar; sino una elaboración artística a base de lo que escuchaba como *danzas* bailables. Como no hemos encontrado partituras de *danzas* anteriores, ésta reviste un gran valor para conocer elementos de ese género, entonces en formación.

También es interesante notar que *La marcha de los Jíbaros* está colmada de frases que suenan como el merengue de la danza, por la utilización de la habanera (o el *café-con-pan*), y su rítmica combinación de lo binario y lo ternario en sus compases. Resulta especialmente significativo, pues entre las múltiples variantes de aguinaldos que fueron desarrollándose en la ruralía puertorriqueña, sólo dos son convencionalmente considerados y denominados (al menos desde hace más de medio siglo) «aguinaldos tradicionales», y la sonoridad de ambos tiene muchas tangencias con la música que a principios de los 1850 se le comenzó a llamar merengue. El aguinaldo «Si me dan pasteles» —el que toma Gottschalk como eje central de su *Souvenir*— comienza con un *paseo* de corte métrico europeo —«José se llamaba el hombre, María la mujer...»— seguido por la sección sincopada que reproduce Gottschalk. Esta sección es de una gran riqueza sonora por elaborarse sobre una secuencia armónica que complejiza y enriquece la llamada *cadencia andaluza* —secuencia armónica muy identificada con la sonoridad «española»— con acordes entrelazados en ritmos sincopados. Sin embargo, esa segunda parte del aguinaldo «tradicional» «Si me dan pasteles» sigue la forma «folklórica» de la canción abierta; es decir, sobre la base de la secuencia armónica, el (o los) trovador (es) pueden seguir improvisando coplas hasta que puedan o quieran, sin un final fijo establecido.

---

[75] Hernández-Girbal (1979: 65-73) describe la visita de la soprano Adelina Patti a Ponce con Gottschalk, y sus amores con el puertorriqueño José Ríos.

[76] Reproducidas por Vera Brodsky Lawrence (1969: vol. 2, 151-162 y vol. 5, 199-210).

El segundo «aguinaldo tradicional» parece ser un poco posterior, pues tanto el ritmo como la forma de las danzas del país aparecen de manera más evidente: tiene un *paseo* —cuya letra comienza «Los reyes que llegaron a Belén…»— y siguen dos partes con compases establecidos (tipo composición «cerrada») en el ritmo de habanera, como el merengue de la danza cubana —«De tierra lejana…» y «¡Oh, brillante estrella…!»[77].

---

[77] Ambas partituras reproducidas de Allena Luce (1921: 3 y 24-25).

La descripción más antigua disponible de los seises campesinos (1849) apunta ya la influencia en éstos de la naciente contradanza del país:

> de las figuras [...] se termina valsando, lo mismo que en la contradanza (Alonso 1968: 38).

Es importante destacar estas similitudes entre los aguinaldos (rurales) y la emergente danza del país (urbana), de la que, viviendo en Ponce, se percata Gottschalk, pues manifiestan las diferencias en carácter entre las dos ciudades más importantes del país. A diferencia de San Juan, al que se veía y concebía aparte del resto de la isla[78], Ponce fue convirtiéndose en la ciudad líder de una economía rural y, según he analizado en detalle en un libro anterior, fue incorporando de manera emblemática dicha ruralía en su urbanismo y su arquitectura (Quintero Rivera 2003d). Su plaza principal fue arbolizándose; tomando el carácter de lugar de encuentro ciudadano en estrecha relación con la naturaleza. En 1864, se pusieron los faroles en la Plaza y comenzaron las retretas (Vidal Armstrong 1959: cap. XXII), mientras que en San Juan no se iniciaron hasta más de treinta años después (en 1897; Zeno 1959: 413-415). Fueron mudándose a Ponce los mejores músicos innovadores del país (Veray 1960b: 31; Mirabal 1956: 12), y en la década de 1880, años de la consolidación del Partido Autonomista, a través del cual canalizaron los hacendados criollos sus luchas políticas por la hegemonía, florecen en Ponce —desde su orquesta de baile y las retretas con la Banda de bomberos— las danzas de Juan Morel Campos, su máximo compositor.

Morel nació en Ponce en 1857. La primera composición que se le conoce (teniendo 14 años) es, de hecho, una danza: «El sopapo», término populachero de bofetada, en la tradición de títulos populares antes reseñada. Su primer trabajo asalariado fue en la Banda Militar de San Juan, pero regresó a Ponce tan pronto pudo. En su momento de mayor producción, coincidente con las luchas del Partido Autonomista, cuentan que improvisaba hasta dos danzas por baile (Mirabal 1956: 18-22).

En 1867 se establece el Bazar Otero en Ponce (Veray 1958: 7), que durante todas las últimas décadas del siglo XIX, estuvo mejor surtido de partituras que el Bazar Rossy, Montañez y Cía., de San Juan. Ambos bazares combinaban la venta de música «clásica» con *danzas del país*, pero el de Otero las detallaba en su Catálogo, con orgullo[79]; además subvencionaba con salario a los compositores, primero a Tavarez y, a su muerte, a Morel (Mirabal 1956: 18). Amaury Veray explícitamente vincula el auge de la política autonomista de Ponce con la danza, y ésta con el fortalecimiento del orgullo *nacional* (Veray 1977b).

La emergencia de dicho orgullo nacional, por otra parte, nos ayuda a comprender la consolidación de un baile de salón que no fuera *eco repetido*

---

[78] Asenjo (1868) recalca la progresiva disminución de elementos rurales de las fiestas de la capital, ejemplificado por la pérdida de la centralidad de las carreras de caballo.

[79] *Catálogo general de la existencia del Almacén de música de Olimpio Otero* (1883) y *Catálogo general de las existencias del Almacén de música y pianos de Rossy, Montañez y Cía.* (1899). Todavía en 1919, los anuncios de bazares de música publicados en el manual de baile de Alberto S. Arriaga (1919) incorporan, de manera protagónica, danzas del país (132).

de los de Europa. En una situación donde la esclavitud dejó a la sociedad altamente marcada por el racismo, una de las luchas iniciales más importantes de los trabajadores de oficio o artesanos —de donde provenía la mayoría de los músicos que componían y tocaban danzas, los cuales (como hemos visto) eran predominantemente mulatos, recordando la crónica dieciochesca, «ambiciosos de honor»— fue, precisamente, por el orgullo de la *dignidad*. Esta lucha se cimentaba sobre la aspiración al reconocimiento de su existencia civil; es decir, que se les reconociera como personas y como ciudadanos. Las luchas del artesanado fueron posteriormente radicalizándose, y muy a finales del siglo XIX y sobre todo a principios del siglo XX, tomaron un carácter independiente y desafiante[80]. Pero en los momentos del surgimiento de la danza del país, su lucha por la dignidad se enmarcaba todavía en la política de los hacendados, cuyo concepto de *la gran familia puertorriqueña* significaba —frente a la posición de los *conservadores* o *incondicionalmente españoles*, que aceptaban como ciudadanos sólo a los descendientes de europeos blancos— una aceptación de que los *honrados hijos del trabajo* eran miembros de la comunidad ciudadana.

El Partido Autonomista defendió la educación generalizada y la ampliación del sufragio[81]; y existe evidencia de participación (subordinada) de los artesanos en los movimientos reformistas de los hacendados[82]. Es significativo que, previo a *Ensayo Obrero* (publicado en San Juan en 1897, y que marca la transformación radical hacia un obrerismo independiente), cuatro de los seis periódicos obrero-artesanales que se conservan, incluyendo al más antiguo, *El Artesano* de 1874 —todos los cuales buscaban, sobre todo, la dignificación del trabajo dentro de las luchas liberales—, se editaran en Ponce.

Uno de los pocos estudios (realmente, unos «apuntes», como su propio autor denomina) sobre los bailes de Puerto Rico, distingue al merengue de la danza festiva de «la parte norte de la isla», refiriéndose principalmente a San Juan —«colmada de una gran cantidad de *etiopismos*» (Rosa Nieves 1951: 198), en evidente referencia a su herencia negra—, del merengue «sosegado»

---

[80] Detalles en Quintero Rivera (1978). Véase también sección escrita por el compañero Gervasio García (1982: 19-21); y Rubén Dávila Santiago (1983).

[81] Es lo que en otros contextos se ha examinado como «la extensión de la ciudadanía». Véanse, por ejemplo, T. H. Marshall (1965) y Reinhard Bendix (1964). En contraposición, el partido opositor, el conservador *Partido Incondicionalmente Español*, se opuso a estas medidas; véanse e.g. Pablo Ubarri, «Carta oponiéndose a la extensión del sufragio» (1880) y «Carta combatiendo al Instituto Civil de segunda enseñanza», ambas en Coll y Toste (1918: 229 y 257).

[82] Véase Quintero Rivera (1978).

de la danza ponceña. El análisis musical de esta sonoridad: del merengue de la danza que se consolidó en Ponce —de la danza que perduró y que fue elevada a símbolo nacional— es sumamente revelador, pues, a diferencia del merengue *guarachero* de las fiestas de *chillones colores* (*ibíd.*: 77) de San Juan —que Amaury Veray llamó «frívolo» (1977a: 28)—, fue una música producida por artesanos, aspirantes a *ciudadanos*, precisamente en el proceso de su lucha por la dignidad, por su reconocimiento civil. En San Juan —donde la oficialidad estatal y no la plantocracia hacendada, ejercía la hegemonía— los artesanos participaban de una distinta relación entre clases sociales. La danza ponceña y su merengue significaron, pues, en gran medida, una música *de* artesanos... pero que fueron éstos componiendo y tocando, cada vez más, *para* hacendados. Como recalcan documentos decimonónicos:

> La música era profesión del negro y *entretenimiento* del blanco (citado por Muñoz 1966: 99; énfasis añadido).

El tambor —otra vez— camuflado: los timbres del ritmo del merengue

Ese primer baile en pareja considerado *danza del país* fue inicialmente —según hemos ido viendo—, en las tres Antillas hispánicas, una expresión sonora auténticamente popular a la que se le llamó *merengue*. Pero, en Puerto Rico, en la medida que fue incorporándose a los casinos «de primera», fue adquiriendo el carácter de la hegemonía hacendada, y el popular nombre de merengue (con sus connotaciones eróticas) fue paulatinamente descartándose frente a la «expresión de *gallardía*» de la danza «acompasada, honesta y *señorial*» (recuerden la distinción entre «baile» y «danza» de Deleito y Piñuela, que cité en la p. 235 de este *Repiqueteo*)[83]. Ya cincuenta años atrás, Amaury Veray atisbó ese doble carácter de la danza puertorriqueña de Ponce. Señala que fue «el primer baile de carácter íntimo de nuestra burguesía naciente» (aludiendo a lo que yo denomino como clase de hacendados), habiendo hecho referencia sólo unas líneas antes en su escrito a su «claro sabor popular» (1977b: 41). Veray resume su análisis sobre la danza concluyendo que constituyó «el bautizo de nuestra sociedad organizada» (1977a: 45)[84], y la mayoría de los demás musicólogos puertorriqueños concuerdan en que fue nuestra primera música considerada *nacional*.

---

[83] Henríquez Ureña parece reafirmarlo, pero con otros términos: «languidez», etc. (1984: 151).

[84] Véanse también los demás ensayos recogidos en Rosado (1977).

Pero las danzas no las compusieron los hacendados; y sus aspiraciones hegemónicas, su cultura integracionista ciudadana y su lucha política *nacional*, explican sólo en parte el carácter que fue asumiendo la transformación de su sonoridad. En gran medida, esta transformación respondió a las luchas de los *honrados hijos del trabajo* por la *dignidad*, para que se les considerara «cultos y decentes», *civilizados* frente a la *barbarie* que la *urbanidad* burguesa identificaba con la ruralía y, en un Caribe atravesado por la herencia racista de la esclavitud, por las prácticas de la herencia africana también. *¡Negro, pero decente!* es un dicho común a través de todo el Caribe hispano referente a los artesanos de color en su lucha por que se les reconociera como parte de la emergente —respetable— civilidad. Un documento escrito desde los sectores sociales «de primera» —del venerable Don José S. Alegría— ilustra cuánto alcanzaron los artesanos esa «respetabilidad».

> ¡Qué bailes aquellos! Bien podría decirse que en Puerto Rico, a fines del siglo XIX eran los artesanos y sus familiares quienes mejor vestían para las fiestas. Aquella clase artesana culta, refinada, galante [...] para su baile traía al pueblito una de las mejores orquestas [...] Ya quisiéramos hoy que los grandes bailes que celebra la alta sociedad tuvieran la distinción y el refinado lujo que tenían en aquella época los bailes suntuosos de nuestra clase artesana [...] Como en aquella época los artesanos no se codeaban en la sociedad con los jornaleros o peones, éstos celebraban su baile en la alcaldía... (1972: 58)

Para la misma fecha de la anterior descripción, el director orquestal Arturo Somohano, conocido por llevar al formato tímbrico sinfónico la música «latina» popular bailable con un estilo parecido a los *Boston Pops*, a la vez que comentaba despectivamente sobre los bailes en las plazas populares —a la intemperie—, recordaba elogiosamente los bailes de artesanos:

> Los artesanos de aquella época eran gente elegante. Organizaban sus bailes y sus fiestas que nada tenían que envidiar a los bailes de «los blanquitos» (1970: 31 y 33)[85].

¿Cómo se manifiesta esta relación entre clases sociales en la sonoridad y el baile del merengue de la danza? Para examinar la relación entre clase, sonoridad y coreografía —entre las aspiraciones de los artesanos y la música bailable que, en considerable medida para los hacendados, produjeron ellos—, es muy revelador el análisis de los timbres, del papel que juegan los distintos

---

[85] Interesante resulta ser también su recopilación de partituras, *Canciones* (1962).

instrumentos que se usaban al tocar su merengue. Dentro de ello, dado el *rôle* fundamental que tuvieron los ritmos sincopados en la definición de cómo se bailaba la nueva danza del país, resulta particularmente importante examinar a través de cuáles timbres se manifestaban sus ritmos.

Antes de zambullirnos nuevamente en los documentos históricos, permítanme compartirles un relato relativamente contemporáneo. Unos veinticinco años atrás, el colega etnomusicólogo Luis Manuel Álvarez —mi más cercano colaborador ¡y maestro! en todas estas investigaciones en torno a nuestras sonoridades— fue nombrado director de la sección de Música del gubernamental Instituto de Cultura Puertorriqueña (ICP). Una de sus primeras encomiendas fue presenciar eventos donde tocaban grupos de música jíbara (campesina) que el ICP debía certificar como «auténticamente folklóricos». Me cuenta que, al identificarlo como funcionario del ICP, los músicos corrieron a esconder el bongó, instrumento de par de pequeños tambores agudos que, «importado» de Cuba en las primeras décadas del siglo XX, los jíbaros habían incorporado a sus conjuntos musicales. Lo «auténticamente folklórico» era que tocaran sin tambor, no obstante que la música jíbara estaba colmada de síncopas; no obstante el carácter sumamente rítmico de, al menos, tres de sus cuatro familias de variantes.

Ello me llevó a escribir —con el asesoramiento de Luis Manuel Álvarez— el ensayo «El tambor camuflado: la melodización de ritmos y la etnicidad cimarroneada»[86], que pretende probar cómo el acompañamiento arpegiado del cuatro (instrumento derivado del laúd con timbre parecido a la mandolina, tan identificada como «española»), a través de una segunda voz melódica u *obbligato* —que define a muchos de los géneros campesinos o sus variantes—, con frecuencia sigue rítmicamente patrones de bomba, patrones que han llegado a caracterizar al merengue dominicano y otras *claves* afrocaribeñas. El ensayo analiza también las condiciones sociohistóricas que engendraron esa necesidad de camuflaje.

¿Por qué en la ruralía dominicana no fue necesario camuflar el tambor? En las descripciones de su música campesina aparece la tambora sin ambages. Más aún, en un documento contemporáneo a la primera mención del *merengue* —*El Montero, Novela de costumbres* de Pedro Francisco Bonó (1856)—, se la menciona con orgullo, describiendo el timbre de la música campesina dominicana así:

---

[86] Originalmente publicado en 1992 y retrabajado como capítulo 3 de *¡Salsa, sabor y control!...* (2005a).

dos cuatros, dos güiras, dos cantores, un tiple, mucha bulla y cuando raya en lujo, una tambora (Bonó 1968: 59).

En el *Paseo* analizamos con más detenimiento ésta, su membranófono principal. Pero volvamos al merengue.

El merengue de la danza cubana y puertorriqueña organiza su expresión sonora sobre un ritmo *sincopado* siguiendo una métrica de *clave*. Pero el ritmo no aparece protagónicamente, como en la rumba o la *bomba*, sino marcadamente discreto, sin competir ni ahogar jamás la melodía. Ese papel *humildemente* fundamental del ritmo se logra en la danza con la incorporación de ritmos melodizados en momentos claves de la melodía (como en el primer compás del merengue de *La Borinqueña*, que examinamos antes) y, principalmente, a través de la complementariedad de la armonía, marcándose el ritmo a través de una segunda voz melódico-armónica. Es decir, el patrón rítmico fundamental no es percusivo, no lo da el tambor, sino instrumentos melódicos provenientes de las bandas militares; en el merengue de la danza ponceña, el bombardino, un instrumento de los vientos-metal, que no es coincidencia que sea uno de los instrumentos melódicos cuyo timbre se parece más al tambor.

Aunque la danza, como su propio nombre indica, era música fundamentalmente para bailar, fue consolidando una forma que permitía la elaboración virtuosista de composición y ejecución. Su melodía posibilitó su desarrollo como «canción de arte» y las variaciones de sus distintas partes, el virtuosismo pianístico. Ambos elementos pueden apreciarse en una de las más extraordinarias danzas, «Margarita» (1870) de Manuel Gregorio Tavárez, compuesta claramente para su ejecución al piano[87]. La mayoría de las partituras de danzas puertorriqueñas que se conservan se encuentran, de hecho, escritas —como la más antigua compuesta por Gottschalk, antes mencionada— para piano[88], posibilitando una muy interesante interrelación entre una sonoridad creada para el intercambio comunicativo erótico entre cuerpos danzantes por conjuntos instrumentales hegemonizados por la sonoridad de las bandas militares en la esfera pública y su transformación pianística, más bien romántica, para

---

[87] El uso de la *danza* para la composición erudita, principalmente para el virtuosismo pianístico, continuó durante el siglo XX, tanto a comienzos de siglo cuando se mantenía como género bailable popular, como luego de entrar en desuso a dicho nivel. Véanse, por ejemplo, los escritos de Amaury Veray sobre los compositores Quintón y Monsita Ferrer (1960a: 17-19; 1962: 10-12).

[88] Y así se han reproducido en ediciones posteriores: véanse los varios volúmenes de *Danzas* de Juan Morel Campos publicados por el Instituto de Cultura Puertorriqueña en San Juan (1958).

el ámbito doméstico y el arte «culto»[89]. Como ha magistralmente analizado a nivel internacional el extraordinario libro de Arthur Loesser, *Men, Women and Pianos, A Social History* (1954), este proceso sentó las bases para la irrupción en la esfera pública, a nivel de la interpretación en conciertos, de la mujer como instrumentista, habiendo desarrollado su maestría inicialmente en el «recogido» ámbito doméstico. Ya en los 1880, se registran en Puerto Rico los conciertos públicos de Anita Otero interpretando al piano un repertorio que combinaba «clásicos» europeos y danzas del país incluyendo, incluso, populacheras guarachas, fenómeno que no he encontrado para tan temprana época en las Antillas hermanas. Es significativo, no obstante, que estas «veladas artísticas» comúnmente concluyeran con baile, con el baile de parejas abrazadas del merengue de la danza (Díaz Díaz 1986b: 42-50).

Como bien me ha señalado Luis Manuel Álvarez, las partituras escritas para piano, además de su función secundaria para este tipo de virtuosismo, eran también —y principalmente— una forma condensada muy común de transcribir una música pensada y ejecutada para y por pequeñas orquestas o conjuntos de baile constituidos, generalmente, por uno o dos violines, una flauta, un clarinete, dos o tres bombardinos, un contrabajo y un güiro[90]. Salvador Brau, en sus muy reveladoras y citadas *Disquisiciones sociológicas* sobre la danza, menciona la incorporación del timbal en estos conjuntos hacia los 1850. Según Augusto Rodríguez, la Orquesta de Juan Morel Campos, en el momento cumbre de la *danza* en Ponce, estaba constituida por cuatro violines, dos clarinetes, un cornetín, dos bombardinos, un contrabajo, un timbalito y un güiro; paralelamente, la orquesta de Casimiro Duchesne en San Juan tenía una composición similar, aunque uno de los bombardinos era sustituido por un corno francés y un flautín. Añade Rodríguez que, en 1906, el redoblante sustituye al timbalito «escandaloso» (1979: 36-38). En un escrito anterior, Rodríguez apunta que en 1853, el indio incorporó el güiro al conjunto bailable, instrumento que «conquistó a los oyentes»

> Y después el humilde negro vino con su molesto timbalito [...] Los dos palillos que machacaban el parche rememoraban su origen africano, sugiriendo contorsiones grotescas y lascivas (1939: 15).

---

[89] Es significativo que la primera publicación para la instrucción musical «clásica» que se registra en Puerto Rico fuera para piano y originalmente aparecida en Ponce: D. Salvador Marcilla y Vives, *Novísima escuela de música, pauta universal, nociones de solfeo y piano, y cartilla armónica*; la edición que se conserva es de 1883.

[90] Nélida Muñoz de Frontera suscribe también esta tesis en su análisis de las composiciones del máximo compositor de *danzas*, Juan Morel Campos (1987: 373-382).

Resulta interesante que otros estudiosos que abiertamente se basan en la tradición oral minimicen marcadamente la presencia de las cuerdas:

> dos clarinetes, dos bombardinos, un contrabajo, un cornetín (sólo para las danzas cubanas y los pasodobles españoles), una batería (caja de cueros y platillo), un güiro y, *a veces*, dos violines (Rosa Nieves 1951: 2002; énfasis añadido).

En las varias descripciones de los conjuntos cubanos de la época que reproduce Galán, rara vez aparecen instrumentos de percusión de cueros. Parecía predominar lo que ya desde entonces se conocía como *la charanga*, definida en un documento del 1862 como «conjunto de instrumentos de vientos metálicos» (Mercadier 1862: 132), aunque el timbal aparece en la descripción que de este tipo de orquesta hace Cirilo Villaverde en *Cecilia Valdés*[91].

En todo caso, lo que quiero enfatizar es la preponderancia —en la elaboración tanto de la melodía como de la armonía *y* del *ritmo*— de los instrumentos de viento-metal, en una sonoridad producida por mulatos para los cuales las bandas militares (y su transferencia al mundo civil como «charangas») habían representado una forma de ascenso social, una manera de que se les reconociera como miembros de la comunidad civil. La orquesta del primer compositor puertorriqueño de importancia del cual se tiene noticia, Felipe Gutiérrez Espinosa —a quien describen como «de complexión obscura» (Muñoz de Frontera 1989: 21)—, compositor sobre todo de música religiosa, y cuyo padre había sido músico en las bandas militares (Muñoz de Frontera 1987: cap. III), estaba compuesta principalmente por metales, aun cuando tocaba fundamentalmente en la Catedral. Las autoridades eclesiásticas querían una sonoridad «más suave» y le sugirieron que sustituyera el segundo clarinete por un oboe, el bombardino por un fagot y por un violín y una viola, las dos trompetas. Pero Gutiérrez, según señala el documento, fue «inflexible, implacable» (citado por Dower 1983: cap. I, 4).

Los instrumentos de percusión se usaron, entonces, en las orquestas puertorriqueñas y cubanas principalmente para enfatizar o reforzar un ritmo cuyo patrón fundamental era establecido por los vientos metal: en la danza ponceña, como antes señalamos, por el bombardino. Hablando del bombardino —instrumento, además, del más excelso compositor de danzas en su época dorada, Juan Morel Campos— nos señala Mirabal:

---

[91] Véanse también las descripciones y análisis del músico y musicólogo Odilio Urfé (1982: 151-173, particularmente 154).

Nos hemos detenido ante este *oscuro* instrumento porque él es algo así como un punto del cual *tiene* que partir cualquier estudio serio que en lo por venir se haga de la armonización de la danza (1956: 28; énfasis añadido)

Y de su rítmica, añadiría yo. Introducir en forma protagónica el ritmo de tambor en un «casino de primera» era en ese momento inadmisible, pues al tambor se le identificaba con los cantos de esclavos. Los artesanos lo camuflaron armónicamente con el «oscuro» bombardino. Este tipo de camuflaje se dio también en la danza cubana —señalaba un importante compositor y analista «a playful ophicleide almost always gambolled on the margins of the ruled staff» (Grenet 1939: XXXIII)—, pero, más comúnmente con otros instrumentos y bajo otras formas. Un documento de 1837 agudamente señala

¡¿Quién no sabe que los bajos de los danzistas del país son eco del tambor de los tangos?! (citado por Galán 1983: 135).

Y en su historia de la música cubana, apunta Carpentier:

Gracias al negro comenzaban a insinuarse en los bajos, en el acompañamiento de la contradanza, una serie de acentos desplazados, de graciosas complicaciones, de «manera de hacer», que creaban un hábito, originando una tradición (Carpentier 1946: 112).

Más adelante, vincula la parte del clarinete (primer merengue de la danza cubana) con los ritmos «salidos de las manos» (en clara referencia al toque de cueros) «de los negros franceses de Santiago» (Carpentier 1946: 185).

En la danza puertorriqueña, tan *fino* y eficaz fue ese camuflaje que incluso uno de los más importantes músicos puertorriqueños de principios del siglo XX, Braulio Dueño Colón, señalaba en un trabajo premiado por el Ateneo Puertorriqueño en 1914 («Estudio sobre la danza puertorriqueña»):

No negaremos que hubo un tiempo en que nuestra danza degeneró de modo lamentable debido al mal gusto artístico de ciertos compositores y directores de orquesta que utilizaron la *bomba africana*, imprimiendo a la danza un ritmo grotesco y, por ende, antiestético.
Afortunadamente, el gusto exquisito de artistas como Tavárez, Ramos [Heraclio] y Campos se impuso y la danza criolla volvió a recobrar el ritmo suave y gracioso que siempre la caracterizó (citado en Rosado 1977: 17).

Aun así, Dueño Colón, no pudiendo esconder su «blanquitismo» musical, señala más adelante, refiriéndose al tresillo, «la (aún) defectuosa relación rítmica entre la melodía y el acompañamiento», abogando porque se corrigiera «ese *defecto* de forma» (en Rosado 1997: 22)[92], supuesto «defecto» heredado de la campesina música *jíbara*[93]. En efecto, como sostiene Muñoz,

> Lástima que aún no se haya realizado un estudio sobre las improvisaciones melódicas que acompañaron al canto de la décima, sobre su ritmo (Muñoz 1966: 67)[94].

Fue a través de ese supuesto *defecto de forma* que el bombardino introdujo en el gran salón, como acompañamiento de la danza ponceña, formas básicas de las diversas tradiciones de la música popular puertorriqueña. En su merengue, era fundamental el *obbligato* de bombardino, que establecía un ritmo, que proveía a su vez la armonía, a través de una segunda voz melódica complementaria[95]. Con esa estupenda integración de elementos musicales, el *obbligato* de bombardino convertía el merengue de la danza en música polifónica (i.e., de varias voces), que es música sofisticada, cuando predominaba en la música de salón europea la textura homofónica, es decir, de una voz melódica acompañada con armonías de acordes o arpegios. Un documento de 1865 evidencia el desconcierto europeo ante la polifonía de la danza cubana (Galán 1983: 166). Es significativo que la danza puertorriqueña adopta el *obbligato* y esa textura polifónica de la música campesina, donde el cuatro acompaña al canto con toda una muy variada voz melódica suplementaria, logrando juegos melódicos de varias voces realmente asombrosos[96]. Lo nuevo en el merengue de la danza es que la polifonía establece, además, el ritmo.

---

[92] Por otro lado, los escritos antes citados de Font y de Veray defienden el tresillo: «su notación es binaria y la mano derecha es ternaria» (Font 1970: 24).

[93] James A. McCoy analiza esta práctica como «árabe andaluza»: «the strong tie between the music of Spain and that of Arabia lies in the rhythmic conflict between the accompaniment and the melody» (1968: 78) —véase también Julián Ribera (1929)—, añadiendo que «the same type of rhythmic conflict occurs in the *aguinaldo*» (79), «where cuatro and voice rarely agree» (80); aunque sólo dos páginas después aclara que «The driving unrelenting strong rhythmic impulse found in the extant *aguinaldo* does not originate in Spain nor Arabia, but instead in the music brought by the slaves from Africa» (82).

[94] Pérez Fernández recalca la combinación ternaria-binaria tanto de la danza como del aguinaldo, que se manifiesta en Cuba como el bajo anticipado sincopado (1988: 116). Discute también el problema de la común confusión entre la partitura y la ejecución, precisamente por su progresiva transformación binaria (1988: 114-115).

[95] El musicólogo de Camerún Francis Bebey (1969) describe como tradición africana la búsqueda y creación de instrumentos que pudieran suplir simultáneamente melodía y percusión.

[96] Más detalles en *¡Salsa, sabor y control!* (2005a: cap. 3).

Los más destacados estudiosos de la música africana recalcan su carácter polifónico[97], por lo cual su persistencia en las músicas «mulatas» resulta en una afirmación significativa de lo que Raymond Williams denomina «structure of feeling» (estructura sentimental), ya presente en esta su primera manifestación importante en América. El bombardino, sin embargo, es un instrumento discreto. Con toda su importancia fundamental en la danza, se mantiene a través de toda la pieza subordinado a los violines y al clarinete. Estos llevan la melodía principal y el bombardino discretamente los secunda. El bombardino en la danza ilustra, pues, la ideología obrero-artesanal de entonces, que a través de él se manifiesta. Concebía ésta al trabajo como centro de la vida social, pero subordinado a los hacendados y profesionales dirigentes. Lo más que alcanza el bombardino en la danza es a llevar la voz melódica en sólo una de las cuatro secciones del merengue, siempre además la tercera.

Escribe Amaury Veray:

> todas las danzas de esta época nos ofrecen la particularidad de tener la parte central semejante al canto del bombardino (1960b: 60).

En un trabajo posterior, Veray identifica el solo de bombardino —como este servidor en este *Repiqueteo*— específicamente con la danza *ponceña* (1960a: 17).

Es importante no pasar por alto la forma melódica de ese solo de bombardino en la tercera sección del merengue de la danza, pues las similitudes con las cadencias del cuatro en el seis son nuevamente evidentes, aunque otra vez camufladas con el cambio radical en timbre sonoro. Como respecto al tambor, era imposible entonces introducir el «jibaresco» cuatro en la música regular de un casino de primera; los artesanos incorporan su tradición a través del bombardino. Incluso la incorporación del güiro, apunta Fonfrías,

> a mediados del siglo XIX, resultó un tanto blasfema, pero fue requedándose con aire humilde (1983: 27).

Probablemente por su discreta función de reenfatizar y enriquecer, no establecer, el cadencioso patrón rítmico bailable. Es revelador que en su prólogo a la segunda edición de *El Gíbaro* —que, como hemos señalado, incluye la primera descripción abarcadora de los bailes del país, y describe los «de salón» como «eco repetido de los de Europa»—, Salvador Brau, sólo dos años después de

---

[97] Por ejemplo, Kwabena Nketia (1974).

sus tan citadas «Disquisiciones sociológicas sobre la danza puertorriqueña», hace referencia a la descripción de Alonso de

> un sabroso merenguito ejecutado [...] a compás de güiro y bordonúa (tipo de laúd nativo, instrumento más grave de la familia del cuatro) (1884: XVIII).

Por la tímbrica señalada, al parecer —como en la República Dominicana— el merengue de la danza puertorriqueña tuvo manifestaciones iniciales en el mundo campesino pero, por el contrario de la isla vecina, no aparece ningún otro documento ni interpretación que permita darle seguimiento y profundizar sobre este contexto, que sólo menciona Brau *en passant*.

Me parece digno de atención que, en contraste, varios autores distingan el uso protagónico del bombardino en Ponce de la utilización más común de la trompeta en San Juan[98], teniendo esta última un timbre más agudo y brillante. Un instrumento tan absolutamente secundario, a nivel internacional, como el bombardino, tenía en el Ponce de cambio de siglo tantos intérpretes profesionales como el convencionalmente generalizado violín (González Mena y Telechea 1903: 70). En 1895 estaban radicadas en Ponce seis orquestas de baile, más que en cualquier otra ciudad de Puerto Rico, y cuatro de éstas estaban dirigidas por bombardinistas (las otras dos, por clarinetistas). Vivían en Ponce también cuatro copistas de música, tres de los cuales eran bombardinistas (Morel Campos 1985: 68-69). Por lo tanto, la música se arreglaba y se dirigía desde dicha perspectiva acústica. No es, pues, por coincidencia que el instrumento principal de Juan Morel Campos fuera el bombardino; al igual que otros de los más destacados compositores o músicos de danzas, como Ángel Mislán y Domingo Cruz «Cocolía».

Esta proliferación puertorriqueña de bombardinistas aparece en los más variados testimonios del Caribe. Por ejemplo, en un libro publicado en Cartagena de Indias en 1933 titulado *Reminiscencias históricas* (ed. Lorica), su autor José Dolores Zarante hace referencia en el capítulo XLI a unos músicos puertorriqueños llegados a Cartagena en el siglo XIX, y ambos eran bombardinistas.

Uno de los biógrafos de Morel, quien muy significativamente (al igual que muchos otros) siempre se refiere a éste como Campos —pues era hijo «ilegítimo»— señala:

---

[98] Por ejemplo, Mirabal (1956: 27) o Augusto Rodríguez (1979). En Ramón Rivera Bermúdez (1986: 81) aparece una excelente foto de 1914 de la banda municipal de Coamo, municipio adyacente a Ponce, en la cual se evidencia una preponderancia, diría casi exagerada, de bombardinistas.

La danza puertorriqueña era en sus albores informe quisicosa, compuesto hueco de aires mejicanos y de danzón cubanos [...] Pero llegó Campos, y prodújose con él una inmensa revolución en la música puertorriqueña. Extendió el número de compases, perfeccionó la modulación, alzó á su mayor altura la cadencia; y como nuevas formas en las artes requieren indispensablemente nuevos medios de expresión, exaltó la preeminencia del clarinete, y *dulcificó*, idealizó y glorificó esta *humildad*: el *bombardino*. Era el bombardino voz sorda y *oscura* destinada á neutralizar al grave acento del bajo y la vibrante voz del cornetín. Desde ese instante se poetizó; y sin dejar de llenar el viejo encargo, se alzó sobre la orquesta con sus gloriosos acordes. *Rompió a cantar*, y *flotó* en la partitura [...] (Deschamps 1899: 17-19)

A través del discretamente protagónico rol del «oscuro» bombardino —de esa «humildad»—, la danza, la música que caracterizó a *la sociedad* ponceña de finales del siglo XIX, representó un sofisticado tributo deferente de las clases subalternas a la clase dominante o, más bien, aspirante a la hegemonía[99]. Por esto, la cultura hegemónica pudo identificarla (con sólidas razones materiales) como música *nacional*. Es significativo que la primera expresión sonora puertorriqueña considerada nacional fuera una música urbana, con un timbre urbano. Un género urbano, no obstante, especial —ponceño— que, por el contrario de las marchas, rigodones u operas de San Juan, integraba, como parte esencial de su forma y carácter, la tradición rural: del campesinado y la plantación esclavista, camuflada a través de la tímbrica urbana de los vientos-metal. Esto no fue meramente la manifestación de un inconsciente colectivo; existe evidencia de que algunos de los más destacados compositores de danzas, como Tavárez y Morel, manifestaban un interés explícito en conocer e incorporar sonoridades del campesinado. La insistencia —que antes apuntamos de un escrito de Fonfrías— en mantener en sus conjuntos bailables el «aire humilde» del

> Áspero y desapacible chirrido del inarmónico *güicharo*, instrumento predominante en la música del país... (Bonafoux 1914-1927: 107)

enfatiza la intensión de los compositores e intérpretes de danzas de retener las reminiscencias campesinas que este instrumento simboliza.

---

[99] Del virtuoso bombardinista y director de orquestas de baile, Domingo Cruz «Cocolía», sucesor de Morel en la dirección de la Banda de bomberos, se decía en el cambio de siglo que era «un artista mimado en *the high life* ponceña» (De la Torre 1900).

Conviene añadir aquí un elemento que requeriría más investigación. El tono de *re* predomina en la música jíbara y es, también, el tono en que aparecen la mayoría de las pocas transcripciones que se han hecho de la bomba tradicional (Dufrasne 1987: 71-77)[100]. A través del examen de un exhaustivo inventario de las partituras de danzas de Morel Campos[101], se evidencia que era también el tono de *re* el que más utilizaba el más prolífico e importante compositor de este género.

Debo confesar que, tras un examen cuidadoso de las fuentes secundarias sobre el merengue dominicano, no me queda claro cuál sería la tímbrica de sus orígenes. La mayoría enfatiza en la importancia del llamado «cuarteto típico» —acordeón diatónico, güira, tambora y saxofón—, como señala el gran músico y compositor de los más celebrados merengues del siglo XX («Compadre Pedro Juan» y «El sancocho prieto», entre otros), el profesor Luis F. Alberti (1973: 7), biznieto, además, de quien generalmente se considera «el padre del merengue» (González Canahuate 1988: 19), Juan Bautista Alfonseca. Sin embargo, el propio Alberti hace referencia más adelante en su *Manual*-texto a los juegos sincopados entre bajo y tambora, y a la transformación que representó el que «el saxofón remplazaría a principios de siglo al bombardino» (1973: 31; referencia al bajo, 26); importantísimo cambio a mi juicio, aunque él lo menciona sólo como un detalle menor.

Pedro Henríquez Ureña, analizando la relación entre merengue y contradanza, cita —en su texto de 1929— un documento de 1906 que asocia al merengue dominicano con conjuntos de acordeón, güiro y tambora (1984: 145). Otro testimonio de 1898 describe el conjunto típico, en la voz supuestamente campesina del célebre improvisador de décimas Juan Antonio Alix, como de «acordeón, saxofón, güiro y tambora»[102]. Al describir el merengue en 1949, el estudioso J. M. Coopersmith destaca también el papel fundamental de la tambora y el güiro (1974: 69), pero en su recorrido histórico apunta al hecho de que la primera banda municipal de Santiago fuera formada en los 1870 por un catalán inmigrado desde Puerto Rico (*ibíd.*: 33). ¿Interpretaría esta banda merengues dominicanos, o sólo danzas puertorriqueñas? O más bien, como hemos venido insistiendo ¿cuán correcto sería, para esa época, distinguirlos?

---

[100] Véase también Francisco López Cruz (1967). Detalles y más referencias en *¡Salsa, sabor y control!...* (2005a: 223).
[101] Inventario preparado por Muñoz de Frontera (1987: 471).
[102] «La Gallera de la Ciénega», según citado por Brito Ureña (1997: 16).

Flérida de Nolasco destaca también el papel del director de *bandas militares* Juan Bautista Alfonseca como «creador del merengue». Cita de una nota necrológica publicada a su muerte en 1879 que señalaba:

> comprendió la índole del pueblo [...] hizo ajustes a la *danza* americana, dándole un aire enteramente nuevo, cadencioso, alegre *y voluptuoso* (*op. cit.*: cap. 8; énfasis añadidos).

¿Incluiría ese «aire enteramente nuevo» transformaciones en los timbres de su «banda militar»? Nolasco no aborda esta interrogante; y sus pocas referencias a los timbres más bien añaden perplejidades. Apunta que el acordeón sustituyó al cuatro, ninguno de los cuales es instrumento de bandas.

En un buen resumen de la historia del merengue, Soraya Aracena señala que:

> En sus inicios el merengue se tocaba con variados instrumentos: guitarra, violín y bombardino y algunos tradicionales, a los que luego en 1890 se le agrega el acordeón de origen alemán (1996: 51-52).

En términos de conjunto tímbrico, ésta representa una combinación difícil de imaginar, pues son instrumentos que usualmente aparecen en las otras Antillas en diferentes tipos de agrupaciones: el bombardino en bandas, el violín en orquestas y charangas, y la guitarra en conjuntos campesinos... Aparentemente, dicha autora asume como dato lo señalado por el célebre músico Julio Alberto Hernández casi treinta años antes, respecto a la cual prevalece mi duda:

> Los instrumentos que antaño se usaban para ejecutar el merengue con un conjunto típico eran guitarra, violín, bombardino e instrumentos típicos de percusión, y luego vendría el acordeón (1969).

En otro de sus escritos, afirma que «el merengue genuino y auténtico hace mucho tiempo que dejó los salones de baile de las zonas urbanas y sólo sobrevive en las zonas rurales[103]».

Para más o menos la misma fecha de esta última descripción, en 1942, Augusto Rodríguez, el famoso director del coro de la Universidad de Puerto Rico se lamentaba de que

---

[103] *Enciclopedia Dominicana*, tomo V, p. 239, citado por Brito Ureña (1997: 17).

la danza puertorriqueña ha sido cultivada tal vez con mayor empeño en la República Dominicana que en Puerto Rico durante los últimos cuarenta años [es decir, desde el cambio de siglo del XIX al XX].

Y añade a continuación, sin mencionar siquiera a la ruralía:

Los principales responsables de ello han sido: Pablo Claudio, notable *bombardinista* y compositor de danzas, natural de Azua [República Dominicana] y gran amigo de Morel Campos, y el puertorriqueño, músico notable [de orquestas de baile], compositor y crítico don José Rodríguez Arrezón, quien ha convivido en la Antilla hermana [República Dominicana] desde 1894 (Rodríguez 1942: 24-25).

¿Sería el timbre en los salones dominicanos similar al antes descrito para las otras dos Antillas hermanas? Al respecto, me parece significativo que el Ayuntamiento de Santiago despliegue de manera prominente (al día de hoy) un óleo de 1927 donde el pintor Yoryi Morel «retrata» al músico Secundino Rodríguez «El colorao»[104], quien para esa fecha era ya un anciano, aferrado a su bombardino.

¿Explicará el desplazamiento del merengue hacia la ruralía la extraña combinación tímbrica que los citados autores mencionan? ¿Se retendría de los salones el bombardino por las mismas razones de la importancia que en Puerto Rico jugó? ¿Y por qué se retendría el violín? Este último a la postre desaparece del conjunto, a la par que el bombardino se «transfigura» en saxofón.

Aun con todas estas interrogantes, el análisis de los timbres deja claro el hecho de que durante la segunda mitad del siglo XIX el merengue en la República Dominicana fue afirmando su carácter popular, carácter que allí significaba una marcada identificación abierta con el mundo rural; mientras en Puerto Rico, en ese merengue de la danza originalmente «democrática: lo mismo en salones que realenga en la calle» (Rodríguez 1942: 25), predominó el intento de presentar las transformaciones tímbricas como parte de su proceso *civilizatorio*, apropiándolo las clases «superiores» para sus salones urbanos. Aquella «clase mediana» de cultos artesanos a la cual hacía referencia aquel «transeúnte» en el Ponce de 1854, y que en mis análisis, como habrán visto, aparece fundamental para entender el merengue de la danza puertorriqueña, no se analiza para nada en los estudios que he podido examinar sobre el merengue dominicano.

---

[104] Agradezco a la colega Kerenia Guillarón, coordinadora de Artes Visuales del Centro Cultural Eduardo León Jimenes de Santiago de los Caballeros en la República Dominicana la información respecto a este óleo.

Es preciso aclarar que en Puerto Rico, como se adelantó antes, también la *danza* penetró su ruralía, y se desarrolló una tradición de danzas compuestas y ejecutadas para los conjuntos *jíbaros* de cuatro (tiple y bordonúa), guitarra y güiro. Pero durante todo el siglo XIX, esta tradición se da en Puerto Rico subordinada a la corriente hegemónica de su composición para bandas urbanas de salón. Más aun, la posible persistencia de algún elemento rural se interpretaba —abiertamente lo señala Brau— como parte del atraso de los «sensuales deleites patriarcales» que la nación en ciernes debía superar:

> Despréndese de estos párrafos que, en materia de bailes, nuestra educación era perfecta en el año del Señor de 1849, pero, en punto a instrucción, necesitábamos obtenerla para no ser objeto de burla en la madre patria.
> Pueblo que limita su instrucción al baile, pueblo que se regodea con sensuales deleites, pero que no vigoriza su espíritu con la savia nutritiva de la ciencia, sentirá correr su vida por facilísima pendiente, se adormecerá, puede ser, en patriarcales deliquios, mas no logrará, por ese medio, adquirir noción exacta de sus deberes, ni la virilidad indispensable para reclamar y defender sus derechos; que ni las voluptuosidades del baile [...] ni las sublimidades eróticas de los aguinaldos de *Reyes*, ni las emanaciones de los garitos, ni las mojigangas abigarradas [...] pueden corresponder con los principios o encerrar los medios preconizados por escuela alguna para fomentar el civismo [...]
> Por supuesto que estas reflexiones, que la acción transformadora de los tiempos permite estampar mi pluma, no eran [...] dichas [...] hace treinta y cinco años; de aquí que Alonso cuide de callarlas en su libro (Brau 1884: XXIV).

«Populacho» o *gallardía*: ritmo y estructura de la danza del país

Para el análisis del significado social de las transformaciones de nuestro primer baile de parejas engarzadas, además de sus ritmos, sus bailes y sus timbres, es importante examinar cómo se manifestaban todos estos elementos en la estructura de la composición, en la forma de las distintas secciones que fueron caracterizándolo en cada una de las Antillas. Antes expliqué que ese primer baile caribeño de parejas abrazadas estaba constituido de dos secciones básicas: el *paseo* isométrico y la sincopada sección bailable (el merengue, propiamente). Esa división básica fue tomando diversas versiones en cada Antilla. Los documentos apuntan a que originalmente la danza criolla tenía un paseo de ocho compases en dos por cuatro, y dos partes bailables de ocho compases cada una (como el aguinaldo tradicional puertorriqueño «Los reyes que llegaron a Belén», antes citado). Se aduce que se iniciaba con el paseo; le seguía el primer merengue, donde el violín o la flauta llevaban la melodía; se repetía el paseo, y la danza concluía con un segundo merengue liderado por el clarinete.

Una descripción cubana de mediados de los 1860 en Matanzas —por otro «transeúnte», pero éste sí identificado: el célebre pintor Samuel Hazard— apuntaba hacia una ligera modificación:

> Consiste en dos partes, cada uno de ocho compases, formando por su repetición el número de treinta y dos. A cada ocho compases corresponde una figura en la danza, a las que se da el nombre de *paseo, cadena, sostenido* y *cedazo*.
>
> En los dos primeros, música y baile tienen menos expresión y movimiento, como si el espíritu y el cuerpo se mostraran obstinados contra el placer; pero el *sostenido* y el *cedazo*, que corresponden a la segunda parte de la música, son vivos y picantes, ya tristes, ya alegres, pero siempre apasionados (citado por Linares 1970: 43-44).

Casi contemporáneamente con esta descripción, empieza a popularizarse en Puerto Rico la danza «La almojábana», que pronto se convertirá en *La Borinqueña*, futuro himno nacional (Deliz 1957), y que se estructura sobre una subdivisión más laxa: ocho compases de paseo y cuatro secciones de merengue —la primera y la última de doce compases, la segunda de ocho y la tercera de cuatro, todas con *coda*—. En ambas Antillas, en la década siguiente, la danza criolla va expandiendo su merengue o sección bailable al punto de que en Cuba (como en México) a esa danza expandida se le empieza a denominar danzón. Los historiadores de la música en Cuba fechan el inicio del danzón en 1879, con la composición de Miguel Faílde, «Alturas de Simpson»; muy probablemente, fue ésta sólo la primera danza en adoptar abiertamente —como denominación de género— el nombre danzón, que como adjetivo seguramente había comenzado a utilizarse antes.

Los años setenta constituyen también el momento cumbre de la danza puertorriqueña. Fue en esa década cuando se consolidó la forma ampliada con la cual se le identifica desde entonces: un paseo de ocho compases y cuatro secciones de merengue, todas de dieciséis compases. Esta expansión (en 2/4) de sus secciones de merengue —todas con un ritmo básicamente similar y, por tanto, con una igual forma de bailarlas, a diferencia de la descrita por Hazard en Matanzas— vino acompañada de un sofisticado enriquecimiento en su tratamiento armónico. Casi siempre, el paseo y la primera y última sección del merengue se componían en el tono que identificaba la pieza, pero los merengues intermedios (sobre todo, el tercero), se movían por otras escalas. Comúnmente, si el primero es en tono menor, el tercero será en su relativo mayor; pero, realmente se han encontrado numerosas variaciones. Como canoniza el oficial Instituto de Cultura Puertorriqueña en la segunda mitad del siglo XX:

> La *danza* puertorriqueña es una forma bailable en tiempo binario, con frecuentes inserciones irregulares en divisiones ternarias. Su estructura más frecuente es: una introducción o «paseo», de carácter libre (marcial, romántico o melancólico), una primera sección o «merengue» en la tonalidad principal que puede ser repetida y a la que sigue, a menudo, una segunda sección de carácter contrastante en tonalidad vecina. Procede luego un «trío» en donde generalmente cambia la modalidad y se concluye con una reiteración modificada del primer «merengue» [...] Es la forma más completa que haya generado el genio popular latinoamericano (Egúrbida 1972: 2).

A medida que el merengue de la danza va penetrando en los salones de la gente «de primera», y las clases «dominantes» van hegemonizando su baile, las composiciones —esos tributos de los artesanos mulatos a las clases «superiores»— va enriqueciéndose melódica y armónicamente, a la vez que empobreciéndose (homogeneizándose) rítmicamente, respondiendo a lo que dichos sectores y sus clases aliadas subalternas (fundamentalmente, los artesanos) expresaban como «el sentido de gallardía». En la República Dominicana y en Cuba la trayectoria de su estructura fue diferente. Su sección bailable fue expandiéndose, pero no homogeneizándose. ¿Respondería este hecho a que tanto en Cuba como en República Dominicana sus sectores populares mantuvieron la hegemonía en el baile?

En su excelente *Diccionario de la música cubana* el musicólogo Helio Orovio describe al danzón como «más cadencioso y *variado* que la danza» (1981: 20). Analiza su estructura como un paseo de ocho compases que se repite, una parte bailable liderada por el clarinete (y por la flauta en las charangas), un *intermezzo* tipo paseo, una segunda sección bailable liderada por los vientosmetal (o los violines en la charanga «francesa») y, a partir de 1910, un último movimiento más acelerado, derivado de la rumba o el son, que denomina Díaz Ayala «el montuno de danzón» (1981: 68). De manera parecida analiza su estructura el destacado compositor Emilio Grenet. Señala tres partes: el *allegro* de clarinete, el *andante* de violín y el *allegro* de rumba y, luego, son (Grenet 1939: xxxii). Desconozco por qué estos estudiosos identifican las primeras secciones por su instrumento musical o timbre predominante, mientras denominan la última —la más movida y *chacarera*— por sus herencias de género musical, significativamente géneros «populacheros».

Fíjense que ya Grenet describe el danzón sin paseo, es decir, sin esa herencia isométrica: ¡todo bailable! En toda la amplia literatura sobre la historia musical cubana, aparece ya como hecho incuestionado fechar no sólo el surgimiento del danzón (con el sastre Failde en 1879), sino también su sección concluyente de montuno (con «El Bombín de Barreto» de Urfé en 1910); como si se tratara de «ingeniosos inventos» de canonizables compositores. Desde la sociología histórica, dichas composiciones, más que como creaciones individuales, aparecen más bien cristalizando largas trayectorias socio-musicales. El carácter de *proceso* de estas modificaciones se fortalece cuando, por ejemplo Grenet evidencia que ya la segunda parte bailable de la danza era más rápida que la primera, acelerando formas de su género madre la contradanza (*ibíd.*: xxx) y, cuando, Hazard describía —ya en los 1860, como vimos antes— el *sostenido* y el *cedazo* de la segunda parte de la danza como «vivos y picantes», antecesores pues, del montuno.

Para el análisis de los avatares de la estructura de ese primer baile caribeño de parejas engarzadas entre los dominicanos, realmente necesito la ayuda de sus investigadores, pues de las fuentes secundarias me asaltan —como respecto a los timbres— demasiados interrogantes. La mayoría de los documentos menciona la estructura de paseo-merengue-jaleo (que he adoptado yo para este libro), pero convendría historiarla. Nolasco señala que los primeros merengues, compuestos por el director de banda Alfonseca, no tenían paseo. ¿Cómo lo sabe? La estructura de un bailable iniciado por paseo conlleva claras asociaciones con la danza de salón; resulta extraño, por lo tanto, que los merengues de un director de banda que tocaba en salones no tuvieran paseo cuando éste se evidencia más tarde en la versión campesina de ese género en transformación. En todo caso, varios escritos coinciden en que, hacia finales del siglo xix o principios del xx, ya la estructura de paseo-merengue-jaleo había «cristalizado». Según la canonizada antología de González Canahuate:

> El merengue en su forma completa aparece en el noroeste a fines del siglo pasado [xix] y consta de tres partes, Paseo, Copla cantada o Merengue y Jaleo (1988: 265)[105].

Escribo «cristalizado», entre comillas, pues en la década del 1920, cuando —luego de su largo paréntesis campesino— se reintroduce el merengue a los salones de baile, aparecieron otras dos variantes del esquema paseo-merengue-

---

[105] La mejor descripción musicológica me parece la de Austerlitz, quien lo ubica a principios del xx en el Cibao, apuntando semejanzas con las danzas *criollas* de Cuba y Puerto Rico (1997: 38-39).

jaleo que inmortalizó internacionalmente «Compadre Pedro Juan», el merengue dominicano más difundido de todos los tiempos; supuestamente compuesto por Alberti, aunque estudiosos del calibre y prestigio de Coopersmith y Julio Alberto Hernández, así como muchos cultivadores del género, arguyen que lo que hizo Alberti fue re-trabajar y registrar como suyo un merengue tradicional mucho más antiguo (Brito Ureña 1997: 28) (fenómeno, por lo demás, muy común en la historia de las músicas «mulatas» a nivel continental). La primera variante que se registra en la década de los veinte consistente de una «introducción corta (me imagino que en paseo), dos partes y un trío» y la segunda de «paseo, jaleo, dos partes de merengue y coda» (*ibíd.*: 31; paréntesis añadidos). Todos sabemos además, que el paseo fue desapareciendo, y resulta rarísimo escuchar hoy (en el siglo XXI) un merengue con paseo. Revierte especial interés la descripción de su forma por Coopersmith:

> un paseo de ocho compases que *se puede* repetir, seguido del merengue de dieciséis compases *repetido* y, para concluir, el jaleo de cuatro compases *que se repite muchas veces con variaciones* (1974: 69; énfasis añadidos).

Todo tiende a indicar entonces que la trayectoria de ese primer baile caribeño de parejas engarzadas que no fuera *eco repetido de los de Europa* en la República Dominicana se asemeja más a la trayectoria que experimentó en Cuba que a la que registramos en Puerto Rico. Su «introducción» isométrica —el paseo— fue minimizándose o desapareciendo, y a su sección bailable fue incorporándosele un final más acelerado, rítmico, variado y popular. Y como lección a los cubanos, que (con buenas razones, hay que admitirlo) piensan que todos los importantes giros musicales del Caribe comenzaron en su país, el estudio de la trayectoria antillana de su primer baile de parejas engarzadas apunta a que el *jaleo* del merengue dominicano antecedió al *montuno de danzón*.

Al igual que en el análisis de los timbres, el examen de la trayectoria de la estructura formal de ese primer baile caribeño de parejas engarzadas reafirma la tesis que antes adelanté: mientras en la danza puertorriqueña predominó el pudor de la «gallardía», en sus géneros hermanos de Santo Domingo y Cuba se impuso el sabor «caliente» de lo que sus clases altas despectivamente nominaban «el populacho». Por ello, quizá, mientras hoy pocos bailan la danza puertorriqueña —no obstante, su rica sofisticación melódico-armónica—, el danzón y, sobre todo, el merengue dominicano mantienen una evidente popularidad, tanto en sus países de origen, como en su «conquista» de tantos entusiastas bailadores (incluyéndome) alrededor del mundo.

La lucha por la hegemonía y la estratificada integración

El examen del merengue de la danza en el Caribe debe ser parte cardinal del análisis de las luchas sociales en nuestras formaciones *nacionales*. Su trayectoria en Puerto Rico ilustra la enorme potencialidad de integración nacional que habían ido desarrollando los artesanos mulatos. Potencialidad, por otro lado, opacada —como el *obbligato* de bombardino— por el «pudor», por su subordinación enclavada en sus luchas por la *dignidad* del reconocimiento de su existencia civil. También, no hay que olvidar, por el logro hacendado de incorporar —paternalistamente— este reconocimiento a través de su ideología[106] de «la gran familia puertorriqueña»: de padres de agrego (hacendados) condescendientes; dedicadas, hacendosas y sumisas esposas; y *los honrados hijos del trabajo.*

Una excelente descripción, desde la perspectiva *patricia*[107], de las fiestas populares de 1875 en Ponce evidencia las contradicciones de esa estratificada integración, de esa *gran familia* inclusiva de pretensiones nacionales. Los artesanos bailaban en la planta alta del teatro, mientras el baile de etiqueta, por invitación, se celebraba en los salones principales (Marín 1975: 10-12). Ambos bailes se describen como ejemplo de *civilidad* y *gallardía*, y a los artesanos el autor los describe como *clase respetada y respetable* (1975: 51); aunque en el baile de etiqueta

> hasta el mismo *bombardino*, que con tanta destreza y gusto maneja el citado joven *Campos, más de una vez* se dejó escuchar con *demasiada fuerza* (Marín 1975: 30; énfasis añadidos).

---

[106] Tan poderosa ha sido esta ideología que todavía en 1977, cuando el Instituto de Cultura Puertorriqueña publicó una excelente *Bibliografía anotada sobre la música de Puerto Rico*, preparada por la muy competente bibliotecaria Annie Figueroa de Thompson, la mayoría de las entradas hacen referencia a la danza, unas pocas a la música folklórica, y casi ninguna a su ¡tan rica! música popular posterior.

[107] Como «patricio» describe en sus reseñas biográficas Félix Matos Bernier (1896: 84) a Ramón Marín, autor de la descripción que sigue en el texto, aunque su procedencia social fuera en realidad más compleja: un casi-blanco periodista «negrillo» que pasaba por «patricio». Marín es un personaje de historia muy reveladora. Quien fuera el abuelo materno de Luis Muñoz Marín —el patriarca populista del Puerto Rico moderno, Gobernador electo por amplias mayorías entre 1948 y 1964— nació hijo «ilegítimo» de un hacendado y una esclava en el importante centro azucarero del norte, Arecibo. Fue «reconocido» y ayudado por su padre a «sobreponerse a su condición» a través de la educación. No obstante, tuvo que mudarse de su pueblo, donde las «primeras» familias conocían sus orígenes, a la ciudad progresista de Ponce, donde pudo camuflarlos, convirtiéndose en portavoz prominente de la plantocracia.

En los casinos de artesanos, regía la «moderación y el orden», pero los bailes públicos a la intemperie del «populacho» eran *licenciosos e inmorales*. La descripción enfatiza que los pudorosos artesanos no osaban mezclarse con la *crápula* (Marín 1975: 44) «cuyo desbordamiento [podría] llevar al caos de la disolución». No obstante, reconoce que

> el baile público del Mercado terminó, sin que la policía tuviera que aplicar castigo alguno. Esa es la índole del pueblo puertorriqueño: en medio de sus bacanales, rara vez perturba el orden público ni se mancha con un crimen (*ibíd.*: 45).

Pocos años antes, Alejandro Tapia y Rivera describe cómo en San Juan el Gobierno organizaba bailes espacialmente segregados en las Fiestas: para blancos en la plaza principal y simultáneamente para «gente de color» en la Plaza de Santiago (hoy, Colón). Ambos, apunta —a diferencia de los descritos por Marín de Ponce— eran poco concurridos (Tapia y Rivera 1928: 155). Para 1868, Asenjo registra la celebración de cuatro bailes en San Juan: sólo uno en el casino; los restantes en plazas —a la intemperie (Asenjo 1868), a diferencia de los bailes populares de artesanos —en casinos de «segunda»— que describe Ramón Marín.

En las retretas, donde las bandas alternaban marchas, música «clásica» y danzas puertorriqueñas, los

> grandes señores y elegantes mujeres que estrenaban sus más bellos vestidos [se congregaban frente al templete, mientras] durante todo el tiempo que duraba la retreta, una compacta multitud, gente *humilde*, se aglomeraba en *los alrededores de la plaza para aplaudir* (Alegría 1959: 24; énfasis añadidos)[108].

La estratificada integración[109] o la segregación social en actividades *comunes* o espacios *compartidos* se manifestaba cotidianamente en prácticas tan inocuas, aparentemente, como la manera de pasearse en la plaza. Los *blanquitos* caminaban por el centro, y «los de segunda» por los costados, aunque se saludaran mutuamente con respeto y cordialidad (Vidal Amstrong 1959: 24).

---

[108] Los corchetes resumen la descripción anterior en dicho texto. Véase también descripción de las retretas ponceñas de Mariano Vidal Amstrong (1983: 69-70).

[109] Excelentes descripciones de esta «integración» estratificada pueden encontrarse en las reseñas de las fiestas patronales que publicó Zenón Medina González, «Fiestas en Ponce» (1882) incluido en sus *Pinceladas* (1895: 91) y sus ensayos «La Retreta en la Marina» (92-93) y «Las fiestas populares» (88-89).

Así, con motivo del entierro en 1896 de Juan Morel Campos, un distinguido artesano-ciudadano mulato, un blancófono biógrafo se siente obligado a aclarar que

> Nació en Ponce, en el *corazón* de la *ciudad* y *no* en alguna *central o colonia bajo el impiadoso látigo del mayoral* (Arjona Siaca 1937; énfasis añadidos).

Otro de sus biógrafos también se siente en similar obligación de señalar que, aunque hijo «ilegítimo», sus «padres eran *criollos, no etíopes*» (Mirabal 1956: 14-15). A su entierro acudieron tanto

> miembros de la más rancia clase social [nuestra plantocracia hacendada], como los humildes trabajadores que como a un hermano lo amaban (Vidal Amstrong 1959: 166).

Los carpinteros ofrecieron gratuitamente el ataúd, y el Gremio de albañiles su trabajo «para la *triste* inhumación» (Deschamps 1899: 30)[110]; como homenaje al compositor de unas danzas, cuyo merengue lo mismo

> tarareaba la *sirvienta*[111], como tocaba al piano la aristocrática doncella; *música de calle, plaza, campo y baile* (Deschamps 1899: 15; énfasis añadidos)[112].

La danza puertorriqueña, la gran música que consolidó Morel Campos en Ponce, la *ciudad señorial* —el entorno ciudadano señorialmente hegemonizado—, manifestó como ninguna otra sonoridad —en su rítmica, sus timbres, su forma y su baile— esa estratificada integración.

A principios del siglo XX, ya Puerto Rico bajo la égida de los Estados Unidos (entonces, el país símbolo de la modernidad), algunos críticos locales del nacionalismo musical y de su integración (estratificada), atacaron a la danza del país como retardadora del progreso «racional» (Matos Bernier 1907: 232). Éstos sentenciaban que el verdadero arte se encontraba en los *salones* de concierto, no en los del baile: en la música *clásica* «universal». Arístides Chavier, políticamente pronorteamericano, mientras advertía que «Los secretos y las

---

[110] 'Triste' tiene aquí el sentido de 'humilde'.

[111] Es interesante que en Ponce y casi toda «la isla» se le llamara *sirvienta* a lo que en San Juan llamaban *criada malcriada* (Ormachea 1884: 61).

[112] Otro de los blancófonos biógrafos de Morel, José A. Balseiro, que siempre se refiere a él como «Campos» por su condición de «hijo ilegítimo», comparaba a «Campos» con Beethoven por «exaltar el corazón de las *multitudes*» (1922: 51). Igualmente lo enfatiza en su ensayo «La danza puertorriqueña», incluido en Rosado (1977).

múltiples bellezas que encierra el arte de los sonidos, no pueden estar al alcance de la masa[113]», dictaminaba:

> La danza no debe ser la nota de nuestras aspiraciones: ella podrá excitar nuestra sensibilidad física, pero jamás podrá llenar las ideales aspiraciones de nuestro espíritu [...] [de los] principios puros é inmateriales[114] (citado por Matos Bernier 1970: 231).

La oposición entre cuerpo y cultura no podría ser más clara. Puede seguírsela también en este pasaje descriptivo, en el cual Chavier propone descartar:

> la música que conmueve más fuertemente nuestras fibras nerviosas [¿el baile?], nuestra individualidad material [¿la sensualidad?]. Un ritmo fuertemente acusado por los instrumentos más groseros [¿el bombardino?] y la percusión; un movimiento más o menos lánguido [¿columpiarse?]; un acompañamiento estridente y uniformemente monótono [¿el *obbligato*?][115]

Por otro lado, los artesanos de las últimas décadas del xix, principales artífices de aquella «música que conmueve más fuertemente nuestras fibras nerviosas» (sonoridad y baile que habían erigido las clases dominantes como su música nacional), en su lucha por su «dignidad», por el reconocimiento de su existencia civil, los artesanos, repito, debían ser especialmente cautelosos en circunstancias donde su *urbanidad*, sus modales, podían ser puestos a prueba. En su *elegante* descripción de *La Habana Artística*, publicada por la editorial oficial del gobierno colonial, Serafín Ramírez no ve con malos ojos la afición al baile, incluso de «la clase de mulatos [...] la que más se distingue en estas danzas», enfatiza, pero manifiesta horror por la posibilidad de que dicha afición

> se convierta en *pasión* loca y vehemente [...] al *ritmo* revoltoso y picante con que se acompaña esa degeneración de nuestra contradanza llamada danzón [al que se incorpora] el ríspido sonsonete del guayo y el ruido atolondrador de los atabales (1891: 29; énfasis añadidos).

---

[113] Citado por Matos Bernier (1907: 231); Arístides Chavier (1926). Más sobre Chavier y sus escritos en Néstor Murray Irizarry, *Arístides Chavier: Humanista* (1993).

[114] Rivera Bermúdez también reseña la polémica sobre la danza entre Chavier y Quintón, este último un reconocido compositor y director de orquesta que igualmente componía y tocaba danzas, como música «clásica» (1986: 54-75).

[115] Matos Bernier, *ibíd*. Corchetes añadidos para recalcar cómo «resume», en todos sus prejuicios, tantos argumentos de este Repiqueteo.

El eco de los *atabales* (los tambores) podía hacerle una mala jugada al más respetable mulato al más leve descuido:

> El *bombardino* marca el compás [...] Como ya la cerveza está haciendo su efecto y el ron [...] *los asomos de etiqueta han desaparecido* y las parejas se aprietan y se estrujan á su gusto, con sumo placer por ambas partes...
> —¿que tal le ha parecido á usted el baile...?
> —Calla mujer, lo que es en otro no me cojen á mi ¡Y que mi hija alternando con las de Martínez, que son unas grifas...! Ya no se puede bailar en sociedad...
> Y no saben ustedes que la que así habla desciende en línea recta del negro más retinto que en la Isla se conoció (González García 1893: 192; énfasis añadidos).

Para ser aceptados como parte de la sociedad civil de la nación emergente que la danza —por ellos creada— simbolizaba, la mulatería «decente» —de *honrados hijos del trabajo*— debía suprimir toda manifestación corporal de las emociones. Un inmigrante argentino, supuestamente docto en «los bailes modernos», autoritariamente dictaba que en el baile de salón y de etiqueta social, «no mueva nunca las caderas; resulta ridículo» (Arriaga 1919: 53).

Y en una de sus aseveraciones sobre los buenos modales, *El Carreño* explícitamente dictamina:

> Acostumbrémonos á ejercer sobre nosotros todo dominio que sea necesario para reprimirnos en medio de las más fuertes impresiones. Los gritos descompasados del dolor, de la sorpresa ó del miedo, los saltos y *demás demostraciones de la alegría y el entusiasmo* [...] son enteramente característicos de las personas vulgares y mal educadas (Carreño 1894: 109).

¿Cómo verían aquellos formados en los dictados de *El Carreño* en Santo Domingo y Cuba, las *demostraciones de alegría y entusiasmo* de los bailadores del jaleo y el montuno de danzón?

La danza puertorriqueña, esa hermosa representación artística de una compleja y desigual relación entre clases sociales que compartían una civil «voluntad de nación», ese sofisticado tributo popular (deferente) a las clases dominantes, fue perdiendo su significado original en la medida que se transformaban las relaciones clasistas de donde emergió. Puerto Rico experimentó un acelerado proceso de transformación capitalista en las primeras décadas del siglo XX, secuela de la política imperialista a raíz del cambio de dominación del 1898 (de una metrópoli colonial mercantilista, España, a una de las entonces más pujantes economías capitalistas en expansión, los Estados Unidos). Al irse liberando la política de los artesanos del dominio hacendado a través de las transformaciones culturales que conllevó su intensa y rápida proletarización, fue desarrollando sus propias ideologías y sus organizaciones independientes. La manifestación cultural de esta clase a principios del siglo XX fue canalizándose en el movimiento obrero y sus luchas, superando el carácter deferente de su previa aspiración al reconocimiento, al pudor y la respetabilidad. Los artesanos proletarizados desarrollaron una profusión de escritos y unas tradiciones (el feminismo, el ateísmo, el internacionalismo, el anarquismo) enfrentadas precisamente a aquella clase ante la cual se habían quitado el sombrero y para quienes habían cantado y tocado antes[116]. La manifestación sonora del mundo del trabajo no serían ya las danzas, sino las *plenas*, a través de las cuales cantarían ahora los obreros, sonando los *cueros* sin camuflaje, a su propia cotidianidad (López 2008).

El merengue d*e* la danza fue entonces —como varias décadas antes en la República Dominicana— resguardándose también en el folklore rural. Pero, a diferencia de la Antilla hermana, fue convirtiéndose en «música campesina» en el contexto de un campesinado que se urbanizaba cada vez más en arrabales, barrios obreros y en Nueva York. Es en la tradición de este retraimiento *jíbaro* del merengue que compone como «nueva trova» a principios de los 1970, Antonio Cabán Vale «El Topo» una canción con el ritmo y estructura de la danza puertorriqueña, «Verde Luz», que pronto se convirtió en el *himno* popular de la nación escindida —¡La historia pesa!— donde el carácter deferente se convierte en desafiante dentro de una idealización bucólica —pero rebelde— de lo nacional. Desde la perspectiva de la añoranza de un jíbaro en Nueva York, este himno contemporáneo en danza canta:

> Verde luz de monte y mar.
> Isla virgen de coral.
> Si me *ausento*
> de tus playas brumorosas;
> si me *alejo*
> de tus palmas silenciosas:
> ¡*quiero volver!* Quiero *volver*
> a sentir la tibia arena,
> y a dormirme[117] en tus riberas.
> Isla mía —flor cautiva—
> para ti quiero tener:

---

[116] Detalles en mi ensayo «Socialista y tabaquero...» (1978).
[117] En contraposición al ¡*Despierta borinqueño!*, frase con la cual comienza el himno danza puertorriqueño anterior, *La Borinqueña* según la letra de Lola Rodríguez de Tió.

¡libre tu cielo, sola tu estrella![118]
Isla doncella, quiero tener:
verde luz de monte y mar[119].

Es significativo que esta canción de nueva trova en danza identifique lo nacional y su libertad con lo sensual: con los colores y la geografía de nuestra «tropicalidad», con los profundos sentimientos en torno a la emigración (aunque ningún crítico de una intelectualidad miope ante la importancia de tal fenómeno para la cultura nacional en el Caribe contemporáneo, lo haya percibido) y, sobre todo, como *La Borinqueña* (el himno original decimonónico), con la mujer —ferozmente deseada, pero inalcanzada: *isla virgen... isla doncella...* isla seductora.

La elevada sofisticación estética musical lograda por los artesanos puertorriqueños decimonónicos en la forma de danza ha continuado inspirando a compositores contemporáneos, tanto «clásicos» como populares, que en Puerto Rico siguen elaborando artísticamente este género... pero sólo como piezas para escuchar o para cantar.

Descrito en el siglo XIX como una *encarnación* de la *voluptuosidad*, como baile llegó a ser considerado en el XX *fino* y *señorial*[120], distanciándose de la *bailable* estructura sentimental popular «mulata» nuestra. Así, mientras «el pueblo» en Cuba y, sobre todo, en la República Dominicana, sigue bailando —danzones y merengues— las transformaciones de su primer baile de parejas engarzadas, la danza puertorriqueña como baile ha quedado como una exquisita pieza de museo que sólo se baila —*trincando* las caderas— en «eventos» o espectáculos «folklóricos». Sus sectores populares han tenido que inventarse otras músicas bailables más explícitamente sensoriales y suyas: después de la plena, la salsa, o más contemporáneamente, el *reggaetón*.

---

[118] En referencia a la bandera, con una sola estrella, en contraposición a la *multiestrellada* bandera norteamericana; sugiere, claro está, la aspiración a la independencia nacional.

[119] Del LP *El Topo en las manos del campo* (1975, énfasis añadidos).

[120] En Cuba, por ejemplo, Leonardo Acosta (1989: 41); y en Puerto Rico Tomás Blanco (1935: 106).

Segundo *Repiqueteo* del *Jaleo*
¡*Saoco!* o el *swing* del soneo del Sonero Mayor

La memoria del ritmo en la improvisación salsera

A la memoria de Rosa, la de El Chorrillo en Panamá, y para Alfonso Múnera de Cartagena, Jesús «Chucho» García de Barlovento, y tantos buenos amigos y amigas del Istmo, Colombia y Venezuela, que han mantenido vigentes aquellos soneos de Maelo.

Coro
Dios los cría y ellos se juntan

Soneo
Te digo que esos negros se juntan, ¡mira! meten un *swing* que te asustan...

Con ese soneo[1], el «Sonero mayor» Ismael Rivera describía su reencuentro con el timbalero Rafael Cortijo doce años después que un «traspié» con la justicia hubiera forzado la disolución de la agrupación musical más popular del Puerto Rico de los años cincuenta: *Cortijo y su Combo*. Mientras se popularizaba esta canción, el comediante José Miguel Agrelot, en su personaje del sabio jíbaro *jaiba* (campesino astuto) don Cholito, reseñaba por la radio un estudio de psicología social que —con todo el rigor metodológico— demostraba que más que por atributos estereotipados de belleza, las mujeres que los puertorriqueños consideraban atractivas eran sobre todo aquellas «que tuvieran *swing*».

---

[1] Soneo de Ismael Rivera en la canción «Ellos se juntan» de Kito Vélez y Sammy Ayala, en el LP *Juntos otra vez, Cortijo y su Combo original con Ismael Rivera* (1974).

Pocos años antes, la mayoría de los integrantes de *Cortijo y su Combo*, reagrupados como *El Gran Combo de Puerto Rico*, habían popularizado otra canción que pregonaba la importancia de este atributo también respecto a los hombres:

> Yo no soy médico ni abogado, ni tampoco ingeniero,
> pero tengo un *swing*, caramba, pero tengo un *swing*...
> Yo casi no sé escribir, no sé casi ni leer,
> pero tengo un *swing*, te digo que yo tengo un *swing*,
> que muchos quisieran tener[2].

Las «síncopas» del jazz, y el *swing*

Sería interesante saber cuándo empieza a popularizarse en el Caribe hispano el término *swing* y los avatares de sus variadas connotaciones. Mas, definitivamente su incorporación a nuestro léxico está vinculada a la historia social del jazz, al momento cuando una música originalmente conformada por los sectores negros norteamericanos trasciende su *ghettoización* inicial y, en considerable medida apropiada por orquestas de músicos blancos —como las de Benny Goodman, Woody Herman y Artie Shaw—, se convierte en la música bailable principal de los Estados Unidos y de todo el mundo «occidental». Ya a principios de los años veinte del siglo recién concluido, con la generalización del fonógrafo y la radio comercial, esta popular tradición sonora de los hoy llamados *afrodescendientes* —caracterizada por su *persistent syncopation* o el persistente desplazamiento de los acentos que la tradición europea consideraba «normales»[3]—, comenzó a ser penetrada por los grandes intereses económicos, constituyéndose en punta de lanza de la —desde entonces, predominante— comercialización de la música popular. En aquella época, de hecho conocida como «la era del *swing*» (aproximadamente entre finales de los veinte y los cuarenta del siglo XX), el jazz comercial puso a todo el mundo —ricos y pobres, mujeres y hombres, niños y viejos, «blancos» y «negros»—a bailar[4].

---

[2] Composición de «Chiquitín» García incluida en el LP *El swing de El Gran Combo* (1965).
[3] Como recalca Henry Pleasants, jazz «is free to distribute accents on instants of time undisclosed by any fractional subdivision of the bar» (1969: 69).
[4] Una descripción similar del carácter inclusivo de la salsa en los 1970 se encuentra en Peter Manuel: «all ages, black, whites, mulattos dancing together» (1995: 89).

Swing, como palabra, cuenta en la lengua inglesa con una historia sumamente interesante y no exenta de perplejidades. Proveniente del alemán, parece haberse incorporado al inglés a finales de la Edad Media con un sentido guerrero: como la vigorosa oscilación rotativa de un arma, un antiguo sentido que, transformado deportivamente, nos llega a principios del siglo XX al Caribe, por la vía del béisbol. En Puerto Rico, con una ancestral tradición antibélica, se usó sobre todo en referencia al *strike* —*¡a swing completo!*—, al circular vigoroso intento *fallido* del amenazante toletero.

Ya durante el Renacimiento adquiere el sentido de «libertad de acción y ámbito» (sobre un eje fijo central), y para el siglo XVIII, «impulso, inclinación o tendencia» (Little *et al.* 1972: vol. 2, 2105). Hacia 1830, frente a la crisis de la «economía moral» de la agricultura tradicional ante una creciente comercialización del agro, con el nombre de *Captain Swing* surge un movimiento popular campesino en el sur de Inglaterra que quemaba las grandes propiedades de los nuevos acaparadores capitalistas (Hobsbawm y Rudé 1969); movimiento colectivo que emulaba al imaginario del bandido social justiciero a lo Robin Hood (equivalente al Pirata Cofresí en Puerto Rico). Resulta interesante que este giro hacia lo popular y libertario coincidiera con un nuevo cariz de este término asociado a la música. Según el autorizado *Shorter Oxford English Dictionary*, ya para 1829, justo el año previo a las luchas agrarias comunales de *Captain Swing*, se registra su uso como «movimiento o ritmo vigoroso y constante caracterizando algún verso o composición musical» (*ibíd.*; traducción propia).

No resulta fortuito pues, que un movimiento corporal de constante oscilación respondiendo a un ritmo vigoroso —un baile que para los afrodescendientes constituía una afirmación luchada de la validez posible de *otra* manera de entender y expresar el tiempo, y para los «blancos», una jubilosa liberación del encartonamiento de una larga tradición moral que demonizaba al cuerpo—, recurriera a un término de historia tan libertariamente sugestiva. No es casualidad que *swing* terminara identificando al baile. Sobre todo el baile de un tipo de expresión sonora donde las palabras del canto evaden el metro directo tipo marcha con el *jazz beat*; es decir, donde el énfasis del acento se transfiere del supuestamente establecido, recayendo más bien en fragmentos de acentos diseminados. Acentos «desplazados» que, a su vez, las improvisaciones van «anticipando» con armonías inconclusas —técnicamente, para los versados en música, séptimas abemoladas, que han venido a conocerse como *blue notes*—. Además, no deja de ser sumamente sugerente que la consolidación del *swing* como término en el jazz se diera en la época de mayor masificación comercial bailable de esta tradición musical.

Bomba e improvisación

En Puerto Rico, como en general en el Caribe hispano, la valoración de la improvisación —que es central en el jazz— cuenta con un largo abolengo en la historia de los dos principales troncos de su tradición musical. En «la cuerda floja» por donde debía transitar la difícil «brega» de la lucha oblicua de nuestra cimarronería rural[5], la improvisación —fundamental también en la música campesina del aguinaldo y el seis— oscila, en una tensión constante, entre la inventiva creativa y el reto de mantenerse en moldes. La más celebrada expresión de estas músicas ocurre cuando el trovador improvisa enteramente sus letras, sobre todo en controversia con la improvisación de otros trovadores. La improvisación del trovador se da a nivel verbal, manteniendo moldes de rima, métricos y melódicos prefijados. Más aún, mientras más rígidos los moldes de rima y métrica (décimas espinelas, rimas consonantes en sucesión de patrones absolutamente establecidos, etc.), más retantes y celebradas resultan sus improvisaciones verbales. De un trovador puede decirse que es ingenioso y hasta genial, pero rara vez se le caracteriza como portador de un *swing*.

Su principal instrumento de «acompañamiento», el *cuatro* puertorriqueño (como el laúd en la música guajira cubana), generalmente ejecuta virtuosísimas improvisaciones creativas a nivel melódico, que entusiasmaron hondamente a Pau Casals cuando se exilió en Puerto Rico a partir del derrocamiento franquista de la República Española[6]; y a nivel de una rítmica que se expresa melódicamente. Como bien apuntó el decano de los estudios folklóricos de la sonoridad jíbara, el «mulato claro» Paquito López Cruz, en bailes rápidos sincopados como la marumba, el seis y la guaracha

> el cuatro se aleja de la tonada [del trovador] y se dedica a elaborar adornos armónicos con graciosos giros rítmicos (López Cruz 1977: 39).

Ello, no obstante, siguiendo patrones armónicos tradicionalmente inquebrantables. Estos patrones se expresan sobre todo en la guitarra. Las improvisadas secuencias melódicas del cuatro son, en esta música, consideradas «secundarias» —por su función de «apoyo» a los trovadores—, aun cuando frecuentemente constituyan explosiones de creatividad, virtuosismo y... *swing*. Igualmente pasan inadvertidos, por lo general, los extraordinarios repiqueteos improvisados del güiro y, desde principios del siglo XX, también de los bongoes,

---

[5] Que he examinado en trabajos previos como *¡Salsa, sabor y control!...* (2005a: cap. 3) y *Vírgenes, magos y escapularios* (1998), entre otros.
[6] «Casals en La Fortaleza» (13/12/1955: 1).

formalmente «complementarios» en la armazón tímbrica o sonora. No todos los seises y aguinaldos se bailan; sobre todo no se bailan aquellos de mayor improvisación verbal: los duelos de trovadores, donde el canto reina.

Por otro lado, en la música más apegada a su herencia africana, la bomba, el segundo gran tronco constitutivo de la sonoridad puertorriqueña[7], el protagonismo del canto al cual nos ha ido acostumbrando la colonialidad del poder y del saber «occidental», queda opacado ante el virtuoso diálogo improvisado entre bailarín y tambor repicador (*primo* o *subidor*), diálogo colmado de «síncopas» percusivas y corporales. El canto en la bomba es de tipo responsorial, es decir, de llamada y respuesta entre un cantante solista y el colectivo a coro. El coro establece la idea básica de la canción con el estribillo, mientras el solista improvisa variaciones en torno a esa idea central. Como adelanté en el *Paseo*, surgida de grupos humanos a los cuales se había privado de la palabra, las variaciones en el canto de la bomba tradicional son frecuentemente más melódicas y rítmicas que en la letra propiamente. Por ejemplo,

Coro   **Solista**
Anaizo, aié, ailé   Ay anaizo, cocolarel, aié.
Anaizo, ié.   Ay anaizo, ié.

O ya en el siglo XX,

Yo estoy buscando un árbol que me dé sombra,
pues el que tengo, calor a mí me da.
Yo estoy buscando un árbol que me dé sombra,
pues el que tengo, calor a mí me da...

Yo estoy buscando un árbol que me dé sombra,
que me dé sombra, y se deje besar.
que me dé sombra, que me dé sombra,
que me acompañe en mi soledad...

Las improvisaciones rítmicas del solista en el canto de bomba, aunque poco apalabradas, pueden sí manifestar un *swing*, si se incorporan al fundamental diálogo sonoro-corporal entre bailador y tamborero. El baile es pues elemento central en la improvisación general.

---

[7] La distinción analítica entre estos dos «troncos» constitutivos no implica una separación tajante. Al contrario; en el tercer capítulo de *¡Salsa, sabor y control!...* (2005a) se evidencia ampliamente la histórica interrelación entre ambos. Buenas ilustraciones históricas pueden leerse en la descripción de una alborada de Zenón Medina y González (1895) y de una reyada en un escrito anónimo firmado Matamba y Mostaza (1896). Para una perspectiva analítica véase James A. McCoy (1968).

Caballero ¡qué bomba! traigo yo...

Hacia 1950, María Luisa Muñoz, entonces la musicóloga principal de Puerto Rico, señalaba que la bomba —*ghettoizada* por el prejuicio racial que marcó en la cultura la herencia esclavista—, recuerdo del doloroso mundo despalabrado, parecía condenada a desaparecer frente al optimismo de la modernización industrial que atravesaba el país y a la masificación de la comunicación social. Ya en 1909, una historia pueblerina señala que en el *Círculo de Braceros* (organización de obreros de la caña de azúcar)

> a sus famosos bailes de Bomba [...] acudía gran número de personas, deseosas de ver algo *que iba decayendo* [...][8]

Cincuenta años antes, en la primera descripción abarcadora de «los bailes del país», Manuel Alonso registraba su existencia *ghettoizada*:

> Los bailes de los negros de África y los de los criollos de Curazao *no merecen incluirse bajo el título de esta escena* («Los bailes del país»), pues aunque se ven en Puerto Rico, *nunca se han generalizado* (1968: 40; énfasis añadidos).

Escribiendo sobre la *danza*, la supuesta música *nacional* puertorriqueña que examinamos en detalle en el *Repiqueteo* anterior, desde la revista *Brújula*, máxima expresión de la preocupación de los intelectuales por nuestra «identidad», con un tono claramente nacionalista, el compositor *blanquito* José Balseiro señalaba:

> Nuestros bailables se limitan al seis *chorreao* y a la danza («La danza puertorriqueña», reproducida por Rosado 1997: 49)

No mencionaba siquiera la existencia de la bomba ni de una de sus derivaciones, ¡la plena!, que era entonces ya muy popular cuando escribía.

Escasamente cuatro años después de la aguda sentencia de la doctora Muñoz, irrumpía triunfante en la propia masividad mediática *Cortijo y su combo* que, como el *swing* en el jazz, transformaba la tímbrica tradicional de la bomba incorporándole el piano, el bajo y los vientos metal, y sustituyendo los barriles por congas, bongoes, timbales, güiro y cencerro, para poner a bailar

---

[8] Adolfo Porrata Doria, *Guayama: sus hombres y sus instituciones*, Barcelona: Jorge Casas, 1972, p. 180, citado por Pedro Malavet Vega (2002: 74).

a todos con *swing*. Un grupo de músicos de los barrios proletarios urbanos de Santurce —negros, mulatos y «casi blancos»— se congregaba en torno a un percusionista negro de la Parada 21 que los lanzaba de lleno a una desafiante comercialización de su tradicional —aunque modernizada—, supuestamente moribunda, bailable sonoridad «sincopada».

Con una carátula que hoy sería considerada de absoluta «incorrección política» (una rubia blanquísima tipo Doris Day, con ingenua sonrisa angelical, de traje blanco en encajes de rafia y coronada con diadema de *rhinestones*, como de *Senior Prom* del exclusivo Colegio Perpetuo Socorro, es sacada a bailar con fina elegancia por un «casi blanco» mulato claro engabanado y de espaldas), y bajo el título de *Cortijo y su combo invites you to dance... the finest in Latin American recordings*, este grupo produce el primer LP en la historia donde se graban protagónicamente bombas. El disco incluye cuatro variantes de bomba sicá, cinco plenas, una —como se dice ahora— «fusión» de fraseo de calypso con ritmo de bomba y plena, un mambo, una guaracha y una guaracha-mambo. Entre las bombas, como emblemática irrupción amable de «quien no quiere la cosa», se presenta aquella del cangrejero Rafael Ortiz Escuté nombrada por su estribillo, «¡Caballero qué bomba traigo yo, señores qué bomba traigo yo!», sobre la cual el sonero sonea con una mayor inventiva verbal explícita que en las «llamadas y respuestas» de la bomba tradicional, y como anticipando la metáfora gastronómica del sabor que habría de identificar la salsa, nos lanza:

Solista:	Señores mi bomba traigo yo de mi Puerto Rico, con sabor a jueyes y a melao, y mucho sofrito.
Coro:	*¡Caballero qué bomba traigo yo, señores qué bomba traigo yo!*
Solista:	Báilala, báilala, báilala con Yeye y con Matilde bien afincaíto y verás que rico vacilón tiene mi ritmito (Cortijo c. 1955).

Mientras, Cortijo se luce con una descarga de congas en la mejor tradición del *subidor* dialogante con un imaginario improvisador danzante.

Como en los bailes de bomba —y en contraste con los llamados *big bands*— todos los músicos del Combo (menos el pianista) tocaban de pie, como en los *tríos*, y con un natural carácter de *performance*: había que dramatizar el *swing*. Los músicos llevan el ritmo básico con oscilaciones del cuerpo, y el solista y los *back-up singers* (cantantes de los coros), que además tocan la percusión «menor», ejecutan sabrosas coreografías.

«Impusimos el baile en las presentaciones», contaba uno de los saxofonistas del Combo, Eddie Pérez (Guadalupe Pérez 2005a: 17), quien también participaba en las coreografías e hizo famoso el «falsete» agudo en los coros (Rodríguez Juliá 1983: 33)[9], rememorando los importantes coros femeninos en los bailes de bomba. Elemento indiscutible del éxito que inmediatamente alcanzó esa «parejera» irrupción de la previamente *ghettoizada* bomba en el comercializado mundo del espectáculo y el baile social fue la manera en que su sonero, Ismael Rivera, retomó la palabra en aquella tradición despalabrada; como en la comercialización del jazz, bailando y soneando con *swing*.

Cortijo y su combo y Santurce

Antes de entrar en el análisis del *swing* de los soneos del *Sonero Mayor*, conviene repasar la historia de la génesis de *Cortijo y su combo*, conjunto que habría de revolucionar la música «comercial» de toda la América «mulata» hispanoparlante[10].

---

[9] Aprovecho para consignar numerosas deudas con las incisivas observaciones de esta crónica.

[10] Véanse, por ejemplo, las referencias a *Cortijo y su combo* en Luis Ferreira (2001: 49). El ensayo de Marisol Berríos-Miranda, «Con sabor a Puerto Rico, The Reception and

El dedicado investigador Pedro Malavet Vega, refiriéndose al estudio de la revolución de la salsa («de contenido bravo e irreverente por el soneo y el montuno, donde el sonero tiene cancha abierta para la improvisación») afirma categóricamente que «hay que empezar con Cortijo» (Malavet Vega 1988: 152-154).

Lo cierto es que en ese momento la escena musical —tanto del país como a nivel internacional— estaba hegemonizada por los *big bands* del estilo de orquestas bailables de la era del *swing* en el jazz, representando una sonoridad que, en la música «tropical» latino caribeña, alternaba con los pequeños conjuntos de tríos o cuartetos de ascendencia campesina (básicamente de guitarras, con alguna percusión menor de güiro y maracas y, en ocasiones, alguna trompeta asordinada). *Cortijo y su combo* vino a introducir la modalidad de un conjunto intermedio que combinaba lo *comunal* barrial urbano con la creciente comercialización *societal* de las emergentes ciudades del subdesarrollo. El Combo se formó en 1954 en los barrios populares del centro de Santurce: entre la Parada 21 en su pleno centro y la Calle Calma en su periferia este.

Santurce había sido, en las décadas anteriores, el área de mayor crecimiento poblacional en Puerto Rico. Se conformó históricamente desde el siglo XVIII en los márgenes de San Juan, principalmente por negros libres que brindaban servicios personales a los habitantes de la ciudad capital colonial. En 1861, su último Censo como «partido» o municipio independiente (pues luego pasó a ser parte del municipio de San Juan), se clasificó en San Mateo de Cangrejos (nombre original de Santurce) un 87% de su población como mulatos y negros libres, 5% esclavos y 7% blancos, cuando la población esclava entonces rondaba en cerca del 20% y la clasificada «blanca» representaba alrededor del 60% de la población del país (Aponte Torres 1985). En 1887, el 94% de la construcción en Santurce era de bohíos de yagua y casas de madera de una planta, cuando en San Juan era principalmente de mampostería (Carbonell y Sepúlveda 1987: 21). El historiador Julio Damiani señala que hacia mediados del siglo XIX, Santurce

> se convirtió en un híbrido donde lo moderno que adoptaba la forma urbana se insertaba en una campiña que aún bailaba al son de la bomba campesina afrocaribeña (Damiani 1998: 56-57).

Influence of Puerto Rican Salsa in Venezuela» (en Aparicio y Jáquez 2003: cap. 3), examina con mucho rigor elementos musicales del Combo que marcaron el desarrollo posterior de la salsa venezolana.

En las décadas de los veinte a los cincuenta del siglo XX Santurce fue invadido por inmigrantes del interior del país, que, ante la crisis de la economía dependiente de los enclaves agrícolas de plantación, buscaban en la ciudad del subdesarrollo algunas formas de sobrevivir[11]. Entre 1919 y 1936, mientras la población del «casco» de San Juan (la ciudad colonial antigua) aumentaba un 5% y la de su más próximo barrio extramuros (Puerta de Tierra) un 145%, la población de Santurce aumentaba un 1.647%[12]. Y aún en los años cuarenta, cuando parecía haberse cubierto todo su territorio, incluyendo los manglares y terrenos rescatados del agua de la bahía de San Juan, su población aumentó dos veces y media más que el promedio general del país. Así, mientras en 1899 la población de Santurce representaba sólo el 18% del total de habitantes de la capital, en 1950 llegó a constituir casi el 87% de su población.

Esta dramática migración interna fue para muchos el preámbulo a la gran emigración puertorriqueña a Nueva York, como bien captó el dramaturgo René Marqués en su célebre recreación literaria de estos movimientos poblacionales, significativamente titulada *La carreta*, que data de 1951[13]. La inestabilidad residencial en los arrabales de la capital era enorme. Un estudio sociológico realizado en 1939 encontró que el 42,7% de los entrevistados llevaban viviendo menos de un año en la casa donde en ese momento residían y otro 33%, menos de cinco años (Pérez 1939: 11).

En este contexto, los barrios donde emergió *Cortijo y su combo* presentaban una situación particular. La calle Calma, por ejemplo, estaba ubicada en el sector denominado *Villa Palmeras* que, como su propio nombre indica, formaba parte a principios del siglo XX de los márgenes de la ciudad: el área de «las palmeras», como puede apreciarse en un mapa de 1928[14], marcando casi la frontera entre la ciudad y un área litoral rural llamada Piñones —entre Santurce y el poblado de Loíza, el más «negro» de los pueblos del país, constituido históricamente por negros libres también—. Esa franja territorial costera que incluyc a los márgenes de Santurce, a Piñones y Loíza era célebre en el país por su música de *bomba y plena*. Los sectores de la Parada 21 a la calle Calma eran pues, entre 1930 al 50, vecindarios antiguos de fuerte tradición cultural y musical, pero muy próximos a los nuevos sectores arrabaleros de aquella gran

---

[11] Detalles en mi artículo «Las contradicciones de la acumulación capitalista y el llamado "problema de población": análisis de las migraciones internas y el empleo entre 1900 y 1940 en Puerto Rico» (1982: 97-137).

[12] Calculado de datos presentados por Manuel A. Pérez (1939).

[13] Originalmente publicada en la revista *Asomante*, núm. IV de 1951 y núms. I y III de 1952.

[14] Reproducido en Carbonell y Sepúlveda (1987: 30).

migración interna. Combinaba las vivencias de un barrio de fuerte tradición histórica, con la experiencia de des-ubicación e inestabilidad de su dramática migración circundante.

Como las casas eran tan cercanas —relata un informante de la 21— to'l mundo se reunía en las esquinas a bailar la bomba y plena... donde quiera había un bembé. Todos los domingos había bembé (recogido en Viera Calderón 2001 y 2002: 206)[15].

Como me comenta (en sus sugerencias a un borrador inicial de este *Repiqueteo*) el arquitecto Edwin Quiles, agudo estudioso de la historia de Santurce[16]:

Para los negros cangrejeros, algunos desplazados de los campos del Seboruco, la ocupación de la calle para el vacilón rumbonero me parece que fue una manera de apropiar y reclamar un territorio en una ciudad cada vez más ajena. Marcaron la calle de la mejor manera que sabían, sonoramente.

Y bailando, añadiría. Una copla supuestamente del siglo XVIII, que recogí de la tradición oral en el barrio Cantera, entrelaza la calle, el ritmo del cotidiano caminar y el baile:

Es tu andar tan sandunguero
que cuando te veo pasar
Se me figura que a veces
la calle quiere bailar[17].

Y un informante del etnomusicólogo Emmanuel Dufrasne relata que en el barrio Machuchal, muy cerca de Cantera y de la calle Calma,

Se bailaba bomba todos los días... ya a las tres se oían los seguidores y requintos (Dufrasne 1987c: 205).

La hermana de Ismael Rivera, Ivelisse, recuerda también que

---

[15] Es necesario aclarar que, distinto a Cuba, donde el término *bembé* tiene referencias afroreligiosas, en Puerto Rico significa sencillamente una fiesta callejera en la cual protagonizan la música y el baile.
[16] Es muy importante y sugestivo su libro *San Juan tras la fachada* (2000) cuyo capítulo 4 versa sobre Santurce.
[17] Agradezco esta referencia al líder comunal Santiago «Chago» Reillo.

En esos barrios se hacían muchos bembés, los domingos y los sábados por la mañana. Sacaban los tambores. Nosotros íbamos a bailar en aquel arenal. La gente estaba asando lechón, se hacían juegos de bingo [...] Todo esto en la misma Calle Calma [...] que fue una calle *cultural*. Allí siempre se hicieron Fiestas de Cruz, que es una celebración religiosa con mucha música, de tambores y cuerdas. Para la noche de San Juan nos llevaba abuelo a la playa de El último *trolley* y nos tirábamos al agua a media noche. Eso era bomba y plena, bomba y plena todo el tiempo[18].

Otro informante relata:

En la 21, uno na' más salía a la calle y ahí mismo venía el otro y traía sus cueros de su casa, se unía y hacíamos to'l mundo un bayú. To' nos poníamos a tocar bomba... To' eso era improvisa'o... Uno cantaba, otro tocaba y ahí venía y se formaba el rumbón[19].

En una de sus últimas entrevistas, Ismael Rivera señalaba

A los 16 años empecé a trabajar como albañil... pero también me la pasaba en los rumbones, porque aquí en la Calle Calma siempre había mucha bomba y plena. Ahí fue donde me desarrollé (Brenes 1991: 58).

Y en otra entrevista, ésta con el etnomusicólogo Emanuel Dufrasne en agosto de 1984, señalaba que:

los bailes de bomba y las comparsas durante las fiestas tradicionales de San Juan y San Mateo fueron motivación, inspiración y base para mi carrera artística [...] huellas imperecederas en mi vida (Dufrasne 1987a: 33).

Y recordaba a algunos exponentes de la bomba santurcina, como Celio Náter, María Teresa y Bobó, de la Parada 21[20], que evocan varias de las primeras grabaciones de *Cortijo y su combo*.

En la transcripción que sigue, de *Baile con Cortijo y su combo* (1957), el asterisco [*] indica cuando el sonero indenta una frase en el medio del coro o «pisa el coro», recurso que explicaremos más adelante, y f.i. identifica la frase indentada. Transcribiré siempre el coro en itálicas.

---

[18] Según entrevista con mi auxiliar de investigaciones Yannis Ruel en el 2002.
[19] Viera Calderón (2001 y 2002: 216), citando una entrevista del 18/11/1991.
[20] Estos exponentes tradicionales de la bomba son mencionados también en un artículo biográfico sobre Rafael Cortijo escrito por Frank M. Figueroa (1998b).

¡Saoco! o el swing del soneo del Sonero Mayor   287

	Rima	Métrica
Coro: *Oye Micaela baila la bomba, báilala bien,*	a	16
que te están mirando María Teresa y Bobó también.	a	16
Solista: Ayer	a	3
fuimo' a la cumbancha	b	6
donde (')	a	3
tocaban	b	3
bomba y bembé	a	5
y todo' nos dimos cuenta	e	8
que esta(bas)	b	3
bailando en un solo pie.	a	8
¿Qué es	a	2
lo que	a	2
te pasa?	b	3

Oye Micaela baila la bomba, báilala bien,
que te están mirando María Teresa y Bobó también.

¡Eeeh! Que	a	2
Bobó que estaba mirando	c	8
Es-	a	1
tá criticando,	c	5
ya tú lo ve'.	a	5
Se ha vuelto loco gozando	c	8
y ya todo el	a	4
mundo sabe por qué.	a	7
Que es	a	1
por culpa tuya	d	5

Oye Micaela, baila la bomba, báilala bien,
que te están mirando María Teresa y Bobó también*.

Micaela, Micaela, Micaela, Micaela, (f.i.)	e	16
ven y baila la bomba, báilala bien.	a	12
Que mira pero mira que te están mirando	c	13
María Teresa y Bobó también.	a	10
Ponte, ponte dura.	d	6

Con esta composición del pianista del combo Rafael Ithier quisiera iniciar el análisis del soneo con swing de Ismael. La variedad métrica de las rimas internas que desarrolla frente a la rima central del estribillo del coro recuerda las síncopas del tambor repicador de la bomba en su improvisado diálogo con la espontánea creatividad de los giros corporales de la joven Micaela danzante, ante la mirada de los maestros Bobó y María Teresa, a medio camino entre el escrutinio, la admiración y la celebración. La última de las estrofas del soneo prácticamente repite las palabras del estribillo (siguiendo el estilo de la bomba tradicional) elaborando innumerables variaciones de sus posibilidades rítmicas.

Otra de esas primeras grabaciones que hace referencia a estos comunales y ya míticos bailadores de bomba de la parada 21, es la bomba-plena «María Teresa», del primo de Cortijo, Juan Verdejo[21], criado también en la 21. Acá, Ismael Rivera empieza a manifestar su versatilidad con las rimas básicas y recurre a la tradición de versificación del zéjel árabe al añadir un verso corto al final.

	Rima	Métrica
María Teresa mira a Bobó que te está llamando	a	15
María Teresa mira a Bobó que te está llamando	a	15
Que por allá por el baile 'e bomba te está buscando	a	15
María,	b	3
María Teresa mira a Bobó que te está velando,	a	15
mangando.	a	3
María Teresa mira a Bobó que te está llamando	a	15
María Teresa mira a Bobó que te está llamando	a	15
María Teresa mira a Bobó que estaba llorando	a	15
y la sabrosa	c	5
bomba	c	2
María	b	3
está vacilando,	a	6
gozando.	a	3

---

[21] *Cortijo y su combo*, Seeco, SCLP-9160; reproducida además en el LP *Bombas para bailar*, Tropical TRLP 5186, en el LP *Encores de Cortijo y su combo*, Tropical TRLP 5075 (también Seeco/Sonolux LS-32 y Fuentes LP-414036), y en el CD *Cortijo y su combo al rescate del folklore, Las plenas de Cortijo*, SCCD-9360. Fíjense que se incluye en las antologías tanto de bomba, como de plena.

María Teresa mira a Bobó que te está llamando	a	15
María Teresa mira a Bobó que te está llamando	a	15
Ahora yo quiero que tu vaciles la rica bomba	c	15
de Puerto Rico, María Teresa, a todos asombra,	c	15
mi bomba.	c	3

En gran medida, de la práctica de los grupos que se reunían espontáneamente a tocar bomba y plena en las esquinas de estos barrios cangrejeros con célebres bailadores portaestandartes de la tradición surgió, bajo el liderato del conguero y timbalero Rafael Cortijo Verdejo, el conjunto musical bailable que habría de constituirse en el más popular del Puerto Rico de los años cincuenta, y el más importante antecedente puertorriqueño inmediato de la salsa. Todos los miembros originales del Combo vivían en los barrios populares de Santurce y no es fortuito que su líder tuviera dos de los apellidos más tradicionales de Cangrejos. De hecho, a Pedro Cortijo, Capitán de la Compañía de Morenos de San Mateo se le atribuye la gestión de constituir a Cangrejos como «partido» en 1773 (Torres Ramírez 1968: 17). El análisis del historiador Damiani de los Censos de 1897 y 98 establece a los Cortijo, Verdejo, Rosario, Ayala y Cruz como los apellidos más generalizados de los barrios cangrejeros, y todos estuvieron representados en los componentes iniciales del Combo: además de Rafael Cortijo Verdejo —su principal percusionista y líder—, Sammy Ayala y Roy Rosario —cantantes del coro y encargados de la «percusión menor»— y Miguel Cruz, el bajista. Eran también oriundos y/o residentes de los núcleos populares cangrejeros de Santurce y Carolina, Miguel Clemente, uno de los primeros cantantes del Combo, y sus saxofonistas originales Eddie Pérez y Héctor Santos. Rafael Ithier, el pianista del Combo desde 1955, nació y se crió en Caimito, barrio popular semi-rural del sector de Río Piedras de la capital, pero socializó con Cortijo y sus vecinos desde niño, pues su madre (de Puerta de Tierra) tenía un cuñado que era el conserje de la *Central High* —la más célebre escuela secundaria de Santurce— y vivía en la 21 donde era muy conocido, estimado y querido. Cuenta Ithier que pasaba largas temporadas en la casa de su tío durante sucesivas vacaciones escolares. «Me hice muy amigo de todos los que después formarían el Combo», nos relata en la entrevista que le hiciéramos a comienzos del 2008 (Quintero Rivera, febrero de 2008).

Pero *Cortijo y su combo* incorporaba también músicos de las diversas olas migratorias de Santurce: desde los inmigrantes de las primeras décadas del siglo XX, hasta inmigrantes recientes en el momento de fundación del conjunto. Ismael Rivera era cangrejero, como su padre quien era de Cangrejos Arriba, hoy parte de Carolina, y vivió en la Calle Calma desde niño. Su madre vivió también en la calle Calma desde que tenía siete años, aunque provenía de Gurabo, municipio rural del este del país desde donde emigró en 1916. Martín Quiñones, el conguero, nació en Cataño, pueblo circundante de la capital (Ortiz Ramos 1996), pero vivía en la Parada 21 desde joven, formándose como percusionista con los célebres bailadores y tocadores de bomba y plena, Bobó, Eustaquio Flores y Marcial Reyes (Meléndez Gil 2003: 40). Rogelio «Kito» Vélez, su trompeta y principal arreglista, provenía del sur de la Isla (Guánica o Santa Isabel) (Montenegro Rolón 2002) y había tocado con orquestas de Mayagüez, la tercera ciudad del país, a principios de los cincuenta (Ruiz Rosaly 1994: 27) antes de integrarse a la Orquesta de César Concepción (Figueroa 1998a: 132) en Santurce y establecerse allí. Roberto Rohena, bongosero que se une al Combo inicialmente como bailarín en 1956, era de la barriada proletaria «Dulces Labios» de Mayagüez, pero vivía en la Parada 22 de Santurce desde los siete años. No conozco el detalle de la movilidad residencial del saxofonista Héctor Santos, que se incorpora al Combo en 1955, ni de la segunda trompeta Mario Álvarez Cora, que se unió cerca del 1960. El primero era de Cayey, municipio del centro del país, y el segundo de Arroyo, pueblo costero del este pero, aparentemente, ambos vivían en *Cangrejos* al formarse el Combo. Casi todos, menos Rohena —el más joven, nacido en 1940— y Martín Quiñones —el mayor, nacido en 1919— habían nacido alrededor del 1930 (entre 1928 y 1935 aproximadamente) y según el estudioso cangrejero Lester Nurse, muchos eran amigos desde la infancia[22]. Era un conjunto predominantemente negro y mulato, pero con muy variadas «gradaciones» de color: desde su líder que era absolutamente «negro»; su principal estrella, Ismael «Maelo», que era un «mulato claro»; hasta dos integrantes que podían *pasar* como «blancos» —Kito Vélez y Héctor Santos.

El tambor que dirige... y el tambor en la voz

Aunque la mayoría de los integrantes del grupo se había conocido en los rumbones y bembés, no eran meros «músicos de esquina» cuando formaron el Combo. Cortijo, por ejemplo, llevaba ya unos ocho años como percusionista profesional en las más reputadas *big bands* de la época, como las orquestas de Augusto Cohen, Miguelito Valdés, Frank Madera, Miguelito Miranda y Mario

---

[22] Entrevistado por Yannis Ruel el 15/11/2002. Véase también el ensayo de Nurse, «Homenaje a Ismael Rivera: Sonero mayor de la puertorriqueñidad» (1989: 50-53).

Román, entre otras. Cuando formó su propio conjunto, combinó la tradición percusiva del *bembé* o *rumbón de esquina* con la tradición latino-caribeña de las orquestas para el baile «social» (de salón) donde predominaban los vientos-metal. Los instrumentistas de la trompeta y los saxofones, como el del piano y el bajo, provenían de una larga tradición puertorriqueña de músicos populares con formación culta y diestros en la lectura de partituras. Pero por primera vez en la historia de los conjuntos en el país, *Cortijo y su combo* pagaba a sus percusionistas niveles salariales equivalentes a los de sus músicos de formación académica.

En el caso de *Cortijo y su combo* no se trató pues de un conjunto tipo *big band* que incorporaba plenas a su repertorio, como habían hecho antes las orquestas de César Concepción o La Panamericana, sino de un movimiento inverso: se le incorporó a la plena, la bomba y la guaracha la sonoridad de los metales, el bajo y el piano. En otras palabras, se trataba de un conjunto de *bombas*, *guarachas* y *plenas*, al cual se le incorporaba la riqueza tímbrica de la sonoridad de «combo». Ello se manifestaba en una distribución espacial de los músicos al presentarse a tocar, distinta a la entonces predominante. Cortijo colocó en la línea frontal a la percusión —congas, bongoes y timbales— que llevaba pues «la voz cantante», asumía el *rôle* protagónico, lejos del papel de «acompañantes» al cual la había relegado la sonoridad «occidental» (en los *big bands* de entonces, los instrumentos de percusión se colocaban —como en la orquesta sinfónica— detrás[23]). A un costado estaban el piano y el bajo, y en la línea de atrás, los vientos-metal. El cantante principal y el coro eran parte de la línea percusiva: tocaban «los instrumentos «de percusión menor» (maracas, claves, cencerro y güiro, principalmente) y coreografiaban la música, es decir, bailaban, reforzando la tradición afro de la bomba del diálogo imprescindible entre bailador y tamborero, que examinamos ya en el *Paseo*:

en la bomba tradicional *los danzantes cantan mientras bailan* (Figueroa Berríos 1963: 46-48).

Esta configuración tímbrica y su distribución espacial —que establece el protagonismo de la sonoridad de percusión y su *swing* bailable— es la que adoptará unos años después, en líneas generales, el movimiento *salsa* desde sus comienzos.

---

[23] Aunque Tito Puente, timbalero como Cortijo, había traído su instrumento al frente, desde donde dirigía, por lo cual se atribuía el «stage setup» que habría de «cristalizar» en la salsa, lo que estudiosos desconocedores de la historia previa de Cortijo aceptan sin cuestionar (Washburne, 2008: 178).

Además del hecho de ser dirigida por un timbalero, el protagonismo del ritmo en *Cortijo y su combo* se manifestaba también en la contribución de los instrumentos melódicos y los cantantes a la compleja conformación polirrítmica de la sonoridad producida. Los contrapuntos entre el bajo y el piano, entre los saxofones y las trompetas, y entre el solista y el coro ejercían una evidente función rítmica, incorporando a una música fundamentalmente descendiente de la sonoridad de la plantación, la tradición de melodización de ritmos de la música jíbara o campesina de la contra-plantación[24]. Por otro lado, las descargas de los vientos metal, la riqueza armónica de un piano en las manos de un músico como Rafael Ithier[25], que se había iniciado en la música como contrabajista y guitarrista en el Grupo Taoné del célebre cantante y compositor de boleros Tito Henríquez[26], y las modulaciones vocales del solista —el *Sonero Mayor*—, le otorgaron una complejidad y riqueza melódico-armónica hasta ese momento insospechada a una música básicamente percusiva de trasfondo de «calle y esquina».

Y es que *Cortijo y su combo* combinó, como ningún conjunto en ese momento, la expresión barrial comunal con la sonoridad societal de una música comercial para espectáculos y salones de baile. Santurce no sólo incluía barrios de fuerte tradición musical de «calle y esquinas», sino era también para 1950 el centro del mundo del espectáculo en Puerto Rico. En el sector de Miramar se encontraba la principal estación de radio, la WKAQ y, a partir de 1954, las estaciones de televisión. En sus arterias principales, las Avenidas Ponce de León y Fernández Juncos, se encontraban las principales salas de teatro que alternaban el cine con los espectáculos en vivo. Previo al cine sonoro, es decir antes del 1930, se calcula que unos quinientos músicos dependían para vivir de sus acompañamientos en vivo de las películas mudas, y ya entonces Santurce contaba con cinco cines, dos más que el «casco» de San Juan o la ciudad antigua (Campos Parsi 1992). En su área norte, el Condado, estaban los grandes hoteles, donde se presentaban cotidianamente orquestas de baile que, en ocasiones especiales, alternaban con los grandes artistas internacionales cuando visitaban éstos al país. Además, entre las Paradas 20 y la 22, como recuerda Sammy Ayala, integrante del Combo,

---

[24] Véase el cap. 3 de *¡Salsa, sabor y control!...* (2005a). Sin conocer —lamentablemente— el papel histórico de Cortijo, el trombonista salsero estadounidense Christopher Washburne describe excelentemente la función fundamental rítmica del piano y el bajo en la salsa (*Ibíd.*: 172-173).

[25] Sobrino de uno de los guitarristas del Trío Borinquen, con el cual desde Nueva York Rafael Hernández había difundido por toda América Latina la riqueza armónica del juego de voces y guitarras en el pequeño formato de tríos.

[26] Información en <www.comborecords.com/egc.html>.

Había muchos sitios donde uno salía a «romper noche»... el *China Doll*, el *Club 22*... Todo esto era la zona donde se crió Cortijo y compartíamos todos nosotros desde muchachitos[27].

Todo ello, mientras en la Plaza del Mercado situada en la Parada 21 se formaban los principales rumbones populares, que no tenían en absoluto carácter de *ghetto*. Como bien señala el más destacado historiador puertorriqueño actual, Fernando Picó, respecto al crecimiento de sectores de clase alta en Santurce, Altos de Olimpo en Miramar, *Ocean Park*, Condado...

> Los 50 en Santurce [...] era una época cuando los hijos de profesionales recién establecidos en la McLeary o la Loíza iban a curiosear los bailes de bomba («Prólogo» a Aponte Torres 1985)[28].

Se cuenta que la gran compositora puertorriqueña de boleros en la tradición del *feeling*, Sylvia Rexach, proveniente de una de las familias propietarias más poderosas de Santurce,

> A cada rato se escapaba de su casa y se iba a la parte de atrás de la Parada 21 a oír los muchos músicos, que vivían allí, practicar. Era loca con las plenas y la música popular (Fonfrías 1983).

Y también que

> Tocaba piano de oído, guitarra y el ritmo lo aprendió en la antigua Parada 21. Allí tenía su padre la Farmacia Rexach y ella, a veces, al escondido, partía por la calle arriba [...] a codearse con el elemento negro [...] Cortijo, Marcial Reyes y otros «jovencitos» alumnos de bomba y plena, se iba contagiando («Sylvia siempre en el recuerdo», Curet Alonso 1999).

Ya a principios de siglo, el primer libro de historia musical en Puerto Rico señalaba la importancia de la Plaza del Mercado para las expresiones sonoras de los afrodescendientes:

> los bailes que anualmente celebraban las diversas tribus de negros, por Reyes y San Miguel en la antigua plaza del mercado de San Juan, los únicos instrumentos

---

[27] Trascripción de entrevista grabada por Yannis Ruel, San Juan, 14/11/2003.
[28] Es significativo que en el estudio antropológico de Steward *et al.* (1956), realizado a principios de los cincuenta, se escogiera el área de Miramar para la investigación del capítulo sobre «las familias prominentes».

que empleaban para marcar el ritmo de sus bailes y canturías eran los (de) percusión denominados bombas y maracas (Callejo 1971: 241).

Para los años cincuenta del siglo XX, la Plaza del Mercado se había transferido del viejo San Juan a la Parada 21 en Santurce[29].
Cortijo y su combo se inició tocando en un prostíbulo, el *nightclub La Riviera* en los muelles en Puerta de Tierra. Su público no era pues únicamente de los barrios cangrejeros. Era también del viejo sector proletario de Puerta de Tierra —principalmente trabajadores de los muelles—, de los nuevos arrabales que bordeaban el caño y, como recuerda Sammy Ayala,

> Como iban muchos americanos al nightclub, mayormente soldados y marinos que venían de los muelles y de la base de aviación de Miramar, y que el propósito era complacer también a esa gente, empecé cantando numeritos en inglés (que había aprendido en el Ejército) y boleritos. Me gustó siempre la música americana también...[30]

El repertorio combinaba pues la música propia de los barrios cangrejeros con música «tropical» general y música *pop* norteamericana de las orquestas del *swing*. Inicialmente, como hemos señalado, el grupo era fundamentalmente de amigos de la Parada 21 y sus barrios aledaños, pero Cortijo fue pronto afinándolo con otros músicos emigrados a la capital. Siguiendo con el relato de Sammy Ayala,

> Teníamos un pianista que le decían Buñuelo, hasta que llegó Ithier del Ejército y empezó de lleno con nosotros. En las congas estaba Papitín, que también era vecino de la 21, se había criado con nosotros, como Martín Quiñones quien lo sustituyó. Todavía no había llegado Kito Vélez del sur y teníamos un trompetista venezolano que vivía aquí hacía tiempo. Roy era también del barrio. Eddie Pérez era del Barrio Melilla (aledaño) y había tocado con la Banda de la Parada 25. Miguel Cruz tocaba el bajo y el tres. Era de Santurce también; y yo que nací en la [calle] Loíza casi esquina con la De Diego, en Bayolita. Estos fueron los originales[31].

Cortijo mencionaba además otros dos *panas* cangrejeros como parte del conjunto original: el cantante de plenas Miguel Clemente y el pandero pasado a tumbadora de Raúl «Lengüita» («Entrevista a Rafael Cortijo» 1974: 54). Continúa Sammy Ayala:

---

[29] Detalles en la valiosa investigación de Edison Viera Calderón (1996).
[30] Entrevista del 25 de nov. del 2002 en San Juan, por Yannis Ruel.
[31] *Ibid.*, paréntesis añadidos.

Después de un año el Combo pasó a un club de categoría más alta, el *Black Magic* de la Parada 11 en Miramar (donde se podían encontrar señores ricos «fugados»). Para este tiempo el amigo de infancia, compay Maelo, que era cantante de La Panamericana en El Escambrón, cuando salía de cantar allá se reunía con nosotros en el *Black Magic*. Un día llegó Bobby Capó con un representante de la Seeco. (Bobby, era un «mulato claro» bien parecido y en aquellos tiempos el cantante más cotizado de toda la música «tropical», precisamente por cantar con *swing* mientras simultáneamente bailaba el cha-cha-chá: *Quiero pasar la luna de miel en Puerto Rico.*) Vino con la oferta de grabar con este sello y ahí fue que el compay se unió al grupo para hacer la grabación. «El bombón de Elena» abrió el camino. El resto es historia: radio, televisión, grabando, viajando. El Combo se adueñó de Puerto Rico: todos los fines de semana que si para Ponce, que en Mayagüez, en Aguadilla, en Humacao... Después, Nueva York, Panamá, Venezuela, Colombia... Una vida muy bonita.

El primer viaje afuera que hizo el Combo fue en las navidades del 1955 a Curazao y Aruba. Todavía estaba Ismael con La Panamericana. En Aruba oían mucho las trasmisiones de radio de nosotros. Tocamos en unos cuantos sitios. Y estando allá fue que escuchamos por primera vez la grabación de «El Bombón de Elena» por la radio. Después, rápido vino el primer viaje a Nueva York. A ese, Ismael fue con nosotros. Le dijo a Lito Peña [director de La Panamericana]: «Es que yo me siento bien con los negritos». Lo demás... fue historia[32].

¿Y tu abuela...?: ¡La sazón!

> Te digo que esos negros se juntan,
> ¡mira! meten un *swing* que te asustan...

«Es que yo me siento bien con los negritos», cuenta Sammy Ayala que Ismael Rivera le explicó al director de la Orquesta Panamericana —el clarinetista Lito Peña, proveniente de una larga estirpe de reputados músicos de Humacao, hijo del destacado director de bandas Juan Peña Reyes[33], y ya considerado uno de los más talentosos y «finos» compositores y directores musicales del país— cuando decidió renunciar a su posición de cantante principal de la más celebrada y establecida orquesta popular puertorriqueña, que tocaba en los más lujosos hoteles y los más exclusivos bailes privados de la alta sociedad, para irse a cantar con un Combo recién organizado por un conguero negro de

---

[32] Trascripción de entrevista con Quintero y Ruel, San Juan, 28/10/2003.
[33] La biografía que preparara Ángel (Lito) Peña sobre su padre —*Juan Peña Reyes, su música y su tiempo* (1994)— es gran testimonio de esa tradición familiar pueblerina.

la Parada 21, sin formación musical académica, que tocaba en prostíbulos y *nightclubs* «de mala muerte».

Ismael había «pegado» ya varios números con la Orquesta Panamericana. En la carátula del disco donde se recogen posteriormente esos primeros números, la orquesta posa en los exuberantes jardines, llenos de palmeras tropicales y nuevas fuentes de la modernidad, de, aparentemente, el *Caribe Hilton*, uno de los hoteles símbolos del Puerto Rico de «manos a la obra», que celebraba su exitoso programa de Fomento a la industrialización y su recién incorporación al mundo de los países avanzados «modernos». Trece músicos elegantemente vestidos de chaquetón gris y pantalones *charcoal gray*, todos los cuales en Puerto Rico podrían «pasar» como blancos (aunque no para las turistas norteamericanas, para las cuales podrían aparecer como interesantes «trigueños» *latin lovers*) se agrupan y tocan en torno a un estirado saxofonista que se distingue de los demás por su gabán rojo y su sobria pose de director justo en el centro. En la foto no aparece el sonero del conjunto[34]. *¿Y tu abuela, dónde está?*[35]

¿Se habría sentido el mulato de la Calle Calma en La Panamericana como «cucaracha en baile de gallinas»? No necesariamente. La imagen más fresca que tenemos hoy de Ismael Rivera —como ese mulato con barba canosa alborotada, exhibiendo orgulloso su afro, eñangotao en camisa *sport* y mahones, acompañando simpáticamente a un niño en la célebre barriada marginal extramuros La Perla, de la carátula de su más extraordinario LP de los setenta, significativamente titulado *Esto sí es lo mío* (1978; reproducido en p. 312)—, es muy distinta a la de aquel joven albañil que empezó a cantar con La Panamericana a principios de los cincuenta. Entonces Ismael estiraba sus *pasas* con brillantina *Pall Parrot*, como varios en la orquesta (aunque Lito usara la más fina *Brisas del Caribe* y luego, directamente de Inglaterra, la brillantina *Yardley*). Después de todo era un mulato claro bien parecido, a imagen y semejanza de Bobby Capó, quien ya hacía furor por toda Latinoamérica: entonces, el *crooner*[36] mejor pagado de toda la música «tropical»[37].

---

[34] Lito Peña, *Orquesta Panamericana* (1993).

[35] Referencia a poema popular de Fortunato Vizcarrondo que satiriza la intensión de algunos en Puerto Rico de esconder su ascendencia negra que, en alguna medida, casi todos tienen en un país de tan extendido mestizaje.

[36] Término más generalizado durante la primera mitad del siglo XX para referirse al cantante popular de las orquesta de «jazz swing: a style of singing softly and sentimentally, with sliding and moaning effects, that was introduced about 1930 by popular American radio singers (e.g., Bing Crosby)», según Willi Apel (1982: 213). El diccionario de Velázquez de la Cadena (1964: 168) define *croon* como: canturrear suavemente [...] en tono bajo y monótono.

[37] Véase el excelente ensayo de Edgardo Rodríguez Juliá, «Bobby, el cabaret y tú», incluido en el folleto que acompaña el vídeo del Banco Popular de Puerto Rico, *Siempre*

Además, Lito Peña —indiscutiblemente uno de los mejores músicos puertorriqueños del siglo XX— venía de una larga tradición de músicos populares muy cultos que se habían curtido muy bien desde la cuna en «el arte de bregar»[38]; de camuflar sus gustos y tradiciones para que pudieran ser *respetados*, aplaudidos, incorporados y celebrados por las clases dirigentes[39]. El repertorio de La Orquesta Panamericana («one of the best liked bands in Puerto Rico (that) has appeared in some of the finest hotels, clubs and theaters in the Caribbean»[40]) estaba repleto de composiciones populares, muchas muy similares al repertorio que desarrollaba *Cortijo y su combo*.

Ya en 1935, uno de los más destacados intelectuales del país —Tomás Blanco, un casi aristócrata (aunque un tanto bohemio) *blanquito* Sanjuanero,

---

Piel Canela (S. J., 1997), reproducido en su libro *Caribeños* (2002: 233-242).

[38] Sobre este concepto vea el excelente ensayo de Arcadio Díaz Quiñones (2000).

[39] Tradición originada en la primera música del país que fue considerada *nacional*, la danza, según examinamos en el *Repiqueteo* anterior de este *Jaleo*.

[40] Según el texto de Herman Glass que acompaña al CD *Orquesta Panamericana* (1993).

de familia de respetados comerciantes y farmacéuticos— había declarado desde el docto Ateneo a la plena como nuestra música nacional por excelencia: mestiza o mulata, pero con clara hegemonía de nuestra tradición española (Blanco 1935)[41]. No concuerdo, pues a mi juicio la plena es una derivación proletaria de la bomba holandé con marcada influencia de las migraciones cocolas (del Caribe angloparlante)[42], pero la opinión de Blanco tenía un gran peso en el país. Así, una expresión proletaria «negra» o «mulata» de sonoridad fundamentalmente percusiva —de panderos de distintos timbres que daban movilidad a la combinación de *buleador* y *seguidor* de los pesados barriles de bomba— adosada a lo sumo por la también móvil sinfonía de mano (o acordeón de botón), fue convirtiéndose en música *standard* de las orquestas de baile del país. No hay que olvidar el carácter migrante del naciente proletariado de principios del siglo XX con las estaciones agrarias alternadas del capitalismo de plantación (zafra y tiempo muerto en la caña alternando con la recogida y «bruja», o tiempo muerto, del café) y las migraciones luego (entre los veinte y los cincuenta) a las ciudades de San Juan y Nueva York. En los cuarenta, la orquesta de César Concepción popularizó el carácter «nómada», móvil, de la plena, pero despojándola de su raíz proletaria, en una especie de *tour* por los distintos pueblos de la isla (incluyendo Nueva York: «Pa' los boricuas que están ausentes...») que fundamentalmente celebraba las bellezas de su paisaje, de su carácter regional y de sus mujeres.

La Orquesta Panamericana, musicalmente más sofisticada que la de César Concepción, le devolvió a la plena su carácter original de crónica barrial con *swing*, y para ello contrató al proletario «bonitillo» —que prometía ser posible sucesor de Bobby Capó— Ismael Rivera: cangrejero, pero hijo de una casi blanca inmigrante de la ruralía cañera de Gurabo. En versión de Lito Peña, Ismael («Maelo») grabó con la Orquesta Panamericana la plena tradicional «El charlatán»[43] que, como sencillo en 78 revoluciones, fue su primer gran éxito comercial y se incluyó en el primer LP de la Orquesta. «El charlatán» combina la tradición de épica barrial de la plena con la tradición vocal «despalabrada» de la bomba en sus soneos: muchos de éstos prácticamente repiten el estribillo del coro con aderezos rítmicos y melódicos que estimulan su *swing* bailable,

---

[41] Más sobre Blanco en Arcadio Díaz Quiñones (2006: cap. 6).

[42] La meticulosa investigación de Félix Echevarría Alvarado, *La plena, origen, sentido y desarrollo en el folklore puertorriqueño* (s.f., c. 1984), evidencia tanto la importancia de los inmigrantes cocolos, como el hecho de que fue principalmente descendiente de la música «negra».

[43] Aunque la carátula señala a Lito Peña como autor, Echevarría Alvarado (s.f., c. 1984: 108) la identifica como una «plena (ponceña) de antaño».

como pueden ver en la transcripción que le solicité al compañero etnomusicólogo Luis Manuel Álvarez:

Reproduzco algunas estrofas adicionales:

          Coro   **Soneo**

Anoche en el baile, charlatán,   Anoche en el baile, charlatán,
le diste a mi Lola.   le diste a mi Lola.
Anoche le diste, charlatán,   Anoche le diste, paquetero,
ven dale ahora.   porque estaba sola.
                                      ¡Dale ahora!

Coro   Lola, Lola, Lola, Lola, Lola, Lola,
                                      Lola, Lola, Lola, Lola, Lola, Lola,
                                      pobrecita Lola,
                                      anoche en la plena, abusador,
                                      le diste a mi Lola,
                                      ¡Dale ahora!

Coro
                                      Oye mira no, no que (frase indentada en el coro)
                                      Al que me toque a esa negra, abusador,
                                      yo le tumbo la chola.
                                      Anoche le diste, paquetero,
                                      porque estaba sola.
                                      ¡Dale ahora!

Coro
> Tu tienes cuchilla, charlatán
> y yo tengo pistola.
> Anoche le diste, abusador,
> porque estaba sola.
> ¡Dale ahora!

Además de contratar a Maelo, Lito Peña fue incluso más allá en su atrevimiento. Camufladamente —bien sabía Lito «bregar»— incorporó a su repertorio y grabó, por primera vez en la historia musical, que yo sepa, una especie de bomba (según el análisis de su hijo, el también excelente músico Cucco Peña), que significativamente en la carátula del primer LP aparece identificada como plena. Era ya demasiado poner a Ismael a cantarla, así que la grabó el otro cantante del grupo.

Colmada de referencias a la compleja problemática racial, pero camufladas a través de la también compleja —pero en aquel momento, menos controversial— relación de género, la primera bomba en grabarse —camuflada como una (ya canonizada) plena— decía:

> Al carpintero Narciso se le murió la mujer
> y como no halló que hacer, una de madera hizo.
> Como la encontró muy buena, la metió en una alacena.
> La alacena se le abrió y la mujer se le salió.
> Encima se le cayó y al carpintero mató.
> Y por eso: ¡Ni de madera son buenas!

Coro: *Y por eso: ¡Ni de madera son buenas!*

Ese LP sencillamente identificado como *Orquesta Panamericana*, donde aparecen las primeras grabaciones de quien más tarde sería apodado nuestro *Sonero Mayor*, aunque en el CD que las reproduce no fuera incluido en la foto de la carátula, incluye doce composiciones: cinco boleros, tres plenas (aunque sabemos que una podía ser realmente bomba camuflada), una fusión de calypso con plena, otro calypso, un mambo y una composición identificada en la carátula como «fantasía negroide», que parece fundamentalmente un merengue[44]. Ismael canta tres: la plena «El charlatán», con la cual abre el disco, la plena «La sazón de abuela», y el calypso *Beautiful Girl*, la única composición en inglés del LP.

---

[44] Hago el análisis a base de su reproducción en CD, aunque Cucco Peña me advierte que la reproducción no es exactamente como el LP original.

Con una perfecta dicción cocola, Ismael «se bota» en ese homenaje puertorro al Caribe angloparlante, tan importante —aunque todavía no reconocido por el *establishment* de los estudiosos y la crítica musical— en la conformación de nuestra canonizada plena. Con numerosos toques de plena y bomba camuflados, a ritmo de calypso Maelo canta:

Coro: *Beautiful, beautiful,*
beautiful girl, come,
come with me to Saint Croix.

Solista: I will make you happy oh baby! I assure you that.
I will make you happy oh baby! I assure you that.
If you come with me, with me, come with me to Saint Croix.
Everybody!

Coro: *Beautiful, beautiful*
beautiful girl, come,
come with me to Saint Croix
[...]
Solista: Yes, everybody!

If you want a house, my darling, I've got one for you.
If you want a house, my darling, I'll built one for you.
If you come with me, with me, come with me to Saint Croix.

La más emblemática de las primeras grabaciones de Maelo, que presagia incluso el término que iría a identificar en la década siguiente a la música «tropical» —la salsa—, fue la plena «La sazón de abuela», con la cual quisiera examinar sus técnicas iniciales de soneo. Aunque ciertamente se trata básicamente de una plena, ya en su arreglo Lito Peña adelanta las fusiones que irán a caracterizar la salsa: se incluyen frases de mambo, giros de guarachas y elementos de otros géneros, tanto sincrónica como diacrónicamente a lo largo de la composición. Como verán, en sus soneos, como en los de «El charlatán», citados antes, Ismael se aparta poco de la letra del estribillo, siguiendo la tradición despalabrada de la bomba. Sus variaciones son sobre todo melódicas y rítmicas, que le imprimen a su interpretación los giros sincopados propios de su característico *swing*. Ya encontramos acá en su soneo la técnica de «pisar el coro», es decir, comenzar su fraseo antes de que el coro hubiera completado el estribillo, alargando pues el tiempo de su improvisación[45]. Pisa el coro, de hecho, cinco de las seis veces que se repite el estribillo, y en dos lugares distintos de esos versos. A veces lo «pisa» con una frase que indenta separada del soneo, y otras con el soneo mismo (en las transcripciones, el asterico [*] indica cuando el sonero indenta una frase en el medio del coro, y f.i. identifica la frase indentada).

	Rima	Métrica
Coro: *La sazón de abuela, la sazón,*	a	10
en el mundo no tiene	b	7
compa...compa...comparación.	a	9
Solista: La sazón de mi abuela, la sazón,	a	11
en el mundo no tiene comparación,	a	12
comparación.	a	5
Coro: *La sazón de abuela, la sazón,*		
en el mundo no tiene		
compa...compa...comparación*.		
Soneo: Yo me voy, yo me voy, yo me voy, (f.i.)	a	10
al campo te digo	c	6
de vacilón.	a	5
Y allá yo vivo	c	5
de mi abuela, la sazón,	a	8
¡que está dulzón!	a	5
Coro: *La sazón de abuela, la sazón,*		
en el mundo no tiene*		
compa...compa...comparación.		
Soneo: No tiene com, no tiene com, no tiene com, no tiene com, com, com, (f.i.)		
no tiene comparación,	a	8
de mi abuela, de mi abuela, la sazón,	a	12
¡qué sabrozón!	a	5
Coro: *La sazón de abuela, la sazón,*		

---

[45] El etnomusicólogo Shanon Dudley me señala que «pisar el coro» es una tradición frecuente en cantos africanos; evidenciado también por John Miller Chernoff (1979: 202).

en el mundo no tiene*
compa...compa...comparación.

Soneo: Gusta a Pancho, le vacila a Juan Ramón.	a	12
Y a todos piden de mi abuela, la sazón	a	13
¡que está dulzón!	a	5
Abuela, ¡qué sazón chévere tú tienes! (en medio del mambo)	b	12

Coro: *La sazón de abuela, la sazón,*
en el mundo no tiene*
compa...compa...comparación.

Soneo: Si ustedes quieren	b	5
vacilar un buen sopón,	a	8
deja que vivan	d	5
de abuelita,	d	5
la sazón,	a	4
¡que está dulzón!	a	5

Coro: *La sazón de abuela, la sazón,*
en el mundo no tiene
compa...compa...comparación*.

Soneo: Yo me voy, yo me voy, yo me voy, (f.i.)	a	9
me voy al campo te digo	e	8
de vacilón.	a	5
Y allá yo vivo	e	5
de mi abuela, la sazón,	a	8
¡qué sabrozón!	a	5

¡Vuela, zapato viejo!

Es significativo que en ese homenaje al *sabor* de los que antecedieron, éstos se identifiquen femeninos y del campo: reminiscencias de aquella ruralía cimarrona de los *orígenes*[46], que en su caso podría él evocar con su madre parda huérfana de Gurabo.

---

[46] Véase mi ensayo «La cimarronería como herencia y utopía» (1985a).

Cortijo y su combo invites you to dance

Ese día Ismael llegó de la escuela y yo —que vivía en un cuartito pequeño que tenía una ventana partida que se doblaba donde ponía el anafre y cocinaba— le dije: «Oye Isma esto, Chumalacatera maquinolandera, chumalacatera maquinolandera, oh oh oh oh mi maquinita landera se fue pa' la chorizera...» Él estaba en tercer grado y me dijo: «Ay Mami eso está podrío (así decían entonces cuando algo estaba bien bueno) yo me veo ahí cantando y mucha gente, mucha, mucha muuuucha gente aplaudiéndome. Mami y eso va a ser lo primero que voy a grabar...»[47]

De hecho, *Maquinolandera* se incluye en el primer LP de Ismael Rivera con *Cortijo y su combo*. Sin embargo, el disco abre con otra de las composiciones de doña Margot. La madre de Ismael, aquella mulata clara de Gurabo que desde los siete años se había mudado a vivir con un tío en la calle Calma, se separó con su prole de su esposo carpintero. Educó a sus críos trabajando como «muchacha» (así llamaban a las empleadas domésticas) en casas de familias acomodadas de lo que es hoy *Ocean Park* y, ya mayor, como conserje en las escuelas públicas de Santurce. Como en aparente referencia a la carátula de *Cortijo y su combo invites you to dance* —recuerdan, la rubita en traje de *senior prom*— camuflando sus reclamos justicieros ante sus «amas» *blanquitas*, aquella bomba comienza con el estribillo de

	Rima	Métrica
Así fue que yo pude ver,	a	8
las ingratitudes de esa mujer,	a	10

mientras Ismael sonea:

Por mí no preguntes,	b	6
que yo tampoco, por ti, por ti, por ti voy a preguntar,	c	17
ni tampoco quiero saber.	a	9
Yo no sé, yo no sé caballero yo no sé como pude ver	a	18
las ingratitudes	b	6
de esa mujer.	a	5

---

[47] Entrevista a Doña Margarita Rivera que publica el musicólogo mexicano Rafael Figueroa Hernández (1993: 19).

Coro
*Así fue que yo pude ver, así fue que yo pude ver,
así fue que yo pude ver las ingratitudes de esa mujer.*

Juana Peña, Juana Peña, Juana Peña,	c	12
oye mira por tu nombre nunca preguntó,	x	14
ni tampoco quiso saber.	a	9
Yo no sé,	a	4
señoras y señores, yo no sé,	a	11
no sé como pude ver,	a	8
las ingratitudes	b	6
de esa mujer.	a	5

Tampoco acá el soneo se aparta mucho del estribillo, pero con un evidente re-juego rítmico.

Ese primer LP de *Cortijo y su combo* graba música fundamentalmente cangrejera. Además de las dos composiciones de Doña Margot, incluye dos plenas de quien habría de ser considerado algunas décadas después como el gran «patriarca de la Bomba y la Plena», Don Rafael Cepeda: «El bombón de Elena» —que fue la primera grabación (en sencillo) del grupo— y «Zumbador». Don Rafael era oriundo de Mayagüez, pero se había establecido en Villa Palmeras hacía ya muchos años. Incluye un mambo de Pellín Rodríguez, también de Villa Palmeras, aunque compuesto probablemente en Nueva York donde vivía entonces como cantante de la célebre orquesta latina del pianista puertorriqueño Noro Morales. Incluye una plena del propio Ismael, una fusión de calypso, bomba y plena del trompetista del Combo Kito Vélez, y una bomba y una plena del también cangrejero percusionista, cantante y compositor Rafael Ortiz Escuté. Completa el repertorio una composición de Luis Carlos Meyer, que la mayoría de los informantes identifican como barranquillero residente entonces en Nueva York: «cantante negro, el rey del porro»[48] (música colombiana tradicional de bandas pueblerinas); y canciones de otros dos compositores que no he podido identificar con exactitud. El hecho de tratarse de nombres no reconocibles como compositores me hace sospechar que, probablemente, eran del barrio también. De hecho, entrevistas informales señalan a Enrique Santos como hermano de Héctor, uno de los músicos del Combo.

---

[48] Entrevista con Luis Fernando Martínez en Cartagena de Indias, julio del 2007.

El LP cierra con el mambo «Saoco» de Pellín, antes de su notoriedad precisamente como sucesor de Ismael, como el cantante principal en *El Gran Combo*. La letra de «Saoco» está colmada de derivaciones de vocablos africanos ininteligibles para el español «castellano». Siguiendo el estribillo

> *Fue saoco, saoco en el omelé; Saoco, fue saoco, saoco en el omelé.*

Ismael sonea:

> Saoco estaba bailando, bailando en el omelé;
> Bailando cumbia caúmbia, morena linda, y no sé si era un bembé.

Coro   *Fue saoco, saoco en el omelé; Saoco, fue saoco, saoco en el omelé.*

> Para mí que estaba cumbiando, bailando el zumbabaé;
> Estaba como trampeando, con un paso de bembé.

Y sigue una retahíla de cimarrones vocablos ininteligibles, y una sabrosa descarga *jazzística* de Rafael Ithier en el piano.

Comparado con la versátil riqueza del amplio vocabulario que los trovadores de la música jíbara exhiben, así como con los malabarismos verbales y el derroche palabrero de soneros salseros contemporáneos, estos soneos de las primeras grabaciones de Maelo aparecen a primera vista como simplones y repetitivos[49].

¿Cómo explicar entonces su éxito inmediato? ¿Por qué lo consideramos nuestro «Sonero Mayor»? Para ello es necesario trascender esa primera lectura literal de sus expresiones verbales, sencillas sólo en apariencia. Es que la riqueza de esos soneos, todavía apegados a la tradición despalabrada de la bomba, se encuentra más bien en sus desplazamientos rítmicos, a la manera del bailador de bomba, combinados (y así se manifiesta una inicial *toma de la palabra*) con *anticipaciones* comunicativas cimarronas (oblicuas) que, más que «decir», como el *blue note*, sugieren. Ismael gustó por su *saoco*; término donde el lenguaje popular combina «ingenio» con «sabor», «gracia» y *tumbao*, forma caribeña sincopada sobre todo en el «bajo anticipado», de paralelos evidentes al *swing*.

---

[49] Es necesario tener en mente que contamos para el análisis sólo con las grabaciones en discos. Cuentan quienes lo escucharon en vivo que sus soneos eran ya entonces más complejos.

Piensen ustedes en todas las posibles historias sugeridas por una frase aparentemente tan sencilla, pero a la vez tan terrible y acusatoria para el mundo despalabrado como «mira, por tu nombre nunca preguntó...», justo luego de haber afirmado el sonero tres veces seguidas un nombre ya mítico en la negra y mulata tradición de la bomba y la plena, Juana Peña[50]. O en toda la comunicación que *anticipa* la indeterminación de la frase siguiente:

Para mí que estaba *cumbiando,* bailando el *zumbabaé*

que de inmediato evoca en el oyente el tradicional

Zum, zum, zum, zumzumbabaé,
pajaro [*sic*] lindo del amanecer,

Es decir, el canto que, no por carecer de palabras, ¡tantas cosas y futuros *anuncia*! Significativamente, además, en su soneo se trata de un canto que se baila; baile que sugiere, pues se presenta indeterminado

Estaba *como* trampeando...

Ismael pegó pues, desde el comienzo, por su *swing*, por todo lo que sus armonías inconclusas (séptimas abemoladas en sentido figurativo), desplazando acentos, anticiparon, mientras sus desplazamientos rítmicos vocales y en su *performance* enriquecían en «síncopas» —como bailador de bomba— el complejo polirritmo de la sonoridad tradicional.

La máquina del tiempo

Entre 1955 y 1962 (cuando se disuelve la agrupación), los integrantes de *Cortijo y su combo* pasan de ser un grupo de músicos barriales entre la Parada 21 y la calle Calma en Santurce, para convertirse en «estrellas» internacionales del «exótico» mundo del espectáculo de la música «tropical». Son inmediatamente incorporados a la entonces naciente televisión. Se presentan en películas y viajan con frecuencia para presentaciones en vivo por todo el Caribe hispano (insular y continental) y a Nueva York. Ismael Rivera llega a cobrar por espec-

---

[50] Sobre la problemática de los nombres en esa tradición de discriminación «racial», véanse los penetrantes comentarios de Arcadio Díaz Quiñones respecto al célebre pelotero Víctor Pellot (*Vic Power*), en *El arte de bregar* (2000).

táculo casi tanto como Bobby Capó. Son deslumbrados por el frenesí de la
farándula, e incluso a Cortijo —aquel «negrito» timbalero de la Parada 21— se
le vincula amorosa (o, al menos, eróticamente) con el *glamour* Hollywoodense
de la pelirroja Ava Garner.

Aunque siguen predominando en sus discos y presentaciones bombas, plenas
y guarachas sobre todo de compositores populares cangrejeros (Miguel Ángel
Flores, Israel Plata, Benito Nieves León y Henry Arana, por ejemplo, además
de los que he mencionado antes), su repertorio se amplía para cubrir casi toda la
gama de la llamada «música tropical» bailable: merengues, boleros, danzones,
sones, tamboritos y cha cha chás. En la película documental de Enrique Trigo
Ismael Rivera: Retrato en boricua (1988), «Kito» Vélez relata que solía visitar
a los compositores Pedro Flores y Henry Arana en busca de nuevos temas para
las grabaciones del combo. Es interesante la combinación de un compositor ya
célebre (sobre todo por las canciones que le popularizó Daniel Santos, quien era
originario del barrio Trastalleres de Santurce) y otro novel, taxista de ocupación,
y cangrejero[51]. Las casas disqueras los inducen a incorporar canciones célebres
de otros consagrados compositores puertorriqueños —como «Los carreteros»
de Rafael Hernández o «En mi Viejo San Juan» de Noel Estrada—, junto a otras
escritas para ellos por otros compositores famosos del país, como Pedro Flores,
Bobby Capó, Claudio Ferrer y Miguelito Miranda. Graban también «clásicos»
latino caribeños, como el famoso «Manicero» del cubano Moisés Simón, el
danzón «Almendra» de Wilfredo Figueroa, «Moliendo café» del venezolano
Hugo Blanco y «Severa» del folklore dominicano; además de composiciones
escritas específicamente para ellos por músicos cubanos famosos como Arsenio
Rodríguez y Benny Moré. Transfieren a ritmos «tropicales» otros «clásicos»
latinoamericanos, como el paraguayo «Pájaro chogüí» del Indio Patagua o el
brasileño «Cara de payaso» de Barbosa y Reis, e incluso internacionales, como
el italiano «Volare» de Maglacci. Incursionan hasta en el rock, con «Llorando
me dormí» luego de haberla popularizado su autor, Bobby Capó.

Lo interesante es que esta amplitud temática, de compositores y géneros
de su estrellato comercial se manifestó en transformaciones positivas de las
bombas y plenas cangrejeras, que siguieron siendo el «fuerte» de *Cortijo y su
combo*[52]. Lo épico barrial mantendrá su carácter central, pero será enriquecido

---

[51] Arana llegó a componer muchos temas populares que interpretaron luego *El gran
Combo*, la Orquesta de Bobby Valentín y otros. Véase Cirilo Toro Vargas (2003: 16).

[52] Es significativo su intento de incorporar también un tipo de música equivalente
de otros países caribeños. Por ejemplo, del cubano Silvestre Méndez quien aparece en
el disco de Mongo Santamaría *Drums and Chants* (1957), considerado como una de las
primeras grabaciones de música afrocubana «tradicional» (exclusivamente de tambores)

tanto a nivel endógeno como exógeno. Comenzarán a surgir del propio grupo canciones que combinaban la realidad barrial con la intimidad personal, como ésta de Sammy Ayala, uno de los integrantes originales del Combo, que poetiza el dolor de dejar al hijo bebé llorando al salir a trabajar:

> Lo dejé llorando, lo dejé, lo dejé llorando,
> al negrito de mi corazón, pero seguí andando...[53]

Y otras que integraban a la sensibilidad barrial acontecimientos históricos a nivel internacional:

> En qué pararán ¡Dios!
> en qué pararán las cosas,
> los rusos han tirado un satélite a la vuelta del mundo[54].

O esta otra:

> Allá en Katanga hay un revolú,
> entre Lumumba y Kasavubú.

Además, las bombas, guarachas y plenas de *Cortijo y su combo* van a adelantar una combinación de esferas temporales que alcanzará en las mejores salsas dimensiones internacionalmente revolucionarias: combinaciones de lo mítico y lo cotidiano con lo histórico. Uno de los más dramáticos ejemplos es la canción «Déjalo que suba», que cité antes, en el *Merengue*. Obviamente presentes los movimientos migratorios —internos y a Nueva York— que se vivían en la vecindad cangrejera, pero en evidente referencia a la gran migración constitutiva del Caribe —la trata esclavista—, a ritmo de plena, en tono menor y con presencia protagónica del *blue note* sentenciaban:

> ¡Déjalo que suba a la nave,
> déjalo que ponga un pié!

---

hecha en Nueva York. «Oriza», de Méndez, fue de las canciones más populares de *Cortijo y su combo*.
[53] Grabada en el LP *Baile con Cortijo y su combo* (1958).
[54] Composición de J. Marrero, grabada en el LP *Bailar con Cortijo y su combo* (c. 1957). Otras carátulas identifican la canción como compuesta por el célebre músico cangrejero, director de la más popular *big band* latina de Nueva York, Tito Rodríguez.

¡Que van *a llevar latigazos,*
hasta los que están por nacer![55]

De las ramificaciones de *Cortijo y su combo* a partir de 1962 surgieron cuatro agrupaciones que serían fundamentales en la conformación de la salsa. Antes señalamos que la mayoría de sus integrantes formaron *El Gran Combo de Puerto Rico*, que se ha mantenido hasta hoy como una de las principales orquestas salseras con base en Puerto Rico y, probablemente, la de mayor respaldo entre los bailadores. Se ha caracterizado por combinar las sucesivas modas bailables que otros innovaban (boogaloo, jala-jala, etc.) con géneros tradicionales del baile «tropical» (guaracha, cumbia, guaguancó...). Uno de sus integrantes, el bailarín bongosero Roberto Rohena, formó en 1969 la orquesta *Apollo Sound*, la única de las orquestas salseras, que conozca, dirigida directamente por un bailarín. Entre las radicadas en Puerto Rico, el *Apollo* se caracterizó por ser una de las más innovadoras, incorporando elementos del *jazz-rock fusion* que contemporáneamente desarrollaban grupos como *Chicago* y *Blood, Sweat and Tears* (Monclova Vázquez 1994: 22-23). Pero mientras ese tipo de fusión ha apelado en los últimos tiempos sobre todo a los «oyentes», el *Apollo* la integra al más delirante frenesí danzante.

Rafael Cortijo, luego de algunas producciones en la onda del Combo fallido, llevó a límites más ejemplares y didácticos sus combinaciones entre lo social y comunal. Entre 1973 y 74, en pleno *boom* de la salsa, produjo dos discos contrastantes fundamentales. Con el percusionista Kako Bastar, natural del Viejo San Juan pero emigrado a Nueva York desde 1952, sacó el LP *Ritmos y cantos callejeros* que proveía, desde Puerto Rico, de un enorme repertorio sonoro comunal a un movimiento musical cuyo epicentro lo constituían las comunidades *latinas* en la gran urbe neoyorquina. Es preciso tener consciencia de que Kako, quien como Rohena se inició como bailarín, y se consideraba discípulo de Cortijo, fue responsable en Nueva York de la organización de muchos de los juntes de músicos que fueron configurando al movimiento *salsa*[56].

Casi inmediatamente, Cortijo produjo el LP de avanzada *La máquina del tiempo*, con atrevidos inventos jazzísticos sobre la base de la música de carnavales comunales y la bomba. Poco antes, en 1970, Cortijo le había dedicado un

---

[55] Composición de Encarnación García en *Baile con Cortijo...* (c. 1957), énfasis añadidos. La canción se utilizó como consigna frente a los «rompehuelgas» en un conflicto sindical en el frente portuario de San Juan y con frecuencia se confunde en la memoria colectiva como su significado originario, cuando por la letra es evidente la alusión a la trata esclavista.

[56] Detalles en Hiram Guadalupe Pérez (2003).

LP —*Pa'los caseríos*— a las nuevas comunidades pobres del desarrollismo, los residenciales públicos al estilo de *housing-projects* neoyorquinos; comunidades muy golpeadas sobre todo en su sentido comunitario. En esos mismos años, el urbanista panameño cocolo (descendiente de negros de las Antillas anglófonas), Roy S. Bryce-Laporte realizaba investigaciones como asesor internacional que denunciaban cómo la política urbana de «re-localización» en residenciales públicos en Puerto Rico había estado en gran medida dirigida a quebrar lazos comunitarios barriales, que los funcionarios concebían como posibles retardadores de la «modernización»[57]. La propia barriada de la Parada 21 había sido arrasada para «la renovación urbana» y Cortijo mismo terminó viviendo en el «caserío» Llorens Torres.

---

[57] Véanse sus ensayos «Urban Relocation and Family Adaptation in Puerto Rico: A Case Study in Urban Ethnography» (en Mangin 1970: especialmente 86 y 87), y «Family Adaptation of Relocated Slum Dwellers in Puerto Rico: Implications for urban research and development» (1968: 533-540). Referencias a otras investigaciones en Quintero Rivera (1990a: 57-83).

Finalmente, en 1980, el visionario Frank Ferrer, le produjo su último LP: *El sueño del maestro*, con su sobrina Fe Cortijo y el hijo de Maelo, Ismael Rivera Jr. como cantantes. La carátula (de Heriberto González sobre fotografía de Jochi Melero) muestra a Cortijo con su mirada vagando «al infinito» y un caracol al oído; caracol tipo «fotuto», primer instrumento de una sonoridad cimarrona de fusión entre lo indio y africano. Con el rumor del caracol, el maestro insiste en el sueño de un entrecruce de tiempos: en desarrollar la bomba y la plena como géneros vivos, vibrantes, cantables sin dejar de ser bailables, históricos y, a su vez, contemporáneos.

Somos betún amable de clara poesía

La cuarta ramificación del Combo fue, claro está, la trayectoria de su sonero. A diferencia de Ithier (y los colegas del Gran Combo), de Rohena y de Cortijo, Ismael Rivera emigró a Nueva York. Emigró en 1967, justo cuando —precisamente en la Babel de Hierro— iba cuajando «esa manera de hacer música» que habría de llamarse *salsa*; y su participación directa en este movimiento musical marcó a la salsa con una de sus características centrales: las transformaciones libertarias del soneo salsero[58].

Por otro lado, el soneo de Maelo fue enriqueciéndose en la salsa, mientras fue apalabrándose con una lírica mucho más compleja y retadora, desarrollada sobre todo por compositores como Bobby Capó y Catalino «Tite» Curet Alonso, lo que representó una feliz reunión entre la memoria del ritmo despalabrado del diálogo entre bailarín y tamborero de la bomba y la tradición expresiva de un mundo popular muy culto, constituido históricamente por negros y mulatos libres, que en su trayectoria como artesanado fueron convirtiéndose en parte de los sectores más *cultivados* de la sociedad colonial[59]: el escritor Manzano, el pintor Wilfredo Lam y el poeta Plácido en Cuba; el maestro Rafael Cordero, el compositor y músico Morel Campos y el pintor Campeche[60] en Puerto Rico, son algunos de sus más ejemplares exponentes históricos. Es significativo que justo en los años de la producción salsera de Maelo, el más renombrado escritor puertorriqueño actual, el mulato Luis Rafael Sánchez, escribía su *Guaracha*

---

[58] Sobre este recurso en la salsa, véase mi ensayo «El soneo salsero» (1995b: 9-16) y el cápítulo 6 de *¡Salsa, sabor y control!...* (2005a).

[59] Intento analizarlo más detalladamente en «Socialista y tabaquero: la proletarización de los artesanos» (1978: 100-137).

[60] Véase el sugerente ensayo de Edgardo Rodríguez Juliá, *Campeche o los diablejos de la melancolía* (1986).

del Macho Camacho[61], que representa dicha reunión de tradiciones desde la literatura «culta», con una prosa rítmica que ha sido descrita también como «soneo».

A la vez que afinaba su *swing* «sincopado» con variadísimos entrecruzamientos de rimas diversas y métricas contrastantes (*pisando el coro*, a veces, y otras, prolongando silencios sugestivos), Ismael Rivera se olvidó de su pelo engomado con brillantina *Pall Parrot* —que simulaba los *crooners* blancos norteamericanos de la era del *swing*—, y se dejó crecer un afro y una barba canosa que inspiraba un respeto de *babalao* santero. En Nueva York, con su nuevo grupo *Los cachimbos* y como parte del movimiento salsa, produjo sus LPs más recordados, que sin embargo evocan (en sus carátulas, su sonoridad y sus letras) las comunidades barriales desde donde surgió su saoco.

Una de las maneras en que multiplicó su *swing* fue incorporando sorpresas rítmicas tipo soneo en el cuerpo mismo de la canción, formalizando una habilidad que manifestó desde niño en las calles de Villa Palmera, según relato de un amigo de infancia:

> Ismael se relamía al cantar, supongo que para saborear la música que le entraba por los oídos y que él *devolvía enriquecida con los aderezos añadidos de sus ritmos heredados...* (Córdova 2006: 16; énfasis añadidos)

Fundamental para ello fueron las canciones que para él específicamente compuso Bobby Capó, quien ya antes se había caracterizado por ser un cantante que bailaba al cantar:

> Yo, yo, yo, creo que voy
> solito a estar, cuando me muera.
> He sido el incomprendido,
> ni tú ni nadie me ha querido
> tal como soy.
>
> Pero yo, yo, yo, solo estaré.
> Y juraré...[62]

O también:

---

[61] Buenos Aires: Ediciones La Flor, 1976. Véase edición anotada por Arcadio Díaz Quiñones, Madrid: Cátedra, 2002.

[62] «Incomprendido» en el LP *Esto fue lo que trajo el barco*, Tico CLP-1305, 1972.

Yo sé que me van a juzgar
me van, me van a condenar
cuando me vean con ella...[63]

En algunas canciones posteriores, Ismael añade sorpresas rítmicas a las ya concebidas por Bobby Capó en la composición. Un buen ejemplo es la canción «Las tumbas», extraordinaria expresión de lo que se siente en prisión (coloco entre paréntesis las frases añadidas por el sonero):

¿Cuándo yo saldré
(mira yo saldré)
de esta prisión
que me tortura, me tortura mi corazón?;
si sigo aquí, enloqueceré.
Ya (que mira pero ya)
las tumbas son
crucifixión,
monotonía, monotonía (mira),
cruel dolor;
si sigo aquí, enloqueceré... [64]

Además de giros rítmicos, sus frases enriquecen los desplazamientos corporales que sugieren las rimas internas —*mira* con *monotonía*, junto a *tumbas* con *tortura*— que se combinan con las repeticiones de las rimas básicas —*saldré* con *enloqueceré*, y *prisión* con *corazón, son, crucifixión y dolor*— y con la sonoridad de armonías diatónicas ascendentes para producir una atmósfera de honda y dificultosa aspiración libertaria. Esta combinación de recursos hacen de la composición una joya en la expresión de emociones encadenadas.

Otros ejemplos de esos «aderezos añadidos de sus ritmos heredados» que quisiera compartir se encuentran en su grabación del «Seis de Borinquen», compuesta para él por Ramón Muñiz en un *subway* de Nueva York[65]. La composición fue originalmente incluida en su LP navideño con Los Cachimbos de 1975[66]. *Borinquen* es el nombre aborigen de Puerto Rico. Por el título y el contexto navideño del LP, uno pensaría que se trata del *seis* como género *jíbaro*, pero la composición es, en realidad, una bomba. El término «seises de bomba»

---

[63] «Qué te pasa a ti» en el LP *Traigo de todo*, Tico 1319, 1974.
[64] Del LP *Soy feliz*, Vaya XVS-354, serie 0598, 1975.
[65] Comunicación personal con el compositor, mayo de 2007.
[66] *Féliz Navidad*, Tico TSLP 1404; reproducida también en *Oro*, Tico JMTS 1433, 1979.

se usa para referir a sus variantes bailables; así, el título de una composición con evidente intensión de manifestar un sentido de identidad, hace alusión —desde la bomba— al baile.

(Ecua... vengo sabroso)
Yo tengo un sabor a playa en este cuerpo,
y un sabor a coco que me quema,
una canción nocturna en mi garganta (para ti)
manchas de plátano corren por mis venas.

Traigo rumor de ola en mis orejas (Maribelemba)
y eco de tambores que arrebatan,
un dolor de tristeza en mi sonrisa (pero eso no es na')
tengo la piel morena y me encanta.

(Y por eso yo)
Traigo fuerza en mi cintura[67].
ritmo de amor en mis manos,
unas maracas alegres,
en rico seis borincano.
(Por eso, por eso)
Traigo fuerza en mi cintura,
ritmo de amor en mis manos,
unas maracas alegres,
en rico seis borincano.
(¡Ven pa'cá morena linda,
para gozar!
¡Ven acá negrita linda,
vamo'a guarachar!
Ecua jey.)

Los análisis de sus soneos de madurez podrían llenar muchas páginas; sólo traeré a colación unos ejemplos para concluir. El primero que quisiera compartir es extraordinario, tanto en su soneo como en sus aderezos rítmicos al cuerpo de la canción. Lo he escogido además por aparecer en el último disco que hicieron Maelo y Cortijo entre sus diversos intentos de reencuentro, *Con todos los hierros*, que salió en 1967, poco antes de emigrar Ismael a Nueva York[68] (y está incluido también en la recopilación posterior, significativamente

---

[67] Es forma de alardear habilidad de movimiento corporal bailable.
[68] Tico LP-1158.

titulada *Las llaves de la tradición*[69]. Es importante también por ser producto «global» de la comunidad cangrejera; su compositor, Hugo González, fue un inmigrante cubano que llegó a Puerto Rico a principios de los sesenta, pero que no inició sus composiciones en Cuba sino mientras trabajaba en una cafetería en Santurce donde frecuentaban Cortijo y Maelo[70]. Por último, «La soledad» es el único número con Cortijo incluido en uno de los mejores discos antológicos de la obra de Ismael Rivera[71].

	Rima
(A la leeee, la la leé)	a
(Y que) en un momento inesperado de la vida	b
yo de nuevo experimenté	a
(Maribelén)	a
Con el coro: la soledad.	c
(Aralaleeeee, alalé)	a
[…] (oye mami) que tu silencio me atormenta	d
y ya tu corazón no siento	e
(mamita)	f
Con el coro: ¡¿qué será?!	c
que no puedo resistir	g
(chimboró, oye fe de cuyuyeo)[72]	e
tanto silencio.	e
(Belén y)	g

---

[69] Tico TSLP-1419, 1977.

[70] Agradezco a Héctor Rodríguez del grupo Atabal esta información, como muchas otras que he aprendido de él en innumerables conversaciones. Hugo González le compuso a Ismael y Cortijo también la excelente «Arrecotín, arrecotán» incluida en el LP *La quiniela del día* de 1976 (S. J.: Tico, TSLP-1406) que incorpora las variaciones en *tempo* de la libre combinación de formas de la salsa. Posteriormente compuso otras que habrían de convertirse en «clásicos» de la salsa como «Quítate la máscara», popularizada por Ray Barreto, «Se casa la rumba», en el «clásico» LP *Abran paso* de Larry Harlow con Ismael Miranda, y «Vasos en colores», una de las más célebres del llamado «Sonero del pueblo», Marvin Santiago, entre otras.

[71] *Maelo, El Único*, Tico, SLP-2024, 1988.

[72] Hasta leer el libro de Chernoff (1979) pensaba que este tipo de frase evocaba vocablos africanos en desuso cuyo significado no conocía. Pero el libro bien explica que tanto en el Vodú haitiano o en la Macumba brasileña, como en África misma, es frecuente incorporar al canto palabras incomprensibles o frases absurdas, sobre todo cuando se recurre a lo que en la tradición se denomina «hablar en lenguas». Véase particularmente la p. 124.

Coro:	¡*Qué soledad, qué silen*cio!*	e
Soneo:	Atemoriza, atemoriza, atemoriza	f
	que te desespera,	d
	que dice la Maribelemba,	d
	que dice la Maribelemba	d
	allá a tu manera,	d
	como más que yo me vea.	d
Coro:	¡*Qué soledad,* qué silencio!*	e
Soneo:	¡Qué malo, qué malo, qué malo, qué malo, qué malo,	h
	es vivir	g
	en esa horrible agonía!	f
	Juro por la madre mía	f
	que eso te lo debo a ti.	g
	¡Belén! la ingrata.	i
Coro:	¡*Qué soledad, qué silencio!*	e
	¡Componte!	
	(varias frases del solista salpicando el mambo instrumental)	
	(Belén y)	g
Coro:	¡*Qué soledad, qué silencio!*	e
	Oye que silencio	e
	en la noche ya todo está en calma[73]	i
	¡Qué silencio!	e
	que ven	a
	y di	g
	porque	a
	me hiciste vivir	g
	este horrible tormento.	e
	¡Mamita linda!	f

En el soneo tradicional de la música «tropical» antifonal el coro establece los parámetros de la métrica y la rima. Se impone un espacio fijo de tiempo

---

[73] Cita del tango que popularizó Gardel, «Silencio».

para improvisar: los compases entre coro y coro. Maelo —y los soneros de la salsa tras él— dejaron de «respetar» la estrechez de ese espacio. En ocasiones, indentando alguna frase de su improvisación en el medio del coro, como hemos visto; otras veces, «pisando el coro» para expandir el espacio de intervención; y en otros momentos, estableciendo silencios en su improvisación para producir frases más cortas. Con estos recursos se generan, muy creativamente, enormes variaciones métricas, recuperando para la lírica una antigua tradición vocal africana, y otorgándole a esta tradición una amplia versatilidad expresiva[74].

Podrían encontrase ejemplos de estos recursos en el soneo tradicional, pero fue a partir de Maelo que se convirtieron en parte constitutiva de lo que se considera en la salsa «la *buena* manera» de sonear. Un ejemplo extraordinario de sus variaciones métricas y su versatilidad en el recurso de «pisar el coro» aparece en su soneo de la canción *bolero-chachachá* del cangrejero Israel Plata *La gata montesa*[75], que evoca, nuevamente, a la mítica bailadora de bomba de la 21, María Teresa. En las tres estrofas del *soneo* Ismael pisa el coro en tres momentos distintos del estribillo.

	Rima	Métrica	
Cuidao con Doña Teresa	a	8	
viene la gata mon*tesa.	a	8	
Esa gatita montesa	a	8	
siempre me encanta su viveza	a	9	
es que sabe que está buena	a	8	34
y que es tremenda vampiresa.	a	9	
Cuidao con Doña Teresa*			
viene la gata montesa.			
María Tere, María Teresa, María Teresa,	a	14	
María Teresa	a	5	
linda,	b	2	
María	b	3	

---

[74] Luis Manuel Álvarez (1979) contrasta la métrica más estructurada o fija de la tradición versificadora popular española o europea, con la métrica variada del cantar africano. Agradezco a Álvarez la posibilidad de examinar y citar de este manuscrito inédito.

[75] Grabada con arreglo de Joe Caín, en el LP de Ismael Rivera, *Oro*, S. J.: Tico, JMTS 1433, serie 0698, 1979.

linda	b	2	56
pero mira	b	4	
nona, no monte en calesa	a	8	
que ya te dije que se te ensucia	x	10	
la batita	b	4	
japonesa.	a	4	

Cuidao con Doña Teresa
vie*ne la gata montesa.

María Teresa, María Teresa, María Teresa,	a	15	
María Teresa	a	5	
es vampiresa	a	5	62
Patato el señor tambor[76]	c	8	
Teresa no va en calesa	a	8	
dice el Sonero mayor.	c	8	
¡Cuidao!	x	3	

Es importante en este soneo su aseveración de que la célebre bailadora de bomba cangrejera no monta en calesa, pues la calesa estaba asociada en Puerto Rico para aquella época con la ciudad de Ponce, donde perduraba en los paseos de su plaza central, Las Delicias. Ponce se conocía como la *ciudad señorial*, cuna de la danza sosegada que, a su vez, pretendía simbolizar «lo nacional» en una cultura inclusiva señorialmente-hegemonizada, como examinamos en el Primer *Repiqueteo* de este *Jaleo*[77]. Con la afirmación, en su soneo, de que Teresa no va en calesa, justo luego de la frase *señor tambor*, Maelo distancia de la cultura de la deferencia a la decidida Teresa, bailadora de una danza nacional alterna —la bomba—, portaestandarte de la cultura popular cangrejera, cultura inclusiva también, pero hegemonizada desde lo comunal popular. La intensión de equiparar la cultura cangrejera a la importancia que se adjudicaba Ponce lo recalca la colectividad en el estribillo del coro precediendo con el *Doña*, expresión de respeto, el nombre propio de la mítica bailadora popular:

        Cuida'o con Doña Teresa...

---

[76] La referencia es al gran percusionista cubano, Patato Valdés.
[77] Véanse más detalles en mi libro *Ponce: la capital alterna* (2003d).

El rejuego con distintas métricas está íntimamente vinculado al desarrollo de la rima. En el soneo tradicional el coro repetía un estribillo generalmente consistente de dos versos (en muchas ocasiones octosílabos siguiendo la versificación campesina de tradición española). La rima la establecía el segundo verso. El soneo que Maelo le imprimió a la salsa mantiene esa forma de rima como su estructura básica, pero introduciéndole innumerables variaciones que enriquecen la improvisación y el *swing*. Algunos soneos establecen su rima con el primer verso del estribillo. Y, más importante aún, con el desarrollo de una rima propia interna del soneo que, en combinación con el rejuego de distintas métricas, produce un desplazamiento rítmico que evoca al bailador de bomba varón y sus *repentinas reservas de energía* (recordando la frase con la cual la antropóloga Margaret Mead describe el tiempo «masculino», según analizamos en el *Paseo*[78]), todo lo cual enriquece la polirritmia sonora. En otras palabras, la voz, a través del solista sonero, se convierte en otro timbre que produce, a nivel melódico, patrones rítmicos propios dentro del complejo armazón polirrítmico total.

Una de las mejores ilustraciones de cómo, en ocasiones, la voz del sonero se convierte prácticamente en un tambor, es su soneo-dúo con el percusionista Patato Valdés en la descarga de bongó de este último. Entre los soneos antes examinados del homenaje de Maelo a la mítica bailadora de bomba cangrejera en *La gata montesa*, el soneo en dicho dúo dice así:

	Rima	Métrica
Pa' gozar, pa' gozar, pa' gozar	d	12
¡Belén!	e	3
que este sonero que te llama pa' bailar	f	rima
la rumba buena monte adentro		interna
en el solar	d	26
porque allí está repicando ese rumbero	f	12
Patato,	g	3
Patato,	g	3
vamo' a goza(')'	d	5
vamo' a baila(')'	d	5
porque adentro vengo yo	g v2	9
(fijarse en rima interna f de «adentro» con «vengo»)		

---

[78] Margaret Mead, *Masculino y femenino* (1994: 180).

Entre muchos excelentes ejemplos posibles de soneos de Ismael Rivera con amplias variaciones en métrica y rima, quisiera destacar las cuatro rimas distintas de una canción donde la religiosidad popular ayuda a quebrar las «occidentales» separaciones entre lo corporal y el espíritu. En «El Nazareno» de Henry D. Williams, ante el octosílabo coro

	Métrica
El Nazareno me dijo	8
Que cuidara a mis amigos.	8

Maelo, después de varios soneos siguiendo la rima básica, aunque no su métrica, como por ejemplo,

Me dijo, me dijo,	6
que había muchos buenos conmigo	10
y muchos malos,	5
también me dijo	5

incorpora las siguientes tres variaciones:

Dale pa'lante, pa'lante, pa'lante, pa'lante, pa'lante	17
como un elefante.	6
Maelo no dejes que te tumben tu plante.	13

Con Sorolo, con Lamerito y Tuñón[79]	12
Voy a Portobelo a cargar al negrón.	12

En la iglesia de San Felipe de Portobelo	14
está el negrito que cargamos con celo.	12

para al final volver a la rima básica y con muy poca variación del coro, al estilo de sus soneos primerizos poco apalabrados de la bomba:

El Nazareno me dijo,	8
el negrito lindo me dijo.	9

---

[79] Amigos de Maelo del barrio Chorillos, según recogí de la tradición oral en viaje de investigación partícipe al Cristo Negro de Portobelo en el año 2006.

Otro buen ejemplo es su soneo de la canción «Ella no merece un llanto», de Bobby Capó[80]. Reproduzco cinco estrofas del soneo, cada una con una métrica y rima distintas:

	Rima	Métrica	
Ella no merece un llanto	a	8	
ni una despedida fría. *	b	8	16
Mamita	b	3	
mira	b	2	
tú que la conoces	c	6	22
dile que yo	d	4	
lo que quiero es que goce...	c	7	
Ella no merece un llanto *	a		
ni una despedida fría.	b		
No, no es pa' tanto	a	5	
No, no es pa' tanto	a	5	
¿por qué será que tengo yo	d	8	34
que sufrir su quebranto,	a	7	
después que la quise yo tanto?	a	9	
Ella no merece un llanto	a		
ni una despedida fría. *	b		
Usa tu persuasión	d	7	
dile que no hay razón	d	7	22
para herir a este negrón...	d	8	
Ella no merece un llanto	a		
ni una despedida fría. *	b		
Imagínate este pueblo	f	8	
que triste quedará	e	7	26
si esa negrita linda	b	7	
se me va.	e	4	

---

[80] Arreglo de Javier Vázquez, según cantada y soneada por Ismael Rivera en su LP *Esto sí es lo mío*, S. J.: Tico, LPS 99.024, serie 0698, 1978.

Ella no merece llanto   a
ni una despedida fría.*   b

Lo que quiero es que la quieran, pero	f	10	
mira	b	2	
al mediodía,	b	4	32
en la mañana, por la noche	c	9	
y toditos los días.	b	7	

Quisiera, para concluir, examinar el soneo del Sonero Mayor en una de las más hermosas composiciones de la salsa, y una de las últimas canciones que Maelo grabó. Con una rima básica con el primer verso del estribillo del coro, en cuatro estrofas sucesivas de la hermosa y dulce impugnación —«somos betún amable de clara poesía»— que hace al racismo de la estética dominante Tite Curet Alonso en «Las caras lindas», su soneo incorpora cuatro distintos tipos de métrica y de rima, y numerosas rimas internas que simulan las «síncopas» de un *subidor* en diálogo con el bailarín de bomba. Es de destacar que en el cuerpo de la canción, justo antes de iniciar la sección del soneo y siguiendo al verso «somos betún amable de clara poesía», Curet Alonso señala que «tienen ritmo, tienen melodía, las caras lindas»: ¡cuerpo y cultura!

Jugando con el coro que le hacen algunos de los ya entonces más importantes discípulos suyos en la salsa, entre los cuales se encuentran nada menos que Rubén Blades, Héctor Lavoe y Adalberto Santiago, Maelo sonea:

	Rima	**Métrica**	
Las caras lindas,* las caras lindas,	a	10	
las caras lindas de mi gente negra.	b	11	21
Que lindas,	a	3	
pero, pero mira que lindas son. (f.i.)	c	11	
Tienen, tienen, tienen	d	6	
de llanto mucha melodía	a(v2)	9	
te digo Belén	d	6	41
tienén	d	3	
belleza y también	d	8	
tienén	d	3	

poesía	a(v2)	3	
de la bien linda.	a	5	

Las caras lindas, las caras lindas,	a		
las caras lindas de mi gente negra	b		

Caritas lindas de gente negra	b	10	
que en la Calma[81] tengo un montón.	c	9	36
Las caras lindas de mi gente negra	b	11	
son un vacilón.	c	6	

Las caras lindas, las caras lindas, *	a		
las caras lindas de mi gente negra.	b		

Que lindas son (f.i.)	c	5	

Como te digo la melaza que ríe ja, ja, ja, ja, já	e	17	
que canta y que llora	f	6	
y en cada beso es	d	5	40
bien conmovedora	f	6	
y cautivadora.	f	6	

Las caras lindas, las caras lindas, *	a		
las caras lindas de mi gente negra.	b		

Linda, linda, linda, linda, linda, linda	a	12	
que linda son. (f.i.)	c	5	17

Te digo que en Portobelo Panamá	e	12	
yo vi a la cara más bella y pura	g	11	
y es por eso que mi corazón	c	10	46
se alegra de su negrura.	g	8	
Esa sí que es linda.	a	6	

En medio del mambo, el sonero se enfrasca en una descarga a dúo con el más célebre tresista puertorriqueño, Mario Hernández, en forma parecida al dúo con el bongó de Patato Valdés en *La gata montesa*, que examinamos recién. Es significativo que en la trasformación de su voz para descargas instrumen-

---

[81] Referencia a la Calle Calma, es decir, a su comunidad inmediata.

tales, Maelo seleccione la simulación de los timbres emblemáticos de los dos troncos constitutivos fundamentales de «mulata» tradición musical-bailable del Caribe hispano: el timbre del tambor de la sonoridad de la plantación y el timbre de las cuerdas con plectro (cuatro, tres, bordonúa, laúd...) de la sonoridad campesina de la contraplantación jíbara y guajira. Su descarga a dúo con Mario Hernández sigue así:

	Rima	Métrica
¡Óyeme!	h	3
Pero que bonitas	a	6
son,	c	2
lindas son	c	4
chulas son	c	4
bonitas son	c	5
lindas que son	c	5
lindas como tu verás así son	c	11
caritas lindas como aquellas que te dije son un vacilón	c	19
un riquito vacilón	c	8
con tu corazón	c	6
tipo de melón.	c	6

Como recordando el LP de Cortijo de *Pa'los caseríos*, indenta una frase homenaje a la nueva, golpeada, comunalidad barrial de los *housing projects* del desarrollismo

| ¡Pa' las caritas lindas de Llorens Torres! | h | 12 |

(nombre del más poblado y conocido «caserío») y continúa su descarga:

Qué lindas, qué lindas, qué lindas, qué lindas,	a	12
que chulas que son,	c	6
bonitas que son,	c	6
bien bonitas, chulitas que son,	c	10
que lindas son,	c	5
caritas lindas, lindas, lindas	a	9
son	c	2
¡Llévame! (f.i.)	i	3
Lindas que son,	c	5
lindas son,	c	4

pero que lindas son,	c	7
pero que lindas son,	c	7
lindas que son,	c	5
lindas son.	c	4
[...] ¡Quémame! (f.i.)	i	3

Y manifestando el amplio sentido continental de la salsa, amplía el homenaje, «¡Para todas las caras lindas!», enfatizando: «¡De Latinoamérica!» (f.i.), para continuar luego su descarga a dúo con el tres.

Yapatapatín, pero que lindas,	a	10
pero mira que lindas son.	c	9
Las caras lindas de mi gente negra	b	11
son un montón.	c	5

Y al volver el coro, inicia su soneo retornando al recurso de la versatilidad en la rima:

¡Desfile de negrura	g	4
de la pura!	g	4

Sin menoscabar la enorme riqueza y virtuosismo verbal de soneros contemporáneo como Domingo Quiñones, el Cano Estremera, Víctor Manuelle, Choco Orta o Gilbertito Santa Rosa, Ismael Rivera —con sus rítmicas repeticiones— sigue siendo nuestro Sonero mayor por su *afinque* en la intercomunicación bailable que aprendió en la bomba, y que fortalecía con el *swing* del timbre jíbaro del cuatro o del guajiro tres. Al estilo de los grandes bailarines, haciendo malabares sobre el patrón rítmico básico para enriquecerlo con innumerables e insospechadas variaciones, en medio del soneo del *clásico* «El cumbachero» de Rafael Hernández, se reconoce a sí mismo como

[...] «el Sonero Mayor»
porque vacilo con la clave y tengo sabor[82].

Su soneo sin duda *tiene un swing que te asusta, un swing que muchos quisieran tener*. Aunque él quizá hubiera preferido que, como al Cristo negro de Portobelo, lo recordáramos bendecido por su *saoco*.

---

[82] En el LP *Eclipse total*, Tico LPS TSLP 1400, 1975.

TERCER *REPIQUETEO* DEL *JALEO*

SALSA, MIGRACIÓN Y GLOBALIZACIÓN

LAS LUCHAS POR LA HEGEMONÍA DESDE LA CULTURA

Para María Estela Carrión y Nelson Merced, militantes nuyoricans boricuas; y a la memoria de Lise Waxer, salsómana canadiense que deliberadamente se hizo también de Cali y Buenaventura.

Tiempo, lugar y Justicia

En un libro de 1984 titulado *All American Music*, John Rockwell, quien fuera crítico de música del prestigioso y poderoso *New York Times*, dedica uno de sus veinte capítulos a un *latino*, al nuyorican Eddie Palmieri, uno de los forjadores de la salsa y, posteriormente, uno de los más innovadores creadores del jazz latino (Rockwell 1984: cap. 17)[1]. La *all American music* de un analista liberal de intensión integradora, supuestamente libre de prejuicios racistas, debía poder incluir la vigorosa irrupción de la salsa en parques, plazas y calles de su ciudad más emblemática; debía poder incluir el surgimiento de una nueva y compleja música «tropical» producida por residentes y conciudadanos en el marco de sus fronteras nacionales.

---

[1] Palmieri fue el primero en ser galardonado con un Grammy latino, tan pronto se instituyó esta categoría en 1975, y para la cual ha sido nominado otras nueve veces desde entonces y premiado en cinco de ellas. Luego se instituyó una nueva categoría para *Latin jazz*, para la cual Palmieri ha sido nominado otras tres veces. Aprovecho para recomendar su CD *Vortex* (1996), a mi juicio una de las más extraordinarias grabaciones, no sólo en la historia de las músicas «mulatas», sino de la música de todas geografías y épocas.

El libro de Rockwell indirectamente se inserta en un importante debate y modificación de paradigmas en torno a la naturaleza de la cultura nacional de los Estados Unidos, y su significado para las luchas por la hegemonía, tanto a nivel internacional como a su interior. Uno de los pilares ideológicos de los reclamos hegemónicos de la cultura norteamericana había sido, desde muchas décadas antes, el carácter popular de su simbología nacional; la idea de una cultura nacional democrática forjada «desde abajo» por el esfuerzo y las aspiraciones de sus integrantes, que habrían sido todos, alguna vez, inmigrantes (a diferencia de la colonización hispana, los aborígenes en los Estados Unidos fueron guetoizados en reservaciones y excluidos de su ideología nacional). Por muchas décadas, esta visión se asociaba al paradigma del *melting pot*, a la imagen de la cultura estadounidense como una abarcadora amalgama de las tradiciones de sus diversos integrantes. Durante la primera mitad del siglo XX, esta ideología tuvo un sólido asidero material en el capitalismo fordista que caracterizó el modelo de acumulación que el capitalismo estadounidense representó: un capitalismo cimentado en una producción en masa dinamizada desde la demanda, es decir, desde el consumo masivo, nuevamente desde «abajo», desde sus «mayorías» consumidoras.

La crisis de este modelo de acumulación a principios de los setenta sentó las bases para la emergencia de la sustitución de la producción *masiva* por la producción *flexible*[2]; un tipo de producción cuyo éxito comercial consistiría en atender con velocidad mercados segmentados cambiantes. Ello, a su vez, propició transformaciones en la ideología de «lo nacional». El impulso hacia la homogenización, hacia el mercado amplio para el consumo de la producción en masa, habría de redirigirse hacia el reconocimiento de la segmentación, donde el abarcador y amplio *melting pot* tendría que modificarse por una constantemente cambiante integración de heterogeneidades. La integración nacional sería sólo posible sobre un reconocimiento y respeto por las diferencias, imagen que cristalizaría en el *multiculturalismo*[3].

El *all American music* del libro de Rockwell, de principios de los ochenta, se mueve ambivalentemente a medio camino entre ambos paradigmas. Examina músicas muy diversas, todas las cuales engloba como *all American*. Sin

---

[2] Véase, por ejemplo, L. A. Kauffman, ed., *Post Fordism: Flexible Politics in the Age of Just-in-Time Production* (1991), que incluye artículos de Stuart Hall, David Harvey y Andrew Ross, entre otros. De David Harvey véase también su libro, *The Condition of Postmodernity, An Enquiry into the Origins of Cultural Change* (1989).

[3] Sus repercusiones para la música a nivel internacional son excelentemente trabajadas por el etnomusicólogo catalán Josep Martí, «Culturas musicales y multiculturalismo» (2000: cap. X, 153-174).

embargo, sus apreciaciones sobre el único *latino* que incorpora a sus análisis exhiben una cierta incomodidad ante la negativa de éste a «amalgamarse», ante su resistencia a fundirse en el *melting pot*. Un libro que se inicia en su propio primer capítulo enfatizando la importancia fundamental para la emergencia de la música de arte norteamericana del impacto de la ola inmigratoria europea de finales de los 1930, al abordar la inmigración tercermundista de 1950 y 1960, dieciséis capítulos después, es incapaz de aceptar las virtuosistas innovaciones de Palmieri —de aquel *All-American artist* que representaba ese segundo tipo de inmigración— como «arte», quedando éstas, en su análisis, como mera «artesanía» de una expresión *folk*. De hecho, el subtítulo de su capítulo sobre Palmieri es *Latin, Folk and the Artist as Craftsman*.

«Podría pensarse que la innovación dentro de la tradición *folk* sería apreciada y divulgada por una *intelligentsia* progresista, pero respecto a la música *folk*, la *intelligentsia* es a menudo aún más purista que la audiencia» (Rockwell 1984: 203; mi traducción). Por ello, prosigue su argumento, Palmieri adaptó o matizó sus innovaciones en formas que fueran aceptadas por su público «natural». Y, aunque no faltan en dicho capítulo frases elogiosas a sus «audaces improvisaciones cromáticas *en deuda con la música clásica y experimental*» (205; énfasis añadido), le reprocha su «ambivalencia en torno a aventurarse más allá de su *nido*, nicho o enclave étnico» (207). Incluso, Rockwell interpreta el uso preponderante de Palmieri del idioma español en sus canciones y conciertos como una insistente reafirmación a sus fanáticos salseros de que no estaba traicionando —con sus innovaciones— la tradición latina. La «tradición latina» representa, pues, para esta visión, una rémora, un ancla que imposibilita el vuelo del «potencial» creativo (obligatoriamente *primermundista*, en su punto de vista) de este talentoso «americano de ascendencia puertorriqueña» formado en las academias de música clásica del este de los Estados Unidos. Pero ¿no tendría el apego de Palmieri a «sus raíces latinas» alguna otra explicación? ¿No podría partir su arte experimental de otras visiones, convicciones o compromisos identitarios? ¿Tendrían que ser sus «sofisticaciones», experimentos y diestra *artesanía* necesariamente el resultado de influencias externas a sus «limitantes raíces», de una «música clásica y experimental» que se asumía como irremediablemente «distinta» étnicamente? ¿Era su «nicho» producto de su «comunidad étnica», de una especie de autogueto, o quién guetoizaba a quién?

Eddie Palmieri nació en Nueva York en 1936. Su vida musical se inició precisamente enmarcada en los más intensos años de esa primera gran diáspora latina masiva a la Babel de hierro. Entre los catorce y diecisiete años (es decir, entre 1950 y 1953, precisamente los años de las cifras más elevadas de la emigración puertorriqueña a Nueva York) amenizaba bailes en su comunidad con un pequeño conjunto. Ya a los veintiuno, mientras se formaba académicamente en la música *erudita*, fue reclutado como pianista en la más renombrada orquesta bailable latina de entonces, la Orquesta de Tito Rodríguez. Por su afán experimental, abandonó en 1961 aquella prestigiosa institución para aventurarse con su primer conjunto u orquesta profesional (también bailable), que bautizó *La Perfecta*, en evidente referencia a la meticulosidad de su «artesanía». En ella combinó, como muchos otros músicos en la tradición afrocaribeña, los *roles* de instrumentista, director, compositor, productor y arreglista.

Su hermano mayor, Charlie Palmieri, virtuoso pianista de las charangas neoyorquinas, calificó como *revolucionaria* la «trombanga» de su hermano que, con un protagonismo en los trombones, transformaba la sonoridad «tropical» prevaleciente en una más fuerte o «áspera», asociada al rudo mundo urbano neoyorquino. Es significativo que para ese cariz neoyorquino, Palmieri recurriera a un recurso expresivo fundamental de la tradición musical puertorriqueña: la muy antigua práctica de camuflar significados a través del bombardino, antecesor del trombón en la música decimonónica de *danzas* (como analizamos en el Primer *Repiqueteo* del *Jaleo*) y que, ya como trombón, había introducido Mon Rivera a la proletaria sonoridad de la plena puertorriqueña en los cincuenta. Se trataba de una *innovación* —en considerable medida vinculada a la emigración a Nueva York— afincada en la *tradición* —de luchas sociales por el espacio sonoro en la cultura desde donde emigraban sus padres y de la cual se sentía, todavía, partícipe—. Lo que Charlie llamó la «trombanga» era —como los conjuntos de los merengues de la danza muchas décadas antes (como vimos en *ibíd.*)— una agrupación musical para el baile y, en ese sentido, su función primera era generar sabor para la intercomunicación corporal: «afectar el organismo», como señaló Eddie Palmieri mismo en la entrevista filmada años después (García 1992) que reprodujimos en el *Merengue*. Las luchas sociales subyacentes a la elaboración artística en el terreno movedizo de la hegemonía en la expresión sonora se manifestaban inseparables de la expresión corporal bailable.

La gran urbe amplió el radio de su sabrosa impugnación. Abarcaba diversos niveles de identidad: como puertorriqueño y afrolatino, no meramente parte de lo que Rockwell definía como *all American*. Es en el contexto de las luchas anti-racistas por los derechos civiles, las luchas de las llamadas «minorías» en los Estados Unidos y en los momentos de inicio del agotamiento del «milagro puertorriqueño» como modelo de desarrollo, junto a una *estructura sentimental* internacional de aspiraciones por una democracia social que fueron marcando la época, que a finales de los sesenta, Eddie Palmieri produjo *Justicia*, un disco que

Salsa, migración y globalización   331

pronto habría de convertirse en uno de los primeros *clásicos* de «una manera de hacer música» que comenzaba entonces a llamarse salsa. *Justicia* no es una mera recopilación de canciones. Palmieri va hilvanando claramente un *discurso* a lo largo del disco en su conjunto. En *¡Salsa, sabor y control!* (2005a: 126-131) examino el LP en detenimiento; acá sólo quisiera resaltar unos elementos que considero fundamentales para entender la impugnación salsera a la hegemonía de la ideología nacional estadounidense. Importantes conocedores y estudiosos de esta música, como el venezolano César Miguel Rondón (1980) y el colombiano César Pagano (1995: 59-62), entre otros, distinguen dos vertientes principales en las primeras décadas del movimiento *salsa*, donde predominaban claramente entonces, como veremos estadísticamente más adelante, músicos radicados en Nueva York, como Palmieri. Una es la que llama Pagano «tradicional» y Rondón «matancerización» (en referencia al estilo de la cubana Sonora Matancera) que imitaba o reproducía la música «tropical» anterior (identificada principalmente como *afrocubana*). La segunda vertiente es la que ambos llaman «innovadora», de fusiones experimentales, inconformismo social y afirmación latinoamericana con base en las nuevas experiencias vividas en la migración, sobre todo entre Puerto Rico y Nueva York. Se entiende que analistas como Rockwell pudieran considerar la corriente «matancerizadora» como «expresión *folk*» de los inmigrantes latinos. Pero es la segunda vertiente la que ambos —Rondón y Pagano— resaltan como la de mayor importancia histórica; vertiente sobre la cual concentro también mis análisis previos. Un examen cuidadoso de las composiciones e interpretaciones de aquel período que han perdurado hasta hoy, que siguen tocándose y se mantienen vivas en la conciencia colectiva, reafirma la pionera visión de Rondón sobre la importancia profunda de la vertiente transformadora[4], donde habría, definitivamente, que incluir *Justicia*, no obstante el hecho de que dos de las siete composiciones del LP fueran «clásicos» tradicionales: un bolero del puertorriqueño Rafael Hernández y un son con temática rumbera —significativamente la rumba más lenta, el yambú, tocado tradicionalmente con cajas de bacalao y «donde los bailadores adoptan una actitud de ancianidad» (Orovio 1992: 431)— del cubano Ignacio Piñero).

---

[4] Sin presentar evidencia empírica alguna, Peter Manuel (1991: 157-185) minusvaloriza esta segunda vertiente calificándola como de meros casos excepcionales. Sin pretender desmerecer otras contribuciones muy valiosas para la etnomusicología de este importante investigador, dicha aseveración responde más a visiones «cubanas» de una estrecha polémica político-cultural, que a la investigación rigurosa. Sobre dicha «polémica», véanse los sugerentes comentarios de Marisol Berríos-Miranda (2003: cap. 3, 47-80).

Examinando numerosas expresiones diversas, me permito añadir que ambas vertientes fueron dándose históricamente de maneras muy entrelazadas (como en *Justicia* mismo), al punto que la vertiente innovadora fue generando en ambas «un sonido»[5] con características propias[6] y una combinación distintiva de prácticas de elaboración sonora, de «maneras de hacer música»[7]. *Justicia* manifiesta de manera evidente una de las prácticas más decisivas que habrían de ir definiendo a ese «sonido» *salsa* (salsa, precisamente por su carácter de trabajada mezcolanza): una muy libre combinación de diversos ritmos y formas musicales del Caribe y Afroamérica (Álvarez y Quintero Rivera 1990: 45-51). A través de esa libre combinación de ritmos y formas, se evocan diversas geografías y tiempos en la compleja historia caribeña de rupturas y constantes reconstituciones; historia que jamás podría encajonarse en la sistematización de la cosmovisión «moderna occidental» —desde los 1950 liderada por los Estados Unidos— del progreso lineal, por los caminos oblicuos que se ha visto necesitada de transitar (Díaz Quiñones 2000; Benítez Rojo 1989[8]) ante las más poderosas metrópolis coloniales. El LP combina formas tan diversas (y de identidades sociales tan significativas) como la guaracha, la guajira, el bolero, el son, el jazz be-bop, el jazz latino y el hip-hop, entre otras. *Justicia* ilustra cómo convergen en ese *sonido* salsa emergiendo en Nueva York muy diversas tradiciones musicales del Caribe y América, que entrelazan sus *prácticas*, (como insisto en *¡Salsa, sabor y control!*) su «manera de hacer música».

Justicia abre con la composición de Palmieri que da al LP su título. En la salsera combinación polifórmica y polirrítmica de esa canción, predomina la guaracha. Ello es muy significativo pues la guaracha fue de las primeras forma populares claramente urbanas en el Caribe, aún cuando el mundo caribeño era todavía (me refiero a los siglos XVIII y XIX) abrumadoramente rural (León 1984:

---

[5] Como *NY Sound* caracterizan la salsa, de hecho, los musicólogos norteamericanos Charly Gerard y Marty Sheller, (1989: 3) y dedican su libro a examinar en qué consiste: clave, instrumentación, prácticas de ejecución de los instrumentos, forma, etc. Este pequeño libro es muy recomendable, pues con autores que se autodenominan *insiders and outsiders* simultáneamente (xiii), y estando dirigido (en forma de «manual» de ejecución) a músicos formados en la tradición «occidental» (tradición predominante en la enorme mayoría de los conservatorios y escuelas de enseñanza musical, al menos en Europa y las Américas) aborda numerosos asuntos que muchas veces aquellos formados en las prácticas tradicionales de elaboración sonora afroamericanas, toman por sentado.

[6] Examinado con meticulosidad por Marisol Berríos-Miranda (2002: cap. 2).

[7] «Polirritmo, soneos y descargas», cap. 6 de *¡Salsa, sabor control!* (2005a: 311-341).

[8] Buenos ejemplos de ese tipo de lucha oblicua en otro contexto afroamericano podemos encontrarlos en la tradición del *blackface mistrelsy*, véase Eric Lott (1993).

174)[9]. En su *discurso* de *legal alien* —como llamaría de forma irónica más tarde otro importante forjador de la salsa, Willie Colón[10]—, desde la comunidad de inmigrantes en ese *gran palenque* de la cimarronería caribeña contemporánea —el más urbano de los mundos posibles— que es Nueva York, Palmieri inicia su obra-*discurso* evocando musicalmente a la tal vez más antigua de las formas populares *urbanas* de la región de origen de sus antecesores.

La letra clama, con optimismo, justicia *pa' los boricuas y los niggers* con una combinación libertariamente variada de métricas y rimas que le otorgan un *afincado swing* bailable al propio cante, a la manera del «sonero mayor» Ismael Rivera en su tránsito entre las bombas que interpretaba en Puerto Rico con *Cortijo y su combo* y la salsa que desarrolló en Nueva York, según vimos en detalle en el *Repiqueteo* anterior. El lanzamiento del LP *Justicia* se dio poco tiempo después de la migración de Ismael Rivera a Nueva York.

	Rima
Justicia tendrán, justicia verán	a
en el mundo, los discriminados…	b
Con el canto	b
del tango	b
mira,	c
¡justicia! yo reclamo.	b
[…] si no hubiera tiranía	c
todos fuéramos hermanos,	b
dulce paz y armonía,	c
alegría,	c
tú lo verás.	a

Este fraseo libertario —con *swing*— fue otra de las prácticas centrales que fueron marcando la «manera» salsera de hacer música, distinguiéndola de otros géneros «tropicales» tradicionales; diferenciándola de lo que Rockwell podría categorizar como expresión *folk*.

Finalmente, todas las composiciones de *Justicia* (incluyendo las dos más tradicionales) incorporan extraordinarias improvisaciones instrumentales encadenadas —que en la música «tropical» llamamos *descargas*— inspiradas en la mejor tradición del jazz, que, es importante recordar, tiene una larga historia

---

[9] Otros detalles en Quintero Rivera (2005a: 94).
[10] Willie Colón —Legal Alien—, *American Color/«Color Americano»* (1990), una de las producciones salseras que más directamente aborda el tema de la inmigración *latina* a Nueva York.

de intercambios e interfecundidades mutuas con la música afrocaribeña latina (Acosta 2000; Quintero Rivera 2007a: 83-93 y 2007b: 135-138). Aunque el recurso de las *descargas* es previo a la salsa, su protagónica presencia en ésta fue convirtiéndose en una tercera práctica central que iría caracterizando su *sonido*, su musicalidad. A diferencia del jazz actual, no sólo los instrumentistas manifestarán en las *descargas* su creatividad y virtuosismo, sino también los bailadores en interrelación con aquéllos. Es importante destacar que la *descarga* de trompetas en la canción «Justicia» hace alusión al más conocido bolero social del más célebre compositor popular puertorriqueño previo a la salsa, al «Lamento Borincano» del mulato Rafael Hernández (al cual he aludido en secciones previas de este libro). Hernández compuso el «Lamento» en Nueva York en 1929, es decir, en plena Depresión, mientras vivía allá como trabajador emigrante. Su referencia en la descarga de «Justicia» recalca la identificación nómada de esta salsa; junto a la incorporación de otro bolero suyo en el LP, bolero sobre la separación como tema central, además.

Justicia entreteje, en una libre combinación salsera, música *latina* caribeña tradicional (salpicada con frecuentes acordes disonantes identificados como armonía «moderna»), música barrial negra norteamericana, nuevas afro-sono-ridades *be-bop* y otras novedosas que iban consolidándose como *jazz latino*[11], *fusionando* una enorme heterogeneidad de formas, estilos, *tempos* y ritmos. Entre composición y composición incorpora, como interludios, acordes de la canción «Somewhere» del célebre *musical* de los cincuenta sobre los inmigrantes neoyorquinos *West Side Story* de Leonard Berstein. Y, trasformando con modulaciones tipo jazz y con un marcado acento puertorriqueño aquella famosa moderna utopía romántica cimarrona, dicho LP, con tan significativo título, concluye añorando —tanto para el mundo inmigrante neoyorquino, como para el Caribe de sus antepasados— la más general y a su vez más concreta de las utopías: un lugar y un tiempo para vivir.

Somewhere a place for us...	En algún sitio, un *lugar* para nosotros
Someday, a time for us...	algún día, un *tiempo* para nosotros
...open-aired	al aire libre
...with time to spare	y tiempo para pasar,
hold my hand and we	toma mi mano y estamos
are half way there...	a medio llegar...
Someday, somewhere	Algún día, en algún lugar
we'll find	encontraremos
a new way of living...	una nueva forma de vivir...

---

[11] E.g. John Storms Roberts (1999); Delannoy (2000).

¡Que ¿de dónde vengo y pa'dónde voy?! Una sonoridad enraizada y su baile en vuelo

Unos seis años después de *Justicia*, el más popular sonero de la entonces emergente *salsa*, conocido entre los salseros como *el cantante de cantantes* Héctor Lavoe, evocando a su «Paraíso de dulzura» (título de su composición) de donde había emigrado, expresaba desde Nueva York su intención de prodigar su salsa por el mundo. Grabando para lo que en el ámbito de la industria musical se conoce como una *indy*, una compañía disquera independiente (FANIA, nacida en el *Barrio* latino de Nueva York a mediados de los sesenta como una humildísima compañía, pero ya entonces —1975— la gran disquera que batallaba por difundir internacionalmente la salsa), Lavoe componía y cantaba:

	Rima
Que ¿de dónde vengo, y pa'dónde voy?	a
Vengo de la tierra de la dulzura.	b
Qué ¿pa'dónde voy?:	a
voy a repartir ricura;	b
la sabrosura	b
rica y sandunguera	c
que Puerto Rico puede dar.	d
Lo le lo lai, lo le lo lai, lo le lo lai[12].	d
Yo la reparto, por donde quiera...[13]	c

Lavoe, cuyo apellido artístico adoptado en 1969 en Nueva York evocaba el apodo del también hijo del mundo inmigrante, el italo-americano Frank Sinatra *the voice*, y el del principal cantante puertorriqueño previo al movimiento salsa, el bolerista de tríos tan querido en el Barrio neoyorquino Felipe Rodríguez *la voz*[14], pero con cierto tono «francés» que le otorgaba un aire más «globalizado», nació —como varios de los más destacados soneros salseros (Cheo Feliciano, Pete «El Conde» Rodríguez...)— en Ponce, la popular *capital alterna* de Puerto Rico[15]. Entre el semi-rural barrio de «Machuelitos», el «caserío» (residencial público o *housing project*) Doctor Pila, «Bélgica» y otras

---

[12] Frase onomatopéyica de la música campesina —*jíbara*— de su país.
[13] Del LP *La voz* (1975).
[14] Detalles sobre Felipe Rodríguez y sobre su importancia en Nueva York en Pedro Malavet Vega (1984).
[15] Vea el Primer *repiqueteo* del *Jaleo*. Más detalles en mi libro anterior, *Ponce: la capital alterna* (2003d); más sobre Ponce y su rica cultura popular en mi ensayo «El ensueño democrático del muralismo populista de Ríos Rey» (2005c: 253-282).

barriadas de Ponce fue formándose en la rica cultura popular de esta ciudad, cuna tanto de la *danza puertorriqueña* como de la plena proletaria. Su padre alternaba sus obligaciones como obrero (*dependiente* en un almacén comercial) con su pasión por la guitarra y la música de *tríos*; además acostumbraba cantar en los célebres Rosarios y Fiestas de la Cruz de Mayo ponceñas. Como registra el periodista Jaime Torres,

> desde temprano expuso al recién nacido a la música de Ramito, Chuito el de Bayamón [trovadores de décimas jíbaras], Odilio González [bolerista], Carlos Gardel, Vicentico Valdés, Daniel Santos y otros grandes cantantes de la época [...] En la Navidad, acompañaba a su padre en la entonación de seises y aguinaldos (Torres Torres 2003: 18 y 21; corchetes añadidos).

Cuentan en el barrio que su madre, de quien quedó huérfano a los tres años, cantaba muy bien, aunque, como tantos talentos femeninos, sólo en el ámbito doméstico. Su abuelo materno era un célebre improvisador en las décimas de porfía, y uno de sus tíos era un virtuoso del sonero *tres* (Sanabria 1993: 4). Con este trasfondo familiar, el joven Héctor Pérez se matriculó (junto a Papo Lucca, quien llegaría a ser uno de los más creativos virtuosos pianistas de la salsa y el jazz latino) en la Academia de Música Juan Morel Campos de Ponce con la idea de aprender trombón.

Pero su formación como instrumentista quedó trunca ante su decisión —a los 17 años— de «buscar fortuna» en Nueva York, a donde habían emigrado dos de sus huérfanos hermanos mayores. Allí trabajó como obrero fabril y en los servicios (maletero, conserje, etc.), hasta que empezó a descollar como cantante, un éxito que había iniciado en la bohemia de sus noches libres. A los 19 años era el cantante en la Orquesta de uno de los pioneros de la salsa «Kako» Bastar, que le sirvió de preámbulo para que la FANIA lo vinculara con la orquesta recién formada del joven trombonista nuyorican Willie Colón, buscando una combinación juvenil entre *el jibarito* (y lo que implicaba en términos de la tradición musical y sociocultural que llevaba consigo) y el *malandro* nuyorican formado en las afroestadounidenses sonoridades del jazz.

Ese tipo de combinación entre un músico instrumentista innovador nuyorican, con la experiencia o formación en el jazz a flor de piel, y algún cantante puertorriqueño «de la Isla» iniciado en la música entre «cuatristas» y trovadores jíbaros (campesinos), iba ya probándose *explosiva* con varios de los más importantes binomios exitosos de los inicios de la salsa. Por ejemplo, el del virtuoso del piano nuyorican Richie Ray con el «jíbaro» guitarrista y trovador de aguinaldos y seises de los barrios rurales de Añasco y Hormigueros Bobby

Cruz, binomio famoso ya cuando la FANIA unió a Lavoe con Willie Colón; o la combinación del conguero nuyorican Ray Barretto, curtido en el jazz junto a músicos de la talla de Max Roach, Charlie Parker, Art Blakey, Carl Tjader y Dizzy Gillespie, con el guitarrista y cantante de parrandas jíbaras y boleros en el interior de Puerto Rico, en Ciales, Adalberto Santiago (luego pasado por la barriada marginal «Las monjas» entre Santurce y Hato Rey, siguiendo el típico periplo dramatizado por René Marqués en *La carreta*), quienes producían sus primeros LPs juntos, *Latino con Soul* y *Acid*, justo el año del encuentro de Colón con Lavoe[16]. Ese tipo de combinación fue sumamente importante en el desarrollo de lo que habría de llamarse el «sonido» salsero: el «sonido» de una manera de hacer música que entretejía tradiciones «mulatas» *folk* —identificadas como «nacionales»— con las sonoridades porosas e innovadoras de las vivencias diaspóricas. Estos binomios combinaban, además, reminiscencias «rurales» que se idealizaban bucólicamente, con las batallas cotidianas en la ruda atmósfera urbana de metrópolis *globales* étnicamente segregadas, internamente. Fueron fundamentales para el tránsito de una música de *minorities*, afincada en el barrio marginal neoyorquino, a una música migrante o nómada que entrecruzaba referencias a muy diversos territorios y contextos socioculturales[17]: al tránsito sobre todo del *latin boogaloo* (combinación de los «latinos» *mambo* y *cha-cha-chá* con los afronorteamericanos *rhythm and blues*; Flores 2000: cap. 5; Lipsitz 1994: cap. 4) a la *salsa*.

Hacia finales de los sesenta, cuando se grabaron aquellas manifestaciones iniciales de la salsa, como *Justicia* y los tres primeros LPs de Willie Colón con Héctor Lavoe, la geografía de la salsa se circunscribía a los barrios *latinos* de Nueva York, y al puñado de países latinocaribeños de donde provenían sus inmigrantes. Pero las aspiraciones de difusión global de sus intérpretes no fueron en vano. Su *swing* bailable fue, hacia los noventa, alcanzando los más lejanos confines. Pero, ¿se difundió como ejemplo de un *all American music*?

En el 2001 realicé una investigación en la *web* que evidenció la existencia de *clubs* de baile que se anunciaban a sí mismos como de *salsa* en la mayoría de los países del mundo: en casi todos los países de Norte, Centro y Sur América, en al menos 23 de los países de Europa y en otros quince alrededor del globo.

---

[16] Mucha de la información biográfica de estos protagonistas de la salsa se recopila en la serie «Historia de la Salsa» producida por Hiram Guadalupe Pérez como separatas semanales del periódico *Primera Hora* todos los miércoles entre el 2003 y 2004; muchas (no todas) se recogen, expanden y revisan en su libro, *Historia de la Salsa* (2005b).
[17] Comparto el análisis al respecto de Wilson A. Valentín-Escobar (2001: cap. 7).

Entre los países grandes aparecía ampliamente diseminada: *clubs* de salsa en al menos 36 de los 50 estados de los Estados Unidos y entre ocho a diez ciudades de Gran Bretaña. Sólo en Londres aparecían 53 establecimientos comerciales donde se bailaba salsa (aunque no todos exclusivamente salseros); y 57 en la red de ciudades de la pequeña Holanda. En sesenta de los países arriba incluidos se registraban además escuelas o maestros de baile que concentraban en enseñar *salsa* (<http://www.salsaweb.com>[18]).

Muchos de esos maestros participaban en las competencias y actividades de los Congresos Mundiales de la Salsa que comenzaron a celebrarse en los años noventa, no en Nueva York, sino en San Juan. En el verano del año en que pude realizar aquella pesquisa (2001), el Quinto Congreso Mundial atrajo a la capital de Puerto Rico 1.536 participantes de 48 diferentes países (además de los participantes locales), aún siendo esta actividad una en la cual además de los gastos de viaje y estadía había que pagar varios cientos de dólares para asistir. No he tenido la oportunidad de poner al día estas cifras (aunque al 2008 —cuando escribo— estos Congresos siguen celebrándose), pero para el 2001 la participación internacional iba claramente en ascenso: 375 en el primer Congreso, 550 en el segundo, 925 en el tercero y 1.200 en el cuarto. Es importante señalar que éstos son encuentros básicamente de bailadores, tanto profesionales como amateurs. Los más importantes conjuntos musicales salseros participan como intérpretes, es decir, para que los bailadores bailen. Casi todas las conferencias y los talleres son sobre diversos aspectos relacionados con el baile. Aunque su actividad cumbre —el Congreso Mundial— se celebra en San Juan, la organización productora (con base en Puerto Rico) organiza también eventos bailables alrededor del mundo: sólo en los primeros meses del 2001, había organizado ocho en Europa, siete en los Estados Unidos, siete en América Latina y otros tres en otras áreas.

Estos ejemplos —y las cifras de las entradas relacionadas en internet— sugieren que en estas últimas décadas la salsa ha sobrepasado internacionalmente al tango, la rumba, el jazz, lo folklórico y el *ballet* como el género de baile que más personas se interesan en aprender, incluso desafiando (junto al reggae, calypso, merengue, souk, punta y otros géneros caribeños) la absoluta hegemonía que había disfrutado el rock anglo unas décadas atrás, cuando era considerado *el* género bailable contemporáneo por excelencia[19]. Es significativo

---

[18] Pueden examinarse también <http://www.oasissalsero.com> y <http://www.justsalsa.com>.

[19] Además de su impacto como baile con características propias, la salsa ha penetrado al contemporáneo pop-rock, e intérpretes puertorriqueños como Ricky Martin de com-

que a pesar del hecho de que la mayoría de las grabaciones de salsa se habían realizado en los Estados Unidos (primero, principalmente en Nueva York, transfiriéndose en los 1990, en medida considerable, a Miami), y, además, por músicos mayoritariamente residentes en dicho país, el baile *salsa* se internacionalizara como *latinoamericano*, como expresión cultural del «mulato» Caribe hispano.

A diferencia de «modas bailables» como la *lambada*, que no duró más de tres años, o incluso de géneros híbridos socialmente muy significativos pero temporal y espacialmente circunscritos, como los siete u ocho años del *boogaloo*, la salsa cuenta con una historia que sobrepasa los cuarenta años (incluso un poco más que el reggae), por lo que sería absolutamente inapropiado interpretar su popularidad como mero fenómeno comercial. Pero, aun cuando se la considerara «moda», podríamos legítimamente preguntarnos por qué esa «moda danzaria» ha asumido la forma de salsa, con su música y sus particulares movimientos del cuerpo. Y también: ¿cuáles procesos culturales subyacen en las prácticas comerciales de la industria musical del «entretenimiento»?[20] ¿A qué tipo de sensibilidad o sensibilidades está apelando la salsa entre tantas personas y países diversos de estos contemporáneos tiempos *posmodernos*? ¿Cómo explicar su difusión y popularidad mundial, no obstante el hecho de que a diferencia del rock, el jazz o el reggae, no se manifiesta en el «idioma internacional» que es actualmente el inglés, sino abrumadoramente en español,

---

positores también puertorriqueños como Robi «Draco» Rosa («María», «Living la vida loca», «La copa de la vida», etc.) que introducen elementos salseros en éste, han escalado los primeros escalafones del *hit parade* internacional. En un momento dado del año 2000, cuatro puertorriqueños dentro de este *Latin craze* —Ricky Martin, Mark Anthony, Jennifer López y Chayanne— ocuparon juntos los primeros lugares del *Top ten* de la revista *Billboard*. Estos cuatro artistas —dos nacidos en Puerto Rico y dos de entre familias inmigrantes a Nueva York— se identifican todos a sí mismos como puertorriqueños, es decir, de un país que entre su territorio y su diáspora representa una ínfima proporción de la población mundial. Pero este fenómeno, aunque relacionado sin duda a la creciente *globalización* de la salsa, requeriría un análisis propio e investigaciones adicionales que rebasan el ámbito de este *Repiqueteo*. De una manera muy general y esquemática se abordan en el *Merengue* de este libro.

[20] Véanse al respecto las contribuciones de Keith Negus, quien ha visto la importancia de incorporar la salsa a sus investigaciones, habiéndose iniciado éstas respecto al pop y rock principalmente: *Producing Pop, Culture and Conflict in the Popular Music Industry* (1992); «The Latin music industry, the production of salsa and the cultural matrix», en su *Music Genres and Corporate Cultures* (1999); y «La cultura, la industria y la matriz de la salsa: el negocio de la música en los Estados Unidos y la producción de la música latina» (1998: 27-52).

incluso desde Nueva York[21]? ¿Qué lecciones le está ofreciendo al mundo el nomadismo caribeño con la *globalización* de sus más importantes expresiones bailables?

Como señalan los etnomusicólogos brasileños José Jorge de Carvalho y Rita Segato,

> processos transculturais, trans-etnicos e transnacionais sempre estiveram presentes na produção musical (pero) em escalas variávais de intensidade (1994: 8).

¿Cómo se replantean entonces, la siempre desigual relación entre ¿pequeños? pueblos y grandes «ciudades globales» —evocando el «clásico» *Big Sounds from Small Peoples, The Music Industry in Small Countries* de Roger Wallis y Kriester Malm (1984)—? Y, al respecto, ¿puede el estudio de los *pueblos* circunscribirse a «sus países» en tiempos de acelerados desplazamientos masivos de población?

Los ejemplos antes señalados de la *globalización* salsera se refieren sobre todo al baile. Otros estudios sobre la salsa entre la emigración hispana de la cuenca caribeña a Europa, apuntan que sobre todo bailarla ha sido su principal expresión de identidad cultural[22] (distinto a las migraciones del Caribe anglo y franco parlantes con sus expresiones cantables, además de bailables, de sus reggaes y souks). La emigración latino-caribeña a Europa ocurrió más bien a partir de los años ochenta, es decir posterior, por varias décadas, a la gran emigración puertorriqueña a Nueva York. No obstante esta importante asociación identitaria con el baile, para la mayoría de los latino caribeños —tanto en el Caribe mismo como en Nueva York—, la salsa no es sólo música *para* bailar, sino una música bailable, como la mayor parte de la música popular caribeña; una forma artística donde son inseparables la expresión sonora y el movimiento corporal, donde música, poesía y baile dialogan y se fecundan. Componer, tocar, cantar y escuchar salsas[23], así como bailarla, son formas de

---

[21] Ello contrasta con la práctica de los analistas. Por ejemplo, el nuyorican Ed Morales escribe en inglés su libro *The Latin Beat* (traducido luego al español como *Ritmo Latino, La música latina desde la bossa nova hasta la salsa* (2006) y, como es usual en la academia anglófona, se basa casi exclusivamente en fuentes en inglés. En su bibliografía de 36 títulos, sólo cinco son en español (principalmente clásicos cubanos, como los de Fernando Ortiz). Como se podrán imaginar, aporta poco nuevo conocimiento, repitiendo de manera acrítica lugares comunes.

[22] Yannis Ruel (2000) y, más explícitamente, Patria Román Velázquez (1999a y 1999b: 115-131).

[23] Juan Carlos Quintero Herencia (2005) enfatiza en el importante papel del que escucha.

manifestar identidades culturales compartidas, como muchas canciones de salsa abiertamente lo expresan en sus letras y su libre combinación de formas y géneros[24]. Ello lo atestiguan y enfatizan la mayoría de los estudios que se han publicado sobre este fenómeno socio cultural musical bailable[25]. Es necesario, pues, complementar la información sobre la difusión internacional del baile con el análisis de la geografía de la producción salsera.

La difusa geografía de la salsa y la «naturaleza» de sus trayectorias

> Luces, en un cielo oscuro que marca(´)
> el paso del (*jet*) *jumbo* que nos separará
> y mientras se va alejando la ciudad
> pensando si algún día el amor regresará.
>
> Todos, abordo por favor:
> Aerolínea desamor (Willie Colón, 1990).

Iniciándose el siglo XXI, la salsa —que cuatro décadas antes se bailaba sólo entre el Caribe y Nueva York— va y viene en *jumbo* por casi todas las ciudades del mundo. Como parte de mi observación partícipe, he visitado numerosos establecimientos donde se baila salsa en muy diversos países de Europa y América[26], donde he podido registrar que alrededor de un 90% del repertorio bailable lo constituyen todavía las mismas composiciones que bailamos acá. Un examen detallado del más amplio listado existente de la producción discográfica a la venta de la música «tropical» proporciona pistas muy ilustrativas, aun reconociendo las limitaciones de este tipo de fuente generada con fines comerciales. El Cuadro 1 demuestra que la enorme mayoría de las grabacio-

---

[24] Ejemplos de numerosas composiciones en Rondón (1980), Quintero Rivera (2005a) y Leopoldo Tablante (s.f., c. 2005).

[25] Para Venezuela en particular, véase Juan Carlos Báez (1989) y para Colombia, Alejandro Ulloa (1988) y Lise A. Waxer (1998). Respecto a su dimensión identitaria panamericana véase Marisol Berríos-Miranda (2000). Respecto a las identidades de los inmigrantes puertorriqueños véanse Félix Padilla (1990: 87-104), Jorge Duany (1984: 187-216), y Juan Otero Garabís (2000). Otros ejemplos generales en Juan Manuel Gómez (1995); Loida Burbano Abadía (1995: 67-73) y Saul Escalona (1998), entre otros.

[26] A través del internet sé de muchos lugares en África y Asia también, pero no he podido ampliar mi observación partícipe en esos continentes.

nes siendo mercadeadas[27] como *salsa* han sido producidas por músicos de la cuenca caribeña y su diáspora en Nueva York: principalmente puertorriqueños, seguidos de lejos por cubanos, colombianos, dominicanos, venezolanos y panameños, en ese orden. Más de la mitad de los discos (1 084 o el 53% del total del Catálogo) fueron producidos en Nueva York o evidenciaban una estrecha vinculación con esta ciudad; casi todos de su inmigración de las Antillas hispanas: 78% de puertorriqueños, 14,4% de cubanos y 6,2% de dominicanos. De hecho, en las tres Antillas y en Panamá aparece una mayor producción total de sus emigrantes neoyorquinos que de sus nacionales residentes en las islas o el istmo.

Estas cifras globales evidencian el papel fundamental del fenómeno migratorio en la salsa. Sin embargo, para poder atisbar unas trayectorias y aquilatar posibles tendencias fue necesario dividir el análisis por décadas; es decir, separar del Catálogo aquellas producciones que incluían principalmente composiciones de los años sesenta, setenta, ochenta y noventa. Los Cuadros 2, 3, 4 y 5 resumen los hallazgos. Entre los discos que todavía en el 2000 se mercadean de composiciones del período de formación inicial de la salsa en los sesenta, predominan abrumadoramente producciones de emigrantes antillanos a Nueva York: casi el 93% del total de producciones exhiben dicha identificación. La emergencia de esta manera de hacer música se evidencia indiscutiblemente vinculada al fenómeno social migratorio. De manera contundente, aparece Nueva York como el centro del surgimiento de este fenómeno artístico expresivo. Sin embargo, en el período de su consolidación en la década siguiente —a la cual la mayoría de los analistas y melómanos se refieren como los más gloriosos años de la salsa: los setenta—, aunque esta vinculación neoyorquina se mantiene básicamente (84% del total de discos), se asoma una tendencia, que irá acrecentándose en las décadas siguientes: el desplazamiento hacia los países de origen de los emigrantes *latinos*. La diferencia principal respecto a la década anterior consiste en un marcado incremento en las producciones directamente desde Puerto Rico, cuya identificación proporcional se duplica: de 11,6% en los sesenta a 22,3% en los setenta. Como fue imposible identificar muchos de los discos del Catálogo con sólo una identificación territorial, y como los porcentajes se calcularon respecto al total de producciones, la suma de las identificaciones en todos los Cuadros rebasa el 100%.

---

[27] Para facilitar el análisis posterior por décadas, utilizamos el Catálogo del año 2000.

Cuadro 1
Vinculación cultural-territorial de la producción salsera: discos del *Descarga catalog* [sic] mercadeados como salsa en el año 2000. Producciones entre 1960 y 2000

Puerto Rico	1320	
Puerto Rico		(674)
Puerto Rico-Nueva York		(841)
Puerto Rico-Miami y Filadelfia		(2)
Cuba	325	
Cuba		(145)
Cuba-Nueva York		(156)
Cuba-Miami		(15)
Cuba otros Estados Unidos (uno en Puerto Rico)		(7)
Cuba-Europa		(2)
Colombia	171	
Colombia-Europa		(1)
República Dominicana	103	
República Dominicana propiamente		(36)
República Dominicana-Nueva York (dos en Puerto Rico)		(67)
Panamá	44	
Panamá		(15)
Panamá-Nueva York		(25)
Panamá-exterior (2 Miami, 2 Europa)		(4)
Venezuela	55	
Otros países latinoamericanos	25	
(Perú 10, Nicaragua 12, Costa Rica 2)		
Otros Estados Unidos y Canadá	19	
Otros Europa	15	
África	10	
África		(6)
África- Estados Unidos		(4)
Japón	6	
Combinación variada amplia	3	
Sin identificar	136	

Incluye 2.050 discos; la suma de las diversas categorías es mayor porque algunas grabaciones comparten identificaciones de manera aproximadamente equivalente. Total de vinculados a Nueva York 1084 o un 52,9% del total de discos. Análisis en colaboración con Yannis Ruel.

Cuadro 2
Vinculación cultural-territorial de la producción salsera: discos del *Descarga catalog* [sic] mercadeados como salsa en el año 2000. Producciones de la década del 60.

Puerto Rico	115	
Puerto Rico		(16)
Puerto Rico-Nueva York		(99)
Cuba	30	
Cuba		(2)
Cuba-Nueva York		(28)
Colombia	4	
República Dominicana	7	
República Dominicana		(1)
República Dominicana-Nueva York		(6)
Panamá	6	
Panamá		(1)
Panamá-Nueva York		(5)
Sin identificar	1	

Incluye 149 discos; la suma de la subdivisión de categorías es mayor porque algunos comparten identificaciones de manera aproximadamente equivalente. Total de vinculados a Nueva York 138 o un 92,6% del total de discos. Análisis en colaboración con Yannis Ruel.

Cuadro 3
Vinculación cultural-territorial de la producción salsera: discos del *Descarga catalog* [sic] mercadeados como salsa en el año 2000. Producciones de la década del 70.

Puerto Rico	518	
Puerto Rico		(129)
Puerto Rico-Nueva York		(389)
Cuba	66	
Cuba		(3)
Cuba-Nueva York		(63)
Colombia	6	
República Dominicana	23	
República Dominicana		(1)
República Dominicana-Nueva York		(22)
Panamá	14	
Panamá propiamente		(4)
Panamá-Nueva York		(10)
Venezuela	17	
Otros EE. UU.	1	
Sin identificar	3	

Incluye 578 discos; la suma de la subdivisión de categorías es mayor porque algunos comparten identificaciones de manera aproximadamente equivalente. Total de vinculados a Nueva York 484 o un 83,7% del total de discos. Análisis en colaboración con Yannis Ruel.

En la década de 1980 al 89, el *boom* salsero atravesó cierto estancamiento. Aunque siguieron creándose grabaciones extraordinarias de gran calidad, cuantitativamente representaron una menor proporción a las que exhibió la década anterior. Conviene recordar que la base de datos sobre la cual basamos el análisis de los Cuadros 1 al 5 no constituye un listado fiel del total de producciones pues, tratándose de un catálogo comercial, incluye sólo aquellas producciones que estaban a la venta en el 2000, y la necesidad de circulación de mercancías privilegia, en el listado, las producciones más recientes. Es significativo que, aún así, en el 2000 se estuvieran mercadeando discos con más composiciones de los años setenta (578) que de los ochenta (328). Según el Cuadro 4, se mantuvo una continuidad en el incremento proporcional de las producciones directamente desde Puerto Rico: 33,5% frente al 22,3% y 11,6% de las décadas anteriores. Se evidencia también una mayor difusión de producciones en diversos países latinoamericanos. Más de la mitad de las producciones aparecen todavía vinculadas a Nueva York (58,8%), pero en proporción marcadamente menor que en las primeras dos décadas.

Aún con la salvedad arriba señalada respecto a la fuente documental, que conlleva que casi la mitad del listado del Catálogo resultan ser producciones cercanas al momento de venta, los 995 títulos de su última década apuntan, sin duda, hacia un repunte en la producción salsera a partir de los noventa. El Cuadro 5 evidencia un radio de producción más amplio internacionalmente, aunque los discos identificados con los países hispano-caribeños representen aún la abrumadora mayoría del total mercadeado. Es importante destacar la incorporación al Catálogo de producciones africanas, fenómeno que analiza con gran meticulosidad y profundidad Errol Montes Pizarro en sus investigaciones recientes[28]. Las cifras evidencian además una notable reducción proporcional en la identificación neoyorquina (27%) y, por primera vez, una mayor producción de Puerto Rico, Cuba y Panamá en «su territorio» que entre sus emigrantes. En la República Dominicana, cuya producción comercial destaca más el merengue que la salsa propiamente, es de notar en los ochenta y noventa un considerable aumento de la producción salsera local, casi igualando la de sus emigrantes a Nueva York. Es muy notable también el gran aumento en las producciones salseras del Caribe continental, sobre todo colombianas (entre la producción que el *Catálogo* identifica como salsa en los 90, no pudimos identificar 127 discos —casi el 13%—, que sospechamos provengan de fuera del ámbito puertorriqueño y neoyorquino, que el investigador que suscribe conoce más a fondo; probablemente de Colombia y Venezuela, principalmente).

Consideré conveniente complementar la información cuantitativa del *Catálogo de Descarga* con un análisis de la procedencia y ubicación de los principales protagonistas «públicos» de la musicalidad salsera. Para ello, le solicité al colega francés Yannis Ruel que, sobre la base de una multiplicidad de fuentes, preparara unos listados de cuáles consideraba los principales directores de orquestas y cantantes en cada década. Otros instrumentistas y compositores fueron, sin duda, muy importantes en la conformación del *sonido* salsero, pero generalmente son los cantantes y directores de las orquestan quienes gozan de una mayor exposición. Los Cuadros 6 y 7 resumen el análisis sobre su procedencia y ubicación. En líneas generales, se confirman las tendencias de los Cuadros anteriores: una procedencia hispano-caribeña amplia, con una

---

[28] Por ejemplo, «Influencias del son y de la salsa en el Congo y en Senegal», incluido en Tejeda y Yunén (2008: 269-280).

clara preponderancia de Puerto Rico; y una ubicación predominantemente neoyorquina durante las primeras dos décadas, transfiriéndose a los países hispano-caribeños, principalmente a Puerto Rico, en las décadas siguientes. También se reafirma en la última década del análisis (los noventa), una mayor difusión internacional, alcanzando a África y Asia.

Cuadro 4
Vinculación cultural-territorial de la producción salsera: discos del *Descarga catalog* [sic] mercadeados como salsa en el año 2000. Producciones de la década del 80.

Puerto Rico	268	
Puerto Rico		(110)
Puerto Rico-Nueva York		(157)
Puerto Rico-Filadelfia		(1)
Cuba	36	
Cuba		(10)
Cuba-Nueva York		(24)
Cuba-Miami		(2)
Colombia	14	
República Dominicana	28	
República Dominicana		(14)
República Dominicana-Nueva York		(14)
Panamá	14	
Panamá		(4)
Panamá-Nueva York		(10)
Venezuela	6	
Nicaragua	4	
Otros Estados Unidos	2	
África	3	
Senegal		(1)
África-Nueva York		(2)
Europa	1	
Sin identificar	5	

Incluye 328 discos; la suma de la subdivisión de categorías es mayor porque algunos comparten identificaciones de manera aproximadamente equivalente. Total de vinculados a Nueva York, 193, esto es, un 58,8% del total de discos. Análisis en colaboración con Yannis Ruel.

Cuadro 5
Vinculación cultural-territorial de la producción salsera: discos del *Descarga catalog* [sic] mercadeados como salsa en el año 2000. Producciones de la década del 90.

Puerto Rico	419	
Puerto Rico		(222)
Puerto Rico-Nueva York		(196)
Puerto Rico-Miami		(1)
Cuba	193	
Cuba		(130)
Cuba-Nueva York		(41)
Cuba-Miami		(13)
Cuba otros Estados Unidos (uno en Puerto Rico)		(7)
Cuba-Europa		(2)
Colombia	147	
Colombia-Europa		(1)
República Dominicana	45	
República Dominicana		(20)
República Dominicana-Nueva York (dos en Puerto Rico)		(25)
Panamá	10	
Panamá		(6)
Panamá-exterior (2 Miami, 2 Europa)		(4)
Venezuela	31	
Otros países latinoamericanos	21	
(Perú 10, Nicaragua 8, Costa Rica 2)		
Otros EE. UU. y Canadá	16	
Otros Europa	14	
África	7	
África		(5)
África-EE. UU.		(2)
Japón	6	
Combinación variada amplia	3	
Sin identificar	127	

Incluye 995 discos; la suma es mayor porque algunos comparten identificaciones de manera aproximadamente equivalente. Total de vinculados a Nueva York, 269, o un 27% del total de discos. Análisis en colaboración con Yannis Ruel.

Un nuevo dato que esta investigación adicional arroja, muy significativo en términos de la problemática central de este *Repiqueteo*, es que mientras once de los principales directores de orquesta de los sesenta eran nacidos en Nueva York (Ray Barreto, Johnny Colón, Willie Colón, Joe Cuba, Larry Harlow, Charlie y Eddie Palmieri, Joey Pastrana, Tito Puente, Louis Ramírez y Richie Ray)[29], todos los principales cantantes que allí residían eran inmigrantes: cuatro procedentes de Cuba (Justo Betancourt, Celia Cruz, La Lupe y Monguito) y once de Puerto Rico (Santos Colón, Bobby Cruz, Chivirico Dávila, Cheo Feliciano, Paquito Guzmán, Héctor Lavoe, Ismael Miranda, Ismael Quintana, Ismael Rivera, Pete «El Conde» Rodríguez y Adalberto Santiago). Este contraste se agudiza en los setenta con la inmigración de los cantantes Rubén Blades, panameño, y José Alberto «El Canario», dominicano pasado por Puerto Rico[30], entre otros (aunque en los ochenta el director nuyorican Willie Colón comenzó a grabar como cantante también). Este hecho parece estar relacionado a la insistencia de la salsa en expresarse fundamentalmente en español (aún desde la emigración).

Las primeras grabaciones salseras, como *Justicia*, incluyeron algunas canciones en inglés, pero dice mucho, tanto de la crisis de hegemonía de la cultura estadounidense, como del carácter identitario que pronto fue adquiriendo esta «manera de hacer música» el hecho de que muy temprano, desde principios de los setenta, la *salsa* fue tornándose casi exclusivamente en una expresión en español, a pesar de las presiones de la industria disquera para que sus exponentes lograran lo que llamaban el *crossover*. Así fue, incluso entre jóvenes músicos que por haberse criado en Nueva York podían expresarse en conversaciones mejor en inglés que en español. Es el caso, por ejemplo de Willie Colón. Aunque podía hablar más fácilmente en inglés, al momento de

---

[29] Los otros directores incluidos en este listado de los de mayor destaque salsero en los sesenta fueron Johnny Pacheco, oriundo de Santiago de los Caballeros, República Dominicana; Pete Rodríguez, de Panamá; Eddie Zervigón nacido en Cuba; y Kako Bastar, Rafael Cortijo, Rafael Ithier, los Lebrón, Tommy Olivencia, Joe Quijano, Roberto Rohena, Willie Rosario y Bobby Valentín, nacidos en Puerto Rico.

[30] El libro de Hiram Guadalupe Pérez (2005b) es muy valioso por su cuidadosa recopilación de información factual y visual (por ejemplo de carátulas). El libro es fundamentalmente una colección de biografías de protagonistas del movimiento salsa (incluyendo dos o tres antecesores). Aunque no intenta un análisis cuantitativo, es significativo que su selección coincida en líneas generales con el análisis que he intentado con Ruel. Incluye 22 cantantes y 14 directores de conjuntos. De los primeros, catorce habían nacido en Puerto Rico, tres en Nueva York (de padres puertorriqueños), dos en Cuba, uno en República Dominicana y uno en Panamá; y de los segundos, ocho era oriundos de Puerto Rico y seis eran nacidos en Nueva York (cinco de padres puertorriqueños).

expresarse musicalmente recurrió *siempre* al español. Ello es así hasta hoy. Los cantantes latinos de las décadas siguientes nacidos en los EE. UU., continúan recurriendo casi exclusivamente al idioma de sus progenitores cuando de salsa se trata: Marc Anthony, La India, Domingo Quiñones, Frankie Ruiz y Tony Vega. El, tal vez, más destacado sonero nuyorrican de comienzos del siglo XXI, Marc Anthony, ha grabado discos en inglés de otros géneros musicales, pero canta todas las canciones de sus CDs de salsa en español. En la literatura que acompaña al CD *Todo a su tiempo* del 1995, escribe en inglés sus agradecimientos, salpicado de frases en español (como al referirse a su madre que dice «Te adoro, mi negra»[31]). No obstante, termina sus agradecimientos de la siguiente manera:

> Gracias! *to my fans, no not fans, friends. We have a long way to go together. May God bless you all. And last but not least* [y termina entonces en español en letras más grandes y «bold» —en negritas—]
> **PARA MI QUERIDO PUERTO RICO, DE TU HIJO, MARCO**

En la historia de la salsa encontramos, pues, una producción de inmigrantes en los Estados Unidos que en lugar de irse integrando al *melting pot* fue, cada vez más, reafirmando una identidad distinta, una identificación con la cultura y el idioma de sus padres.

---

[31] Sobre este tema complejo de los usos del español y el inglés —y sus entrecruces— entre los emigrantes, véase el libro de Juan Flores (1997).

Cuadro 6
Procedencia de los principales exponentes de la salsa. Directores de orquestas y cantantes

	1965-1970		1971-1980		1981-1990		1991-2000	
	Dir.	Canta	Dir.	Canta	Dir.	Canta	Dir.	Canta
Puerto Rico	19	14	17	16	18	17	15	19
(NYRicans)	(10)	(0)	(8)	(0)	(4)	(3)	(4)	(5)*
Otros latinos (sin identificar)					2			
Cuba	1	4	3	3	1	3	3	3
Colombia	0	1	1	1	2	1	2	1
Venezuela	0	1		1		1	1	
Panamá	1		1		1		1	
República Dominicana	1	1	1	1	1	1	1	1
Nicaragua						1		1
Estados Unidos	1		1		1			
Japón							1	
Senegal							1	
Total	23	18	24	22	26	24	24	26

[*Dos de Nueva York y tres de otros estados de la Unión].
Seleccionados por Yannis Ruel a base de presencia en el *Descarga Catalog* [sic] y lecturas y entrevistas variadas.

Paralelamente a su difusión bailable, han surgido conjuntos de salsa en muchísimos países y ciudades en los últimos tiempos[32]. No obstante, comúnmente su repertorio consiste principalmente de composiciones popularizadas antes por las orquestas del Caribe y su diáspora neoyorquina. Sus nuevas composiciones originales no parecen haber alcanzado aún un reconocimiento internacional suficientemente significativo como para que hubieran sido incorporadas al *Catálogo* comercial de *Descarga*, aunque reconozco que falta aun mucha investigación original que nos permita aquilatar con más precisión y profundidad estas nuevas expresiones salseras.

---

[32] Algunos de estos procesos se examinan en diversos capítulos de Tejeda y Yunén (2008). Especialmente valioso considero el trabajo de Ariel Montalvo Torres, «Salsa en Xalapa, la presencia y permanencia de una música de músicos para músicos, bohemios, fiesteros y uno que otro bailador en la capital del estado de Veracruz» (2008a). Véase también su libro *Salsa con sabor a xalapeños, Una historia social de la salsa en Xalapa* (2008b).

Cuadro 7
Residencia o ubicación de principales exponentes de la salsa. Directores de orquestas y cantantes (sumados)

	1965-1970	1971-1980	1981-1990	1991-2000
Nueva York	29	28	16	11
Miami	0	0	3	4
Puerto Rico	7	19	28	25
Cuba	0	1	1	4
Colombia	0	2	3	3
Venezuela	0	2	1	1
Panamá				1
Japón				1
Senegal				1
Total	**36**	**52**	**52**	**51**

Seleccionados por Yannis Ruel a base de presencia en el *Descarga Catalog* [sic] y lecturas y entrevistas variadas.

Sobre el significado de la *Orquesta de la Luz* respecto a la cultura japonesa, por ejemplo, el interesante ensayo de Hosokawa (1998) plantea importantes asuntos relativos a la problemática local-global en los procesos de adoptar la salsa en otros contextos culturales diferentes al de su origen. Es pertinente apuntalar que algunos conjuntos no caribeños que se han dado a conocer más allá de su país base se han visto con frecuencia en la necesidad de recurrir extensamente a la creatividad y/o maestría caribeña-neoyorquina en la salsa. Por ejemplo, todas las canciones de la más conocida grabación de la antes citada *Orquesta de la Luz* japonesa se tocaban con arreglos de Sergio George, un pianista negro puertorriqueño de Nueva York. George había alcanzado previamente un gran reconocimiento como arreglista (y, en algunos casos, productor) de algunas de las más populares grabaciones de salsa nuyorican de las últimas dos décadas (de Marc Anthony y La India, entre otros), resaltando —como Palmieri en *Justicia*— sonoridades urbanas callejeras negras, como el hip hop, dentro de la polifórmica libre combinación salsera.

Así, mientras tantas personas alrededor del mundo enloquecen bailando salsa y muchos han desarrollado una sofisticada maestría en su baile, el *sonido salsero* —sus más grandes composiciones y «arreglos»— siguen produciéndose principalmente desde el particular contexto socio cultural del Caribe amplio y su diáspora. *Particular contexto socio cultural*, subrayo, pues aunque como producto histórico tanto su configuración original como su posterior *globa-*

lización están estrechamente vinculados a dicho contexto (Quintero Rivera 2003a: 210-232), hay suficientes ejemplos históricos que atestiguan que, a nivel individual, cualquier humano puede perfectamente aprender a bailar, tocar y (aunque un tanto más difícil) componer bien salsas. Quisiera concluir atisbando las posibilidades del futuro salsero en las luchas por la hegemonía desde la cultura.

Son de la loma y el llano, pero cantan en la ciudad

El trombonista nuyorican, compositor, arreglista, director de orquesta y cantante Willie Colón, uno de los más importantes, como hemos visto, forjadores del *sonido* y las prácticas salseras, señalaba que podía estar toda una noche tocando salsa sin recurrir a referencia alguna al género del *son*, que es común que los hermanos cubanos señalen como el antecesor de la salsa[33]. Un análisis de las formas musicales presentes en cien composiciones salseras populares a mediados de los 1970, es decir, en pleno *boom* salsero, arrojó que en sólo cinco predominaba el *son*, mientras en 54 el guaguancó (primo hermano cubano de la bomba); en 13, unas combinaciones mixtas (7 de éstas, significativamente señaladas en el estudio como *imprecisas*); en 10 la bomba; en 8 la guaracha; y en una o dos, merengues, plenas, seis mapeyé, pachanga o chachachá (Montalvo del Valle 1978: 53). Sin embargo, aun con la amplitud de su variada mezcolanza, que da veracidad a la anécdota de Colón, entre las numerosas tradiciones que convergen internacionalmente en la salsa —guaracha, rumba, bomba, plena, son, merengue, seis, aguinaldo, reggae, cumbia, vallenato, samba, hip-hop, guajira, tamborito...— su vinculación con el *son* reviste una importancia especial por ser ambas expresiones que surgen estrechamente relacionadas a procesos sociales de migración. No hay sino que recordar las numerosas referencias al nomadismo en los *sones* más conocidos:

> Son de la loma y canta en el llano [...]; Quisiera, linda paloma, salir de tu palomar, junto contigo volar [...]; A la loma de Belén, de Belén nos vamos [...]

---

[33] Un ejemplo ilustrativo, entre muchos posibles, lo constituye de Senén Suárez, *Las raíces del son* (1998), folleto extenso (47 páginas) que acompaña al *set* de grabaciones (4 CDs). La musicóloga Victoria Eli Rodríguez explícitamente se propone a «defender apasionadamente la cubanía de este género y su papel principal en la gestación y configuración de la salsa» (*ibíd.*: 7).

Pero, mientras el *son* se refiere principalmente a la migración interna entre campo y ciudad, fundamental para la conformación de una concepción territorial de nación, las prácticas salseras se constituyen en la intercomunicación entre emigrantes de diversos países latinoamericanos a Nueva York y entre éstos y sus países de origen, poniendo en entredicho, precisamente, dicha concepción *nacional* territorial.

Es pertinente aclarar, que muchos elementos musicales del *son* aparecen muy antiguamente en tradiciones de otros países del Caribe, como en Puerto Rico (aunque no con su nombre «cubano»; tampoco sus elementos que *en conjunto* lo fueron «cristalizando» como *género*). Un investigador extranjero, sin las gríngolas nacionalistas con que se acostumbra a analizarlo, concluye con honestidad que el *son* es «one of the many hybrids the origins of which are obscure» (Robbins 1990: 182).

El riguroso musicólogo Rolando Pérez Fernández, escribiendo en Cuba una obra que resultó premiada en el certamen de Musicología de Casa de las Américas en La Habana, analiza la *danza* decimonónica puertorriqueña «El Asalto» del célebre Juan Morel Campos (compositor al que aludimos en dos secciones del *Merengue* y que analizamos con mayor detalle en el Primero de los *Repiqueteos*), concluyendo que dicha *danza* de Morel

> muestra un marcado sabor sonero, es decir semejante al son cubano (Pérez Fernández 1988: 114).

Pero se trata de una composición de alrededor del 1880, es decir, ¡muy anterior a la popularización cubana del son! Pérez Fernández añade que la combinación ternaria-binaria de las decimonónicas *danzas puertorriqueñas* y aguinaldos (según examinados en el Primer *Repiqueteo* del *Jaleo*) «se manifiesta en Cuba como el bajo anticipado sincopado» (1988: 116), que algunos musicólogos identifican exclusivamente con el son. Por ejemplo, Peter Manuel quien lo caracteriza como «the single most distinctive feature in Afro-Cuban popular music» (1985: 249).

Por estos sólidos antecedentes en la tradición puertorriqueña, no debe extrañarnos que uno de los mejores ejemplos musicales del desarrollo de unas nuevas identidades que entretejen lo nómada «nacional» del son tradicional con lo nómada «trasnacional» de la salsa neoyorquina haya reclamado como suyo, desde Puerto Rico, al *son* (retrabajado junto a otros géneros «autóctonos» y continentales). La composición salsera titulada precisamente «Somos el son» ocupó en los ochenta los primeros escalafones del *hit parade*. Compuesta por Víctor Rodríguez Amaro, con arreglo de Isidro Infante y popularizada por la

Orquesta La Selecta (dirigida por el pianista del proletario sector de Puerta de Tierra, Raphy Leavitt), fue grabada por la *indy* Bronco en San Juan. Expresa una visión identitaria donde la cultura nacional rebasa tanto el ámbito de los emigrantes como del Estado Nación territorial. La letra de la canción no presenta a la salsa como ingrediente del norteamericano *melting pot* ni como expresión de una *minoría* del multiculturalismo, pero tampoco como «cubana» ni como una expresión chauvinista puertorriqueña:

> Somos el son de Borinquen[34]
> Somos el son hispano[35]

Y más adelante añade:

> Somos el son del hispano *mundial*.

Musicalmente esta salsa —que en su letra reclama que «no tiene fronteras»— entrelaza en momentos muy significativos de su lírica diversos géneros, considerados todos ellos «típicos» puertorriqueños[36].

La visión que expresa «Somos el son», directamente desde Puerto Rico, la desarrollan también muchas otras salsas de diversos territorios; se trata de algo que puede atisbarse desde la producción neoyorquina inicial. Por ejemplo, en una muy interesante composición de Willie Colón sobre la incertidumbre y ambivalencias del amor, que grabó Lavoe a principios de los setenta (1972)[37], el soneo transita entre los ojos de su amada y la siguiente amplia trayectoria latinoamericana:

> Y yo te llevo a Panamá
> y te digo así:
> Te vo' a llevar a Brasil,
> después nos vamo'a Colombia,
> bailaremos la cumbia,
> de Puerto Rico llevo bomba

Y luego de hablar otra vez de su amada, continúa su trayecto hasta recalar de vuelta a la más concreta cotidianidad barrial de su «patria» del sabor danzario: del saber y la expresividad corporal.

---

[34] Nombre indígena de Puerto Rico.
[35] Tanto en su acepción neoyorquina de hispanoparlante como en la de latinoamericano.
[36] Análisis detallado en Quintero Rivera (2005a: 87-103).
[37] «Ah, ah, oh, oh», en Willie Colón y Héctor Lavoe (1972).

Yo te llevo a Martinica,
allí te compro una casita;
y te llevo a vacilar
a las fiestas de San Juan.
Después te llevo pa' Ponce   [su ciudad natal]
a la casa de doña Monse   [la abuela que casi lo crió]
y nos vamos a Bélgica   [barrio popular de Ponce]
allí yo paro en la seis,   [calle del barrio]
veo a los panas míos
y nos vamo'al bembé.   [¡al baile!]

En 1990, definiéndose como *legal alien* (según apuntamos antes), Willie Colón produce desde Nueva York una salsa que claramente pretende dar voz a toda la nómada comunidad «hispana». El LP incluye, por ejemplo, un bolero mexicano y dos merengues, en momentos cuándo la ciudad absorbía mexicanos de otras ciudades y cuando el mayor incremento de la población hispana se estaba desplazando desde la emigración puertorriqueña a la dominicana. Definiendo dicha amalgama «color café», la canción que le da el título al LP «Color americano»[38] incorpora una extraordinaria innovación en la práctica del soneo, convirtiéndolo en una especie de contra-canto entre la improvisación del solista y un coro al que se le otorga también un «discurso», no una mera reiteración repetitiva:

Coro   **Soneo**
La tierra del norte   fría y sin razón
escribe la trama   donde no hay amor.
El blanco domina   sin sentir dolor,
y el púrpura calla   con resignación.
La tierra del Norte   llena de riquezas,
escribe la trama   de injusticia y pobreza.
El blanco domina   por su color,
y el púrpura calla   su angustia y dolor.
La tierra del Norte   grandeza de poder,
escribe la trama   de lucha de razas:
el blanco domina   a sangre fría,
y el púrpura calla   esperando otro mañana…

---

[38] Compuesta por Amilcar Boscán y con arreglo de Marty Sheller, en Colón (1990).

Colón se reafirma tan distinto a la cultura estadounidense como se había concebido en sus salsas pioneras de casi veinticinco años antes. Tanto este tropo salsero de sus propios «nacionales» *latinos* que insistían en distanciarse del *melting pot*, reiterando vinculaciones identitarias con su «pueblo», «gente» o «familia[39]», como la trayectoria de las geografías salseras que examinamos en detalle en la sección anterior de este *Repiqueteo* final, atestiguan una crisis de hegemonía estadounidense a nivel de los conflictos desde la expresión cultural. Habiéndose originado la salsa entre emigrantes latinos en la principal ciudad del país dominante de esta época, en lugar de ir paulatinamente incorporándose a la cultura de dicho país, fue latino-caribeñizándose cada vez más en su proceso de difusión globalizada.

La salsa fue cristalizando en un período histórico cuando, como bien ha examinado el geógrafo David Harvey (1989) que citamos en los inicios de este *Repiqueteo*, las transformaciones en el capitalismo internacional y sus trastoques a las geografías y al tiempo estaban generando fisuras en algunas concepciones básicas de la modernidad «occidental». Muchas de las prácticas salseras fueron tocando nudos neurálgicos de la estructura sentimental *global* de las últimas décadas: como soneaba, casi en consigna gritada, «Somos el son», ¡*desde Puerto Rico pa'l mundo!* Esa sincronización con la estructura sentimental epocal no se identificaba como parte de la cultura que pretendía una hegemonía mundial. Al contrario, la crisis hegemónica estadounidense en el ámbito de la cultura se manifestó en la renuencia de los inmigrantes *latinos* a incorporar su expresión bailable-sonora al *all American music*, ni siquiera en los términos del multiculturalismo.

Entre los nudos neurálgicos de la sensibilidad posmoderna que la salsa toca y elabora, hemos querido destacar acá, la impugnación de la concepción de la cultura como irremediablemente «nacional» en el sentido territorial del estado-nación, que las identidades migratorias —como ejemplifica de manera extraordinaria la gran obra de Eddie Palmieri— han cuestionado, y de la radical separación cartesiana entre mente (civilización) y cuerpo (naturaleza), que la creatividad expresiva del cuerpo danzante pone en tela de juicio, y que vamos enseñándole al mundo desde la sabiduría de nuestra «mulata» tradición bailable. Precisamente refiriéndose a esta sensibilidad epocal compartida, Karen Blackstein, quien se identifica como *independent scholar*, *latina* de origen brasileño (con un apellido que sugiere trasfondo judío) y asidua estudiante de

---

[39] Vea el profundo carácter identitario de estos términos en la salsa nuyorican de los años 90 según la analiza y la describe extraordinariamente el trombonista salsero estadounidense y estudioso Christopher Washburne (2008: capítulos 1 y 3 especialmente).

las clases de salsa y otros bailes «mulatos» de nuestra América en el *coloso del Norte*, concluye su interesante contribución etnográfica sobre «el baile, el *Studio* y la cultura latina» al *Mambo Montage,* un libro específicamente dirigido a examinar la «latinización» de Nueva York:

> If [...] this radical fissure between body and mind [...] informs Anglo constructs of salsa music[40], *dance class attempts to stitch up that split*[41].

El gran arte de Eddie Palmieri —como el de Héctor Lavoe, Willie Colón, La India Caballero, Sergio George y tantos otros salseros nuyoricans— que el *all American Music* de Rockwell no alcanzó a comprender, radicaba —como el de Raphy Leavitt, y antes Cortijo e Ismael Rivera, en la *Isla del encanto*— en conjugar la estética de lo cotidiano con muy diversas camadas identitarias de trasfondos históricos y alcances contemporáneos, al tiempo que, como expresaba y practicaba Palmieri,

> se afectaba al *organismo* danzante: ¡esa es la función del músico!

Un arte en cuya práctica —en clara dimensión contra-hegemónica—, lejos de estar enfrentados se abrazan la cultura y el cuerpo.

«La descolonización requiere el desmantelamiento de los valores jerárquicos arraigados en el racismo y clasismo», declara desafiante la bailarina salsera e investigadora Priscilla Renta (2008:164), estudiando las prácticas danzantes descolonizadoras de dos de los más grandes maestros del baile salsero, Tato Conrad y Stacey López. Este último dejó una lucrativa carrera internacional de coreógrafo de «espectáculos» para dedicarse a enseñar el arte de bailar en calles, plazas públicas y fiestas patronales... «entrando» tanto en *uno* como en *dos*, en *cuatro* (¿?) «como bailaba su mama», señala[42], y con todo el *saoco* de la bomba comunal (de, por ejemplo, nuestro entierro-*Belén* de Tite Curet Alonso), ¡a contratiempo!

---

[40] En palabras de Frances Aparicio (1997: 104).

[41] «Taking "Class" Into Account, Dance, the Studio, and Latino Culture», capítulo 17 de Laó y Dávila (2001: 470).

[42] En DVD que preparó Stacey López para sus lecciones de salsa, citado por Priscilla Renta, «Migración de retorno y decisiones estéticas, Bailando salsa entre Nueva York y Puerto Rico» (2008: 164).

BIBLIOGRAFÍA

Tanto la Bibliografía como la Discografía sencillamente agrupan ordenadamente las lecturas y grabaciones que aparecen citadas en *Cuerpo y cultura*. No incluye otras lecturas y numerosas grabaciones que examiné como parte de los análisis para este libro, pero a las cuales no se hace referencia directa en el texto. Esta Bibliografía y la Discografía que la acompaña no deben tomarse, pues, como listados de sugerencias de grabaciones y lecturas que complementan el libro; ejercicio analítico que prometo a los lectores en un futuro a medio plazo.

ABBAD Y LASIERRA, Fray Iñigo (s.f., c. 2002): *Historia geográfica, civil y natural de la isla de San Juan Bautista de Puerto Rico*. Madrid: Doce Calles [Primera edición, 1782].
ACOSTA, Leonardo (1982): *Música y descolonización*. La Habana: Ed. Arte y Literatura.
— (1983): *Del tambor al sintetizador*. La Habana: Ed. Letras Cubanas.
— (1989): «From the Drums to the Synthesizer». En *Latin American Perspectives* XVI: 2 (primavera), pp. 29-47.
— (1995): «Una controversia salsera». En *El Nuevo Día* (San Juan), sección «Domingo» (16 de julio), pp. 4-8.
— (2000): *Descarga cubana: el jazz en Cuba 1900-1950*. La Habana: Unión.
ACQUARONE, Francisco (1948): *Historia da Música Brasileira*. Río de Janeiro: Editora Paulo de Azevedo.
AGUIRRE BELTRÁN, Gonzalo (1946): *La población negra en México; estudio etnohistórico*. México: Fuente Cultural [Reedición revisada, México: FCE, 1972].
AHYE, Molly (2002): «In Search of the Limbo, An Investigation into Its Folklore as a Wake Dance». En Susana Sloat, ed., 2002, cap. 17, pp. 247-261.
ALBERTI, Luis F. (1973): *Método de tambora y güira*. Santo Domingo: Cultural Dominicana.

ALEGRÍA, José S. (1959): «Las retretas». En *Revista del Instituto de Cultura Puertorriqueña* (ICP) 2 (enero-marzo), pp. 23-24.
— (1972): *El alma de la aldea: cuadros de costumbres puertorriqueñas*. San Juan: Colección de Estudios Puertorriqueños.
ALEGRÍA-PONS, José Francisco (1988): *Aspectos de la religiosidad popular en Puerto Rico*, San Juan: Centro de Estudios Avanzados de Puerto Rico y el Caribe/Comisión Puertorriqueña para la Celebración del Quinto Centenario del Descubrimiento de América y Puerto Rico.
ALÉN, Olavo (1982): *La música en las sociedades de tumba francesa en Cuba*. La Habana: Casa de las Américas (Premio de Musicología, 1979).
— (1992): *De lo afrocubano a la salsa, Géneros musicales de Cuba*. San Juan: Cubanacán.
— (2006): *Pensamiento musicológico*. La Habana: Letras Cubanas.
ALMOND, Gabriel y VERBA, Sidney (1970): *La cultura cívica, estudio sobre la participación política-democrática*. Madrid: Euramérica [Primera edición en inglés, 1963].
ALONSO, Manuel A. (1968): *El Gíbaro*. San Juan: Editorial Cultural [Primera edición, 1849].
ÁLVAREZ, Luis Manuel (1979): *African Heritage of Puerto Rican Folk-music: Poetic Structure*, ms Universidad de Indiana.
— y QUINTERO RIVERA, A. G. (1990): «La libre combinación de las formas musicales en la salsa». En *David y Goliath* (Buenos Aires: CLACSO), núm. 57 (octubre), pp. 45-51.
— y QUINTERO RIVERA, A. G. (2001): «Bambulaé sea allá, La bomba y la plena, compendio histórico-social»; «Trasfondo histórico y social». En DVD *Raíces,* Paloma Suau, dir. San Juan: BPPR.
ÁLVAREZ CURBELO, Silvia, ed. (2005): *Comunicación, democracia y ciudadanía*. San Juan: COPU-UPR, 2005.
—, GALLART, Frances y RAFFUCCI, Carmen, eds. (1998): *Los arcos de la memoria: el 98 de los pueblos puertorriqueños*. San Juan: Posdata.
ÁLVAREZ NAZARIO, Manuel (1960): «Historia de las denominaciones de los bailes de bomba». En *Revista de Ciencias Sociales* (San Juan: UPR) IV: 1 (marzo), pp. 59-73.
— (1974): *El elemento afronegroide en el español de Puerto Rico*. San Juan: ICP.
ANDÚJAR, Carlos (2006): «Merengue y bachata: un puente de comunicación musical. Notas sociológicas». En Tejeda y Yunén, eds., 2006, pp. 395-402.
ANÓNIMO (probablemente Manuel Fernández Juncos o José Gautier Benítez) (1878): «El baile y la música de nuestra danza». En *Revista Puertorriqueña* (30 de octubre), p. 412.
ANSALDI, Waldo, ed. (2004): *Calidoscopio Latinoamericano: imágenes históricas para un debate vigente*. Buenos Aires: Ariel [2ª impresión, 2006].

APARICIO, Frances R. (1997): *Listening to Salsa: Gender, Latin Popular Music and Puerto Rican Cultures*. Hanover: Wesleyan University Press.
— y JÁQUEZ, Cándida F. (2003): *Musical Migrations*, vol. I: *Transnationalism and Cultural Hybridity in Latin America*. New York: Palgrave.
APEL, Willie (1982): *Harvard Dictionary of Music*. Cambridge: Harvard University Press.
APONTE TORRES, Gilberto (1985): *San Mateo de Cangrejos (Comunidad cimarrona en Puerto Rico)*. San Juan: Comité Historia de los pueblos.
ARACENA, Soraya (1996): «El merengue dominicano, antecedentes históricos». En panfleto acompañante de Luis Días, *Jaleo Dominicano. Cfr.* Discografía.
ARAÚJO DE MOLINA, Consuelo (1973): *Vallenatología, orígenes y fundamentos de la música vallenata*. Bogotá: Ediciones Tercer Mundo.
ARCHETTI, Eduardo (2003): *Masculinidades: fútbol, tango y polo en la Argentina*. Buenos Aires: Antropofagia.
ARENTZ, Isabel, ed. (1977): *América Latina en su música*. México: Siglo XXI/ UNESCO.
ARJONA SIACA, Ernesto, ed. (1937): *Juan Morel Campos 1857-1896*. Ponce: Tip. Morel Campos.
ARNOLD, A. James (1997): «Comentarios a Michel Dash, Juicio de la créolité». En Díaz Quiñones ed. 1997, pp. 176-181.
ARRIAGA, Alberto S., ed. (1919): *Sistema de bailes modernos*. San Juan: s.e.
ARROCHA, Jaime (2007): «Los estudios afrocaribeños». En *Cuadernos del Caribe* (San Andrés Isla, Colombia: Universidad Nacional) 10, pp. 42-45.
ARROM, José Juan (1982): «Cimarrón: apuntes sobre sus primeras documentaciones y su probable origen». En *Anales del Caribe* (La Habana) 2, pp. 174-185.
ASENJO, Conrado (1947): «La era del Carnet». En *Puerto Rico Ilustrado* (28 de junio), pp. 4-5.
ASENJO, Federico (1868): *Las fiestas de San Juan, Reseña histórica de lo que han sido y de lo que son, relación verídica de las que se celebran en este año de 1868*. San Juan: Imprenta del Comercio.
ASHCROFT, Bill, GRIFFITHS, Gareth y TIFFIN, Helen, eds. (1995): *The Post-colonial Studies Reader*. London: Routledge.
ATTALI, Jacques (1977): *Bruits, essai sur l'économie politique de la musique*. Paris: Presses Universitaires de France [ed. en español, México: Siglo XXI, 1995].
AUSTERLITZ, Paul (1997): *Merengue, Dominican Music and Dominican Identity*. Philadelphia: Temple University Press.
BÁEZ, Juan Carlos (1989): *El vínculo es la Salsa*. Caracas: UCV/Ed. Derrelieve.
BAKHTIN, Michail (1968): *Rabelais and his World*. Cambridge: MIT Press.
BALSEIRO, José A. (1922): *Juan Morel Campos, el hombre y el músico*. San Juan: Tip. Germán Díaz.
BARTÓK, Béla (1931): *Hungarian Folk Music*. London: Oxford University Press.
— (1979): *Escritos sobre música popular*. México: Siglo XXI.

BASTIDE, Roger (1958): *Le Candomblé de Bahia*. Paris/La Haye: Mouton.
BEBEY, Francis (1969): *Musique de l'Afrique*. Paris: Horizons de France.
BECKER, Judith (2004): *Deep Listeners, Music, Emotion and Trancing*. Bloomington ID: Indiana University Press.
BÉHAGUE, Gerard H., ed. (1994): *Music and Black Ethnicity, The Caribbean and South America*. New Brunswick: Transaction Pub.
BENDIX, Reinhard (1964): *Nation-Building and Citizenship*. New York: J. Wiley & Sons.
BENÍTEZ ROJO, Antonio (1989): *La isla que se repite*. Hanover: Ediciones del Norte.
— (1997): «Significación del ritmo en la estética caribeña». En Fiet y Becerra, eds. 1997, pp. 9-23.
BENJAMIN, Walter (1968): «The Work of Art in the Age of Mechanical Reproduction». En *Illuminations*. New York: Harcourt [Primera edición, 1936].
BENZON, William L. (2001): *Beethoven's Anvil, Music in Mind and Culture*. New York: Basic Books.
BERNABÉ, Jean, CHAMOISEAU, Patrick y CONFIANT, Raphael (1989): *Éloge de la créolité*. Paris: Gallimard.
BERRIAN, Brenda F. (2000): *Awakening Spaces, French Caribbean Popular Songs, Music and Culture*. Chicago: University of Chicago Press.
BERRÍOS-MIRANDA, Marisol (2000): *The Significance of Salsa Music to National and Pan Latino Identity*. Tesis Ph. D. University de Berkeley, California.
— (2002): «Is salsa a musical genre?». En Waxer 2002, cap. 2, pp. 23-50.
— (2003): «Con sabor a Puerto Rico, The Reception and Influence of Puerto Rican Salsa in Venezuela». En Aparicio y Jáquez 2003, cap. 3, pp. 47-80.
BETANCUR ÁLVAREZ, Flavio (1993): *Sin clave y bongo no hay son: música afrocubana y confluencias musicales de Colombia y Cuba*. Medellín: Ed. de la Universidad de Antioquia.
BETHELL, Leslie, ed. (1986): *Cambridge History of Latin America*. Cambridge: Cambridge University Press. (Edición en español y publicado con la bibliografía actualizada Barcelona: Crítica, 1992.)
BHABHA, Homi (1986): «Remembering Fanon: Self, Psyche and the Colonial Condition». Prefacio a Frank Fanon. *Black Skin, White Masks*. London: Pluto.
— (1994): «Interrogating Identity: Frantz Fanon and the Postcolonial Prerogative». En *The Location of Culture*. London: Routledge, pp. vii-xxvi.
BILBY, Kenneth M. (1985): *The Caribbean as a Musical Region*. Washington: The Wilson Center.
BLACKBURN, Robin (1988): *The Overthrow of Colonial Slavery, 1776-1848*. London/ New York: Verso.
BLACKING, John (1973): *How Musical is Man?* Seattle: University of Washington Press.
BLACKSTEIN, Karen (2001): «Taking "Class" into Account, Dance, the Studio, and Latino Culture». En Laó y Dávila, eds. 2001, cap. 17, pp. 449-472.
BLANCO, Jesús (1992): *80 años de son y soneros en el Caribe 1909-1989*. Caracas: Tropykos.

BLANCO, Tomás (1935): «Elogio a la plena». En *Revista del Ateneo Puertorriqueño* I: 1 (marzo); reproducido en Mariana Robles de Cardona (1950): *Antología crítica del ensayo en Puerto Rico*. San Juan: UPR.
— (1948): *El prejuicio racial en Puerto Rico*. San Juan: BAP [Primera edición, 1942].
— (1952): *Prontuario histórico de Puerto Rico*. San Juan: DIP [Primera edición, 1935].
— (1959): «El mito del Jíbaro». En *Revista del ICP* 5 (oct.-dic.), p. 8.
BLOMSTER, W. V. (1976): «Sociology of Music: Adorno and Beyond». En *TELOS* 28 (verano), pp. 81-112.
BOETTER, Juan Max (s.f., c. 1963): *Música y músicos del Paraguay*. Asunción: ed. de Autores Paraguayos Asociados.
BOHANNAN, Paul (1967): «Concepts of Time among the Tiv of Nigeria», en John Middleton (ed.), *Myth and Cosmos, Readings in Mythology and Symbolism*. Garden City, N.Y.: The Natural History Press, pp. 315-329.
BOLSTER, Jeffrey W. (1997): *Black Jacks: African Seamen in the Age of Sail*. Cambridge: Harvard University Press.
BONAFOUX, Luis (1914-1927): «El Carnaval en las Antillas» (1882). En Cayetano Coll y Toste, ed. *Boletín Histórico de Puerto Rico*. San Juan: Tip. Cantero, Fernández y Co., vol. XII, pp. 110-111.
BONGIE, Chris (1998): *Islands and Exiles: The Creole Identities of Post/Colonial Literature*. Stanford: Stanford University Press.
BONÓ, Pedro Francisco (1968): *El Montero: novela de costumbres*. Santo Domingo: Julio D. Postigo (Colección del Pensamiento Dominicano) [Primera edición, 1856].
BOORSTIN, Daniel (1994): *Los creadores*, Barcelona: Crítica/Grijalbo.
BOTTOMORE, T. B. y RUBEL, Maximilien (1967): *Karl Marx: Selected Writings in Sociology and Social Philosophy*. Harmonsworth: Penguin Books [Primera edición, 1956].
BOUSQUIÉ, Paul (1994): *Le corps cet inconnu*. Paris: L'Harmattan.
BRAU, Salvador (1884): «Al que leyera». Prólogo a la 2ª edición de Manuel Alonso (1884): *El Gíbaro*. San Juan, pp. IX-XXV.
— (1886): «La Herencia devota». En *Almanaque de Damas*. Puerto Rico: Tip. González Font [reproducido en Eugenio Fernández Méndez, ed. (1956): *Disquisiciones Sociológicas*. San Juan: UPR, pp. 237-260].
— (1909): *Hojas caídas*. San Juan: Tip. La Democracia.
— (1956): «Disquisiciones sociológicas sobre la *danza* puertorriqueña» (1882). En Eugenio Fernández Méndez, ed. *Disquisiciones Sociológicas*. San Juan: UPR, pp. 189-206.
BRENES, Ramón Luis (1991): «A puerta cerrada con Ismael Rivera», entrevista para la revista *Teveguía*. En *Centro* (revista del Centro de Estudios Puertorriqueños de CUNY) vol. III, núm. 2 (primavera), pp. 56-61.
BRICEÑO-LEÓN, Roberto y SONNTAG, Heinz R., eds. (1998): *Pueblo, época y desarrollo: la sociología de América Latina*. Caracas: CENDES/Nueva Sociedad.

BRITO UREÑA, Luis Manuel (1997): *El merengue y la realidad existencial de los dominicanos*. Moca: Unigraf.
BROWN, Peter (1988): *The Body and Society, Men, Women, and Sexual Renunciation in Early Christianity*. New York: Columbia University Press.
BRYCE-LAPORTE, Roy S. (1968): «Family Adaptation of Relocated Slum Dwellers in Puerto Rico: Implications for urban research and development». En *The Journal of Developing Areas*, pp. 533-540.
— (1970): «Urban Relocation and Family Adaptation in Puerto Rico: A Case Study in Urban Ethnography». En William Mangin, ed. *Peasants in Cities, readings in the Anthropology of Urbanization*. Boston: Houghton Mifflin Co., cap. 8.
BUENO, André Paula (2001): *O Bumba-boi maranhense em São Paulo*. São Paulo: Nankin.
BUNKER, Oscar L. (1975-1981): *Historia de Caguas*. Caguas: s.n, 2 vols.
BURBANO ABADÍA, Loida (1995); «La salsa, una representación social». En *Huellas* (Barranquilla, Colombia) núm. 45, pp. 67- 73.
BYRON, Charles Asche (1983): *Cuban Folklore Traditions and Twentieth Century Idioms in the Music of Amadeo Roldán and Alejandro García Caturla*. Tesis Ph. D. University of Texas at Austin.
CABALLERO, Ramón C. (1852): *La juega de gallos o El negro bozal*, comedia en dos actos y en prosa. En *Recuerdos de Puerto Rico, Producciones literarias en prosa y en verso*. Ponce: Imp. de *El Ponceño*, pp. 43-81.
CABRERA, Lydia (1954): *El monte, igbo finda, ewe orisha, vititinfinda: notas sobre las religiones, la magia, las supersticiones y el folklore de los negros criollos y el pueblo de Cuba*. La Habana: CR.
CALCAÑO, José Antonio (1958): *La ciudad y su música (Crónica musical de Caracas)*. Caracas: Conservatorio Teresa Carreño.
CALDERÓN, Fernando, ed. (1988): *Imágenes desconocidas. La modernidad en la encrucijada postmoderna*. Buenos Aires: CLACSO.
CALLEJO, Fernando (1971): *Música y músicos puertorriqueños*. San Juan: Coquí [Primera edición, 1915].
CAMPOS PARSI, Héctor (1992): *Unos bailan y otros lloran: crónicas de la música puertorriqueña durante la Gran Depresión (1928-1931)*. Tesis de maestría inédita. San Juan: Centro de Estudios Avanzados de Puerto Rico y el Caribe.
CANINO, Marcelino J. (1975): *El cantar folklórico de Puerto Rico*. San Juan: UPR.
CARBONELL, Jorge y SEPÚLVEDA, Aníbal (1987): *Cangrejos - Santurce, Historia ilustrada de su desarrollo urbano (1519-1950)*. San Juan: CARIMAR.
CÁRDENAS DUQUE, Rocío (1986): «La música en el palenque de San Basilio». En *Anales del Caribe* (La Habana) 6, pp. 278-290.
CARDONA, Alejandro y DÍAZ, Diego (2000): *¿Dónde está la Má Teodora? La lectura musical basada en principios rítmicos afroamericanos*. Heredia (Costa Rica): Nuestra Cultura S.A.

CARDOSO JUNIOR, Abel (s.f., c. 1999): folleto que acompaña a *Chiquinha Gonzaga. Cfr.* Discografía.
CARPENTIER, Alejo (1946): *La música en Cuba.* México: FCE.
— (1977): «América Latina en la confluencia de coordenadas históricas y su repercusión en la música». En Arentz, 1977, pp. 1-19.
— (1980): *Ese músico que llevo dentro.* 2 vols. La Habana: Letras Cubanas.
CARRASCO, Eduardo (1982): *La nueva canción en América Latina.* Santiago de Chile: CENECA.
CARREÑO, Manuel Antonio (1894): *Manual de urbanidad y buenas maneras.* San Juan: Imp. del Boletín Mercantil.
CASIMIR, Jean (1977): «Estudio de caso respuesta a los problemas de la esclavitud y de la colonización en Haití». En Moreno Fraginals, 1977, pp. 398-422.
— (1981): *La cultura oprimida.* México: Nueva Imagen.
— (1982): «Limitaciones del proyecto nacional de la oligarquía mulata de Dominica en el siglo XIX». En *Anales del Caribe* (La Habana) 2, pp. 138-173.
— (1991): *La Caraïbe, Une et Divisible.* Port-au-Prince: CEPALC/Éd. Deschamps [Edición en español (1997): *La invención del Caribe.* San Juan: UPR].
CASTILLO, Rafael (1991): *Fenomenología del bolero.* Caracas: Monte Ávila.
CASTRO Y SERRANO, José (1878): «El baile». En *Revista Puertorriqueña* 1ro/10/, p. 403.
(1883): *Catálogo general de la existencia del Almacén de música de Olimpio Otero* (Ponce). Humacao (Puerto Rico): Imp. de F. Otero.
(1899): *Catálogo general de las existencias del Almacén de música y pianos de Rossy, Montañez y Cia.* San Juan: Tip. González Font.
CATAÑO ARANGO, Carlos (2008): *De Barrio Obrero a la Quince: Itinerarios y representaciones de San Juan y Cali en clave de Salsa.* Tesis de MA. San Juan: Escuela de Comunicación Pública de la Universidad de Puerto Rico.
CEPERO BONILLA, Raúl (1948): *Azúcar y abolición.* La Habana: Cenit. (Segunda edición, Barcelona: Crítica, 1976.)
CLARK, Vèvè A. (2002): «Katherine Dunham's Tropical Revue». En Sloat, ed., 2002, cap. 16, pp. 221-244.
CLARKE, Donald (1989): *The Penguin Enciclopedia of Popular Music.* London: Penguin.
CHAKRAABARTY, Dipesh (1992): «Postcoloniality and the Artifice of History: Who Speaks for "Indian" Past?». En *Representations* 37 (invierno), pp. 1-26.
CHAPPLE, Steve y GAROFALO, Reebee (1977): *Rock'n'Roll is Here to Pay.* Chicago: Nelson-Hall.
CHAVIER, Arístides (1926): *Siluetas Musicales.* Ponce: Tip. El Día.
CHEDIAK, Nat (s.f., c. 1998): *Diccionario de Jazz Latino.* Madrid: Fund. Autor.
CHERNOFF, John Miller (1979): *African Rhythm and African Sensibility, Aesthetics and Social Action in African Musical Idioms.* Chicago: The University of Chicago Press.
COLLINS, John (1992): *West African Pop Roots.* Philadelphia: Temple University Press.

COOKE, Deryck (1982): «The Lennon-McCarney Songs». En *Vindications, Essays on Romantic Music*. Cambridge: Cambridge University Press, pp. 196-200.

COOPERSMITH, J. M. (1974): *Música y músicos de la República Dominicana*. Santo Domingo: Dirección General de Cultura.

COPLAND, Aaron (1980): *Como escuchar la música*. México: Breviarios del FCE [Primera edición en inglés, 1939].

CÓRDOVA, Jaime (2006): «Maelo cantaba boleros». En *Claridad*, suplemento *En Rojo* (5 al 11 de octubre), p. 16.

CORREA DE AZEVEDO, Luiz Heitor (1948): *A Musica Brasileira E Seus Fundamentos* (bilingüe). Washington: Unión Panamericana.

CORIAT, Benjamín (1982): *El taller y el cronómetro: ensayo sobre el taylorismo, el fordismo y la producción en masa*. Madrid: Siglo XXI [Primera edición en francés, 1979].

COROMINAS, Joan y PASCUAL, José A. (1981): *Diccionario crítico etimológico castellano e hispánico*. Madrid: Gredos.

COTARELO Y MORI, Emilio (1911): *Colección de Entremeses, loas, bailes, jácanas y mojigangas, desde fines del siglo XVI a mediados del XVII*. Madrid: Bailly-Bailliére, tomo 1, vol. I.

COWLEY, John (1996): *Carnival, Canboulay, and Calypso: Traditions in the Making*. New York: Cambridge University Press.

CRESPO BARTOLOMÉ, José (1847): *Las habaneras pintadas por sí misma*. La Habana: Imp. de Oliva.

CRUCES, Francisco, coord. (1999): *El Sonido de la Cultura, Textos de Antropología de la Música*, número especial de revista *Antropología* 15-16 (marzo).

CURET ALONSO, Catalino (1999): «Sylvia siempre en el recuerdo». En *El Vocero* (22 de octubre).

CYRILLE, Dominique (2002): «Sa Ki Ta Nou (This belongs to us), Creole Dances of the French Caribbean». En Sloat, ed., 2002, cap. 16, pp. 221-244.

DAMASIO, Antonio (1994): *Descartes' Error: Emotion, Reason, and the Human Brain*. New York: Putman.

— (1999): *The Feeling of What Happens, Body and Emotion in the Making of Consciousness*. San Diego: Harcourt.

DAMIANI, Julio (1998): «El hato cangrejero que se convirtió en suburbia: Santurce al filo del 98». En Álvarez Curbelo, *et al.*, 1998, pp. 56-68.

DANIEL, Yvonne (1995): *Rumba, Dance and Social Change in Contemporary Cuba*. Bloomington: Indiana University Press.

DARRÉ, Alain, ed. (1996): *Musique et politique: les répertoires de l'identité*. Rennes: Presses Universitaires de Rennes.

DASH, Michel (1997): «Juicio de la créolité: perspectivas sobre la identidad del Caribe francés en el fin de siglo». En Díaz Quiñones, ed., 1997, pp. 165-175.

DAVIN, Anna (1978): «Imperialism and Motherhood». En *History Workshop* 5 (primavera), pp. 9-65.

DÁVILA SANTIAGO, Rubén (1983): *El derribo de las murallas y «El Porvenir de Borinquen»*. San Juan: CEREP-Cuadernos 8.

DE CARVALHO, José Jorge (1996): «Globalization, Traditions, and Simultaneity of Presences». En Luíz Eduardo Soares, org. *Cultural Pluralism, Identity, and Globalization*. Río de Janeiro: UNESCO/ISSC/EDUCAM, pp. 414-456.

— (1999): «Estéticas de la opacidad y la transparencia. Música, mito y ritual en el culto shangó y en la tradición erudita occidental». En Cruces, coord., 1999, pp. 59-90.

— (2002): «Las culturas afroamericanas en Iberoamérica: lo negociable y lo innegociable». En Néstor García Canclini, ed., 2002, pp. 97-132.

— y SEGATO, Rita (1992): *Shango Cult in Recife*. Caracas: OEA.

— (1994): *Sistemas abertos e territórios fechados: para uma nova compreensão das entrelaces entre música e identidades sócias*. Brasília: Universidade de Brasília, Serie Antropologia 164.

DE SOUZA, Tárik (1998): «A Trajetória», panfleto acompañante a Carmen Miranda. *Cfr.* Discografía.

DE LA TORRE, Jovino (1900): *Siluetas ponceñas*. Ponce: Tip. de J. Picó Matos.

DEL CASTILLO, José y GARCÍA ARÉVALO, Manuel A. (1988): *Antología del Merengue*. Santo Domingo: Banco Antillano, S.A.

DEL VALLE ATILES, Francisco (1887): *El campesino puertorriqueño*. San Juan: Tip. J. González Font.

DELANNOY, Lue (2000): *¡Caliente! Une histoire du Latin Jazz*. Paris: Éd. Denoël.

DELEITO Y PIÑUELA, José (1944): *También se divierte el Pueblo (Recuerdos de hace tres siglos: Romerías/Verbenas/Bailes/Carnaval/Torneos/Toros/Academias políticas/ Teatro)*. Madrid: Espasa Calpe.

DELIZ, Monserrate (1957): *El himno de Puerto Rico, Estudio crítico de «La Borinqueña»*. Madrid: GISA.

DESCARGA. *Catalog (ue, sic)* <www. DESCARGA.com>. 2000.

DESCARGA. *Catalog (ue, sic)* 1996/97, New York: n.ed., 1997.

DESCHAMPS, Eugenio (1899): *Juan Morel Campos*. Ponce: Tip. del Correo de P.R.

(1858): *Descripción de las fiestas reales que celebró la muy notable y muy leal ciudad de Puerto Rico, con motivo del fausto natalicio del Serenísimo Príncipe de Asturias Don Alfonso*. San Juan: Imp. Acosta.

DEUTSCH, Karl (1965): *The Nerves of Government, Models of Political Communication and Control*. London: Free Press of Glencoe [Edición en español (1989): México: Paidós].

DÍAZ AYALA, Cristóbal (1981): *Música cubana, del areyto a la nueva trova*. San Juan: Cubanacán.

— (1998a): *Cuando salí de La Habana, 1898-1998. Cien años de música cubana por el mundo*. San Juan: Fundación Musicalia.

—, ed. (1998b): *La marcha de los jíbaros 1898-1997*. San Juan: Plaza Mayor.

— (2006): *Los contrapuntos de la música cubana*. San Juan: Editorial Callejón.

Díaz Díaz, Edgardo (c. 1980): «La música bailable de los carnets: apuntes sobre su auge y decadencia». Ms. inédito.
— (1986a): «La gomba paraguaya: un documento para el estudio de la bomba puertorriqueña». En *La Canción Popular* I: núm. 1 (enero-junio), pp. 8-14.
— (1986b): «Crónica sobre una gira artística de Anita Otero Hernández (1886-1887)». En *Revista del ICP* 92-93 (abril-septiembre), pp. 42-50.
— (2006): «El merengue dominicano: una prehistoria musical en diez pasos». En Tejeda y Yunén, 2006, pp. 179-209.
Díaz Quiñones, Arcadio (1993): «Salvador Brau: la paradoja de la tradición autonomista». En *La Torre* (San Juan: UPR) vol. 27-28, pp. 395-414.
—, ed. (1997): *El Caribe entre Imperios*, número especial de la revista *Op. Cit.* (San Juan: UPR) 9.
— (2000): *El arte de bregar*. San Juan: Callejón.
— (2003): «Una España pequeña y remota». En Ángel G. Quintero Rivera, ed., *Vírgenes, Magos y Escapularios, Imaginería, etnicidad y religiosidad popular en Puerto Rico*. San Juan: CIS/UPR, pp. 118-125 [1ª ed. 1998].
— (2006): *Sobre los principios. Los intelectuales caribeños y la tradición*. Bernal: Universidad Nacional de Quilmes.
Díaz Pérez, Clara (1994): *Sobre la guitarra, la voz*. La Habana: Letras cubanas.
Diniz, Edinha (1999): *Chiquinha Gonzaga*. Río de Janeiro: Editora Rosa dos Tempos [Primera edición, 1984].
Dower, Catherine (1983): *Puerto Rican Music Following the Spanish American War, 1898*. Longham: University Press of America.
Duany, Jorge (1984): «Popular Music in Puerto Rico: Towards an Anthropology of Salsa». En *Latin American Musical Review* 5:2 (otoño/invierno), pp. 187-216.
Dudley, Shannon (1996): «Judging by the Beat: Calypso vs. Soca». En *Ethnomusicology* 40:2, pp. 269-298.
— (2002): «Dropping the Bomb: Steelband Music and Meaning in the 1960s Trinidad». En *Ethnomusicology* 46:1, pp. 135-164.
— (2004): *Carnival Music in Trinidad*. New York: Oxford University Press.
Dufrasne, Emanuel (1987a): «Innovación en la música puertorriqueña: una entrevista con Ismael Rivera». En *Revista Musical Puertorriqueña* 2 (julio-diciembre), pp. 32-35.
— (1987b): «Tres cordófonos de origen africano en Puerto Rico: nuevos datos organológicos del Caribe hispano-hablante». En *Revista del Centro de Estudios Avanzados de Puerto Rico y el Caribe* 5 (julio-diciembre), pp. 71-77.
— (1987c): «Paracumbé: proyecto para la autenticidad en música popular». En *Cruz Ansata* 10 (Universidad Central de Bayamón, P. R.), pp. 199-213.
— (1994): *Puerto Rico también tiene... ¡tambó! Recopilación de artículos sobre la plena y la bomba*. San Juan: Paracumbé.
Dunham, Katherine (1989): *Island Possessed*. Garden City: Doubleday.

DUNN, Christopher (2001): *Brutality Garden: Tropicália and the Emergence of a Brazilian Counterculture*. Chapel Hill: University of North Carolina Press.
DURANT, Alan (1989): «Improvisation in the Political Economy of Music». En Norris, ed., 1989, pp. 251-293.
ECHEVARRÍA ALVARADO, Félix (s.f., c. 1984): *La plena, origen, sentido y desarrollo en el folklore puertorriqueño*. San Juan: Express Offset and Printing.
EGÚRBIDA, Leonardo (1972): *Música Puertorriqueña para Guitarra. 9 Danzas*. San Juan: IPC/Centro de Investigaciones y Ediciones musicales de Puerto Rico.
EHRENREICH, Barbara (2006): *Dancing in the Streets, A History of Collective Joy*. New York: Henry Holt.
ELI RODRÍGUEZ, Victoria y ALFONSO RODRÍGUEZ, María de los Ángeles (1999): *La música entre Cuba y España. Tradición e Innovación*. Madrid: Fundación de autor.
ELIAS, Norbert (1982): *The History of Manners*. New York: Pantheon.
ELLINGTON, Edward Kennedy (1973): *Music is My Mistress*. New York: Doubleday.
ELZABURU, Manuel de (Fabián Montes, pseudónimo) (1878): «La música de nuestra danza». En *Revista Puertorriqueña* núm. 20 (30 de octubre), pp. 406-407.
ENGELS, Friedrich (1983): *El origen de la familia, la propiedad privada y el Estado*. Madrid: Sarpe [Primera edición en alemán, 1884].
ENTIOPE, Gabriel (1996): *Nègres, danse et résistance: la Caraïbe du XVIIe au XIXe siècle*. Paris: L'Harmattan.
(1974): «Entrevista a Rafael Cortijo». En *Avance* (San Juan) II, 101 (1º de julio), p. 54.
EPSTEIN, Dena J. (1977): *Sinful Tunes and Spirituals, Black Folk Music to the Civil War*. Urbana: University of Illinois Press.
ESCAL, Françoise y IMBERTY, Michel, eds. (1997): *La musique au regard des sciences humaines et des sciences sociales (Actes du colloque au Maison des Sciences de l'Homme, 1994)*. Paris: L'Harmattan.
ESCALONA, Saúl (1998): *La salsa, Pa' bailar mi gente: un phénomène socioculturel*. Paris: L'Harmattan.
FABINI, Eduardo (1955-1969): *Compositores de América, datos biográficos y catálogos de sus obras*. Washington: OEA, 15 vols.
FANON, Frantz (1952): *Peau noire, masques blancs*. Paris: Éd. du Seuil [Primera edición en español (1970): *¡Escucha, blanco!* Barcelona: Terra Nova].
— (1961): *Les damnés de la terre*. Paris: Maspero [Primera edición en español (1963): *Los condenados de la tierra*. México: FCE].
— (1966): *Sociologie d'une révolution*. Paris: Maspero [Primera edición en español (1968): *Sociología de una revolución*. México: Era].
FAVARETTO, Celso (2000): *Tropicália, alegoria, alegria*. São Paulo: Ateliê Ed [Primera edición, 1979].
FERNÁNDEZ MORALES, José (1999): *Análisis sobre los cantos de bomba recogidos en Cataño (1918-1965)*. Tesis MA. San Juan: Centro de Estudios Avanzados de Puerto Rico y el Caribe.

FERNÁNDEZ MÉNDEZ, Eugenio (1956). «Introducción» a Salvador Brau. *Disquisiciones sociológicas*. San Juan: UPR, pp. 5-120.
FERREIRA, Luis (2001): *Los tambores del candomblé*. Montevideo: Ed Calibú-Sepé [Primera edición, 1997].
FIET, Lowell y BECERRA, Janette, eds. (1997): *Caribe 2000: definiciones, identidades y culturas regionales y/o nacionales*. San Juan: UPR.
— (1999): *Un convite de poetas y teatreros*. San Juan: UPR.
FINKELSTEIN, Sidney (1960): *Composer and Nation: The Folk Heritage of Music*. New York: International Publishers.
FIGUEROA, Frank M. (1998a): «Trayectoria artística de Aníbal Herrero». En *La Canción Popular* núm. 13, p. 132.
— (1998b): «Rafael Cortijo». En *Latin Beat* vol. 8, núm. 8 (octubre).
FIGUEROA BERRÍOS, Edwin (1963): «Los sones de la bomba en la tradición popular de la costa sur de Puerto Rico». En *Revista del ICP* 21 (octubre-diciembre), pp. 46-48.
FIGUEROA HERNÁNDEZ, Rafael (1993): *Ismael Rivera: el sonero mayor*. San Juan: ICP.
FIGUEROA DE THOMPSON, Annie (1977): *Bibliografía anotada sobre la música de Puerto Rico*. San Juan: ICP.
FLORES, Juan (1993): *Divided Borders; Essays on Puerto Rican Identity*. Houston: Arte Público.
— (1997): *La venganza de Cortijo y otros ensayos*. San Juan: Huracán.
— (2000): *From Bomba to Hip- Hop*. New York: Columbia University Press.
— y MATOS VALLDEJULI, Jorge (2004): «Tremendo rumbón: una entrevista con Genaro "Heny" Álvarez». En Flores y Valentín-Escobar, 2004, pp. 121-131.
— y VALENTIN-ESCOBAR, Wilson A., eds. (2004): *Puerto Rican Music and Dance: RicanStructuring Roots/Routes*, Part I, número especial del *Centro, Journal* (New York: *Center of Puerto Rican Studies*) XVI:1 (primavera).
FONFRÍAS, Ángel (1983): *Apuntes para la historia musical de Puerto Rico*. Tesis MA. San Juan: Centro de Estudios Avanzados de Puerto Rico y el Caribe.
FONFRÍAS, Ernesto Juan (1967): *Apuntes sobre la danza puertorriqueña*. San Juan: ICP.
FONT, Cecilio R. (1970): *Cosas de la danza de Puerto Rico*. Madrid: Artes gráficas Ibarra.
FOUCHARD, Jean (1973): *La méringue, danse nationale d'Haïti*. Ottawa: Leméac.
FRANK, Henry (2002): «Haitian Vodou Ritual Dance and Its Secularization». En Sloat, ed., 2002, cap. 8, pp. 109-123.
FRIEDMANN, Nina S. de (1991): «Lumbalú: ritos de muerte en el Palenque de San Basilio». En *América Negra* 1 (junio), pp. 65-86.
FRITH, Simon (1981): *Sound Effects; Youth, Leisure and the Politics of Rock'n'Roll*. New York: Pantheon.
GÁNDARA, Roberto, ed. (2007): *Puerto Rico en el Mundo*. San Juan: Fundación Puertorriqueña de las Humanidades.
GALÁN, Natalio (1983): *Cuba y sus sones*. Valencia: Pre-textos.

Salsa, migración y globalización 371

GARCÍA CANCLINI, Néstor, ed. (2002): *Iberoamérica 2002: diagnóstico y propuestas para el desarrollo cultural*. México/Madrid: Organización de los Estados Americanos para la Educación, la Ciencia y la Cultura/Santillana.

GARCÍA DE ARBOLEYA, José (1859): *Manual de la isla de Cuba. Compendio de su historia, geografía, estadística y administración*. La Habana: Imp. del Tiempo.

GARCÍA DE LEÓN, Antonio (2002): *El mar de los deseos, El Caribe hispano musical: historia y contrapunto*. México: Siglo XXI.

GARCÍA, Gervasio L. (1990): «Las primeras actividades de los honrados hijos del trabajo». En *Op. Cit.* (San Juan: UPR) núm. 5, pp. 181-247.

— y QUINTERO RIVERA, A. G. (1982): *Desafío y solidaridad, breve historia del movimiento obrero puertorriqueño*. San Juan: Huracán/CEREP.

GARCÍA, Jesús «Chucho» (2006): *Caribeñidad: afroespiritualidad y afroepistemología*. Caracas: Ministerio de Cultura/Ed. El Perro y la Rana.

GARRAMUÑO, Florencia (2007): *Modernidades primitivas: tango, samba y nación*. Buenos Aires: FCE.

GENEL, Albert André (1985): «De Grasourdy, médico del campesinado puertorriqueño en el siglo XIX». En *Revista del ICP* 88 (abril-junio), pp. 21-24.

GERARD, Charley y SHELLER, Marty (1989): *Salsa! The Rhythm of Latin Music*. Crown Point: White Cliffs Media Company.

GILROY, Paul (1994): *The Black Atlantic, Modernity and Double Consciousness*, Cambridge (Mass.): Harvard University Press.

GIOVANNETTI, Jorge (2001): *Sonidos de condena*. México: Siglo XXI.

GIRAUD, Michel (1997): «De la négritude à la créolité: une évolution paradoxale à l'ère départementale». En F. Constant et J. Daniel, eds. *1946-1996, 50 ans de départementalisation outre-mer*. Paris: L'Harmattan, pp. 373-403.

GLASSER, Ruth (1995): *My Music is My Flag, Puerto Rican Musicians and their New York Communities, 1917-1940*. Berkeley: University of California Press.

GLISSANT, Édouard (1989): *Poétique de la relation*. Paris: Gallimard.

GOBINEAU, Joseph Arthur de, Conde de (1853-1857): *Essai sur l'inégalité des races humaines*. Paris: Firmin-Didot frères [Uso ed. en inglés (1967): *The Inequality of Human Races*. New York: H. Fertig].

GOEHR, Lydia (1992): *The Imaginary Museum of Musical Works*. Oxford: Clarendon Press.

GONZÁLEZ, José Luis (1980): *El país de cuatro pisos y otros ensayos*. San Juan: Huracán.

GONZÁLEZ, Lydia Milagros y QUINTERO RIVERA, A. G. (2000): *La otra cara de la historia, la historia de Puerto Rico desde su cara obrera*, vol. I (1800-1925). San Juan: Puerto [Primera edición, CEREP, 1984].

GONZÁLEZ CANAHUATE, Almanzor, ed. (1988): *Recopilación de la música popular dominicana*. Santo Domingo: Corripio.

GONZÁLEZ CASANOVA, Pablo, ed. (1984): *Historia del movimiento obrero en América Latina*. México: Siglo XXI.

GONZÁLEZ GARCÍA, M. (1893): «El baile». En *La Ilustración Puertorriqueña* II: 24 (10 de diciembre), p. 192.
GONZÁLEZ MENA, Enrique y TELECHEA, Joaquín (1903): *Guía comercial e industrial de la ciudad de Ponce*. Ponce: Tip. Baldorioty.
GONZÁLEZ SOL, Rafael (1940): *Datos históricos sobre el Arte de la música en El Salvador*. San Salvador: Imprenta Mercurio.
GÓMEZ CAIRO, Jesús, ed. (1995): *El arte musical de Ernesto Lecuona*. Madrid: Sociedad General de Autores y Editores.
GÓMEZ, José Manuel (1995): *Guía esencial de la Salsa*. Valencia: La Máscara.
GÓMEZ GARCÍA, Zoila (1978): *Amadeo Roldán*. La Habana: Arte y Literatura.
— y ELI RODRÍGUEZ, Victoria (1995): *Música latinoamericana y caribeña*. La Habana: Pueblo y Educación.
GOTTSCHILD, Brenda Dixon (1998): *Digging the Africanist Presence in American Performance, Dance and Other Contexts*. Westport: Praeger.
GOYENA, Héctor Luis (1994): «El tango en la escena dramática de Buenos Aires durante la década del veinte». En *Latin American Music Review* 15:1 (verano), pp. 93-109.
GRENET, Emilio (1939): *Popular Cuban Music*. La Habana: Corosa y Co.
GUADALUPE PÉREZ, Hiram (2003): «Historia de la salsa, 20». En *Primera Hora* (31 de diciembre), separata.
— (2004): «Durísimos y diferentes». En *Primera Hora*, suplemento, *Historia de la Salsa 33* (31 de marzo), p. 6.
— (2005a): serie «Historia de la salsa». En *Primera Hora* (5 de octubre), p. 17.
— (2005b): *Historia de la salsa*. San Juan: Primera Hora.
GUERRERO, José G (2006): «El merengue: ¿cubano, puertorriqueño, haitiano o dominicano?». En Tejeda y Yunén, 2006, pp. 69-104.
GUILBAULT, Jocelyne (1993): *Zouk: World Music in the West Indies*. Chicago: University of Chicago Press.
GUMPLOWICZ, Philippe (1996): «Le jazz serait-il de la musique? Identification d'un art, 1930-1934». En Darré, 1996, cap. 5, pp. 95-110.
HANNA, Judith Lynne (1979): *To Dance is Human, A Theory of Nonverbal Communication*. Austin: University of Texas Press.
HARKER, Dave (1980): *One for the Money, Politics and Popular Song*. London: Hutchinson.
HARVEY, David (1989): *The Condition of Postmodernity, An Enquiry into the Origins of Cultural Change*. Oxford: Basil Blackwell.
HENRÍQUEZ, María Antonieta (1998): *Alejandro García Caturla*, La Habana: Unión.
HENRÍQUEZ UREÑA, Pedro (1984): «Música popular de América» (1929). En *Boletín de Antropología Americana* 9 (julio), pp. 137-157.
HERSKOVITS, Melville J. (1937). *Life in a Haitian Valley*. New York: Alfred A. Knopf.
— (1941): *The Myth of the Negro Past*. New York: Harper Brothers.
— y HERSKOVITS, Frances S. (1947): *Trinidad Village*. New York: Alfred A. Knopf.

HERNÁNDEZ, Julio Alberto (1969): *Música tradicional dominicana*. Santo Domingo: Julio D. Postigo C.A. Eds. (Colección Artistas Dominicanos).
HERNÁNDEZ-GIRBAL, F. (1979): *Adelina Patti: la reina del canto*. Madrid: Lira.
HESMONDHALG, David y NEGUS, Keith, eds. (2002): *Popular Music Studies*. London: Arnold.
HEUMAN, Gad (2006): *The Caribbean*. London: Hodder Arnold.
HILL, Donald (1993): *Calypso Calaloo: Early Carnival Music in Trinidad*. Gainesville: University Press of Florida.
HILL, Errol (1980): *The Theater of Black Americans*. Englewood Cliffs: Prentice Hall.
HOBSBAWM, Eric J. (1954): «The Labour Aristocracy in the 19th Century Britain». En John Saville, ed., 1954, pp. 201-239.
— (1965): *Labouring Men: Studies in the History of Labour*. London: Weidenfeld and Nicolson.
— (1969): *Industry and Empire*. Harmondsworth: Penguin.
— (1972): «Class Consciousness in History». En Mészaros, ed., 1972, pp. 5-21.
— (1981): *The Forward March of Labour Halted?* London: New Left Books & Verso.
—, ed. (1983): *The Invention of Tradition*. Cambridge: Cambridge University Press.
— (1984): *Workers*. New York: Pantheon Books.
— y RUDÉ, George (1969): *Captain Swing*. London: Lawrence & Wishart.
HOETINK, Harry (1958): *Het patroon van de oude Curaçaose samenleving. Een sociologische studie*. Assen: Van Gorcum.
— (1967): *The Two Variants in Caribbean Race Relations: A Contribution to the Sociology of Segmented Societies*. London: Oxford University Press.
— (1973): *Slavery and Race Relations in the Americas: Comparative Notes on Their Nature and Nexus*. New York: Harper Torchbooks.
— (1985): *El pueblo dominicano (1850-1900): apuntes para su sociología histórica*. Santiago (República Dominicana): Universidad Católica Madre y Maestra [Primera edición, 1971].
— (1994): *Santo Domingo y el Caribe: ensayos sobre cultura y sociedad*. Santo Domingo: Fundación Cultural Dominicana.
HORA, Rildo (1999): folleto acompañante de CD *Café Brasil.Cfr.* Discografía.
HOROWITZ, Irving Louis (1971): «Rock on the Rocks-Bubblegum Anyone?». En *Psychology Today* (enero), pp. 59-61, 83.
HOSOKAWA, Shuhei (1998): «Salsa no tiene frontera: Orquesta de la Luz and the Globalization of Popular Music». En *Cultural Studies* 13:3, pp. 509-534.
HUNTER, Tera W. (1997): *To Joy My Freedom: Southern Black Women's Lives and Labor after the Civil War*. Cambridge: Harvard University Press.
— (2000): «Sexual Pantomimes', the Blues Aesthetic, and Black Women in the New South». En Radano y Bohlman, eds., 2000, pp. 145-164.
HURBON, Laënec (1993): *El bárbaro imaginario*. México: FCE [Primera edición en francés, 1987].

HUTCHINSON, Sydney (2008): «Bailando en su lugar: cómo los salseros crean variantes locales de un baile global». En Tejeda y Yunén, ed., 2008, pp. 127-133.
IANNI, Octavio (1975): *La formación del Estado populista en América Latina*. México: Era.
IBARRA, Hernán (1998): *La otra cultura, imaginarios, mestizaje y modernización*. Quito: Abya-Yala.
— (1974): «Ismael Rivera y Rafael Cortijo: Juntos de nuevo por primera vez...». En *Avance* II: 101 (1º de julio), pp. 54-55.
JAHN, Janheinz (1963): *Muntu: las culturas neoafricanas*. México: FCE [Primera edición en alemán, 1958].
JAVARIZ, Jorge (1998): «Músicos puertorriqueños en Nueva York». En Cristóbal Díaz Ayala, ed., 1998, pp. 47-82.
JONES, A. M. (1978): *Studies in African Music*. London: Oxford University Press, 2 vols.
KAUFFMAN, L. A., ed. (1991): *Post Fordism: Flexible Politics in the Age of Just-in-Time Production*, special issue of *Socialist Review* 21:1 (enero-marzo) [Con artículos de Stuart Hall, David Harvey y Andrew Ross, entre otros].
KING, John, *et al.* (1993): *Mediating Two Worlds, Cinematic Encounters in the Americas*. London: British Film Institute Pub.
KLAREN, Peter (1970): *La formación de las haciendas azucareras y los orígenes del APRA*. Lima: Instituto de Estudios Peruanos.
KOLOSSA, Alexandra (2004): *Haring*. Köln: Taschen.
LABRA, Rafael María (1876): *La brutalidad de los negros*. Madrid: Imp. de Aurelio Aloria.
LAGUERRE, Enrique A. y MELÓN, Esther M. (1968): *El jíbaro de Puerto Rico: símbolo y figura*. Sharon: Troutman Press.
LANAO LOAIZA, José Ramón (1936): *Las pampas escandalosas*. Manizales-Colombia: A. Zapata.
LAÓ MONTES, Agustín y DÁVILA, Arleen. eds. (2001): *Mambo Montage: The Latinization of New York*. New York: Columbia University Press.
LAPIQUE, Zoila (1979): *Música colonial cubana*, vol. 1 (1812-1902). La Habana: Letras Cubanas.
LARGEY, Michael (2006): *Vodou Nation, Haitian Art Music and Cultural Nationalism*. Chicago: The University of Chicago Press.
LASSO, Marixa (2007): «Un mito republicano de armonía racial: raza y patriotismo en Colombia, 1810-1812». En *Revista de Estudios Sociales* (Bogotá) 27 (agosto), pp. 32-45.
LAVIÑA, Javier (2007a): «Religiosidad popular y resistencia», ponencia inédita presentada en el *Segundo Seminario Internacional de Estudios Afroiberoamericanos, Las y los africanos y sus descendientes en América Latina y el Caribe*, San Juan: Centro de Estudios Avanzados de Puerto Rico y el Caribe, 12 al 15 de noviembre del 2007.

— (2007b): *Cuba. Plantación y adoctrinamiento*. Santa Cruz de Tenerife: Ediciones Idea.
LAWRENCE, Brodsky Vera, ed. (1969): *The Piano Works of Louis Moreau Gottschalk*. New York: Arno Press, vol. 2, pp. 151-162 y vol. 5, pp. 199-210.
LE GOFF, Jacques (1985): *L'imaginaire médiéval*. Paris: Gallimard.
LEÓN, Argeliers (1984): *Del canto y el tiempo*. La Habana: Letras Cubanas [Primera edición, 1974].
— (1986): «Continuidad cultural africana en América». En *Anales del Caribe* (La Habana) 6, pp. 115-130.
LEPPERT, Richard (1988): *Music and Image, Domestic, Ideology and Socio-cultural Formation in 18th Century England*. Cambridge: Cambridge University Press, cap. 5, «Dance».
— y MCCLARY, Susan (1994): *Music and Society: The Politics of Composition, Performance and Reception*. Cambridge: Cambridge University Press [Primera edición, 1987].
LEYMARIE, Isabelle (1998): *Músicas del Caribe*. Madrid: Akal.
LINARES, María Teresa (1970): *La música popular*. La Habana: Instituto del Libro.
— (1974): *La música y el pueblo*. La Habana: Instituto Cubano del Libro/Editorial Pueblo y Educación.
— y NÚÑEZ, Faustino (1998): *La música entre Cuba y España. La ida y la vuelta*. Madrid: Fundación Autor.
LIPSITZ, George (1990): *Time Passages, Collective Memory and American Popular Culture*. Minneapolis: University of Minnesota Press.
— (1994): *Dangerous crossroads, Popular Music, Postmodernism and the Poetics of Place*. London: Verso.
LITTLE, William, *et al.* (1972): *The Shorter Oxford English Dictionary on Historical Principles*. Oxford: Clarendon Press [Primera edición, 1933].
LOESSER, Arthur (1954): *Men, Women and Pianos, A Social History*. New York: Simon and Schuster.
LÓPEZ, Ana María (1993): «Are All Latins from Manhattan? Hollywood Ethnography and Cultural Colonialism». En John King, *et al.*, 1993, pp. 67-80.
LÓPEZ, Josean (2004): «El requinto y las diversas interpretaciones sobre su origen histórico». En Ortiz Ramos, 2004, Apéndice 2, pp. 433-445.
LÓPEZ, Ramón (2008): *Los bembeteos de la plena*. San Juan: Huracán.
LÓPEZ CRUZ, Francisco (1956): *El aguinaldo y el villancico en el folklore puertorriqueño*. San Juan: ICP.
— (1967): *La música folklórica de Puerto Rico*. Sharon: Troutman Press.
— (1977): «La marumba». En *Revista del ICP* 74 (enero-marzo), pp. 26-39.
LÓPEZ DE JESÚS, Lara Ivette (2003): *Encuentros sincopados: el Caribe contemporáneo a través de sus prácticas musicales*. México: Siglo XXI.
LOMAX, Alan (1956): *Mr. Jelly Roll: The Fortunes of Jelly Roll Morton, New Orleans Creole and «Inventor of Jazz»*. New York: Grover Press.

LOTT, Eric (1993): *Love and Theft, Blackface Minstrelsy and the American Working Class*. New York: Oxford University Press.
LOZA, Steven (2000): *Recordando a Tito Puente*. New York: Random House.
LUMPHOLTZ, I. (1902): *Unknown Mexico*. New York: Charles Scribner's Sons.
LYNES, Russell (1985): *The Lively Audience: A Social History of the Visual and Performing Arts in America, 1890-1950*. New York: Harper.
MACINNES, Colin (1967): *Sweet Saturday Nights*. London: MacGibbon.
MACPHERSON, C. B. (1962): *The Political Theory of Possessive Individualism, Hobbes to Locke*. London: Oxford University Press.
MALAVET VEGA, Pedro (1984): *La vellonera está directa, Felipe Rodríguez (La Voz) y los años 50*. San Juan: Corripio.
— (1988): *Del Bolero a la Nueva Canción*. Ponce: Corripio.
— (1992): *Historia de la canción popular en Puerto Rico (1493-1898)*. Ponce: Coripio.
— (2002): *De las Bandas al Trío Borinquén (1900-1927)*. Ponce: Lorena.
MANUEL, Peter (1985): «The Anticipated Bass in Cuban Popular Music», *Latin American Music Review* 6 (2): 249-260.
— (1991): «Salsa and the Music Industry: Corporate Control or Grassroots Expression?». En Peter Manuel, ed. *Essays on Cuban Music*. London: University Press of America, pp. 157-185.
— (1995): *Caribbean Currents: Caribbean Music from Rumba to Reggae*. Philadelphia: Temple University Press.
MARCANO, Ángel Vicente (1998): *Billo Frómeta: Biografía Musical*, Caracas: Alter Libris.
MÁRCELES DACONTE, Eduardo (2005): *¡Azúcar! La biografía de Celia Cruz*. Bogotá: Azúcar Ed.
MARCILLA, D. Salvador y Vives (1883), *Novísima escuela de música, pauta universal, nociones de solfeo y piano, y cartilla armónica*. San Juan: Imp. El Asimilista.
MARCUSE, Herbert (2002): *One Dimensional Man, Studies in the Ideology of Advanced Industrial Society*. London: Routledge [Primera edición, 1964].
MARÍN, Ramón (1875): *Las fiestas populares de Ponce*. Ponce: Tip. El Vapor.
MARINO, Giambattista (1623): *L'Adone*. Torino: G. B. Paravia & Co.
MAROTHY, Janos (1974): *Music and the Bourgeois, Music and the Proletarian*. Budapest: Akademiai Kialó.
MARQUÉS, René (1951 y 1952): *La carreta*. En *Asomante* núm. IVy núms. I y III.
MARSHALL, T. H. (1965): *Class, Citizenship, and Social Development*. Garden City: Doubleday.
MARTÍ, Josep (2000): *Más allá del arte: la música como generadora de realidades sociales*. Sant Cugat del Vallès: Deriva Ed.
MARTÍNEZ, Orlando (1989): *Ernesto Lecuona*. La Habana: Unión de Escritores y Artistas de Cuba.

MARTÍNEZ MONTIEL, Luz María (2006): *Afro América I, La ruta del esclavo*. México: UNAM.
MARTINS, Carlos A. (1986): *Música popular uruguaya, 1973-1982. Un fenómeno de comunicación alternativa*. Montevideo: Centro Latinoamericano de Economía Humana.
MATAMBA Y MOSTAZA (1896): *La fiesta de Reyes*. San Juan: Tip. V. de González.
MATOS BERNIER, Félix (1896): *Cromos ponceños*. Ponce: Imp. La Libertad.
— (1907): *Isla de Arte*. San Juan: Imp. La Primavera.
MAYA, Adriana (1993): «Las brujas de Zaragoza: resistencia y cimarronaje cultural en las minas de Antioquia». En *América Negra* (Bogotá) 4 (diciembre).
MCCOY, James A. (1968): *The Bomba and Aguinaldo of Puerto Rico as they have evolved from indigenous African and European Cultures*. Tesis Ph. D. Florida State University.
MAC-LEAN Y ESTENÓS, Roberto (1948): *Negros en el Nuevo Mundo*. Lima: PTCM.
MCMAINS, Juliet (2008): «Finding the Beat: the Rhythmic Controversies in the Salsa Dance Industry». En Tejeda y Yunén, ed., 2008., pp. 135-142.
MEDINA GONZÁLEZ, Zenón (1895): *Pinceladas*. San Juan: Tip. Viuda de González.
MEIKSINS WOOD, Ellen (1984): «El concepto de clase en E. P. Thompson». En *Zona abierta* (Madrid) 32 (julio-septiembre), pp. 47-86 [Primera edición en inglés, *Studies in Political Economy* 9, otoño, 1982].
MELÉNDEZ GIL, Héctor Iván (2003): «El tambor en la música afrorriqueña: de Martín Quiñones a David Ortiz "La Mole"». En *Diálogo* (abril), p. 40.
MERCADIER, M. P. L. (1862): *Ensayo de instrucción musical*. San Juan: Imp. Militar.
MÉSZAROS, István, ed. (1972): *Aspects of History and Class Consciousness*. London: Routledge.
MIGNOLO, Walter D. (2000): *Local Histories/Global Designs, Coloniality, subaltern knowledges, and border thinking*. Princeton: Princeton University Press.
MILIBAND, Ralph (1969): *The State in Capitalist Society*. London: Weidenfeld and Nicolson.
MILLONES, Luis (1973): *Las minorías étnicas en el Perú*. Lima: Pontificia Universidad Católica.
— (1978): *Tugurio, la cultura de los marginados*. Lima: Instituto Nacional de Cultura.
MINTZ, Sydney W. (1988): *Taso, trabajador de la caña*. San Juan: Huracán [Primera edición en inglés, 1960].
— y PRICE, Richard (1985): *Caribbean Contours*. Baltimore: The John Hopkins University Press.
— (1992): *The Birth of African-American Culture, an Anthropological Perspective*. Boston: Beacon Press.
MIRABAL, Antonio (1956): *Próceres del Arte: Juan Morel Campos*. Ponce: Publicación de la Oficina Municipal de Historia.
MITCHELL, Tony (1996): *Popular Music and Local Identity, Rock, Pop and Rap in Europe and Oceania*. London: Leicester University Press.

MOLINER, María (1994): *Diccionario del uso del español*. Madrid: Gredos.
MONCLOVA VÁZQUEZ, Héctor I. (1994): «"Yo no estoy para jugar. Mejor me quito". Entrevista a Roberto Rohena». En *Claridad* (6-12 de mayo), pp. 22-23.
MONESTEL RAMÍREZ, Manuel (2005): *Ritmo, canción e identidad: una historia sociocultural del calypso limonense*. San José: Editorial Universidad Estatal a Distancia.
MONTAIGNE, Véronique (1998): *Cesaria Evora, la voz de Cabo Verde*. Barcelona: Circe [Primera edición en francés, 1997].
MONTALVO DEL VALLE, Julio Víctor (1978): *Estudio psico-etnográfico de la música salsa en Puerto Rico*. Tesis MA inédita. San Juan: UPR-Programa de Psicología.
MONTALVO TORRES, Ariel (2008a): «Salsa en Xalapa, la presencia y permanencia de una música de músicos para músicos, bohemios, fiesteros y uno que otro bailador en la capital del estado de Veracruz». En Tejeda y Yunén, eds., 2008, pp. 239-245.
— (2008b): *Salsa con sabor a xalapeños, Una historia social de la salsa en Xalapa*. Xalapa: Universidad Veracruzana.
MONTENEGRO ROLÓN, O. (2002): «El Gran Combo: 40 años siempre pa'lante». En *Melómanos*(Cali, Colombia) 18 (julio-septiembre).
MONTES PIZARRO, Errol (2008): «Influencias del son y de la salsa en el Congo y en Senegal». En Tejeda y Yunén, eds., 2008, pp. 269-280.
MOORE, Robin (1997): *Nationalizing Blackness: Afrocubanismo and Artistic Revolution in Havana, 1920-1940*. Pittsburg: University of Pittsburgh Press.
— (2006): *Music and Revolution: Cultural Change in Socialist Cuba*. Berkeley: University of California Press.
MORALES, Ed (2006): *Ritmo Latino, La música latina desde la bossa nova hasta la salsa*. Barcelona: Robinbook.
MORALES, José Pablo (1895): *Misceláneas*. San Juan: Suc. de J. J. Acosta, particularmente «El baile» y «La danza y los danzantes».
MORFI. CAMPOS, Juan (1958): *Danzas*. San Juan: ICP.
MOREL CAMPOS, Ramón (1895): *Guía local y de comercio de la ciudad de Ponce*. Ponce: Imp. El Telégrafo.
MORENO FRAGINALS, Manuel, ed. (1977): *África en América Latina*. México: Siglo XXI.
— (1978): *El ingenio, el complejo socio-económico cubano del azúcar*. La Habana: Editorial de Ciencias Sociales, 3 vols.
MORENO RIVAS, Yolanda (1979): *Historia de la música popular mexicana*. México: Alianza Editorial.
MORSE, Richard (1971): *The Urban Development of Latin America 1750-1900*. Palo Alto: Stanford University Press.
MOYA PONS, F., *et al.* (2001): *Historia del Caribe*. Barcelona: Crítica.
MUIR, Edward (1997): *Ritual in Early Modern Europe*. Cambridge: Cambridge University Press.
MUÑOZ, María Luisa (1966): *La música en Puerto Rico: panorama histórico-cultural*. Sharon: The Troutman Press.

MUÑOZ DE FRONTERA, Nélida (1987): *A Study of Selected 19th Century Puerto Rico Composers and their Musical Output*. Tésis de Ph. D. New York University.
— (1989): «La música religiosa en el siglo XIX: cuatro músicos puertorriqueños», Mímeo inédito, ponencia leída en Simposio, San Juan, UPR (11 de marzo).
MURRAY IRIZARRY, Néstor (1993): *Arístides Chavier: humanista*. Ponce: Casa Paoli.
NAVAS, Gerardo, ed. (1985): *Cambio y desarrollo en Puerto Rico*. San Juan: EDUPR [Primera edición, 1980].
NEGUS, Keith (1992): *Producing Pop, Culture and Conflict in the Popular Music Industry*. London: Edward Arnold.
— (1996): *Popular Music in Theory*. Cambridge: Polity Press.
— (1997): «The production of culture». En P. du Gay, ed. *Production of Cultures/ Cultures of Production*. London: Open University/Sage, pp. 67-118.
— (1998): «La cultura, la industria y la matriz de la salsa: el negocio de la música en los Estados Unidos y la producción de la música latina». En *Revista de Ciencias Sociales* (UPR) 4, (enero), pp. 27-52.
— (2002): «The Work of Cultural Intermediaries and the Enduring Distance Between Production and Consumption». En *Cultural Studies* 16:4, pp. 501-515.
— (2005): *Los géneros musicales y la cultura de las multinacionales*. Barcelona: Paidós [Primera edición en inglés, 1999].
NERUDA, Pablo (1957): «Farewell y los sollozos». En *Antología*. Santiago de Chile: Nascimento, p. 16.
NEWMAN, Michael (2002): *Ralph Miliband and the Politics of the New Left*. London: Merlin Press.
NEWTON, Francis (Eric J. Hobsbawn, pseudónimo) (1993): *The Jazz Scene*. New York: Pantheon.
NKETIA, Kwabena (1974): *The Music of Africa*. New York: W. W. Norton.
NOLASCO, Flérida de (1927): *Cultura musical*. Ciudad Trujillo: Montalvo.
— (1948): *Vibraciones en el tiempo*. Ciudad Trujillo: Montalvo.
— (1956): *Santo Domingo en el Folklore Universal*. Ciudad Trujillo: Imp. Dominicana.
NORRIS, Christopher, ed. (1989): *Music and the Politics of Culture*. London: Lawrence & Wishart.
NOVATI, Jorge y CUELLO, Inés (1980): «Aspectos históricos musicales». Introducción a su *Antología del tango rioplatense*, vol. 1. Buenos Aires: Instituto Nacional de Musicología Carlos Vega.
NÚÑEZ, Jorge (1980): «Pasillo: canción del desarraigo». En *Cultura* vol. 3:7 (mayo-agosto), Quito: Banco Central del Ecuador, pp. 223-230.
NURSE, Lester (1989): «Homenaje a Ismael Rivera: Sonero mayor de la puertorriqueñidad». En *Homines* (San Juan) XIII: 1 (julio), pp. 50-53.
OOSTINDIE, Gert, ed. (1996): *Ethnicity in the Caribbean: Essays in Honor of Harry Hoetink*. London: MacMillan.
ORBÓN, Julián (s.f., c. 2000): *En la esencia de los estilos y otros escritos*. Madrid: Colibrí.

ORMACHEA, Fernando de (1884): *Tipos, costumbres, impresiones, aventuras y desventuras (popurrí de aires puertorriqueños)*. San Juan: El Agente.

OROVIO, Helio (1992): *Diccionario de la música cubana, biográfico y técnico*. La Habana: Letras Cubanas, 2ª ed. aumentada y corregida [Primera edición, 1981].

ORTIZ, Fernando (2000): *La clave xilofónica de la música cubana*. Mérida: Cuba Ediciones [Primera edición, 1935].

— (1953): «La bomba de Puerto Rico». En *Asomante* IX: 2 (abril-junio), pp. 8-12.

— (1985): *Los bailes y el teatro de los negros en el folklore de Cuba*. La Habana: Letras Cubanas [Primera edición, 1951].

ORTIZ, Renato (1991): *Cultura e modernidade: a França no século XIX*. São Paulo: Editora Brasilense.

ORTIZ CUADRA, Cruz M. (2006): *Puerto Rico en la olla, ¿somos aún lo que comimos?* Madrid: Doce Calles.

ORTIZ RAMOS, Pablo Marcial (1991): *A tres voces y guitarras*. San Juan: Corripio.

— (1996): «*In memoriam*: puertorriqueños fallecidos». En *La Canción Popular* núm.11, p. 153.

— (2004): *El trío Los Panchos: historia y crónica*. San Juan: Corripio.

OTERO GARABÍS, Juan (2000): *Nación y ritmo,«descargas» desde el Caribe*. San Juan: Callejón.

PADILLA, Félix M. (1990): «Salsa: Puerto Rican and Latino Music». En *Journal of Popular Culture* vol. 24, pp. 87-104.

PADILLA, Roberto (1994): *La trayectoria de Roberto Rohena*, panfleto acompañante de Rohena *The Fania...* Cfr. Discografía.

PADILLA DE SANZ, Trina (1938): «La Danza puertorriqueña y otras consideraciones». En *El Mundo* (domingo 8 de enero).

PADURA, Leonardo (1997): *Los rostros de la salsa*. La Habana: Unión.

PAGANO, César (1995): «La temática de la salsa». En *La Canción Popular* núm. 10, pp. 59-62.

PALÉS MATOS, Luis (1937): *Tun tun de pasa y grifería*. San Juan: BAP.

— (1974): *Poesía (1915-1956)*. San Juan: EDUPR.

PARMER, Charles B. (1937): *West Indian Odyssey, The Complete Guide to the Islands of the Caribbean*. New York: Dodge Pub. Co.

PASARELL, Emilio J. (1959): «El centenario de los conciertos de Adelina Patti y Luis Moreau Gottschalk en Puerto Rico». En *Revista del IPC* 2 (enero-marzo), pp. 52-55.

PEDREIRA, Antonio S. (1929): «El Merengue». En *Índice* vol. I, núm. 9 (diciembre), p. 136.

— (1934): *Insularismo: ensayos de interpretación puertorriqueña*. Madrid: Tip. Antártica.

— (1935): *Actualidad del jíbaro*. San Juan: UPR (sobretiro del *Boletín UPR* VI, 1).

PEDREIRA, José Enrique (1957): *Puerto Rico Sings, An Album of its Best Loved Songs with English and Original Spanish Text*. New York: Edward B. Marks Music Corporation.

PELINSKI, Ramón (2000): *Invitación a la etnomusicología: quince fragmentos y un tango*. Madrid: Akal.
PEÑA, Ángel (Lito) (1994): *Juan Peña Reyes, su música y su tiempo*. San Juan: Ramallo.
PEÑARANDA, Carlos (1967): *Cartas puertorriqueñas 1878-1880*. San Juan: Cemi [Primera edición, Madrid, 1885].
PÉREZ, Juan Miguel (2006): «De la diversión a la redención, notas económicas sobre las funciones sociales de la bachata». En Tejeda y Yunén, eds., 2006, pp. 385-394.
PÉREZ, Manuel A. (1939): *Estudio preliminar de las condiciones de vida en los arrabales de San Juan*. San Juan: PRRA.
PÉREZ DE CUELLO, Catana y SOLANO, Rafael (2003): *El merengue: música y baile de la República Dominicana*. Santo Domingo: Codetel.
PÉREZ FERNÁNDEZ, Rolando (1988): *La binarización de los ritmos ternarios africanos en América Latina*. La Habana: Premio Casa de las Américas.
PETZOLD, Leander (1993): «Fiestas carnavalescas: los carnavales en la cultura burguesa a comienzos de la edad moderna». En Uwe Schultz, ed., 1993, pp. 149-166.
PICHARDO, Esteban (1955): *Pichardo Novísimo o Diccionario provincial casi razonado de voces y frases cubanas*. La Habana: Selecta [Primera edición, 1849].
PICÓ, Fernando (1985): «Prólogo». En Aponte Torres, 1985.
PINO ITURRIETA, Elías (2000): «La urbanidad de Carreño. El corsé de las costumbres en el siglo XIX». En José Peñín, coord. *Música iberoamericana de salón*. Caracas: Fundación Vicente Emilio Sojo, pp. 1-10.
PLEASANTS, Henry (1969): *Serious Music and All That Jazz!* New York: Simon & Schuster.
POE, Karen (1996): *Boleros*. Heredia (Costa Rica): EUNA.
POLLAK-ELTZ, Angelina (1991): *La negritud en Venezuela*. Caracas: Lagoven.
(1950): «Primera visita pastoral del Obispo Martí al Pueblo e Iglesia de la Ribera del Arecibo». En *Boletín de Historia Puertorriqueña* II, 2 (enero), pp. 34-40.
QUEVEDO, Raymond (1983): *Atilla's Kaiso: A Short History of Calypso*. St. Augustine: University of the West Indies.
QUIJANO, Aníbal (s.f.): «Mariátegui contra la expropiación de la utopía». En *Cuestiones de Estado* (Lima) año 2, núm. 8-9, pp. 37-51.
— (1971): *Nationalism & Capitalism in Perú: A Study in Neo-Imperialism*. New York: Monthly Review Press.
— (1978): *Imperialismo, clases sociales y Estado en el Perú: 1890-1930*. Lima: Mosca Azul.
— (1979): *Problema agrario y movimientos campesinos*. Lima: Mosca Azul.
— (1980): *Dominación y cultura: lo cholo y el conflicto cultural en el Perú*. Lima: Mosca Azul.
— (1984): *Transnacionalización y crisis de la economía en América Latina*. San Juan: CEREP.
— (1988): *Modernidad, identidad y utopía en América Latina*. Lima: Sociedad y Política.

— (1993): «"Raza", "etnia" y "nación" en Mariátegui: cuestiones abiertas». En *Mariátegui y Europa: el otro aspecto del descubrimiento*. Lima: Empresa editora Amauta, pp. 167-188.
— (1998): «La colonialidad del poder y la experiencia cultural latinoamericana». En Briceño-León y Sonntag, eds. *Pueblo, época y desarrollo: la sociología de América Latina*. Caracas: Nueva Sociedad.
— (2000): «Colonialidad del poder, eurocentrismo y América Latina». En Edgardo Lander, ed., *La colonialidad del saber: eurocentrismo y ciencias sociales, perspectivas latinoamericanas*. Buenos Aires: Consejo Latinoamericano de Ciencias Sociales/UNESCO, pp. 201-246.

QUILES, Edwin (2000): *San Juan tras la fachada*. San Juan: ICP.

QUINTERO HERENCIA, Juan Carlos (2005): *La máquina de la salsa: tránsitos del sabor*. San Juan: Vértigo.

QUINTERO RIVERA, Ángel G. (1969): *Culture and Politics in Contemporary Political Sociology*. MSc diss. University of London. *London School of Economics and Political Science*.

— (1977): *Conflictos de clase y política en Puerto Rico*. San Juan: Huracán/CEREP.
— (1978): «Socialista y tabaquero: la proletarización de los artesanos». En *Sin Nombre* VIII, 4 (enero-marzo), pp. 100-137 (publicado también en inglés en *Latin American Perspectives* 37 y 38, primavera y verano de 1983, pp. 19-38).
— (1979): «Clases sociales e identidad nacional; notas sobre el desarrollo nacional puertorriqueño». En Quintero, Campos, *et al. Puerto Rico: identidad nacional y clases sociales*. San Juan: Huracán, pp. 13-44.
— (1980): «Notes on Puerto Rican National Development: Class and Nation in a Colonial Context». En *Marxist Perpectives 9* III, 1 (primavera), pp. 10-30.
— (1982): «Las contradicciones de la acumulación capitalista y el llamado "problema de población": análisis de las migraciones internas y el empleo entre 1900 y 1944 en Puerto Rico». En *Anales del Caribe* núm. 2, pp. 97-137.
— (1985a): «La cimarronería como herencia y utopía». En *David y Goliat* XV, 48 (noviembre), pp. 37-51.
— (1985b): «La base social de la transformación ideológica del Partido Popular en la década del 40». En Gerardo Navas, ed. *Cambio y desarrollo en Puerto Rico*. San Juan: EDUPR, pp. 35-120 [Primera edición, 1980].
— (1986a): «El marxismo dependentista y el estudio de la historia del movimiento obrero en América Latina». En *La Torre* año XXXIV, núms. 131, 132, 133 (enero-septiembre), pp. 173-199.
— (1986b): «Puerto Rico c. 1870-1940». En Leslie Bethel, ed., 1986, vol. V, pp. 265-286, 855-858 y vol. XI, pp. 419-422 [Edición en español, publicado con la bibliografía actualizada en Moya Pons, 1991, pp. 86-104 y 307-310].
— (1986c): «Ponce, la danza y lo nacional». En *Música* vol. 107 (enero-junio), pp. 5-21.

— (1988a): *Patricios y plebeyos; burgueses, hacendados, artesanos y obreros*. San Juan: Huracán.
— (1988b): «The Rural-urban Dichotomy in the Formation of Puerto Rico's Cultural Identity». En *New West Indian Guide* 61:3-4, pp. 127-144.
— (1989a): «Los debates en torno a la Dependencia en América Latina y las investigaciones sobre la historia del movimiento obrero en Puerto Rico». En Carlos Zubillaga, ed., *Trabajadores y sindicatos en América Latina: reflexiones sobre su historia*. Montevideo: Consejo Latinoamericano de Ciencias Sociales/Centro Latinoamericano de Economía Humana, pp. 127-148.
— (1989b): *Music, Social Classes, and the National Question of Puerto Rico*. Washington: Wilson Center.
— (1990a): «La investigación urbana en Puerto Rico». En Fernando Carrión, ed. *La investigación urbana en América Latina 1*. Quito: Ciudad, pp. 57-83.
— (1990b): «La música puertorriqueña y la contra-cultura democrática; espontaneidad libertaria de la herencia cimarrona». En *Folklore Americano* núm. 49 (enero-junio), pp. 135-167.
— (1995a): «El Carreño y el análisis de la emergencia del orden civil en el Caribe». En *Nómada* 2 (octubre), pp. 60-68.
— (1995b): «El soneo salsero». En *Studia: Revista de la Universidad del Atlántico* I, 1, pp. 9-16.
— (1995c): «La danza puertorriqueña: ¿blanquita o mulata? ¿populachera o señorial?». En *Cupey* XII, 1 y 2, pp. 106-123.
— (1996): «The Somatology of Manners, Class, Race and Gender in the History of Dance Etiquette in the Hispanic Caribbean». En Oostindie ed., 1996, pp. 152-181.
— (1997a): «Salsa, democracia y cultura». En *Archipiélago* año 2, núm. 10 (enero-febrero), pp. 45-48.
— (1997b): «*La gran fuga*: las identidades socio-culturales y la concepción del tiempo en la música *tropical*». En Fiet y Becerra, eds., 1997, pp. 24-44.
— (1997c): «Los modales y el cuerpo; clase, "raza" y género en la etiqueta de baile». En *Historia y Cultura* 5, pp. 231-286 [reproducido en la *Revista venezolana de Economía y Ciencias Sociales* 3 (sept.-dic. de 2000), pp. 11-44].
— (1998): *Vírgenes, magos y escapularios, Imaginería, etnicidad y religiosidad popular en Puerto Rico*. San Juan: CIS/UPR.
— (1999a): «¡Salsa y control!: la jubilosa transformación de la tristeza». En *La canción popular* 14, pp. 137-139.
— (1999b): «¡No me digan que es muy tarde, ya!; la temática del tiempo en tres momentos de la poética salsera». En Fiet y Becerra, eds., pp. 81-108.
— (2003a): «Migration and Worldview in Salsa Music». En *Latin American Music Review* vol. 24, núm. 2, pp. 210-232.
— (2003b): «¡Saoco! o el swing del soneo del Sonero Mayor». En *El Nuevo Día*, revista *Domingo* (5 de octubre), pp. 8-9.

— (2003c): «Los debates sobre *identidad* en la ilusión modernizante de las ciencias sociales del "modelo puertorriqueño de desarrollo"». En *Revista de Ciencias Sociales* 12 (invierno), pp. 120-139.
— (2003d): *Ponce: la capital alterna, sociología de la sociedad civil y la cultura urbana en la historia de la relación entre clase, «raza» y nación en Puerto Rico*. Ponce: Ponceños de Verdad/CIS/UPR.
— (2004): «Salsa y democracia, prácticas musicales y visiones sociales en la América mulata». En *Íconos* 18 (con tema «Música, consumos culturales e identidad»), pp. 20-23.
— (2005a): *¡Salsa, sabor y control!, sociología de la música «tropical»*. México: Siglo XXI [Primera edición, 1998].
— (2005b): «El patrimonio inmaterial». En *Puerto Rico, patrimonio cultural y natural*. Barcelona: LAIA libros, pp. 243-283.
— (2005c): «El ensueño democrático del muralismo populista de Ríos Rey». En Néstor Murray-Irizarry, ed., *Rafael Ríos Rey y el muralismo en Puerto Rico*. Ponce: Casa Paoli, pp. 253-282.
— (2005d): «Gran cosmólogo del ritmo». En *El Heraldo* (23 de enero).
— (2006a): «Las músicas de América». En Emir Sader, *et al.*, *Latinoamericana, Enciclopédia Contemporânea da América Latina y eu Caribe*. São Paulo: Boitempo, pp. 824-841 (ensayo central) y entradas variadas listadas en p. 1322 del Índice.
— (2006b): «Música, identidad y cultura en el Caribe». En Tejeda y Yunén, eds., 2006, pp. 105-152.
— (2007a): «Migration, Ethnicity, and Interactions between the United States and Hispanic Caribbean Popular Culture». En *Latin American Perspectives* 152, vol. 34, núm. 1 (enero), pp. 83-93.
— (2007b): «Fordismo, migración y etnicidad, Estados Unidos y la cultura popular en el Caribe». En Marcos Gandásegui, coord., *Crisis de hegemonía de Estados Unidos*. México: Consejo Latinoamericano de Ciencias Sociales/Siglo XXI, pp. 135-158.
— (2007c): «El reggaetón». En Roberto Gándara, ed., 2007, pp. 36-37.
QUINTERO RIVERA, Mareia (2000): *A Cor e o Som da Nação: a idéia de mestiçagem na crítica musical do Caribe Hispânico Insular e do Brasil (1928-1948)*. São Paulo: Annablume.
— (2002): *Repertório de identidades: musica e representações do nacional em Mário de Andrade e Alejo Carpentier (décadas de 1920-1940)*. Tesis doctoral inédita. São Paulo: USP.
QUIÑONES, Francisco Mariano (1888): *Conflictos económicos*. Mayagüez: Tip. Comercial.
— (1889): *Historia de los partidos Reformista y Conservador en Puerto Rico*. Mayagüez: Tip. Comercial.
RADANO, Ronald y BOHLMAN, Philip V., eds. (2000): *Music and the Racial Imagination*. Chicago: University of Chicago Press.

Ramírez, Serafín (1891): *La Habana artística*. La Habana: Imp. de la Capitanía General.
Ramón y Rivera, Luis Felipe (1990): *La música folklórica de Venezuela*. Caracas: Monte Ávila [Primera edición, 1969].
Ramos, Arthur (1943): *Las culturas negras en el Nuevo Mundo*. México: FCE [Primera edición en portugués, 1937].
Ramos, Josean (1989): *Vengo a decirle adiós a los muchachos*. San Juan: Sociedad de Autores Libres.
Ramos Tinhorão, José (s.f.): *Pequena história da musica popular*. São Paulo: Circulo do Livro.
Raventós, J. (1951): *Historia de la música*. La Habana: Imp. La Milagrosa.
Regis, Helen A. (2000): «Blackness and the Politics of Memory in the New Orleans second line». En *American Ethnologist* vol. 14, núm. 1, pp. 752-777.
Reguillo, Rossana (2000a): «El lugar desde los márgenes, música e identidades juveniles». En *Nómadas*, pp. 40- 53.
— (2000b): *Emergencia de culturas juveniles: estrategias del desencanto*. Buenos Aires: Norma.
Renta, Priscilla (2008): «Migración de retorno y decisiones estéticas, Bailando salsa entre Nueva York y Puerto Rico». En Tejeda y Yunén 2008: 155-165.
Ribera, Julián (1929): *Music in Ancient Arabia and Spain*. London: Oxford University Press.
Rico Salazar, Jaime (1988): *Cien Años de Bolero*. Bogotá: Centro de Estudios Musicales de América Latina, 2ª ed.
Rincón, Carlos (1995): *La no simultaneidad de lo simultáneo: postmodernidad, globalización y cultura en América Latina*. Bogotá: Universidad Nacional de Colombia.
Ríos Ávila, Rubén (2002): *La raza cómica: el sujeto en Puerto Rico*. San Juan: Callejón.
Rivera, Félix Joaquín (1995): *La muñeca de chocolate*. San Juan: Plaza Mayor.
Rivera, Raquel (2003): *New York Ricans from the Hip-Hop Zone*. New York: Palgrave Macmillan.
Rivera Bermúdez, Ramón (1986): *José Ignacio Quintón: un genio de la música*. San Juan: DIP.
Rivera García, Eloísa (1964): «Primeras notas del tema jíbaro en la literatura puertorriqueña». En *Revista del ICP* VII, 23 (abril-junio), pp. 55-62.
Rivero, Ramón, ed. (1948): *Álbum de la radio de Puerto Rico*. San Juan: West Indies Advert. Co.
Robbins, James (1990): «The Cuban Son as Form, Genre, and Symbol». En *Latin America Music Review* 11:2 (invierno), pp. 182-200.
Roberts, John Storms (1974): *Black Music of Two Worlds*. New York: Morrow.
— (1979): *The Latin Tinge: The Impact of Latin American Music on the United States*. New York: Oxford University Press.
— (1999): *Latin Jazz: The First of the Fusions, 1880s to Today*. New York: Macmillan.

ROCKWELL, John (1984): *All American Music: Composition in the Late XXth Century*. New York: Vintage.
RODRÍGUEZ, Augusto (1939): «Historia de la danza puertorriqueña». En *Isla* I, 3 (noviembre), pp. 13-15.
— (1942): «Críticas sobre la danza puertorriqueña». En *Caribe* I, 3 (enero), pp. 24-25.
— (1979): «Apuntes para la historia de la danza puertorriqueña». En *Revista del IPC* XXII, núm. 84 (julio-septiembre), pp. 36-38 [reproducción de artículo publicado en *Isla*, 1939].
RODRÍGUEZ DEMORIZI, Emilio (1971): *Música y baile en Santo Domingo*. Santo Domingo: Hispaniola.
RODRÍGUEZ JULIÁ, Edgardo (1983): *El entierro de Cortijo*. San Juan: Huracán.
— (1986): *Campeche o los diablejos de la melancolía*. San Juan: ICP.
— (2002): «Bobby, el cabaret y tú». En *Caribeños*. San Juan: ICP, pp. 233-242.
RODRÍGUEZ MUSSO, Osvaldo (1988): *La nueva canción chilena. Continuidad y reflejo*. La Habana: Casa de las Américas.
RODRÍGUEZ TAPIA, Ismael E. (2005): *Rafael Hernández Marín: Cantor de la afirmación puertorriqueña*. San Juan: Yuquiyú.
ROMA, Abili (1995): «Tite Curet, la palabra del blanco con el ritmo del negro». En *El Manisero* 5 (enero-febrero).
ROMÁN VELÁZQUEZ, Patria (1998): «El desarrollo de un circuito salsero y la construcción de identidades latinas en Londres». En *Revista de Ciencias Sociales* 4 (enero), pp. 53-79.
— (1999a): *The Making of Latin London, Salsa Music, Place and Identity*. Aldershot: Ashgate.
— (1999b): «The Embodiment of Salsa: Musicians, Instruments and the Performance of a Latin Style and Identity». En *Popular Music* 18/1, pp. 115-131.
ROMERO, Raúl R. (1994): «Black Music and Identity in Peru: Reconstruction and Revival of Afro-Peruvian Musical Traditions». En Gerard H. Béhague, 1994, pp. 307-330.
RONDÓN, César Miguel (1980): *El libro de la salsa*. Caracas: Arte.
ROSA NIEVES, Cesáreo (1951): «Apuntes sobre los bailes de Puerto Rico». En *Historia* I, 2 (octubre), pp. 191-192.
ROSADO, Marisa, ed. (1977): *Ensayos sobre la danza puertorriqueña*. San Juan: ICP.
ROSARIO, José Colombán (1935): *The Development of the Puerto Rican Jíbaro and his Present Attitude Towards Society*. San Juan: UPR.
ROSE, Tricia (1994): *Black Noise. Rap Music and Black Culture in Contemporary America*. Hanover/London: Wesleyan University Press.
ROSEMAIN, Jacqueline (1993): *Jazz et Biguine: les musiques noires du Nouveau Monde*. Paris: L'Harmattan.
ROSSI, Vicente (1926): *Cosas de negros: los orígenes del tango y otros aportes al folklore rioplatense*. Córdoba (Argentina): s.e.

ROUGET, Gilbert (1980): *La musique et la trance*. Paris: Gallimard [uso ed. en inglés (1985): *Music and Trance: A Theory of the Relations Between Music and Possession*. Chicago: The University of Chicago Press].
ROWBOTHAM, Sheila (1973): *Hidden from History: 300 years of women's oppression and the fight against it*. London: Pluto.
ROYCE, Anya Peterson (1977): *The Anthropology of Dance*. Bloomington: Indiana University Press.
RUEL, Yannis (2000): *Les soirées salsa à Paris*. Paris: L'Harmattan.
RUIZ ROSALY, Jorge (1994): «Sueña el timbal: Moncho Leña». En *La Canción Popular* núm. 9, pp. 25-33.
SAAVEDRA REYES, Carlos (1999): *Compendio de percusión afrolatina*. Heredia (Costa Rica): Fundación UNA.
SACHS, Curt (c. 1937): *World History of Dance*. Bonanza [traducción de *Eine Weltgeschichte des Tanzes*. Berlín: D. Reimer, E. Vohsen, 1933; edición en español: Buenos Aires: Centurión, 1943].
— (1953): *Rhythm and Tempo: A Study in Music History*. New York: W. W. Norton & Co.
SAID, Edward W. (1991): *Musical Elaborations*. New York: Columbia University Press.
SALDÍVAR, Gabriel (1937): *El jarabe, baile popular mexicano*. México DF: Talleres gráficos de la Nación.
SANABRIA, Issy (1993): «Semblanza de Héctor Lavoe», folleto incluido en el *set* de CDs *Héctor Lavoe, The Fania...* Cfr. Discografía.
SÁNCHEZ, Luis Rafael (1989): *La importancia de llamarse Daniel Santos*. México: Diana.
— (s.f., c. 2001): «Martes de amarte». En *Expreso* (día siete), p. 9 [también incluido en su antología de ensayos (2004): *Devórame otra vez*. San Juan: Callejón].
— (2002): *La guaracha del Macho Camacho*. Ed. anotada por Arcadio Díaz Quiñones. Madrid: Cátedra.
SANSONE, Lívio y TELES DOS SANTOS, Jocélio, orgs. (1997): *Ritmos em Trânsito. Sócio-Antropologia da Música Baiana*. São Paulo: Dynamis Editorial.
SANTIAGO, Javier (1994): *Nueva ola portoricensis: la revolución musical que vivió Puerto Rico en la década del 60*. San Juan: Ediciones del Patio.
SANTOS, Daniel (1982): *El inquieto anacobero: confesiones de Daniel Santos a Héctor Mújica*. Caracas: Cejota.
SANTOS, John (1982): *Linear notes* de *The Cuban Danzón...* Cfr. Discografía.
SAVIGLIANO, Marta (1995): *Tango and the Political Economy of Passion*. Boulder: Westview Press.
SAVILLE, John, ed. (1954): *Democracy and the Labour Movement*. London: Lawrence & Wishart.
SCHULTZ, Uwe, ed. (1993): *La Fiesta: una historia cultural desde la Antigüedad hasta nuestros días*. Madrid: Alianza [Primera edición en alemán, 1988].
SEABROOK, W. B. (1930): *La isla mágica*. Madrid: Canalejas.

SENRA DE OLIVEIRA, Elysabeth (2007): *Moviendo los engranes, discurso, música y política a partir de los 90*. San Juan/Santo Domingo: Isla Negra Editores.
SERRANO, Basilio (2007): «Puerto Rican musicians of the Harlem Renaissance». En *CENTRO Journal* vol. XIX, 2, pp. 95-119.
SEXTON, Adam, ed. (1995): *Rap on Rap, Straight-up Talk on Hip-Hop Culture*. New York: Doubleday.
SIEGMEISTER, Elie (1980): *Música y sociedad*. México: Siglo XXI [Primera edición en inglés, 1938].
SINGER, Roberta (1982): «*My Music is who I am and What I Do*». Tésis Ph. D. Bloomington: Indiana University.
SLOAT, Susana, ed. (2002): *Caribbean Dance from Abakuá to Zouk, How Movement Shapes Identity*. Gainesville: University Press of Florida.
SLONIMSKY, Nicolás (1947): *La música de América Latina*. Buenos Aires: Librería y Editorial del Ateneo [Primera edición en inglés, 1945].
SODRÉ, Muniz (1979): *Samba, o dono do corpo*. Río de Janeiro: Codecri.
SOMBART, Werner (1979): *Lujo y capitalismo*. Madrid: Alianza Editorial.
SOMOHANO, Arturo (1962): *Canciones*. Madrid: Ed. empresa musical europea S.A.
— (1970): *¡Entre músicos te veas!* Madrid: Partenón.
SOTO TORRES, Edgardo (2005): *Salimos de aquí: la biografía de Fiel a la Vega*. Carolina (Puerto Rico): Terranova Editores.
STANLEY, Sadie, ed. (1980): *New Grove Dictionary of Music and Musicians*. London: MacMillan.
STARR, Frederick (1995): *Bamboula! Life and Times of Louis Moreau Gottschalk*. New York: Oxford University Press.
STEIN, Steve (1982): «El vals criollo y los valores de la clase trabajadora en la Lima de comienzos del siglo XX». En *Socialismo y Participación* 17, p. 47.
STEVENSON, Robert (1952): *Music in Mexico, A Historical Survey*. New York: Thomas Crowell Co.
STEWARD, Julian, et al. (1956): *The People of Puerto Rico*. Urbana: University of Illinois Press.
STOLCKE, Verena (1974): *Marriage, Class and Colour in Nineteenth-Century Cuba: A Study of Racial Attitudes and Sexual Values in a Slave Society*. London: Cambridge University Press [Edición española (1992): *Racismo y sexualidad en la Cuba colonial*. Madrid: Alianza Editorial].
STRAVINSKY, Igor (1952): *Poética musical*. Buenos Aires: Emecé.
STUEMPFLE, Stephen (1995): *The Steelband Movement, The Forging of a National Art in Trinidad and Tobago*. Philadelphia: University of Pennsylvania Press.
SUÁREZ, Senén y ELI RODRÍGUEZ, Victoria (1998): *Las raíces del son* (folleto de 47 páginas que acompaña al *set* de CDs). *Cfr.* Discografía.
SUMMERFIELD, Penélope (1981): «The Effingham Arms and the Empire: Deliberate Selection in the Evolution of Music Halls in London». En Eileen and Stephen Yeo, eds, 1981, pp. 209-240.

TABLANTE, Leopoldo (s.f., c. 2005): *Los sabores de la salsa: de la rumba brava a la fiesta mansa, de Héctor Lavoe a Jennifer López*. Caracas: Museo Jacobo Borges.
TANNER, Paul, GEROW, Maurice y MCGILL, David (1988): *Jazz*. Duboque: Wed [Primera edición, 1964].
TAPIA Y RIVERA, Alejandro (1928): *Mis memorias (1826-1882) o Puerto Rico, como lo encontré y como lo dejo*. New York: De Laisne & Rossboro Inc.
TEJEDA, Darío (2000): *La pasión danzaria: música y baile en el Caribe a través del merengue y la bachata*. Santo Domingo: Academia de Ciencias de la República Dominicana.
— y YUNÉN, Rafael Emilio, eds. (2006): *El merengue en la cultura dominicana y del Caribe*. Santo Domingo: Centro León/INEC.
— (2008): *El son y la salsa en la identidad del Caribe*. Santiago de los Caballeros: Centro León/INEC.
TEMPLE, Dominique (1989): *Estructura comunitaria y reciprocidad*. La Paz: Hisbol.
THOMPSON, E. P. (1960): *Out of Apathy*. London: New Left Books.
— (1967): «Time, Work-discipline, and Industrial Capitalism». En *Past and Present* núm. 38 (diciembre), pp. 56-67.
— (1968): *The Making of the English Working Class*. London: Penguin [Primera edición en español (1977): *La formación histórica de la clase obrera*. Barcelona: Laia].
— (1978): *The Poverty of Theory and other essays*. New York: Monthly Review Press [Edición en español (1981): *Miseria de la teoría*. Barcelona: Crítica].
— (1991): *Customs in Common, Studies in Traditional Popular Culture*. New York: New Press.
THOMPSON, Robert Farris (1974): *African Art in Motion*. Berkeley: University of California Press.
— (1980): «An Aesthetic of the Cool, West African Dance». En Errol Hill, ed., 1980, pp. 99-111.
— (1983): *Flash of the Spirit: African Art and Afro-American Philosophy*. New York: Random House.
— (2005): *Tango: The Art History of Love*. New York: Pantheon.
TONI, Flávia (1996): «A missão de pesquisas folclóricas de 1938: um acervo musical e etnográfico». En Associação Nacional de Pesquisa e pós-graduação em Musica. *IX Encontro anual da ANPPOM*. Río de Janeiro: GGE, pp. 170-178.
TORO VARGAS, Cirilo (2003): *Diccionario biográfico de compositores puertorriqueños*. Ponce: Ediciones Guayacán.
TORREGROSA, José Luis (s.f., c. 1991): *Historia de la Radio en Puerto Rico*. San Juan: Esmaco Printers Corp.
TORRES RAMÍREZ, Bibiano (1968): *La isla de Puerto Rico (1765-1800)*. San Juan: ICP.
TORRES TORRES, Jaime (2003): *Cada cabeza es un mundo: relatos e historias de Héctor Lavoe*. San Juan: El Yunke.

TRUMPENER, Katie. (2000): «Béla Bartók and the Rise of Comparative Ethnomusicology: Nationalism, Race Purity, and the Legacy of the Austro-Hungarian Empire». En Radano y Bohlman, eds., 2000, pp. 403-458.

TUMAS-SERNA, Jane (1992): «The Nueva Canción Movement and Its Mass Mediated Performance Context». En *Latin American Music Review* 13:2, pp. 139-157.

UBARRI, Pablo (1918): «Carta oponiéndose a la extensión del sufragio» (1880) y «Carta combatiendo al Instituto Civil de segunda enseñanza». En Cayetano Coll y Toste, ed. *Boletín Histórico de Puerto Rico*. San Juan: Tip. Cantero, Fernández y Co., vol. V, pp. 229 y 257.

ULLOA, Alejandro (1988): *La salsa en Cali: cultura urbana, música y medios de comunicación*. Medellín: Universidad Pontificia Bolivariana.

— (2005): *El baile: un lenguaje del cuerpo*. Cali: Col. de autores Vallecaucanos.

URFÉ, Odilio (1982): «La música folklórica, popular y del teatro en Cuba». En *La cultura en Cuba socialista*. La Habana: Letras Cubanas.

VALENTIN-ESCOBAR, Wilson A. (2001): «Nothing Connects Us All But Imagined Sounds, Performing Trans-Boricua Memories, Identities, and Nationalisms Through the Death of Héctor Lavoe». En Laó y Dávila, eds., 2001, cap. 7, pp. 207-233.

VALLS, Manuel (1982): *La música en el abrazo de eros: aproximación al estudio de la relación entre música y erotismo*. Barcelona: Tusquets.

VALVERDE, Umberto (1995): *Celia Cruz Reina Rumba*. Bogotá: Arango Ed., 2ª ed.

VÁZQUEZ RODRÍGUEZ, Rosa Elena (1982): *La práctica musical de la población negra en Perú: La Danza de Negritos de El Carmen*. La Habana: Casa de las Américas (Premio de Musicología).

VELÁZQUEZ DE LA CADENA, Mariano (1964): *Velázquez Spanish and English Dictionary*. Chicago: Follet.

VELOSO, Caetano (1997): *Verdade Tropical*. São Paulo: Companhia das Letras.

VENTURA, Roberto (1991): *Estilo tropical: história cultural e polemicas literárias no Brasil, 1870-1914*. São Paulo: Companhia das Letras.

VERAY, Amaury (1958): *Elisa Tavárez: estudio biográfico*. San Juan: Departamento de Instrucción Pública.

— (1960a): «Presentación de José Ignacio Quintón». En *Revista del IPC* III, 8 (julio-septiembre), pp. 17-19.

— (1960b): *Manuel Gregorio Tavárez: soledad y plenitud*. San Juan: Ateneo.

— (1962): «Monsita Ferrer, Sonatina puertorriqueña para canto y esperanza». En *Revista del ICP* 17 (octubre-diciembre), pp. 10-12.

— (1977a): «Vida y desarrollo de la danza puertorriqueña». En Rosado, ed., 1977, pp. 23-35.

— (1977b): «La misión social de la danza de Juan Morel Campos». En Rosado, ed., 1977, pp. 38-45.

VERGER, Pierre (1981). *Orixás. Deuses Iorubás na África e no Novo Mundo*, São Paulo: Corrupio.

VIDAL AMSTRONG, Mariano (1959): *Estampas, tradiciones y leyendas de Ponce*. Burgos: Imp. de Aldecoa.
— (1983): *Ponce: notas para su historia*. San Juan: Comité Historia de los Pueblos.
VIERA CALDERÓN, Edison (1996): *El Mercado de Santurce: reconstrucción psicosocio-histórica a partir de 38 testimonios orales*. Tesis doctoral. Barcelona: Universidad Autónoma.
— (2001 y 2002): «San Mateo de Cangrejos: el frenesí por la música y los latidos del corazón». En *Milenio* 5 y 6, pp. 198-219.
VILLAVERDE, Cirilo (1981): *Cecilia Valdés o la Loma del Ángel (novela de costumbres cubanas)*. Caracas: Biblioteca Ayacucho [Primera edición, 1882].
VV. AA. (1988): *Les Musiques Guadeloupéennes, dans le champ culturel Afro-américain, au sein des musiques du monde*. Paris: Éditions Caribéennes, 1988.
WACHSMANN, Klaus, ed. (1971): *Essays on Music and History in Africa*. Evanston: Northwestern University Press.
WADE, Peter (2000): *Music, Race, and Nation. Música Tropical in Colombia*. Chicago: Chicago University Press.
WALLERSTEIN, Immanuel, (1996): *Después del liberalismo*. México: Siglo XXI [Primera edición en inglés (1995): New York: New Press]
— HOPKINS, Terence K. y ARRIGHI, Giovanni (1989): *Anti-Systemic Movements*. London: Verso.
WALLIS, Roger y MALM, Kriester (1984): *Big Sounds from Small Peoples: The Music Industry in Small Countries*. New York: Pendragon Press.
WARNER, Keith Q. (1982): *The Trinidad Calypso*. London: Heinemann Co.
WASHBURNE, Christopher (2008): *Sounding Salsa, Performing Latin Music in New York City*. Philadelphia: Temple University Press.
WATERMAN, Chris A. (1990): *Jùjú: A Social History and Ethnography of an African Popular Music*. Chicago: Chicago University Press.
WAXER, Lise A. (1998): *Cali Pachangero: A Social History of Salsa in a Colombian City*. Tesis Ph. D. Urbana: University of Illinois.
— ed. (2002a): *Situating Salsa, Global Markets and Local Meaning in Latin Popular Music*. New York: Routledge.
— (2002b): *The City of Musical Memory, Salsa, Record Groove and Popular Culture in Cali Colombia*. Middletown: Wesleyan University Press.
WEBER, Max (1958): *The Rational and Social Foundations of Music* (1911), ed. de D. Martindale, *et al.* NewYork: Southern Illinois University Press.
WHITE, Charles W. (2003): *Alejandro García Caturla, A Cuban Composer in the Twentieth Century*. Lanham, Maryland: The Scarecrow Press.
WHITE, Timoty (1989): *Catch a Fire: The Life of Bob Marley*. New York: Henry Holt and Co.
WISNIK, José Miguel (1982): *O nacional e o popular na cultura brasileira: Música*. São Paulo: Brasiliense.

WILLIAMS, Patrick y CHRISMAN, Laura eds. (1994): *Colonial Discourse and Post-colonial Theory*. New York: Columbia Univ. Press.
WILLIAMS, Raymond (1961): *The Long Revolution*. London: Chatto & Windus Ltd.
— (1968): *May Day Manifesto 1968*. Harmondsworth: Penguin.
— (1973): *The Country and the City*. London: Chatto & Windus Ltd.
— (1976): *Keywords, A Vocabulary of Culture and Society*. London: Fontana.
— (1980): *Problems in Materialism and Culture*. London: Verso.
— (1983): *Culture and Society*. New York: Columbia University Press [Primera edición en Londres, 1958].
WOLFE, Janet (1994): «The ideology of autonomous art». En Leppert y McClary, 1994, pp. 1-12.
WRIGHT, Laurie (1980): *Mr. Jelly Lord*. Chigwell: Storyville.
YEO, Eileen y YEO, Stephen, eds. (1981): *Popular Culture and Class Conflicts 1590-1914, Explorations in the history of labour and leisure*. Sussex: Harvester Press.
YOUNMANS, John G. (1969): *Social Dance*. Palisides: Goodyear Pub.
ZAVALA, Iris M. (1991): *El bolero, historia de un amor*. Madrid: Alianza Editorial.
ZENO, Francisco M. (1959): *Historia de la capital de Puerto Rico*. San Juan: Departamento de Hacienda.

Entrevistas

QUINTERO RIVERA, A. G. *Apuntes de la entrevista a Bobby Valentín*. San Juan, marzo del 2008.
— *Entrevista a Rafael Ithier*, realizada en Río Piedras, febrero del 2008.
— Entrevista con Luis Fernando Martínez en Cartagena de Indias, julio del 2007.
— y ÁLVAREZ, Luis Manuel. Notas de *Entrevista a Daniel Vázquez «Maniní»*, Carolina (Puerto Rico), 2002.

REALIZADAS por el auxiliar de investigaciones Yannis Ruel:
Notas de entrevista a Lester Nurse. San Juan, 15/11/2002.
Notas de entrevista a Ivelisse Rivera. San Juan, 2002.
Notas de entrevista a Sammy Ayala. San Juan, 25/11/2002.
Trascripción de entrevista grabada a Sammy Ayala. San Juan, 28/10/2003 (con Ángel Quintero Rivera).
Trascripción de entrevista grabada a Sammy Ayala. San Juan, 14/11/2003 (con Luis Manuel Álvarez y Ángel Quintero Rivera).

Discografía (y films)

BLADES, Rubén (1980): *Maestra vida*. New York: Fania, JM576 y 577.
— y COLÓN, Willie (1978): *Siembra*. New York: Fania JM 00-537, serie 0798.

CABÁN VALE, Antonio (1975): *El Topo en las manos del campo.* San Juan: Guamaní GLD 001-B.
COLÓN, Willie (1977): *Baquiné de los angelitos negros.* New York: Fania, LPS 88800, serie 0698.
— (1990): *American Color/«Color Americano».* Miami: CBS discos Inc., CD-80351.
— y Lavoe, Héctor (1972): *El Juicio.* New York: Fania.
CORTIJO, Rafael (c. 1955): *Cortijo y su combo invites you to dance.* San Juan: Seeco, SCLP-9106.
— (1957): *Baile con Cortijo y su combo.* San Juan: Seeco, SCL-9130 (o Gema, 1958).
— (c. 1957): *Bailar con Cortijo y su combo.* San Juan: Tropical, TRLP-5107.
— y RIVERA, Ismael (1950): *Cortijo y su combo al rescate del folklore: Las plenas de Cortijo.* SCCD-9360 (CD).
— (1957): *Encores de Cortijo y su combo.* Tropical, TRLP 5075 (LP, también Seeco/ Sonolux LS-32 y Fuentes LP-414036).
— (1962): *Bombas para bailar.* Tropical, TRLP 5172 (LP).
— (1967): *Con todos los hierros.* Tico, LP-1158.
— (1974): *Juntos otra vez, Cortijo y su Combo original con Ismael Rivera.* San Juan: Coco, CLP 113.
— (1976): *La quiniela del día.* Tico, TSLP-1406.
— (1977): *Las llaves de la tradición.*Tico, TSLP-1419.
CUGAT, Xavier (1955): *Merengue by Cugat !* New York: CBS, DKC-10454.
DEE, Eddie (2005): *Los 12 discípulos.* San Juan: Diamond Music, 010130102-2.
DÍAS, Luis (1996): *Jaleo Dominicano Homenaje a Luis Dias.* Soraya Aracena, productora. Madrid: Lcd Europeo.
GARCÍA, Ana María (1992): *Cocolos y Rockeros.* Film documental. San Juan: Pandora Films.
GONZAGA, Chiquinha (s.f., c. 1999): *A Maestrina.* Curitiba: Revivendo, CD2, RVCD-138.
EL GRAN COMBO DE PUERTO RICO (1965): *El swing de El Gran Combo.* San Juan: Combo.
HORA, Rildo (1999): *Café Brasil.* Río de Janeiro: Cia dos Técnicos Studios, 8573-82368-2.
HARLOW, Larry (1973): *Hommy, a Latin Opera.* New York: Fania, SLP 00425.
— (1977): *La raza latina, a Salsa Suite.* New York: Fania, SLP 00516.
LAVOE, Héctor (1975): *La voz.* New York: Fania, F-461.
— (1993): *Héctor Lavoe, The Fania «Legends of Salsa» Collection,* vol. 1. New York: JM-700.
MARC ANTHONY (1995): *Todo a su tiempo.* Miami: Sony, cdz-81582.
MIRANDA, Carmen (1998): *A Trajetória,* caja de 3 CDs. Manaus: RCA 7432152774-2.
MONESTEL, Manuel (1988a): *Canto América, Buscando esa bella flor.* San José: Indica S.A., LP-PP 096-88.

— (1988b): *Calipsos, Música Popolare Afrolimonense*. Roma: Sudnord CI Crocevia Records, SN0012.

ORQUESTA PANAMERICANA (Lito Peña, director) (1993): *Orquesta Panamericana*. San Juan: Ansonia, HGCD1290, (de LP grabado 1960-61, incluyendo grabaciones anteriores).

PALMIERI, Eddie (c. 1969): *Justicia*. LP, s.l.: Tico, SLP 1188.

— (c. 1973): *Recorded Live at Sing Sing II*. LP, s.l.: Tico, CLP1321.

— (1996): *Vortex*. New York: RMD 82043, CD.

RAY, Ricardo y CRUZ, Bobby (1967): *Los diferentes*. New York: Fonseca.

RIVERA, Ismael (1972): *Esto fue lo que trajo el barco*. Tico, CLP-1305.

— (1974): *Traigo de todo*. Tico, 1319.

— (1975a): *Soy feliz*. s.l.: Vaya XVS-354, serie 0598.

— (1975b): *Eclipse Total*. San Juan/New York: Tico/Fania, TSLP 14000, serie 0598.

— (1975c): *Feliz Navidad*. Tico, TSLP 1404.

— (1978): *Esto sí es lo mío*. Tico, JMTS-1428.

— (1979): *Oro*. Tico, JMTS 1433.

— (1988): *Maelo, El Único*. Tico, SLP-2024.

ROHENA, Roberto (1994): serie *The Fania «legends of salsa»*, vol. 4. Union City: Fania, 705.

SANTAMARÍA, Mongo (1957): *Drums and Chants*. Tico.

SANTOS, John (1982): *The Cuban Danzón: Its Ancestors and Descendants*. n.l.: Folkways Records, FE 4066.

SUÁREZ, Senén (1998): *Las raíces del son* (4 CDs). Barcelona: Blue Moon Producciones Discográficas, TCD300, DLB 46381/98.

TRIGO, Enrique (1988): *Ismael Rivera: retrato en boricua*. Film documental. San Juan: Luna Films.